상담자와
심리치료자를 위한

신경과학

마음과 뇌의 과학적 통합

Chad Luke 저 | 이수연 · 이윤희 · 이윤주 · 서보경 공역

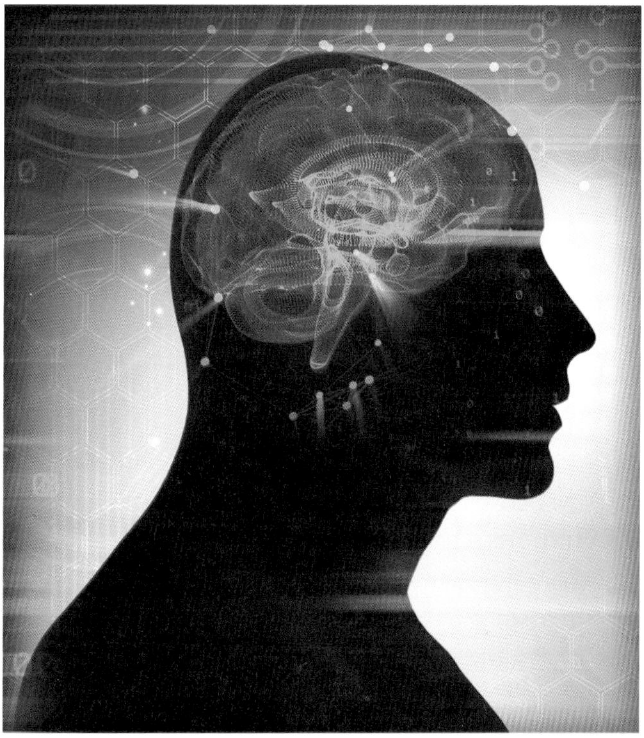

Neuroscience for Counselors and Therapists (2nd ed.)

학지사

NEUROSCIENCE FOR COUNSELORS AND THERAPISTS:
INTEGRATING THE SCIENCES OF THE MIND AND BRAIN, SECOND EDITION
by Chad Luke

역자 서문

이 책은 Chad Luke 박사의 『Neuroscience for Counselors and Therapists: Integrating the Sciences of the Mind and Brain』의 2판을 번역한 것이다. 최근 뇌의 신경과학적 기전에 관한 연구 덕분에 인간 행동에 대한 새로운 관점과 설명 모형이 정립되고 있다. 인간의 정신 활동을 뇌의 기능으로 설명하는 신경과학의 등장으로 자연과학 분야뿐만 아니라 문학, 예술, 윤리학, 교육학 등 인문 · 사회과학 분야에 이르기까지 신경과학적 논의가 확장되고 있다.

상담과 심리치료 영역에서도 인지, 정서 및 행동 발달에 관한 개념을 신경과학적 용어로 설명하고, 내담자의 적응과 부적응 문제를 조력하기 위해 뇌파 측정이나 뉴로피드백 훈련과 같은 뇌기반적 중재 방법을 소개하고 있다. 뇌기반 상담에서는 뇌의 작동 기전에 대한 생리학적 지식을 토대로 부적응 문제의 원인과 증상을 이해하고, 중재 이후 내담자의 뇌 구조와 기능의 적응적 변화를 확인하고자 한다.

이러한 흐름에 부응하여, 인간 행동의 생물학적이고 신경학적인 기전에 관한 이해는 오늘날 심리상담 전문가가 갖추어야 할 핵심 역량 중의 하나로 강조되고 있다. 미국의 정신건강상담자협회(AMHCA)와 상담교육프로그램인증위원회(CACREP)도 내담자 행동에 관련된 신경과학적 지식과 기술 습득을 상담자 양성 과정의 기초교육 가이드라인으로 제시하고 있다.

임상 장면에서도 기존의 상담이론과 신경과학적 방법론 간의 접목을 시도하고 있는데, 이 책은 심리상담의 전통적 접근의 장점을 유지하면서도 신경과학적 접근의 장점과 유용성을 통합시키고자 하는 일종의 입문서에 해당한다. 상담 및 심리치료 분야의 학부생, 대학원생, 임상가 등 조력전문가들이 뇌기반 상담에 관한 기초적인 이해를 갖추는 데 도움이 될 것으로 기대한다.

역자들은 대학에서 상담과 심리치료 분야를 강의하며 신경과학이라는 새로운 분야에 대한 학문적 관심과 열정으로 번역 작업에 동참하게 되었다. 서문, 1장, 2장 및 3장은 이수연, 4장, 5장 및 6장은 이윤희, 7장과 8장은 이윤주, 9장과 10장은 서보경이 각각 번역하였다. 번역 과정에서 가능한 한 원서의 내용을 충실하게 전달하기 위해 노력했지만 그럼에도 미흡한 부분이 있으리라 생각된다. 독자들의 너그러운 이해를 바란다.

끝으로 이 책의 출간을 독려하고 지원해 주신 학지사 김진환 대표님과 더불어 늦은 원고를 기다려 주시며 세심한 편집을 해 주신 편집부 백소현 차장님과 직원들의 노고에도 감사의 말씀을 드린다.

2022년 2월

대표역자 이수연

NEUROSCIENCE FOR COUNSELORS
AND THERAPISTS

저자 서문

과학(science), 생물학(biology), 해부학(anatomy), 생리학(physiology)이라는 용어를 접하면 어떤 생각이 떠오르는가? 신경학(neurology), 신경과학(neuroscience), 신경생물학(neurobiology)이라는 용어를 접할 때는 어떤가? 또한 신경언어학(neuro-linguistics), 신경안과학(neuro-ophthalmology), 신경종양학(neuro-oncology), 신경정신병학(neuro-psychiatry), 신경마케팅(neuro-marketing), 신경피트니스(neuro-fitness), 신경비즈니스(neuro-business) 등의 용어들에 대해 어떻게 생각하는가? 더 많은 용어 목록이 가능하다. 이 용어들을 읽을 때 당신에게서 어떤 반응이 나타나는가? 당신의 심장박동, 불안 수준, 눈의 초점 등에서 어떤 변화가 감지되는가? 어느 유명한 공상과학소설 작가가 말하기를, 흔히 미래세계를 묘사하고자 할 때에는 일상용어 앞에 강력한 접두어(예를 들어, 소총을 **플라스마**-소총으로, 비타민을 **나노**-영양제로, 혹은 스파이활동을 **뉴로**-첩보활동 등으로)를 덧붙인다고 한다. 그렇게 하는 데에는 나름대로 이유가 있다. 오늘날 이러한 접두어들은 흔한 단어가 되었음에도 불구하고 여전히 무언가를 떠올리게 하고 연상시키는 작용을 하기 때문이다. 즉, 그 접두어들을 접할 때 당신은 무엇인가를 느끼게 된다는 것이다. 이제 용어 문제로 되돌아가서 살펴보고자 한다(〈표 1〉 참조).

〈표 1〉 언어의 힘

과학	신경학	신경언어학
생물학	신경과학	신경안과학
해부학	신경생물학	신경종양학
생리학		신경정신병학
		신경상담

첫 번째 칸의 목록은 비교적 덜 위협적인 용어, 즉 **과학**(science)으로 시작되는 것을 볼 수 있다. 과학은 매우 친숙한 일상적인 용어이며 그 의미가 충분히 전달되어 위협적인 의미를 전혀 내포하지 않는다. 그러나 독자들이 두 번째 칸의 **신경학**(neurology)이라는 용어를 읽기 시작하는 순간 상황은 달라진다. 과학과 달리, 신경학은 보다 구체적인 것을 의미하지만 일반적으로 덜 사용되며, 따라서 보다 더 신비로운 용어로 인식된다(Iacoboni, 2009). 실제적인 현상을 확인하는 차원에서, 세 번째 칸의 용어들에 대한 우리 자신의 본능적인 반응을 상상해 보라. 우리는 어느 정도까지는 그 용어들을 알고 있고 또 그것들이 지닌 무게감을 인식하고 있지만, 그것들은 여전히 모호하고 그 실체를 파악하기 어렵다. 이러한 영향력은 바로 **신경**(neuro)이라는 접두어 때문이다. 일상적인 단어를 한 개 가져와서 그 앞에 **신경**이라는 단어를 덧붙이는 순간 앞서 언급했던 영향력 있는 용어가 되어 버린다. 당신의 평범한 노트북이 갑자기 **신경-프로세서**(neuro-processor)로 변하는 것과 같은 현상이 나타난다(영화 〈2001: 스페이스 오디세이〉의 인트로 음악 부분에서처럼). 우리 모두 잘 알고 있듯이, 접두어는 기존 단어의 형태와 구조뿐만 아니라 단어가 내포하는 의미까지도 변화시킬 수 있다. 그러나 **신경**이라는 접두어는 조금 독특하다. 우리는 그것이 **신경세포**(neurons), **신경의**(neural), 혹은 **신경**(nerve)과 연관된다는 것을 직감하며, 그리스 어원도 이것을 확인시켜 주고 있다. 그러나 막상 이 접두어를 접하게 되면 상황이 달라진다. 두려움과 경외감의 복합적인 반응, 즉 호기심으로 인해 마음이 끌리지만 동시에 불확실성, 불안감, 전문가들만의 영역이라는 생각으로 인해 관심에서 멀어지는 반응이 함께 나타난다. 또한 **신경**이라는 용어는 박식하고 신뢰할 수 있는 인상을 주고 싶어 하는 사람들에 의해 과도한 마케팅 도구로 사용되면서 오히려 진부한 느낌을 주고 있다. 그러나 이러한 것들은 핵심이 아니다. **신경**(neuro)이라는 접두어는 **신경**(nerve)과 관련, 쉽게 말하자면 뇌와 관련되어(brain-related) 있다는 의미다. **신경**은 아직 설명되지 않은 인간 행동의 많은 신비를 담고 있는 용어라는 점을 강조하고 싶다.

책의 목적

이 책의 목적은 명료하다. 신경과학이 기존 상담 모형들과 통합되어 상담자에게 많은 가능성을 제공하게 하는 것이다. 그러나 동시에 위험 부담을 안고 있다. 이 책은 학습자 입장에서 접근 가능한 적용 방식을 제시함으로써 통합에 따른 장점과 단점을 동시에 논의한다. 20여 년간의 임상경험을 지닌 상담자로서 나는 "그래서 이제 어떻게 하라는 거야?"라는 태도로 신경과학의 실제적 적용에 초점을 두고 이 책을 집필했다. 상담회기 중에 추상적이거나 기술적인 전문용어들을 사용하면서 그 회기가 효과적이기를 기대할 수는 없다. 따라서 이 책은 독자들의 접근성과 학문적인 해박함 간의 균형을 유지하고자 한다.

이 책은 상담자와 부부가족심리치료사 등을 포함한 심리치료 임상가를 염두에 두고 집필되었다. 뇌의 비밀을 규명하는 기술적 매뉴얼이 아니며, 더군다나 뇌 연구에 핵심을 두는 새로운 '신경과학적 패러다임'을 시도하기 위한 책도 아니다. 단지 인간 행동, 동기, 사회적 상호작용 등에 관련된 모든 체계를 이해하는 데 초점을 둔다. 그러나 이 책은 어떤 현상을 순수하게 생물학적이고 물질적으로 설명하는 것은 인간성의 진보와 복지를 위해 매우 가치 있는 작업이기는 하지만, 동시에 본질적으로 한계가 있으며 때로는 결함이 있을 수 있다는 입장을 견지한다. 이러한 관점은 새삼 새로운 것이 아니며 여전히 논쟁의 여지가 있다.

마지막으로, 이 책은 신경과학의 연구결과에 근거하여 현존하는 특정 심리학 이론이 다른 심리학 이론보다 더 우월하다고 주장하려는 의도가 아니다. 상담자가 지지하는 심리학 이론과 신경과학 간의 연결점을 발견할 수 있도록 돕는 데 그 초점이 있다. 혹은 어떤 점에서는 이론과 신경과학 간의 관련성을 이해함으로써 임상가 자신의 임상 활동을 위한 도움을 얻기 위해 다른 이론들에 좀 더 깊은 관심을 가질 수 있는 계기를 제공할 수도 있다.

책의 특징

이 책은 현재와 미래의 상담자들을 위한 일종의 안내서로서 독자의 경험을 증진시킬 수 있는 몇 가지 독특한 특징을 지니고 있다.

문화적 고려사항

2판에 새롭게 포함된 영역이다. 독자는 각 장의 도입 부분에 제시된 '문화적 고려사항'을 통해 그 장에 기술된 내용을 조명한다. 다양한 집단과 문화적 경험에 접목시킴으로써 통합적 시도를 도모할 수 있도록 돕는다.

신경과학적 임상 사례

이 책은 통합과 적용을 보다 용이하게 하기 위해 임상 사례를 활용한다. 사례 삽화를 통해 여러 상담 모형 간의 다양한 통합적 형태가 가능함을 보여 준다. 이를 통해, 독자는 추상적인 내용을 보다 구체적으로 이해할 수 있게 된다. 해당 장에 걸쳐 동일한 삽화를 반복 사용함으로써 이해를 돕고자 하였다.

뇌 기제

이 영역에서는 신경학적 요소와 현상에 대해 보다 더 기술적이고 과학적인 관점을 제시한다. 해당 장의 흐름을 방해하지 않도록 각 장의 마지막 부분에 제시되어 있으며 그 장에 제시된 주제에 대해 좀 더 상세한 정보를 제공한다.

적용된 임상 장애

이 책의 독특한 구성에 해당되는데, 네 가지 보편적인 임상 장애—불안, 우울, 스트레스 그리고 중독—를 중심으로 네 가지 주요 이론적 패러다임—정신분석, 인지행동주의, 인본주의적 실존주의 그리고 구성주의—을 비교 적용한다. 패러다임에 따라 신경과학을 어떻게 통합할 수 있는지를 비교할 수 있는 기회를 제공하며, 또한 각 패러다임에서 임상 증상을 어떻게 다루는지를 탐색할 수 있도록 한다.

핵심정리

각 장에서 다루었던 내용에 대해 간략히 기술하며 다음 장에 대해 안내한다. 2판에 새롭게 포함된 부분으로, 해당 장의 중요한 핵심 내용을 환기시키며, 장의 앞부분에 제시된 도입 질문을 확장시킨다.

2판의 변화

신경과학 관련 문헌이 빠르게 변화하고 있다. 새로운 모형과 이론이 발전하는 데에는 많은 시간이 소요되는 반면, 뇌의 구조와 기능을 규명하는 연구결과물은 빠른 속도로 축적되고 있다. 이러한 진보 속도와 보조를 맞추는 것은 쉬운 일이 아니지만, 2판에서는 최대한 최신 참고문헌을 포함시켰다. 상담자를 위한 신경과학, 즉 신경상담(neurocounseling) 혹은 신경기반상담(neuro-informed counseling)과 같은 것이 그러한 예에 해당된다. 이 책의 1판을 집필하기 전까지만 해도 이러한 통합적 시도에 관한 저서와 논문이 매우 부족했다. 그러나 5년이 지난 지금은 통합을 조명한 연구 문헌이 점차 증가하고 있는 것을 볼 수 있다. 그러한 변화가 2판에 반영되었다. 신경과학에 있어서 새로운 분야는 아니지만, 인간 경험에 관련된 신경계 혹은 신경회로의 역할에 대한 이해가 증가하고 있다는 것이 두 번째 예이다. 뇌의 구조에 대한 이해가 가속화될 것이지만, 신경계에 관한 연구는 훨씬 더 확장될 것으로 전망된다. 예를 들어, 상담자가 공포와 스트레스 문제에 관련하여 더 이상 편도체(amygdala)에만 관심을 두는 일은 없을 것이다. 그 대신 시상하부 뇌하수체 부신피질 축(hypothalamic pituitary adrenocortical axes)과 교감 부신수질 축(sympathethis-adrenal-medullary axes)을 토대로 공포와 스트레스 문제에 접근하려고 할 것이다. 이를 위해 2장에서 인간의 기능에 관련된 뇌 기능을 이해하기 위해 뇌의 주요 네트워크에 대해 기술하였다.

책의 구성

신경과학과 심리치료의 연구결과를 통합하고 적용하는 데 있어 이분법적인 접근이 존재한다. 한쪽 끝에는 소위 순수 신경과학 영역이라고 할 수 있는 신경생물학(neurobiology)이 놓여 있다. 이 영역은 분자, 원자, 양자 분야의 전문 과학자들에 의해 연구되며 뇌와 신경계의 작동 원리를 규명함으로써 궁극적으로 인간의 외현적 행동, 동기, 사고, 감정 등의 기전을 설명하고자 한다. 이러한 과학자들은 이 책을 집필하고 있는 나와 같은 심리치료자나 상담교육자들을 불편해할지도 모른다. 이러한 관점은 신경과학 분야를 화학이나 생물학 관점에서만 접근한다. 신경이원론(neuro-dualism)의 또 다른 끝에는 다양한 학문적 배경에 근거하여 신경과학에 접근하는 다학제적이고 철학적인 관점들이 놓여 있는데, 의미, 마음, 형이상학적인 질문 등에 대한 해답을 찾기 위해 신경과학적 연구결과를 차용한다.

양쪽 관점은 모두 중요하며 어느 한 관점이라도 간과되는 것은 잘못이다. 이러한 두 관점 사이에서 우리는 과연 어느 지점에 놓여 있어야 하며, 또 논쟁을 위해 내가 무엇을 제시할 수 있는가? 나는 제3의 관점을 선택하기로 한다. 오랫동안 임상가, 슈퍼바이저, 행정가 그리고 상담교육자로서의 경험을 토대로 나는 철학적 논쟁의 혼탁한 강물 위에 과학과 정신건강치료 간의 가교를 세우는 역할을 하고자 한다. 이러한 숭고한 목표에 도달하기 위해 나는 자료들을 통합하고 임상적 적용에 초점을 맞추고자 노력했다. 따라서 다음에 제시된 몇 가지 목적을 염두에 두고 신경과학이라는 주제를 다루고자 한다.

- 주제와 전문용어들 때문에 위축되어 주제를 회피하려는 생각을 중지하기
- 임상적 치료 실제를 향상시키기 위해 신경과학적 적용이 필요하다고 느껴질 때 철학적인 논의를 덧붙이지 않기
- 새롭게 성장하는 분야의 연구결과를 우리의 고유한 전문적 조력 활동에 통합하는 데에 적극적으로 그러나 신중하게 접근하기

독자들이 책의 전체 내용에 관련하여 참조할 수 있도록 이 책의 한 장은 뇌의 구조와 기능에 대해 기술하고 있다. 각각 개별 장에 기술된 네 가지 주요 이론적 패러다임은 신경과학적 연구와 통합되고 내담자 사례에 적용되었다. 마지막으로, 치료 장면에서 종종 다루게 되는 네 가지 보편적인 임상 장애를 네 가지 치료 패러다임에 걸쳐 비교 통합적으로 기술하였다.

참고문헌

Iacoboni, M. (2009). *Mirroring people: The science of empathy and how we connect to others*. New York, NY: Picador.

NEUROSCIENCE FOR COUNSELORS
AND THERAPISTS

차례

SECTION 2 이론 통합

Chapter 03 최근 정신역동적 접근과 신경과학 • 84

Chapter 04 인지행동적 접근과 신경과학 • 116

Chapter 05 인본주의 접근과 신경과학 • 150

Chapter 08 우울과 신경과학 • 256

Chapter 09 스트레스 및 외상 관련 장애 • 288

Chapter 10 중독과 물질사용장애 • 324

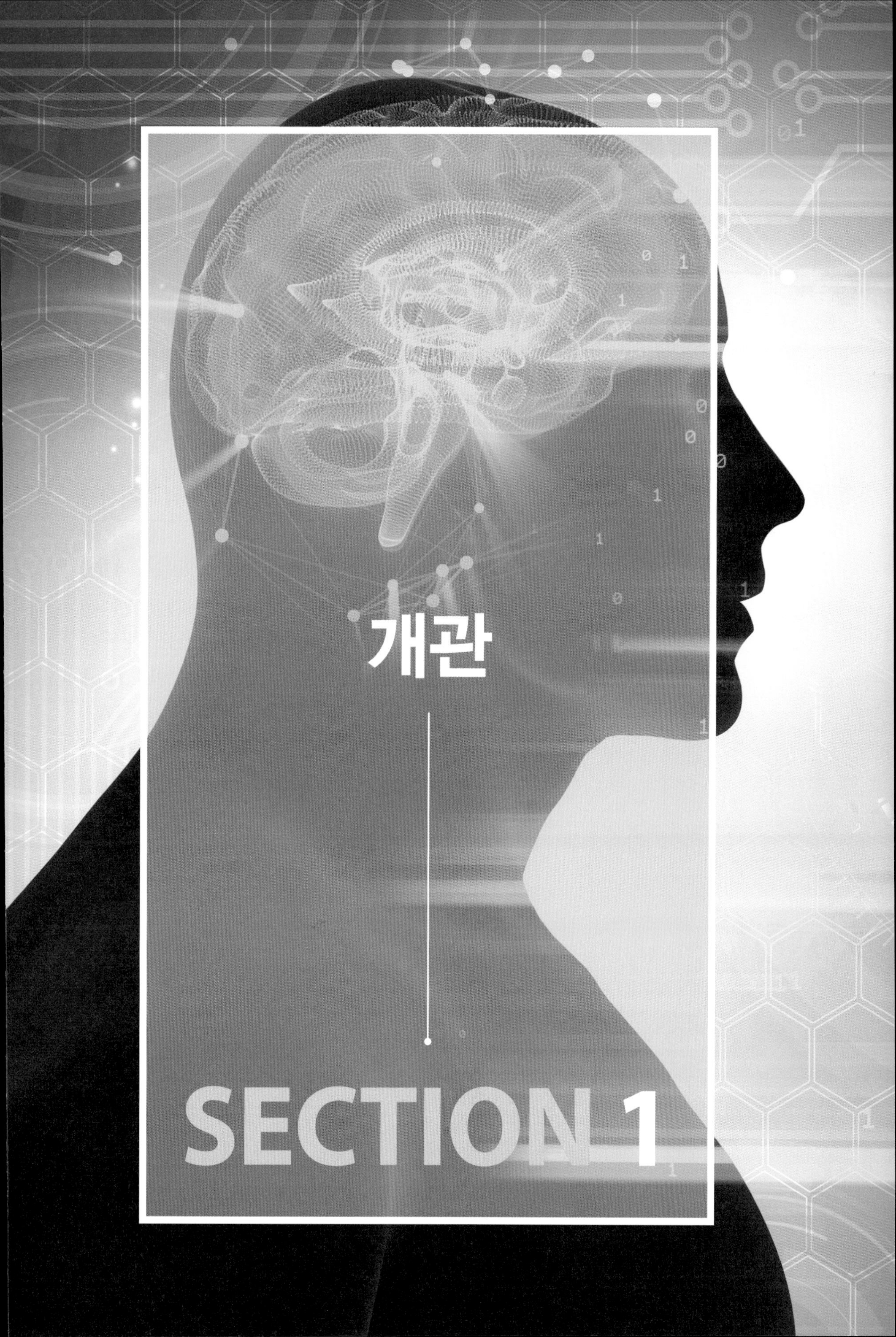

SECTION 1

개관

CHAPTER 01

신경과학 개관

도입 질문

- 신경과학이란 무엇인가, 그리고 그것을 상담 실제에 접목시킨다는 것은 어떤 의미인가?
- 새로운 치료법, 특히 신경과학처럼 과학 영역에 속하는 치료법을 접했을 때 상담자는 어떻게 해야 하는가? 윤리적인 임상가가 되기 위해 최소한 갖추어야 할 지식은 무엇인가?
- 상담자는 그러한 치료법을 접목하기 위해 어떤 노력을 시도할 수 있고 또 해야 하는가? 인지발달적 관점에서 이 질문을 던진다면, 상담자는 새로운 치료법을 동화하는(assimilating) 것과 조절하는(accommodating) 것을 어떻게 구분할 수 있는가?

적용 기초: 윤리적 · 문화적 · 전문적 고려사항

2014년 말 이 책의 1판이 완성된 이후 5년 동안 많은 변화가 있었다. 그동안 통합(integration), 신경상담(neurocounseling), 신경기반상담(neuro-informed counseling) 등에 관한 논문과 책이 다수 발표되었다. 현재 상담 분야의 발전에 비추어 볼 때, 내담자 조력방법에 있어서 많은 잠재력을 지니고 있는 신경과학은 마치 폭주하는 열차와도 같다. 좋은 의도에도 불구하고 자칫 이러한 과열된 분위기가 잘못 정착되거나 적용될 수도 있음을 알아야 한다(Luke, in press). 이 책의 1판이 조심스러운 주의를 요구한 것이라고 한다면, 이번 2판에서는 좀 더 신중하게 방향성을 제시하고자 했다. 일전에 발표한 논문(Luke, Miller, & McAuliffe, 2019)에서, 나는 신경과학과 병행될 수 있는 또 하나의 트랙으로 상담의 인본주의적 기반을 제시한 적이 있다. 2판은 1판의 시도를 보다 더 발전시키는 차원에서 집필되었다. 나는 독자들이 잘 검증된 신경과학적 연구결과를 임상 실제에 효율적으로 또 효과적으로 적용할 수 있기를 여전히 기대한다. 2판에서는 보다 더 구체적인 적용 사례를 제시하고, 이와 더불어 내담자중심적이고 인간중심적인 지향을 유지하기 위해 윤리적, 문화적, 전문적 고려사항을 기술하고 있다(Luke et al., 2019). 독자들에게 실제적인 도움을 주기 위해, 임상 장면에 직접 구체적으로 적용할 수 있는 핵심적인 연구결과를 제시할 것이다. 또한 건강뿐만 아니라 병리에 관련된 인간 행동을 설명하기 위한 언어적 도구(예를 들어, 은유, 비유, 직유)로 뇌와 중추신경계에 관한 지식을 사용할 것이다. 각 장에는 윤리적 통합의 핵심 요소인 '문화적 고려사항'이라는 영역이 포함된다(Luke, Redekop, & Moralejo, in press 참조).

이 책을 집필할 무렵, 나는 다른 동료들과 함께 상담자들은 과연 이러한 통합의 주요 수단과 과정을 무엇이라고 생각하는지를 연구하고 있었다. 우리 연구팀은 또한 이러한 가정들과 통합적 실제에 내포된 윤리적 함의에 대해서도 탐색하였다. 연구 결과, 통합에 대한 가장 보편적인 가정은 단연코 상담자가 뇌와 뇌의 기능에 대한 지식과 정보를 내담자와 공유해야 한다는 점이었다(Luke, Beeson, Miller, Field, & Jones, unpublished manuscript). 이러한 소위 **신경교육(neuroeducation)**(Miller, 2016)에 관한 내용은 곧이어 기술될 것이다. 그러나 먼저 [그림 1-1]은 이 책에서 사용하고 있는 통합 모형을 소개하고 있는데, 통합을 이해하고 무엇보다 임상 실제에 제대로 적용하기 위해서는 상담 분야가 해야 할 일이 많다는 것을 보여 준다(Luke et al., in progress). 모형의 각 영역은 앞으로 이 책에서 상세하게 다루어질 것이므로, 여기서는 책의 어느 부분에 소개되어 있는지 간단히 언급하고자 한다.

1. **예비 고려사항**(1장): 신경과학과 통합함으로써 임상가와 내담자들에게 어떤 이점이 있을 것인지를 포함하여 다양한 가정들을 먼저 이해하는 것이 중요하다.
2. **설명 수준**(2장): 신경과학의 모든 내용이 동일하게 생성된 것은 아니다. 설명 수준은 내담자와의 상담 작업에 미치는 임상적 유용성뿐만 아니라 전문성에 근거하여 결정될 것이다.
3. **적용 수준**(3장): 임상 실제와 안전성이라고 하는 연속선상에는 임상과 침습의 영역이 존재하기 때문에 신경과학 내용이 모두 동일하게 적용될 수는 없다.
4. **적용 윤리**(1장과 모든 장): 통합을 추구하는 사람들은 통합에 따른 위험성이 있음을 반드시 유념해야 한다. 상담자는 새로운 이론과 기술에 접근할 때 윤리적 지침을 준수해야 한다.
5. **적용 기초**(1장과 각 장의 '문화적 고려사항' 부분): 상담은 여전히 한 개인을 대상으로 하는 활동이라고 할 수 있으며, 내담자는 독특한 사회문화적 맥락 내에 존재하는 독특한 한 개인으로 인정받아야 한다.
6. **임상 적용**(7~10장): 통합은 다양한 진단범주에 의해 확인된 요구에 초점을 맞출 때 유

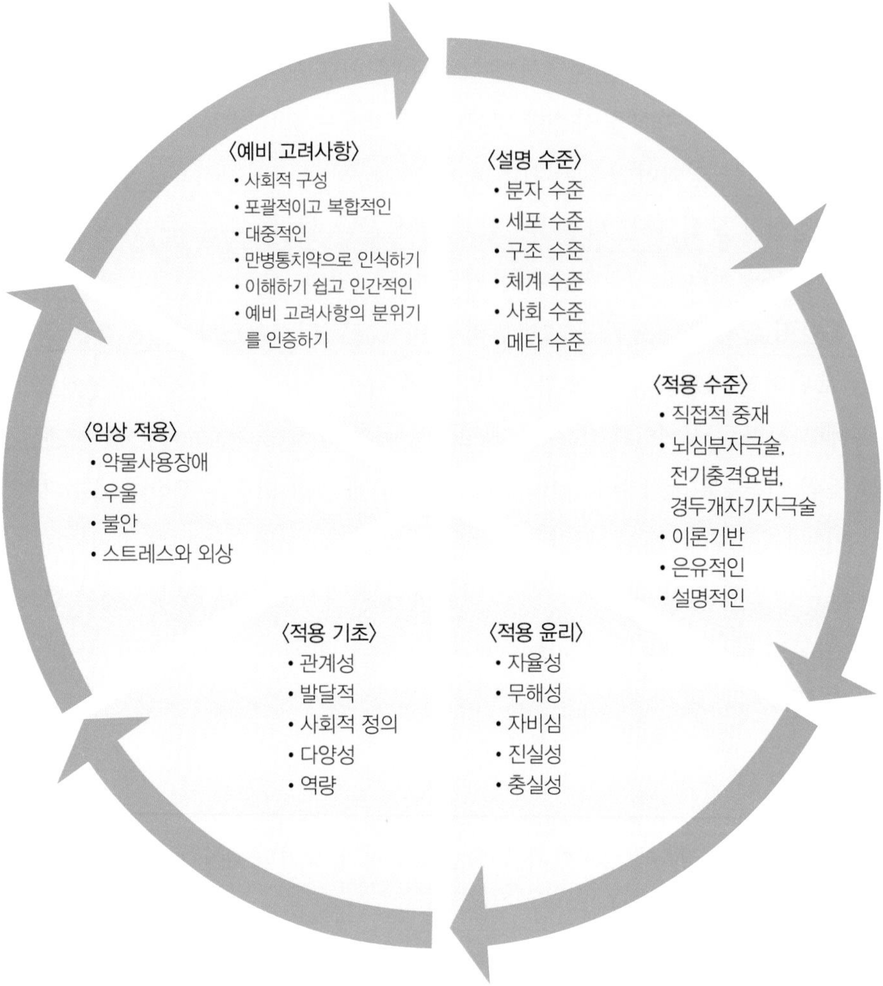

[그림 1-1] 통합의 여섯 영역

용하다. 7장부터 10장까지 네 개의 장은 앞으로 더 많은 작업이 이루어져야 한다는 인식과 그 방향성을 제시한다.

신경교육

Miller(2016)는 신경교육(neuroeducation)을 "내담자에게 심리 기능의 기저에 놓인 신경계 과정을 이해시킴으로써 내담자의 스트레스를 감소시키고 상담 성과를 향상시키는 데 목표를 두는 교육적 혹은 경험기반적 중재"(p.105)로 정의한다. 신경교육은 내담자의 자기이해를 증진시키고 자신이 겪고 있는 스트레스의 기저에 놓인 신경계 과정에 대한 인식을 향상시키는 데 그 목적이 있다. 나아가 스트레스에 관한 교육은 내담자에게 희망을 심어주고 적응유연성과 웰니스에 대한 이해를 증진시킬 수 있다. 전통적인 현실치료(reality therapy)와 사회학습이론(social learning theory)에 근거한 임상에서, 나는 내담자들에게 "그렇게 비효과적인 행동 방식을 어디에서 학습했습니까?" 혹은 "누가 당신 자신을 그렇게 형편없이 대하도록 가르쳤나요?"라고 질문한다. 이러한 중재 질문을 하는 이유는 우리 삶의 부적응적인 요소는 대부분 학습된 결과라는 점, 따라서 이러한 행동 방식이 비학습(unlearned) 혹은 재학습(relearned)될 수 있다는 점을 내담자에게 이해시키기 위한 목적이다. 이와 마찬가지로, 신경교육은 내담자로 하여금 학습과 비학습에 있어 뇌의 역할을 이해할 수 있도록 도와주는 일종의 심리교육(psychoeducation)의 한 형태라고 할 수 있다.

다른 중재 방법처럼, 이 접근도 위험성이 없는 것은 아니다. 상담자가 신경교육을 효과적이면서 윤리적으로 활용하기 위해서는 자신이 갖고 있는 지식에 대해 명확하게 인식해야 한다. 신경과학기반 상담과 신경교육에 대한 관심이 증가함에 따라(Miller, 2016), 상담자는 자신의 지식을 과대평가하고 자칫 과학을 표방하면서 내담자를 잘못 이끌어 갈 수도 있다. 또한 앞서 언급한 것처럼, 예기치 않은 결과가 초래될 수도 있다. 내담자는 흔히 도움이 필요한 취약한 상태에서 상담자를 만나게 되는데, 이때 의욕이 앞선 상담자는 내담자를 조력하는 방법으로 신경과학을 채택할 수 있다(Luke et al., in progress). 신경교육이 내담자에게 도움이 되는 방식으로 활용되기 위해서는 상담자가 기술적인 정확성과 유용성 간의 접점을 잘 파악해야 한다. 예를 들어, 뉴런의 기능을 정확하게 기술하는 것은 시간, 인내, 시각적 도구 등이 요구되며, 설령 그러한 것들이 갖추어졌다고 하더라도 완벽한 정확성을 획득하기는 어렵다. 상담자로서 우리는 유용성과 더불어 내담자가 필요로 하는 과학적으로 정확한 신경과학 지식의 적정 수준이 어느 정도인지를 잘 가늠해야 한다. 잘못된 확신이나 맹신을 주의하면서 이러한 것이 이루어져야 한다.

신경기반 상담의 인본주의적 적용

신경과학을 상담에 통합하고자 했던 초기 시도에서 간과했던 가정들 중 한 가지는 바로 임상활동이 최상의 경우에는 효과적인 상담 결과를 얻을 수 있지만 최악의 경우라고 하더라도 내담자에게는 전혀 무해하다는 점이다. 그러나 우리는 신경과학을 전문적인 정신건강 임상에 통합시키는 것은 자칫 예기치 않은 결과를 초래할 수 있다는 점을 깨달았다. 일련의 문헌에서는 내담자와 상담자의 인간성에 관련된 네 가지 심각한 우려 사항을 제시한다. 몇몇 연구에서는 내담자의 경험을 신경생물학적으로 설명하는 것은 예상하지 못한 위험한 결과를 초래할 수도 있다고 지적한다. 예를 들어, 이러한 생물학적 설명은 긍정적 결과에 반하는 의도하지 않은 결과를 초래한다. 이러한 부정적 결과는 적어도 세 가지 측면, 즉 본질주의적 사고, '예언적 비관론', 그리고 근본적으로 주변 사람들과는 다르다는 생각에서 비롯되는 사회적 거리감을 포함한다(Haslam & Kvaale, 2015). 내담자는 자신의 생물발생학적(뇌기반) 상태(예를 들어, 우울)가 자기 자신의 잘못이 아니며 따라서 자신의 통제를 벗어나는 영역이라고 생각하면서 심리사회적 치료에 관심을 덜 갖게 될지도 모른다(Lebowitz & Applebaum, 2017). 달리 말하면, 이러한 생물학적 설명은 내담자로 하여금 생물학적인 치료(예를 들어, 향정신성 약물)만이 효과가 있다고 믿게 만든다. 정신건강 전문가들도 이러한 편협된 인식의 영향을 받아 내담자 사례를 신경생물학적으로만 이해하려 하고 내담자에 대한 공감적 태도를 덜 갖게 될 것이다(Lebowitz & Ahn, 2014). 한편 Lebowitz, Ahn과 Nolen-Hoeksema(2013)은 신경교육을 통해 이러한 부정적인 측면을 어느 정도 해소할 수 있다고 말한다. 그러나 Haslam과 Kvaale은 그렇게 말하는 것은 무모한 주장이라고 반박하면서, "일반인들에게 생물과학에 대해 단순히 교육한다고 해서 생물발생학적 설명이 초래하는 부작용이 모두 사라지는 것은 아니다. 더욱이 근본적인 문제는 바로 신경가소성(neuroplasticity)과 후성설(epigenesis)을 무시하는 태도다."(p. 402)라고 강조한다.

미국 내 무수한 집단이 이미 인종, 민족, 성 지향성을 비롯해 많은 다른 특성들로 인해 주변인으로 내몰리면서 차별 대우를 받고 있음을 고려할 때, 또 다른 형태의 편견의 경로와 소재를 추가하는 것은 경솔하다고 생각된다. 사실 내담자와 임상가는 간결성이라는 미명하에 인간의 존엄성과 복합성을 훼손하는 환원주의적 설명에 모두 취약하다. 상담자는 인간의 고통을 보다 더 섬세하게 설명해 줌으로써 내담자를 자동적 억압(auto-oppression)으로부터 보호해야 한다. 내담자는 매우 취약한 시점에 상담실을 찾아오기 때문에 쉽게 설득당할 수 있다. 주류문화에 의해 짓밟혀 이미 영혼의 상처를 받은 사람보다 이것을 더 잘 이해할 수 있는 사람은 없을 것이다. 과학기반이라고 하는 또 하나의 억압층을 추가하는 것은 어떻게 보면 상담자는 내담자를 보호해야 한다는 중요한 지침을 위반하는 것이 된다.

그럼에도 불구하고 여전히 희망은 있다. 앞서 인용한 연구들은 대부분 특정 정신건강 전문가에 초점을 둔 반면 정신건강 상담자에 관한 내용은 아니었다. 그러나 핵심은 이것이 아니다. 오히려, 이러한 연구를 접하는 동안 내담자의 문제를 어떻게 사례개념화하고,

장애에 대해 어떻게 신경생물학적으로 설명하고, 또한 내담자가 이러한 정보를 잘못 사용하게 될 수도 있음을 상담자가 어떻게 예측하고 방지할 수 있는가에 관한 후속 연구와 그에 따른 임상 실제에 있어 일련의 조정이 가능할 것이라는 희망을 갖게 되었다. 또한 조력자들이 취약한 대상을 대할 때 민감성을 유지해야 할 필요가 있음을 강조한다.

신경적 공격성

새로운 소식들이 모두 희망적인 것은 아니지만 최소한의 희망은 가져볼 만하다. 인간은 자신이 미처 인식하지 못한 채 다른 사람에게 상처를 주는 경우가 있다. 곧 발표될 논문(Luke et al., in press)에서 언급될 신경적 공격성(neural aggressions)은 인간의 뇌가 이방인들에 대한 선입견을 갖고 그들을 배척하는 방식으로 구조화되어 있음을 설명하는 용어다. 이와 관련된 내용은 일찍이 내집단/외집단 편견에 관한 연구(Muzafer Sherif의 Robber's Cave 실험 참조)를 통해 확인되었으며, 그 이후의 연구에서도 이러한 편견이 계층적 편견(status bias)을 포함하고 있음을 보여 준다. 예를 들어, 다른 계층의 성공과 웰니스를 경계하고 무시할 만큼 백인 미국인은 비백인 집단에 대한 편견을 갖도록 신경생물학적으로 설정되어 있다는 것이다. 아마도 지금 이 글을 읽는 여러분은 마음이 불편할 수 있을 것이며, 이 글을 쓰고 있는 나 자신도 그러하다. 그러나 이것은 상담 장면을 위한 중요한 함의를 지니고 있다. 상담자와 내담자는 서로 다른 지위 집단에 속한다. 상담자는 상담일정을 조정하고 상담료를 받는 입장이므로 내담자와의 관계에 있어 주류집단 지위에 속하며 원천적으로 더 많은 파워를 지닌다. 대부분의 경우 상담자는 높은 교육적 지위를 갖는다. 즉, 상담 장면에서 상담자는 고위층 집단에 속하며 내담자는 외집단에 속한다고 볼 수 있다. 상담자가 이러한 점을 수용하고 인정하거나 혹은 즐기고 있지 않다고 하더라도, 우리의 역사와 문화론적 경험적 문헌은 지위를 가진 집단은 그것을 지키기 위해 투쟁하며 심지어 그 지위를 지키기 위해 자신보다 열등한 집단을 단죄해 왔다는 것을 보여주고 있다. 그러나 이것이 문제의 핵심은 아니다. 비록 초기 진화과정을 거치는 과정에서 생물학적으로 프로그래밍되기는 했지만, 그것은 이미 생물학적으로 사전 설계된 것이라는 점이다. 상담자로서 우리가 직시해야 하는 중요한 문제는 바로 상담회기 중 진정성(authenticity)이라는 가면 뒤에 숨을 수 있다고 믿고 또 그렇게 행동한다는 점이다. 그러나 상담자가 일치적(congruent)이지 않으면서 또한 암묵적 편견과 지위를 이용하여 외집단을 판단하는 태도를 멈추기 위해 노력하지 않는다면, 결국에는 내담자가 그것을 알아차리게 된다. 대인관계 생리학(interpersonal physiology; Kleinbub, 2017), 대인관계 자율신경 생리학(interpersonal autonomic physiology), 생리적 동시성(physiological synchrony; Palumbo et al., 2017), 내부 수용 감각(interoception; Khalsa et al., 2018) 등에 관한 지속적인 연구결과는 우리의 몸이 의식(conscious awareness)에 앞서 이미 상대방을 경험(experience)한다는 것을 보여 준다.

다양한 지역사회 집단을 대상으로 적용되는 상담 접근의 한계에 대해서는 이후 각 장에서 상세하게 다룰 것이다. 여기에서는 일반적인 상담 장면과 신경과학적 통합이라는 측면에서 문화적 역동성을 이해하고 그에 대한 인식을 증진시키는 데 도움이 될 수 있는 몇 가지 지침을 언급하고자 한다. Ratts, Singh, Nassar-McMillan, Butler와 McCullough(2016)는 다양성의 여러 범주와 특징 간의 교차점에 대해 논의하고 있다. 내담자가 지니고 있는 복합적인 복잡성은 상담자의 복합적인 복잡성과 교차하여 상호작용하게 된다. 이러한 상호작용이 일어나면서 자칫 상담자는 내담자의 사적 경험을 잘못 이해하고 그것이 지니는 개인적인 의미를 무시하는 경우가 발생할 수도 있다.

활동과 예시가 활용될 수도 있지만, 다음 사례개념화에 적용해 보고자 한다.

상담회기 내 신경과학적 접근

Juanita Juanita는 지역사회 정신건강클리닉에 소속된 임상 경력 2년 차에 접어드는 초보 상담자이며 자격증 취득을 위해 슈퍼비전을 받고 있는 중이다. 그녀의 내담자는 주로 아동과 청소년, 그리고 그 가족들이므로 최근 '아동의 신경사회학적 장애 치료' 워크숍에 참석했다. Juanita는 워크숍에서 신경학의 개념과 기술적 용어를 접하고 당황했다. 강사들(임상심리학자와 신경생물학자)은 새로운 뇌연구 관점에서 DSM-5(American Psychiatric Association, 2013)의 논리적 확장에 초점을 맞추었다. 그들은 이러한 최근의 연구결과 덕분에 심리역동적 접근이 신경사회학적 장애 치료를 위해 가장 효과적이고 윤리적인 접근이라는 것이 입증되었다고 믿었다. 내담자 치료를 위해 증거기반 접근을 지지해야 한다는 내·외적 압박감을 느낀 Juanita의 슈퍼바이저는 이후 워크숍 내용을 논의하기 위해 Juanita와 만났다. 신경기반 심리역동적 접근이 슈퍼비전 프로그램의 핵심 주제가 아니며 더구나 Juanita가 능숙하게 적용할 수 있는 접근이 아님에도 불구하고, 슈퍼바이저는 Juanita에게 내담자를 위한 최선의 치료를 위해 신경기반 심리역동적 접근을 적용할 필요가 있다고 요구한다. Juanita는 다음 상담회기에서 이 새로운 접근을 통합해야 한다. 치료 장면에서 구체적이고 점진적인 적용보다는 대략적인 개요를 파악하는 것이 중요하다고 여겨지는 상황에서, 내담자에 관한 구체적인 자료 정보가 의도적으로 간과되었다.

반영 질문 1.1

이 장에서 Juanita 사례에 대해 좀 더 살펴보게 될 것이며 이후 다른 장에서도 다양한 내담자 사례를 접하게 될 것이지만, 현시점에 관련된 질문을 하고자 한다.

- 만약 당신이 Juanita 입장이라면 어떻게 할 것인가?
- 윤리적 관점과 신경기반 관점에 근거하여, 당신의 생각을 슈퍼바이저에게 어떻게 설명할 것인가?
- 만약 당신이 이 새로운 접근을 수용하게 되었다면, 어떻게 시작할 것인가? 당신의 현재와 미래 내담자들에게 이러한 전환을 어떻게 설명할 것인가? 사전동의(informed consent) 방식으로 시작할 것인가?

기대 사항

뇌와 신경계의 다양한 체계와 기능은 상담과 관련된다. 이 책의 접근 방식을 이해하기 위한 일종의 지도로서 여기에서 간략하게 소개고자 한다. 이는 통합을 위한 동기라고 할 수 있다. 이후 장에서 독자들은 다음 내용을 종종 접하게 될 것이다.

- 신경회로의 사용–혹은–제거 기능을 이해하게 된다. 동시에 활성화되는 뉴런들은 그들이 관여하여 기능하는 회로 혹은 체계를 강화시키지만, 사용되지 않는 뉴런들 혹은 회로들은 가지치기가 되어 사라진다.
- 최근 연구 결과, 뇌는 생각했던 것보다 한층 더 유연하며 더 오랜 발달과정을 거친다는 것이 밝혀지고 있다. 즉, 연령이 증가함에 따라 뇌가 한층 더 큰 폭으로 변화될 수 있음을 의미한다.
- 매 순간 기억 과정은 상상만큼 복잡하다. 그러나 이러한 복잡성이 곧 정확성을 의미하지는 않는다. 인간은 걸러내고, 선택적으로 주의를 기울이며, 회상하기보다는 재구성하며, 정서적 내용과 과거 경험을 토대로 '사실'을 왜곡하기도 한다.
- 이와 마찬가지로, 기억은 실제로 발생한 것을 재연하는 것이 아닐 수 있으며, 시각 장면은 실제로 거기 있는 것을 보는 것이 아닐 수 있다. 시각 장면은 사실 시신경을 통해 들어온 시각적 자극을 해석하는 것이다. 따라서 본다는 것(seeing)은 곧 뇌의 시각피질 안에 들어온 이러한 신호들을 처리하는 행위다.

- 거울 뉴런(mirror neuron)은 다른 사람이 특정 행동을 수행하는 것을 관찰하는 동안 뇌의 운동피질 내에 있는 뉴런이 반응을 나타내는 현상을 기술하기 위해 붙여진 용어다. 그렇다면, 공감 능력도 신경학적으로 프로그램화된 것인가?
- 상담에서 내담자의 마음을 이용하여 그의 뇌를 변화시키고자 한다면, 마음과 뇌의 문제에 관한 철학적 논쟁에 관심을 가질 수밖에 없다. 의식(consciousness)과 그것이 물리적으로 위치하고 있는 뇌는 상담에서 지속적으로 논의될 것이다.
- 최근 뇌 통합의 개념은 (1) 원시적, 정서적 그리고 고차원적 과정을 거치는 수직적 통합, (2) 논리적 · 문자적 · 언어적 기반의 좌뇌와 창의적 · 직관적 · 정서적 기반의 우뇌 간의 수평적 통합, 그리고 (3) 개인의 뇌가 주변 다른 사람들의 뇌와 통합되는 차원에서 각각 논의되고 있다.
- 뇌와 몸은 서로 연결되어 있으므로 외상(trauma)은 뇌와 몸에 동시에 각인된다. 뇌와 몸은 미생물-장 축(microbiota-gut axis)과 같은 체계를 통해 연결되어 있으며, 이러한 관점은 Porges 박사의 다미주신경이론(polyvagal theory)으로 소개되었다.

이후의 전개를 위해서는 우선 기본 원리를 살펴보는 것이 필요하다. 적용될 가정을 먼저 소개하고, 통합 논의에 활용될 이론적 틀을 제시할 것이다. 삶의 새로운 현상이나 익숙한 현상을 이해하기 위해 우리는 저마다 독특한 세계관을 적용한다. 우리가 가진 이론적 세계관은 대부분 암묵적이거나 암시적이며 고정된 형태를 지닌다. 흔히 카페나 술집에서 이야기하듯이 '모든 것의 이론(theory of everything)'을 주창할 수는 없다. 뇌와 시각체계에 대해 보다 더 설명하겠지만, 그럼에도 불구하고 그 어떤 현상이라도 절대적 객관성을 유지하는 '순수한' 관찰은 있을 수 없다. 마치 테이블 위에 내 카드를 내어놓는 것처럼, 다음 영역에서는 나의 관점이 채색된 기본 가정을 제시하고자 한다.

가정

심리치료를 공부하는 학생들은 매번 듣는 말이겠지만, 상담자는 상담 장면에 자신이 믿고 있는 가정(assumption)을 반영한다. 또한 우리가 갖고 있는 그러한 가정이 상담에 미칠 부정적인 영향을 차단할 수 있도록 해야 한다는 것도 알고 있다. 여기에서도 마찬가지인데, 이제 내가 믿고 있는 가정을 제시하고자 한다.

1. 나는 모든 정보들이 궁극적으로는 지식으로 전환될 것이며, 그러한 지식은 어느 정도의 불확실성을 지닌 채 우리의 신념과 행동을 이끌어 줄 것이라고 믿는다. 지식의 변화 속성으로 인해, 확실한 결론에 이르기까지는 잠정적 가설의 형태로 접근해야 한다.
2. 마음과 물질에 관한 논쟁(마음과 몸에 관한 철학적 문제)은 현재의 물질주의적 대세보다 훨씬 더 복잡하므로 독단적인 입장보다는 역동적 긴장을 수용하는 개방적이고 협력적인 태도를 취하면서 적용되어야 한다. 따라서 신경생물학과 전환적 신경과학의 범주 내에서 뇌와 몸에 관한 논의에 초점을 맞추는 것이 바람직하다.
3. 상담의 궁극적인 목적은 웰니스를 지향하는 데 있지만, 아이러니하게도 '괜찮은 상태(well)'에 있는 사람은 상담실을 찾아오지 않는다. 따라서 우리는 **고통(pathos)**을 겪고 있는 내담자에게 먼저 다가가도록 해야 한다.
4. 신경과학은 놀랍다. 그러나 만병통치약은 아니다. 내담자의 모든 고통에 대해 즉각적인 해답을 제시해 주지는 않는다. 뇌에 관한 많은 정보를 갖고 있다고 해서 그 정보를 활용할 수 있는 지식과 지혜를 갖고 있다고 할 수는 없다.
5. 오늘날 많은 정신역동적 상담자들이 결론짓는 것처럼 (Freud가 전적으로 인정하는 바는 아니지만), 내담자의 지속적인 변화를 이끌어 내는 데 있어 통찰은 필요조건이기는 하지만 종종 충분조건은 아니다. 신경과학적 연구가 미치는 영향력에도 불구하고 여전히 상담자는 내담자로 하여금 다양한 행동을 탐색하고 실험할 수 있도록 조력해야 한다.
6. 신경과학을 상담과 통합시키고 그것을 적용하는 데 있어 반드시 방대한 생물학적·화학적·신경생물학적 지식이 필요한 것은 아니다. 오히려 특정 개념을 채택하고 그것을 임상에 적용하고자 노력하는 자세가 요구된다. 또한 신경생물학적인 원자료와 그것을 전환하고 적용하는 임상 활동 간의 차이점을 이해하는 노력(이 책의 경우와 같이)이 필요하다.

상담회기 내 신경과학적 접근

Juanita 이 책의 목적을 염두에 두고 Juanita 사례로 되돌아가자. Juanita가 느낀 불편감은 매우 자연스러운 것이며 윤리적 지향성을 발전시키고 있다는 표시이기도 하다. 상담자로 성장하기 위해 그녀는 특히 권위에 대한 복종과 관련한 자신의 관점을 평가하면서(즉, 슈퍼바이저의 교육지도 범위를 어느 정도까지 벗어날 수 있는가? 그리고 그녀 자신이 안정감을 느끼는 수준은 어느 정도인가? 등), 이러한 새로운 치료접근을 통합하는 것에 관련된 윤리적, 문화적, 전문적 함의를 고민해야 할 필요가 있다. Juanita와 그녀의 슈퍼바이저는 Luke 등(under review)과 Luke와 Redekop(2016)에 기술되어 있는 주의와 경고내용을 살펴보는 것이 도움이 될 것이다. Luke 등(in press)은 신경기반 상담의 인본주의적 접근을 강조하고 있다.

상담자는 신경과학자가 아니다

변명하려는 의도가 아니다. 상담자는 자신이 다른 모습이 되지 못한 것에 대해 굳이 변명할 필요가 없다. 우리는 이 책을 읽음으로써 신경과학자가 되고자 하는 것이 아니다. 우리 대부분은 신경과학에 관한 체계적 훈련(예를 들어, 학위나 실험실 훈련)을 받지 않았다. 적용을 위한 통합 과정에서, 마치 우리는 (신경이라고 하는) 거인의 어깨 위에 앉아 있는 모습이라고 할 수 있다. 예를 들어, 섬유와 재료를 조합하고 바느질하여 통합적이고 실제적인 형태, 즉 착용감이 좋은 옷을 만들고 있는 재단사를 생각해 보라. 이 재단사는 목화가 어떤 조건에서 재배되고 경작되는지 혹은 비단이 생물학적으로 어떻게 만들어지고 방적되는지를 일일이 모두 이해할 필요가 없다. 이와 마찬가지로, 우리 상담자는 이미 신경과학 분야에서 보편적으로 수용되고 있는 가정에서부터 출발하게 된다.

신경과학은 만병통치약이 아니다

'뇌 치료'가 삶과 세상을 완전히 변화시킬 것이라고 주장하는 수많은 책, 앱, 광고 혹은 내담자에게 희망을 주입하는 홍보내용을 접하다 보면, 당신은 신경과학이 마음과 뇌의 비밀을 풀어내고 치유와 성장을 위한 인간의 잠재력을 해방시켰다고 생각할지 모른다. 그러나 안타깝게도 신경과학은 만병통치약이 아니다(Bott, Radke, & Kiely, 2016). 신경과학은 인간의 사고, 감정, 행동에 관한 신비를 기술하고 또한 많은 경우 설명한다. 신경과학은 인간의 고통과 잠재력에 대한 폭넓은 이해를 가능하게 했지만, 한편으로는 해답보다는 또 다른 질문을 던지게 한다. 그것은 기적적인 치유도 아니며 마술적인 해결책도 아니다(Luke, 2018).

따라서 인간의 다른 성장과 치유 과정과 마찬가지로, 이러한 연구결과를 임상에 적용하기 위해서는 시간과 노력이 요구된다. 안타깝게도 지름길은 없다. 따라서 Juanita와 그녀의 슈퍼바이저의 경우, 지금 (이론적) 배에 뛰어들어 새롭지만 아직까지는 불완전한 정보에 기초한 이론적 접근을 추구하는 것은 너무 시기상조인 것 같다. 대신, Luke 등(in press)은 "신경과학의 관련성이 확인되고, 체화되고, 비환원적이고, 인본주의적인 경우에 한해 상담자가 신경과학을 접목할 것을 제안한다"(Hansen, 2005 참조).

신경과학은 치료 바퀴(therapeutic wheel)를 재발명하지 않는다

내담자의 삶의 질을 향상시키고자 노력한다는 측면에서 Juanita의 슈퍼바이저가 취한 방식은 자연스럽고 또 이해될 수 있다. 이러한 종류의 책을 집필하는 데 있어 나는 불가피하게 참신한 것을 추구하게 된다. 그동안의 연구결과는 확실히 뇌의 새롭고 매혹적인 측면을 드러내 주었으며, 이와 관련된 책들도 집필되었다. 그러나 상담은 단지 새롭고, 멋지고, 근사한 이론을 추구하는 것이 되어서는 안 된다. 오히려 상담은 적절하게 반성적이면서 또한 윤리적 · 기술적 적용에 기초한 엄격하고 지속적인 교육이어야 한다. 결국 Juanita와 그녀의 슈퍼바이저는 새로운 상담 이론을 소개하는 것이 아니라, 기본적인 상담 기술, 이론 및 기법의 토대 위에 새로운 정보를 활용하는 법을 배우게 될 것이다. **신경과학 연구결과를 상담 이론과 실제에 적용**하는 가운데, Juanita와 그녀의 슈퍼바이저는 그러한 연구결과가 심리치료 이론을 입증해 주는지 여부에 초점을 맞출 것이 아니라, 그것이 오늘날 임상 현장에서 활용되고 있는 주요 상담 이론에 어떤 시사점을 제공하는지를 확인하는 것이 필요하다.

신경기반 상담은 사회적 구성이다

신경과학을 상담에 접목하고자 하는 상담자에게 있어 핵심적인 가정은 상담의 신경과학적 요소(예를 들어, 신경상담, 신경기반 상담, 신경심리치료)는 인간 경험에 관련된 현상을 기술하고자 하는 인간적 구성(constructions)이라는 점이다. 따라서 명시적이거나 암묵적인 가정은 가장 최근에 소개된 진실에 절대적으로 집착하기보다는 오히려 잠정적으로 설정되어야 한다. 상담자는 건강한 회의론(healthy skepticism)에 기반하여 신경기반 상담에 접근해야 한다(Dewell & Foose, 2017). [그림 1-2]는 관점이 갖고 있는 이러한 한계를 보여주고 있다.

[그림 1-2] **맹점.** 얼굴에서 약 30~45cm 정도 떨어져 책을 펼쳐 보라. 이제 우측 눈을 가리고 원 도형을 보라. 그다음 얼굴을 책 가까이 천천히 가져가면서 시선을 원 도형에 계속 고정시키는 동안 플러스 도형에 어떤 일이 발생하는지를 관찰해 보라.

아마도 당신은 플러스 도형이 사라지는 것을 관찰하였을 것이다. 이러한 착시가 나타나는 이유는 단순한데, 인간의 시각 체계 내에 맹점(blind spot)이 있기 때문이다. 시신경이 안구의 후방부로 나가는 지점에 수용세포가 존재하지 않기 때문에 물체의 상이 맺히지 않는 지점이 있다. 이것은 사실적으로 시각 영역의 사각지대를 만들어 낸다. 평행으로 놓인 두 눈이 각기 다른 쪽 눈의 맹점을 보완해 주기 때문에 평소에는 이러한 현상을 자각하지 못한다.

이것은 심리학의 기초 원리(혹은 트릭)이지만, 상담자는 내담자의 삶을 변형시킬 수 있도록 조력하기 위해 이러한 원리를 임상 실제로 전환시킬 수 있어야 한다. 이 맹점의 비유는 상담을 위한 상징적인 의미를 내포한다. 우리는 우리가 보고 있다고 생각하는 것을 항상 보고 있는 것은 아니며, 또한 사물을 완전히 이해하고 있는 것은 아니라는 점을 깨닫게 한다. 이는 상담자가 일상적으로 수행하는 역할에 비유될 수 있는데, 상담자는 내담자에게 처음으로 '제2의 눈' 역할을 담당한다. 나아가 상담자는 내담자로 하여금 자신을 둘러싼 환경 내에서 맹점의 영향을 감소시킬 수 있는 제2의 눈 역할을 할 수 있는 사람을 발견하도록 조력한다.

신경과학 문헌은 방대하며 복잡하고 당황스럽다

신경생물학과 그 관련 분야의 문헌이 방대하다는 것은 의심의 여지가 없다. 다른 분야와 마찬가지로 난해한 전문 용어를 갖고 있으며(Hansen, 2012), 과학적이고 의학적인 분위기로 인해 복잡하고 까다롭게 느껴진다. 그러나 이러한 문헌에 접근할 수 있는 몇 가지 방법이 있다. 예를 들어, 뇌에 관련된 대부분의 용어는 두 가지 측면을 내포한다. 첫째는 뇌의 지형학적 측면이며, 둘째는 뇌 용어의 라틴어 어원 측면이다. '복외측 전전두엽 피질(ventrolateral prefrontal cortex)' 용어를 살펴보면, 뇌 조직의 외부층에 해당하는 **복(ventro)** 혹은 복측(ventral)은 뇌의 아랫부분을 뜻하며, **외측(lateral)**은 바깥 부분을 의미하며, **전전두엽(prefrontal)**은 앞부분의 앞부분 혹은 전두엽의 앞부분을 의미하며, 마지막으로 피질(cortex)은 라틴어로 껍질을 의미한다(Jones, 2017). 즉, 복외측 전전두엽 피질은 뇌의 껍질층의 앞부분의 아래와 외부 부분에 위치한 뇌 조직 영역을 일컫는 용어이다. 마지막 문장이 부담스럽게 들리겠지만, 위협적으로 들리는 '과학' 용어는 결국 지형학적 위치와 라틴어 어원에 근거한다. 신경과학의 용어와 내용은 당황스러울 수 있지만 그러한 정보를 무비판적으로 적용하는 것은 위험하다는 것이 핵심이다. 따라서 통합을 추구하는 상담자는 신경과학을 임상 실제에 사용하기 전에 내용을 충분히 학습해야 한다. 마지막으로, Luke, Redekop과 Jones(2018)는 상담자가 기초 문헌을 난해한 것으로 간주할 것이 아니라 자신의 이해 수준에 맞추어 임상 활동을 전개할 것을 권고한다.

신경과학은 대중문화적인 매력을 지닌다

신경과학은 그에 관련된 주장에 대한 제재가 약하다 보니 대중들에게 많이 어필되고 있다. 이러한 주장들 중 일부는 상담자 입장에서 문제가 될 수 있는데, 왜냐하면 이러한 주장 중에 무엇이 타당하고 검증된 것인지에 대해 미처 알지 못한 채 내담자와 상담자의 기대를 유발시키기 때문이다(Gruber, 2017; Schultz, 2015 참조). '신경벙크(neuro-bunk)'(Crockett, 2012)는 신경과학 연구결과를 과장하여 도움을 갈망하고 손쉬운 방법을 찾고자 하는 사람들을 현혹하는 미디어 홍보에 붙여진 용어다. 미디어가 주장하는 내용의 상당 부분은 진실이라고 하기에는 너무 과장되어 있다(Gruber, 2017). Fernandez-Duque, Evans, Christian과 Hodges(2015)는 미디어의 주장은 현란한 신경과학적 정보를 담고 있기 때문에 심지어 교육 수준이 높은 사람조차도 특정 주장을 쉽게 믿을 정도로 현혹될 수 있음을 보여 준다!

신경과학은 내담자 경험의 신비를 풀어내고 인간화시킨다

Luke(in press)는 신경과학이 상담의 인본주의적 기조와 양립할 수 없다는 주장을 반박한다. 그러나 상담자는 신경생물학을 오용함으로써 내담자를 의학적 문제나 뇌 퍼즐 문제를 지닌 환자로 대하는 실수를 범할 수 있다. 신경과학이 상담자의 임상 활동에 도움이 된다는 점은 사실이지만, 상담의 근본과 지속적인 혁신은 관계성에 근거하고 또한 그렇게 되어야 한다(Badenoch, 2008; Miller, 2016; Miller & Barrio-Minton, 2016; Siegel, 2012). 내담자는 자신이 겪고 있는 고통의 기제를 이해함으로써 자신의 삶의 이야기와 경험을 다시 쓸 수 있게 된다(Prendiville, 2017).

신경과학은 인본주의적 상담을 정당화시킨다

상담은 인간 대 인간 활동이다. 그것은 치료 관계의 핵심적 조건에서 비롯된 관계성으로 이루어져 있다(Rogers, 1942; Prochaska & Norcross, 2018). 신경기반 상담 접근은 관계지향성의 기저에 놓인 생물학을 강조한다. 뇌 피질의 약 1/3은 사회적 뇌(social brain; Cozolino, 2017)에 해당하며 관계성의 요구와 능력에 관여한다. 관계가 차단된 맥락에서 뇌의 수행능력은 결과에 영향을 미치는 것으로 나타났다(Palumbo et al., 2017; Ramachandran, 2000).

맥락 내 신경: 도전과 기회

이론적 지향과 무관하게 상담자는 상담의 여덟 가지 요소(틀림없이 이것보다 더 많은 구성요소들이 있다. 그러나 이 여덟 가지는 가장 기본적인 요소이며 우리 주제의 복잡성을 고려했을 때 충분하다)—사회문화적 맥락, 관계성, 생물학, 경험, 환경, 사고, 감정, 행동—를 어떻게 잘 다룰 수 있을지를 결정해야 한다(Luke, 2016, 2018). 상담에서의 신경과학적 통합은 인본

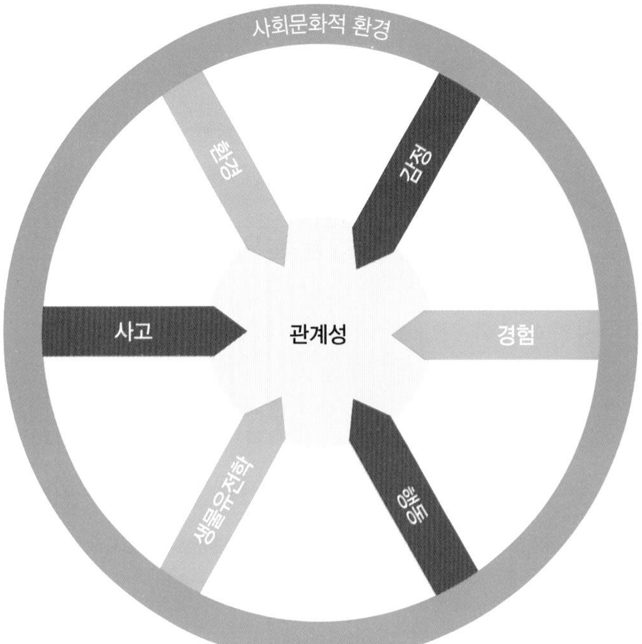

[그림 1-3] 여덟 요인 메타모형

주의의 이 여덟 가지 요소를 명심해야한다([그림 1-3]). 앞서 언급한 바와 같이, 우리 모두는 명시적이든 혹은 암묵적이든 어떤 가정들을 갖고 세상을 바라본다. 이 책은 사고, 감정, 행동을 개념화하기 위해 단순한 렌즈를 제공한다. 심리학과 교육학 연구에 있어서 이것은 조작적 정의—용어가 특정 맥락에서 어떤 의미를 갖는지를 설명해 주는—를 도출하는 이론적 틀이 될 수 있다. 이 렌즈는 당신의 이론적 접근에 더하여 당신만의 정교성을 추가할 수 있는 일종의 스캐폴딩이 될 수 있다. 정리하는 차원에서 이것을 고려해 보자. "경험이 신경계와 행동 발달에 미치는 영향은 자극이 주어지는 시간, 자극의 지속성, 자극의 강도와 생물학적 취약성, 적응유연성, 위기요인의 효력, 그리고 보호 효과에 의해 좌우된다." (Jokić-Begić, 2010, p. 238) 추후 '하나의 뇌' 관점을 살펴보겠지만, 개별 요소를 확인하는 작업은 전체가 하나의 통합체로 작용하는 맥락을 벗어날 수 없다.

1. 관계성

인간 기능의 핵심은 관계성이다. 뇌 용적의 80%가 대뇌피질로 구성되어 있다는 점에서 (Herculano-Houzel, 2009) 신경과학은 이것을 명확히 입증하고 있는데, 아마도 부분적으로는 복잡한 사회적 · 인지적 과제의 요구 때문인 것으로 추정된다(Clark-Polner & Clark, 2014 참조). 인간의 뇌와 다른 동물의 뇌를 구분해 주는 가장 중요한 차이점은 바로 복잡한 사회적 상호작용에 관여하는 피질에서 찾을 수 있다. 인간 유아는 태어날 때부터 완전히 기능하고 독립적인 존재라기보다는 오히려 무기력하며 주된 양육자와 메시지를 주고받아야만 살아갈 수 있는 존재로 태어난다. 이성교제와 자녀양육을 비롯한 이러한 관계 능력은 전생애에 걸쳐 발달한다. [그림 1-3]의 도형에서 보는 바와 같이, 이 관계성은 도형의 중앙에 위치하며 다른 일곱 요소의 중추적 역할을 담당한다. 이후 살펴보겠지만 다른 요소와 달리, 관계성은 다른 일곱 요소가 형성되는 데 영향을 미치기도 하지만 이들 일곱 요소의 영향을 받아 형성되기도 한다. 최근의 연구결과는 관계성이 신경생물학 체계를 형성시키는 기제와 신경학적 과정이 관계적 행동을 유발시키는 기제를 설명하고 있다(Beckes, Ijzerman, & Tops, 2015; Clark-Polner & Clark, 2014). 내담자 혼자서 약물을 복용하거나 자기개발서를 활용하는 것에 비해, 상담이 내담자의 건강한 기능을 회복시키는 중요한 활동이 될 수 있는 이유가 바로 이것이다. 사실, 상담자와 내담자 간의 상호영향력에 관한 관점(Freud, 1961/1995; Redekop, Luke, & Malone, 2017의 논의 부분 참조; Rogers, 1961/1995)과 신경생물학적 변화는 직 · 간접적으로 관찰 가능하고 측정 가능하다(Palmieri et al., 2018;

Voutilainen et al., 2018)는 것을 확인시켜 주는 연구결과가 축적되고 있다.

상담회기 내 신경과학적 접근

Juanita Juanita는 신경기반 상담이 적어도 전혀 새로운 접근은 아니라는 사실을 알게 되기까지 당연히 불안했다. 따라서 그녀는 내담자와 인간적인 치료 관계를 강화하는 방식에 주된 초점을 두게 되었다. 이러한 치료 관계를 통해 Juanita는 내담자가 자신의 삶에 있어서 다른 관계성에도 관심을 갖고 관여하게 되는 법을 배운다는 점을 깨닫게 될 것이다. 내담자와 치료 관계를 맺는 것은 이후의 상담 작업의 성공을 위해 매우 중요하다(Woodside & Luke, 2018). 그동안 내담자의 삶에서 진정성 있고 의미 있는 관계 경험이 드물었다는 사실을 깨닫게 되기까지 우리는 치료 관계를 과소평가하고 주의를 기울이지 않게 된다. 이론적 기반과 상관없이 이러한 관계성은 Juanita가 내담자와 작업하는 데 있어 중요한 지점으로 작용할 것이다.

2. 사회문화적 맥락

우리 존재와 행동, 사고, 감정, 경험 등은 사회적 환경 내에서 문화적 특성을 배경으로 형성된다. 문화는 가능성(vs. 불능성), 종교, 공유된 외상경험, 언어를 포함하며(Pedersen, Lonner, Draguns, Trimble, & Scharron-del Rio, 2016 참조), "개인 삶의 경험 속 주관적인 문화"(MacDonald, 1997, p. 199)라고 일컬어진다. 체계의 다른 모든 요소([그림 1-3])가 포함되어 있는 사회문화적 환경을 정의하기 위해서는 이러한 문화에 대한 다층적 기술이 사용된다. 이것은 한 개인의 고유한 문화(Luke et al., in press 참조)를 인식하고 존중하는 포용성의 시작이다. 개인은 다른 사람과의 관계적 맥락 안에서만 이해될 수 있다고 하는 소위 대인관계 생리학(interpersonal physiology)을 접하게 된다(Kleinbub, 2017). 문화적 규범의 모든 수준은 관계를 특징짓고 개인의 사고, 감정, 행동에 영향을 미친다. 모형에서 사회문화적 환경이 테두리 외곽 원에 위치하고 있는 이유는 그것이 체계로 들어오고 나가는 모든 정보와 상호작용을 채색하기 때문이다. 공간과 범위는 현재 주고받는 이야기를 한정짓지만, 성공적인 상담을 위해서는 내담자의 삶의 역사와 맥락에 대한 인식이 중요하다. 이후 지속적으로 다루겠지만, 신경과학은 문화적 평등을 증진시키는 데도 이용될 수 있지만 한편으로는 문화적 불평등을 심화시키는 데 이용될 수도 있는데, 이러한 측면이 신경생물학에 미친 영향은 더 말할 것도 없다(Farah, 2018).

상담회기 내 신경과학적 접근

Juanita Juanita가 내담자와 상담할 때 염두에 두어야 할 사회적 · 문화적 고려사항은 무엇인가? 단순하게 '항상'과 '상황에 따라'라고 답할 수 있다. 임상적 맥락에서는 이 두 가지 답변이 모두 그럴듯하므로 좀 더 면밀히 살펴보기로 하자. 먼저 문화적 영역에서, 내담자의 인종, 민족, 성별, 종교, 성적 지향성은 잠재적으로 중요한 문화적 요소다. 그러나 외상과 폭력 경험, 신체조건, 남성성-여성성 연속성(이러한 명칭이 타당하다고 한다면), 인지 능력 등을 포함하여 소위 집단 간(between-group) 차이보다 더 중요한 것으로 확인된 집단 내(within-group) 차이라고 하는 수많은 개별 문화적 차이(MacDonald, 1997)가 존재한다. 따라서 상담자는 개별 문화적 복잡성을 고려하여 내담자를 이해하고 다른 영역을 추가로 탐색해야 한다.

한편 사회적 영역에서, 우리는 내담자가 주변 사람의 문화와 그 외 다른 특성 배경과 어떻게 상호작용하는지 잘 알고 있다. 내담자의 직계 가족과 지역사회의 사회경제적 지위(SES)는 어떠한지? 어떤 학교에 다니며 어떻게 적응하고 있는지? 내담자에게 가능한 자원은 어떤 것인지? 이 책을 읽는 여러분들이 각자 자신의 고유한 심리사회적 경험의 주요 요소들을 추가한다면, 이 목록은 거의 무한할 것이다. 핵심은, 내담자가 진공 상태에서 성장하고 행동을 형성해 온 것은 아니라는 점이다. 사회적 상황과 내담자 행동 간의 상호 피드백 고리는 연속적이며 임상적으로 중요한 단서가 된다.

Juanita는 내담자 주변의 사회문화적 환경이 내담자의 현재 행동과 전반적인 기능에 어떤 영향을 미치고 또 상호작용하는지를 잘 이해하면서 상담을 진행해 나가도록 지도받게 될 것이다. 신경사회적 관점이든 아니든 간에, 어쨌든 내담자는 자신의 삶에 관련된 사람들과 상호작용을 주고받는 사회적 존재다. 내담자가 속한 문화적 · 사회적 환경은 내담자의 신경계 기능에 영향을 미치게 된다(Farah, 2018 참조).

3. 생물학/유전학

특히 2003년 인간게놈프로젝트(Human Genome Project) 완료와 오바마 정부의 뇌 연구 프로젝트 'BRAIN Initiative'(https://braininitiative.nih.gov) 착수를 계기로 유전학은 대중적으로뿐만 아니라 연구 분야에서 활발하게 다루어져 왔다. 상담과 심리치료에 특별히 적용될 수 있는 몇 가지 사실이 확인되었다. 첫째, 유전학 연구가 자연 대 양육(nature vs. nurture) 논쟁에 기여한 점이다. 인간 발달에는 이 양자가 모두 관여된다는 점을 경험적으로 증명했다. 흔히 "자연 혹은 양육—어느 쪽이든 당신 부모의 실수다."라고 말한다. 진부한 결론처럼 보일 수 있겠지만, 임상가에게는 특별한 의미가 있는 말이다. '자연'을 지지하는 입장에서 볼 때 개인은 특정 성향, 강점, 약점 등을 물려주는 유전 형질을 갖고 태어난다(Kalat, 2019). 갓 태어난 유아가 자신만의 '기질(temperament)'을 드러내고 있는 것을 목격하는 순간 바로 이러한 실체를 보고 있다고 할 수 있다. 한편 '양육'을 지지하는 입장은 유전자 발현의 실체—유전자 정보가 활성화되거나 혹은 잠재되어 있는 방식—를 잘 알고 있으며, 또한 **후생유전학**(epigenetics)에서 연구하듯이 유전자 발현이 행동과 환경에 의해 어떤 영향을 받는지에 대해 더 많은 것을 알고 있다(Berger, Kouzarides, Shiekhattar, & Shilatifard, 2009; Lin, Chen, & Shen, 2017). 이와 관련해서 살펴보아야 할 것들이 더 많지만, 알코올중독 가족 내력 탓에 유전은 불가항력적이라고 믿고 있던 내담자에게 이러한 연구 결과는 위로가 될 수 있다.

생물학은 모든 인간에게 매 순간 발생하는 생물학적·화학적 과정을 다룬다. 또한 보편적인 유사성에도 불구하고 각 개체가 얼마나 다르게 작동할 수 있는지도 강조한다(Panksepp, 2016 참조). 예를 들어, 당을 에너지로 전환하고 지방을 축적하는 대사과정에 있어 개인 간 변이가 발견된다(Schmidt et al., 2018 참조). 또 다른 예로, 자극과 통증 신호의 처리과정—여기에서의 통증은 신경자극(nerve impulse)으로서의 통증을 의미하며, 그 신경자극에 대한 뇌의 의식적인 해석(interpretation)을 의미하는 것은 아니다—에 있어서의 개인차를 들 수 있다(Elman & Borsook, 2018; Tabibnia & Radecki, 2018). 이것은 전기화학적 신호를 보내고, 받고, 처리하는 등 뇌의 기본적인 전기적·화학적 기능의 예시라고 할 수 있다. 인간을 침팬지와 구분하게 해 주는 유전 코드가 2% 미만의 변이성 때문이라고 하는데, 이와 마찬가지로 두 사람의 뇌의 전기화학적 기제에서 나타나는 아주 미세한 차이로 인해 두 사람의 감정의 속성이 슬픔과 주요우울장애로 서로 달라지게 된다(Yee, Hsu, & Chen, 2017).

상담회기 내 신경과학적 접근

Juanita 특히 아동·청소년 내담자를 만나는 상담자는 생물심리사회적 평가의 일환으로 내담자의 유전적 역사를 탐색하게 된다. 내담자 가계 내에 어떤 유형의 신체적·정신적 질환이 반복되고 있는가? 확실하지는 않지만, 이러한 질환의 존재가 만들어 내는 환경적 영향이 내담자의 정신건강 장애를 촉발시키는 추가적인 위기로 작동할 수도 있다. 생물학적 방정식은 내담자의 전반적인 신체 건강뿐만 아니라 내담자의 신체가 스트레스와 환경적 자극에 대처하는 방식도 포함한다(Russell-Chapin, 2017). 내담자의 문제행동이 현재의 생물학적 과정 및 기능과 관련된 경우가 많지만, 또 한편으로는 이러한 생물학적 과정과 기능이 유전적 소인의 결과일 수도 있다는 점을 함께 고려하는 것이 필요하다. 다음 영역에서 언급하겠지만, 이러한 유전적 소인은 환경적 요인에 대한 내담자의 취약성에 영향을 미칠 수 있다. 유전 자체가 결정적 요인은 아니겠지만 여전히 내담자의 행동에 영향을 미칠 수 있으므로, Juanita가 내담자의 유전과 환경 간의 상호영향성을 인식하는 것은 상담 과정에 도움이 될 것이다.

4. 환경

이것은 사회문화적 배경과 가장 밀접하게 관련된 용어다. 환경은 시간적 측면에서 두 가지 방식으로 정의된다. 개인의 초기 뇌 발달뿐만 아니라 사고, 감정, 행동 패턴을 형성하는 **초기 환경**(early environment), 그리고 내담자가 현재 처해 있으며(Sweatt, 2016) 초기 환경을 반복하고, 다른 요인을 악화시키며, 혹은 이전 환경으로부터 이탈하여 부조화 상태를 초래하는 **현재 환경**(current environment; Suleiman & Dahl, 2017)으로 구분된다. Bandura(1977)와 다른 학자들이 증명했듯이, 개인은 초기 환경 안에서 주변 사람들의 행동을 모방하여 자신의 행동 레퍼토리에 포함시키는 과정을 거치면서 행동양식을 형성해 나간다.

현재 환경은 내담자가 속해 있는 주거상황, 인간관계, 직업과 그 외 다른 생활 '공간'을 포함한다. 이 환경 요소는 사고, 감정, 행동을 형성(Smith & Brewster, 2016)하는 데 있어서, 심지어 신경생물학을 형성(Farah, 2018)하는 데 있어서 사회경제적 지위(SES)가 얼마나 중요한지를 확인시켜 준다. 도심 한가운데나 시골 지역에 거주하는 가족들과 달리, 도시 근교에 거주하는 가족들은 대부분 다른 유형의 범죄, 주택, 교육을 경험하며 이는 곧 그들의 세계관을 형성하는 데 영향을 미친다. 더욱이 현재 환경—심지어 즉각적인 현재 환경—은 정서에도 영향을 미친다(Prochazkova & Kret, 2017).

상담회기 내 신경과학적 접근

Juanita 양육, 관계성, 발달기술 형성(의사소통, 문제해결, 갈등해결 등)의 측면에서 내담자의 초기 환경은 어떠한가? 내담자는 자신의 초기 삶을 어떻게 기술하고 있으며, 그 초기 기억의 내용은 무엇인가? 내담자의 객관적인 현재 환경과 내담자가 주관적으로 경험하는 현재 환경은 어떠한가? Juanita는 내담자의 모든 사고, 감정, 행동이 공간, 즉 내담자가 속한 환경 내(in)에서 일어난다는 점을 무엇보다 명심해야 한다. 내담자가 속한 환경은 내담자의 특정한 사고, 감정, 행동 패턴을 활성화시킬 수 있으며, 이와 마찬가지로 내담자의 사고, 감정, 행동은 내담자의 환경에 영향을 미칠 수 있다.

5. 경험

초기 경험이 긍정적이든, 부정적이든, 혹은 중립적이든 간에 이후의 인식과 실체를 형성한다는 사실은 전혀 놀랍지 않다(Young & Craske, 2018a, 2018b). Shonkoff와 Phillips는 2000년 National Academy of Sciences(전국과학아카데미), National Research Council(전국연구위원회), Board on Children and Families(아동 · 가족위원회) 및 Institute of Medicine(의학연구원)의 의뢰로 『뉴런으로부터 공동체에 이르기까지: 아동 초기발달의 과학(From Neurons to Neighborhoods: The Science of Early Childhood Development)』이라는 책을 편집했다. 위원회는 관련 정책, 연구 및 실제를 향상시킬 목적으로 네 가지 주제를 포함시켰다. "(1) 모든 아동은 감정을 느끼고 학습할 준비가 된 상태로 태어난다, (2) 초기 환경은 중요하며, 양육 관계는 핵심적이다, (3) 사회는 변하고 있지만, 어린 아동들의 요구는 충분히 반영되지 못하고 있다, (4) 아동 초기에 관련된 과학, 정책, 실제 간의 상호작용은 충분하지 않으며 극적인 사고의 전환이 필요하다."(pp. 4-11) 한 개인의 발달에 있어서 초기 경험이 매우 중요하다는 점을 강조한 이 기념비적인 성과물은 전문 학술지에 자주 인용되고 있다(Park et al., 2017).

현재 경험 또한 내담자의 기능에 있어 매우 중요하다. 현재의 치명적이고 외상적인 경험이 발달 과정을 방해하거나 혹은 발달을 그 이전 상태로 되돌려 놓기도 한다는 점은 설득력 있는 주장이다(Ramamurthy & Krubitzer, 2018). 더욱이 현재 경험은 종종 과거 경험과 연결되어 인식된다. 내담자의 몸은 현재 시간에 존재하지만, 그의 마음(예를 들어, 사고, 정서, 기억)은 마치 다른 시간과 다른 공간에 머물고 있는 것처럼 시간여행—이후 다시 다루게 될 개념—을 하고 있다는 것을 명심해야 한다. 달리 표현하자면, 내담자들은 비역사적(ahistorical)이지 않다—그들은 현재의, 최근의 그리고 먼 과거의 경험을 간직하고 있다. 단지 내가 현재 그들을 만나고 그러한 내담자의 경험에 대해 알게 되었다는 이유만으로 그 경험이 최근에 발생한 것이라고 생각해서는 안 된다. 우리는 내담자의 경험들에 대해 존경어린 호기심을 갖고 그것들을 존중하며 그것들이 우리에게 드러날 수 있도록 잘 안내해야 한다.

상담회기 내 신경과학적 접근

Juanita Juanita는 경험이 뇌를 변화시킨다는 점을 깨달았다. 경험에 대한 개인의 인식도 뇌를 변화시킨다. 그녀의 내담자의 경우, 경험이라는 것은 초기 발달 경험(먼 경험)과 보다 최근(근래) 경험을 모두 뜻한다. 이 경험은 두 가지 형태다. 자기주도적 경험과 환경에 의해 주어진 경험이 그것이다. 외적 경험(external experiences)은 개인에게 일어난 사건(events)인 반면, 자기주도적(self-initiated) 경험은 다른 사람에 의해 유발된 경험에 대한 명시적 선택과 인식에 해당한다. 예를 들어, 부모의 이혼을 경험한 어린 내담자는 그 경험을 한 가지 혹은 다양한 방식으로 경험한다. 이혼은 부모가 선택한 행동의 결과로 발생한다는 점에서 그 내담자에게는 하나의 외적 경험에 해당된다. 한편, 아동이 부모의 이혼에 대해 어떤 책임감을 느낀다는 점(슬픔, 보편적인 경험)에서 혹은 부모의 이혼에 대한 반응으로 부적응적 행동을 표출한다는 점에서는 자기주도적 경험이라고도 할 수 있다. 이에 따른 결과는 상담에서 다루어져야 한다.

생물학/유전학, 환경 그리고 경험 간의 상호작용

이 세 가지 중 어느 것도 개별적으로 존재하지 않는다. 그것들은 지속적으로 상호작용한다. 이들 세 요소 간의 관계성은 전체는 부분의 합 이상이라는 것을 보여 준다. 유전형질은 늘 현존하며 환경과 경험에 영향을 미치고 또 반대로 영향을 받는다(Lin et al., 2017). 동일한 사건에 대해 두 개인이 나타내는 반응을 관찰하다 보면, 사건 자체가 아닌 그 어떤 것(something(s))이 두 사람의 반응에 영향을 미친다는 것을 깨닫게 된다. 흥미롭게도 이 삼원(triad) 요소는 건강 및 질병관리 관련 자료로부터 도출되었는데, 질병관리보다는 건강증진에 더 초점을 두어야 하는 이유를 설명하고 있다(Shen et al., 2017 참조).

예를 들어, 외래환자를 대상으로 하는 집중적 집단상담회기 중에, 한 내담자가 최근 자신의 딸과 논쟁을 벌였고 그 후 그들 사이에 전형적인 갈등이 발생했던 사건에 대해 이야기했다. 갈등을 초래하는 과정에서 내담자 자신과 딸이 각자 어떤 역할과 행동을 했는지를 묘사했다. 내담자는 딸이 방어적이고 비난만 하며 감사할 줄 모른다고 한 반면, 자기 자신은 자녀를 잘 보살피고 필요한 것을 다 해 주는 훌륭한 부모라고 했다. 무엇이 이 내담자로 하여금 자신의 행동이 다른 사람에게 미친 영향을 생각하지 않은 채 자신만이 잠재적 피해자라고 주장하는 관점을 갖도록 만들었을까? 심지어 그녀는 자신의 '스토리텔링' 행동이 다른 집단원의 에너지/역동에 미치는 영향을 미처 알아차리지 못하는 듯했다. 상담자가 내담자의 현재 행동의 이면을 탐색함으로써 생물학(이 사례의 경우, 내인성 우울), 경험(그녀 자신이 피해자 역할을 내면화함으로써 스스로를 피해자로 만들고 있는 것), 그리고 환경적 영향(그녀의 행동에 대해 지지적이고 솔직한 피드백을 제공해 주지 못한 동료와 주변 사람들)이 상호 관련되어 있다는 것이 드러났다. (개인상담 혹은 집단상담에 참여하기 전 심리사회적 평가와 사전면담을 통해 이러한 정보가 수집되고 축적되어 있었다.) 이러한 배경적 삼원 요소는 지금 현재 임상적 상황을 파악하고 중재 전략을 수립하는 데 도움이 된다. 집단에서는 내담자의 현재 행동과 제한적인 관점에 대해 작업할 수 있는 상황이 아니라는 것을 파악한

나는 이 내담자에게 순간 반영(moment's reflection) 기법을 적용하기로 했다.

> 바로 이 순간 당신의 딸이 집단상담에 참여해서 동일한 사건에 대해 작업하고 있다고 상상해 보세요. 그녀는 당신과의 사이에 일어났던 그 사건에 대해 또 당신의 행동에 대해 어떻게 이야기할 것 같습니까?

이 반영적 활동의 효과는 즉각 나타났는데, 그녀는 눈을 크게 뜨고 숨을 멈춘 후 "저는 그 사건이 그녀에게 어떻게 인식되고 느껴지는지에 대해 미처 생각하지 못했어요!"라고 말했다. 이어서, 그녀는 치료적 도전이 그녀에 대한 개인적인 공격이 아니라는 것을 깨달았으며, 나아가 그녀의 관점이 오랫동안의 생물학, 환경 그리고 경험 간의 상호작용(비록 그녀가 직접 이러한 용어로 묘사하지는 않았지만)에 의해 형성되었다는 것을 이해하게 되었다.

상담회기 내 신경과학적 접근

Juanita 내담자의 경험, 즉 내적으로 형성된 자기주도적 경험뿐만 아니라 외부환경에 의해 부여된 경험을 모두 고려할 때, Juanita는 어느 지점에 초점을 맞추어야 할까? 상담자는 그중에서 어떤 경험이 내담자의 문제와 명백하게 관련되어 있는지를 정확하게 판단할 수 있을까? 이에 대해 상담자들은 자신들의 이론적 지향과 대인관계적 접근 방식에 따라 서로 다른 결론에 도달할 것이다. 어떤 결론에 도달하든 간에, 내담자의 과거와 현재 환경은 Juanita의 상담회기에서 매우 중요한 요소다. 추후 보다 더 자세하게 다루겠지만, 내담자의 뇌가 초기에 어떻게 형성되었든지 간에 이후 경험에 반응하는 과정에서 변화되어 간다. Juanita는 내담자의 과거 경험이 어떻게 그들의 사고, 감정, 행동을 형성하게 했는지, 나아가 그들의 신경적 관계가 어떻게 영향을 받았는지를 명심해야 한다.

6. 사고

사고(thinking)는 그렇게 단순한 주제가 아니다. 경우에 따라, 사고는 행동으로 간주되기도 한다(Skinner, 1974; Wolpe, 1973). 또는 사고를 행동과 감정을 포함한 다른 경험들의 매개체(mediator) 혹은 통로(gateway)로 보기도 한다(Bandura, 1977). 겉으로 보기에는 단순해 보이지만, 인지(cognition) 혹은 사고는 여기에 기술된 다른 영역들과 관련될 때에는 매우 복잡해진다.

생각 혹은 사고에 대해 명확한 조작적 정의를 내린다는 것은 엄청난 도전이다. 일반적으로 사용되는 용어이지만(예: "난 네가 … 라고 말했다고 생각해." 혹은 "어떤 생각을 했어?") 막상 그 용어 자체를 사용하지 않고 그것을 정의내리는 것이 어려울 때가 있다. 예를 들어, 옥스퍼드생활사전(Oxford Living Dictionary)의 온라인 버전에서는 사고를 "생각 혹은 마음속에 갑자기 떠오른 관념이나 의견"이라고 정의 내린다(https://en.oxforddictionaries.com/definition/thought). 반면, 별로 도움이 안 되겠지만, Dictionary.com은 '사고'의 두 가지 주요 용어활용을 제안하고, 무려 30가지의 미묘한 정의와 활용을 추가로 제시한다. 좀 더 도움이 되는 것으로는 "추론하고, 경험을 기억하며, 합리적 결정을 내리는 것과 같이 의식적인 마음을 갖는 것" "관념, 개념 등을 마음속에 형성하고 갖는 것"(http://www.dictionary.com/browse/think)과 같은 정의가 있다.

신경과학적 관점에서 볼 때, '사고(thinking)'라는 용어 자체뿐만 아니라 이러한 정의는 충분하지 않다. 보다 더 통용되는 용어로 언어, 인식, 주의, 기억 그리고 동시에 다른 측면들을 내포하는 '인지(cognition)'라는 용어가 있다(Pulvermüller, Garagnani, & Wennekers, 2014). 적어도 뇌기반 관점에서 볼 때, 내담자와의 상담 장면에서 이 사고라는 용어를 신중하게 사용해야 한다. 심리학과 상담학 분야에서와 달리, 신경생물학과 인지신경과학 분야에서는 인지(우리는 사고라고 말할 수 있다)가 정동(affect), 정서(emotion), 감정(feeling) 등과 크게 구분되는 개념이 아니라고 생각한다.

상담회기 내 신경과학적 접근

Juanita 앞서 환경 영역에서 간략히 논의했듯이, 다른 많은 영역과 더불어 사고, 감정, 행동 간에는 신경적 관계(neural correlates)가 존재한다. 사고, 감정, 행동은 실체적이고 직접 관찰 가능한 현상이라는 점에서 그것들은 신경회로와 신경과정의 산물이다. 이와 마찬가지로, 내담자의 사고 패턴은 뇌 패턴으로부터 형성되었기는 하지만, 그 이후에는 그 자체로 작동하며 오히려 뇌 구조에 영향을 미치기도 한다. 사고는 그냥 스쳐 지나가지 않는다. 즉, 신경에 흔적을 남긴다. 상담이론적 지향과 상관없이, Juanita는 내담자의 사고 실체에 주의를 기울여야 하며, 특히 사고가 뇌와 다른 체계에 미친 영향에 주의를 기울여야 한다. 보다 더 중요한 것은 내담자의 사고에 대한 사고(메타인지)는 내담자의 뇌 기능과 그에 연계된 행동에 큰 영향을 미친다는 점이다.

7. 감정

예외가 있기는 하지만(예를 들어, 정신분석에서는 정서를 인식의 중요한 수단이라고 여긴다),

오랫동안 많은 상담 및 심리치료 이론은 감정, 정서, 정동을 반응 기능(response function)에 해당한다고 여겼으며, 이는 곧 감정이 사고, 행동, 혹은 환경에 대한 반응이라는 의미이다. 그러나 어떤 경우에는 감정과 정서를 (특정한 맥락 내에서 그리고 주관성에 따른 한계 범위 내에서) 진실과 실체에 접근하고 그것을 인식하기 위한 독자적이고 타당한 수단으로 취급한다(Hansen, 2012; Luke, in press). 이성과 경험에 의해 영향을 받는 감정은 인식론(앎의 방식)을 형성하는 데 함께 작용한다. 나는 종종 내담자들과 학생들에게 비록 감정이 **실체**(reality)를 항상 정확하고 객관적으로 반영하는 것은 아니지만, 그럼에도 불구하고 감정은 **실제적**(real)이라고 말한다.

신경기반 관점에서 볼 때, 감정은 그것이 어떤 생물학적(예: 굶주림, 피로, 질병) 혹은 환경적(예: 낯선 사람, 공격적인 대상, 절벽) 위협에 대한 신호라는 점에서 적응적이다. 진화적 발달을 거치면서 보다 사회적으로 정교해진 대뇌피질 덕분에 감정 혹은 정서는 추가적인 목적을 갖게 되었다(Panksepp & Biven, 2012). Panksepp는 일곱 가지 핵심 정서를 포함하는 정서 모델을 발전시켰다. 그것은 추구(SEEKING: 열정적인 흥미), 분노(RAGE: 화), 두려움(FEAR: 위협으로 인한 불안), 욕망(LUST: 강렬한 성적 흥분), 돌봄(CARE: 헌신적인 보살핌), 공포(PANIC: 분리 스트레스에 따른 심리적 고통), 그리고 놀이(PLAY: 친사회적 즐거움)이다(Panksepp, Lane, Solms, & Smith, 2017, p. 190; Panksepp, 1998a, 1998b 참조). Panksepp는 이러한 일차 과정적 정서(primary-process emotions)가 인간에게 근본적인 것이라는 점을 강조하기 위해 모두 대문자 용어로 표현했다고 한다. 상담자와 내담자에게는 안타까운 이야기이지만, Panksepp과 Biven(2012)는 심리치료의 역할은 정서를 인지의 통제하에 두도록 만드는 데 있다고 주장한다. 감정과 정서가 담당하는 일상적 기능을 고려했을 때, 이러한 주장은 임상적으로 도움이 되지 않는다고 생각한다. 정서가 개인의 삶에 있어서 매우 강렬하기 때문에 인지적 통제를 통해 제어될 필요가 있다고 느끼겠지만, 이 책을 통해 정서가 인지에 종속되기보다는 임상 효과를 위해 활용되고, 도전받으며, 관리되는 예시들을 볼 수 있을 것이다.

이제 사고와 감정에 대한 당신 자신의 관점을 숙고해 볼 시간이다. 전형적으로 여성은 정서적이고 덜 이성적이라고 여겨지는 반면, 남성은 보다 더 인지적이고 이성적이라고 여겨진다. 그 결과, 영향력 있고 성공한 백인 남성들에 의해 발전된 이 모델이 정서의 역할과 상담목표에 대한 문화적 담론을 형성해 왔다는 점은 전혀 놀랍지 않다.

상담회기 내 신경과학적 접근

Juanita 감정은 언제든지 생겨난다. 약물남용자가 약물에 대한 갈망이 생기기 전에 그 유혹에 맞서 싸워야 하듯이, 감정은 발생하는 순간 이미 되돌리기 어렵다. 내담자는 자신의 정서를 다루기 위해 어떻게 하는가? 내담자는 자신의 감정에 대해 어떻게 반응하는가? Juanita는 내담자의 감정은 실제적이며 동시에 모든 실체가 이미 거기에 존재하는 것처럼 느껴질 수 있음을 상담 과정 중에 언급할 필요가 있다. 앞서 논의했던 맥락하에 내담자의 정서를 주의 깊게 공감적으로 분석함으로써, Juanita는 필요한 임상적 인상, 즉 내담자의 정서가 앞서 기술한 범주의 맥락 내에서 얼마나 '정상적'일까? 이러한 정서를 경험한 후에 수반되는 행동은 얼마나 자연스러운가? 정서적 경험이 신경에 어떤 영향을 미치며, 뇌가 정서적 내용을 관리하는 것이 임상적으로 어떤 도움이 되는가? 등을 파악하게 될 것이다.

신경과학과 임상발달의 현시점에서는, 내담자가 정서적으로 활성화될 때 fMRI를 통해 내담자 뇌의 변연계 대사활동을 정확하게 확인하기는 아직 어렵다. 그러나 그럼에도 불구하고 Juanita는 내담자의 뇌에서 내담자의 기능을 촉진하거나 감퇴시킬 수 있는 어떤 현상이 발생한다는 것을 이해함으로써 여전히 내담자와 그의 가족을 조력할 수 있다.

8. 행동

행동(behavior)은 관점에 따라서는 단순하게 혹은 복잡하게 행위(action; Wolpe, 1973)라고 일컫어질 수 있다. 행동은 우리가 하는 어떤 것 그리고 모든 것을 지칭한다. 그것은 곧 우리—움직임(motion)—존재 자체다. 행동은 사고와 감정의 결과로 표출된다. 세계관에 따라 다르겠지만 특히 상담의 관점에서 볼 때, 경험적 실체(empirical reality)는 결국 상담 장면에서 직접 관찰가능하고 측정할 수 있는 내담자의 행동이다. 따라서 각 상담 접근의 강조점—사고(인지행동주의 상담), 행동(행동주의 상담), 감정(정신분석), 사회적 요소(다문화 상담과 여성주의상담)—과 상관없이 대부분의 경우 상담목표는 최소한 내담자의 어떤 행동을 변화시키는 데 있다.

신경기반 관점에서 볼 때 행동은 몇 가지 측면을 내포하고 있는데, 이해를 돕기 위해 구분해서 설명하고자 한다. 첫째, 구체적인 행동기능에 대한 신경계의 관리 측면, 즉 운동제어(motor control)다. 기계적으로 움직일 수 있도록 근육을 수축시키는 신경자극을 관리하는 뇌 영역이 관련된다. 두 번째 유형의 행동은 전운동피질(premotor cortices)과 운동피질(motor cortices)의 활성화를 위한 전구물질(precursors)에 관련된다. 이것은 반응패턴의 기저에 놓인 환경적 · 심리적 자극을 포함한다. 이러한 두 번째 이유로 인해 행동에 대한 논의가 복잡해졌고, 행동에 관한 소통과 이해가 모호해졌다. 예를 들어, Bonnert 등(2018)은 행동주의는 신경학(neurology)과 분리되어 독립적이라고 하는 Skinner의 급진적 행동주의 신념을 다루고 있다. 행동은 근본적으로 자극에 대한 반응(행동주의)인가 혹은 자극의 결과에 영향을 미치는 어떤 매개 요인(예: 의지, 인지)이 관여되는 심리적 현상인가 하는 질문은 상담자가 고심해야 할 부분이다. 회피(avoidance)는 불안, 공포, 혹은 다른 (내재적 혹은 외재적) 환경적 위협으로부터 도피하는 행동이라는 것을 이해하게 될 것이다(LeDoux, Moscarello, Sears, & Campese, 2017).

상담회기 내 신경과학적 접근

Juanita 이제까지 논의되었던 모든 요인들과 상관없이, 내담자의 행동은 (1) 가장 확실하고 관찰가능하며, (2) 명백히 개인적 · 사회적 영향을 받았으며, (3) 그로 인한 결과를 충분히 예견할 수 있으므로 상담에서 다루어져야 한다. 앞서 다루었던 다른 요인들은 내담자의 현재 행동의 원인을 설명해 주는 자료로 이용되어서는 안 된다. 오히려 그것들은 내담자의 현재 행동을 이해하는 데 활용되어야 한다. Juanita의 주요 상담방식은 내담자의 행동에 초점을 맞추는 것이 되어야 한다. 내담자의 행동은 친구와 가족이 그를 바라보는 방식을 변화시키는 데 영향을 미치며, 내담자가 평가받는 데 있어 주요 근거가 된다. 불공평해 보이겠지만 이것이 실제다. 행동은 또한 치료 계획, 목적 및 목표의 주요 요소다. Juanita가 무엇을 하든 간에 또 어떻게 실행하든 간에 그녀는 내담자의 행동 변화를 이끌어내는 상담회기를 진행할 책임이 있다.

사고, 감정, 행동 간의 상호작용

사고는 감정에 영향을 미치며 감정은 행동에 영향을 미친다고 하는 것은 인지행동주의적 접근의 오랜 신념이다. Aaron Beck과 Donald Meichenbaum과 같은 이론가들에 의해 처음 주창된 이후 많은 학자들이 이러한 현상과 이들 세 요소 간의 상호관계성에 내재되어 있는 놀라운 복잡성을 규명하고자 노력해 왔다. 예를 들어, 사고, 감정, 행동은 상호호혜적 영향을 미친다고 하는 것은 곧 이들 간에 서로 영향을 주고받는다는 의미다. 바로 이러한 이유 때문에 내담자로 하여금 이들 세 요소 중 어느 한 가지에만 초점을 맞추라고 하는 것은 곤란하다.

이들 삼원 요소 간의 수반적인 임상 상태 및 신경적 관계를 탐색해 감에 따라, 이들 간의 관계성은 보다 더 명료해지지만 한편으로는 오히려 더 모호해지기도 한다. 인지행동치료(CBT)의 명쾌한 속성에 비추어 보았을 때, 이는 자칫 위협적으로 느껴질 수 있다. 삼원 모델에 따르면, 불안과 같은 추상적인 개념에 지나치게 집중하기보다는 오히려 내담자의 감정, 사고, 행동의 의미를 탐색하는 것이 더 중요하다. 즉, 내담자의 특정한 감정 자체에 매달리기보다는 내담자의 삶에 있어 그러한 감정이 어떤 역할을 하는지에 더 초점을 맞출 수 있다. 예를 들어, LeDoux와 같은 신경과학자는 불안(anxiety)과 공포(fear)를 구분하고 그 두 가지 감정이 어떻게 신경생물학적으로 설명될 수 있는지를 규명하기 위해 오랫동안 실험실 기반 연구를 해 왔다[그의 2015년 출간 도서 『불안(Anxious)』 참조]. 그러나 내담자는 궁극적으로 자신의 고통에 초점을 맞출 것이므로, 그의 경험을 공포라고 해야 할지 혹은 불안이라고 해야 할지에 대해 고심하는 것은 임상 장면에서는 오히려 역효과를 불러일으킨다 (LeDoux는 이 두 개념을 구분하는 것은 자신의 연구에서와는 달리 상담에서는 크게 중요한 문제가 아니라고 말한다).

상담회기 내 신경과학적 접근

Juanita Juanita를 비롯한 상담자들은 사고, 감정, 행동 간의 상호작용뿐만 아니라 내담자의 사고, 감정, 행동을 잘 인식하고 그것들을 임상적으로 작업할 수 있도록 준비해야 할 것이다. 또한 내담자의 삼원 요소와 상담자의 삼원 요소 간의 상호작용에 대해서도 관심을 기울여야 할 것이다.

두 체계 간의 상호작용

이 '단순화된' 틀 안에 담겨진 복잡성이 충분하지 않듯이, 두 '체계'는 의미 있는 방식으로 상호작용한다. 이들을 의도적으로 분리해서 탐색하는 이유는 바로 이들 간의 상호연결성 때문이다. 예를 들어, 행동(behavior)은, 그런 경우도 있지만, 그렇다고 해서 모두 행위(action)를 의미하는 것은 아니다. 가시적이든 혹은 대부분의 경우처럼 비가시적이든 간에, 행동은 사고 및 감정과 비가시적인 상호관계성 안에 놓여 있으므로 유전자의 발현 혹은 환경적 요인, 과거 경험 등의 결과물일 수 있다. 이러한 체계적 상호작용 관점은 Bandura의 모델이 확장된 것이라고 할 수 있다. **삼원적 상호성**(triadic reciprocity; **혹은 상호적 결정론**)은 학습의 세 가지 요인—환경, 행동, (인지를 포함한) 개인적 요인—간의 역동적인 상호작용과 상호영향력을 설명하기 위해 붙여진 개념이다. 그 당시의 행동주의자들과 달리, Bandura(1977)는 행동을 (자극에 대한 단순한 반응이라기보다는) 환경자극과 행동반응 간에 인지가 매개된 복합적인 영향력의 결과로 보았다. 이와 마찬가지로, [그림 1-3]에 제시된 모델의 여덟 가지 요인은 각 개별 요인의 영향이나 혹은 여러 요인의 복합적인 영향을 완화시키거나 확대시키는 방식으로 상호작용한다.

앞서 설명한 여덟 요인 모델을 통해 두 가지 중요한 시사점을 발견하게 된다. 첫째, 신경과학 기반 상담에 접근하는 데 있어—지금 당장은 아니더라도 이 책을 모두 읽을 때 즈음에는—여덟 가지 요인이 각각 신경적 관계망을 갖고 있다는 점을 명확하게 인식하게 된다. 이는 각 요인—사회적 맥락, 관계성, 경험, 환경에 대한 반응, 생물학, 사고, 감정, 행동—이 그에 상응하는 신경생물학적 위치, 체계, 과정을 갖고 있다는 의미다. 이러한 사실은 모든 인간 경험은 (신경)생물학적 과정(물질주의)으로 환원된다고 하는 주장을 뒷받침하는 증거로 받아들여졌다(Eric Kandel의 연구와 Joseph Ledoux의 관점 참조). 마음(mind)이 뇌 밖에서 뇌에 영향을 미치는 실재(entity)라고 보는[이원론(dualism)] 관점을 탐색하는 것은 이 책의 집필 범위를 벗어난다(Luke, in press 참조; 일원론과 이원론에 대한 확장된 논의와 함의).

둘째, 신경과학은 사람들이 관여된 많은 요인과 맥락 중의 하나라는 점이다. 상담에서의 신경과학의 역할에 대해 당신이—찬성(예: Beeson & Field, 2017)이든 반대(예: Wilkinson, 2018)이든—어떤 입장을 취하는가에 상관없이, 신경생물학은 인간 기능의 주요 요소이기는 하지만 그렇다고 해서 그것만이 유일하거나 가장 중요한 요소는 아니다. 따라서 상담자가 자칫 사람이 아닌 뉴런과 뇌를 상담하고 있다는 인상을 줄 수 있다는 우려 때문에 신경과학상담(neurocounseling)이라는 용어를 거부하기도 한다(예: Luke, 2018; Luke, in press). 물론 이 용어가 그러한 의도를 담고 만들어진 것은 아니다. 어쨌든 이 새로운 신경기반상담 분야가 발전해 가는 가운데 상담자는 전인적 존재(whole person)에 초점을 맞추는 지혜를 가져야 한다(Russell-Chapin & Ivey, 2016).

뇌 기제

Tabibnia와 Radecki(2018)는 '적응유연성에 이르는 15가지 잠재적 경로'라는 표를 제시했는데, 여기에 모두 소개하기에는 분량이 많지만 [그림 1-4]에 요약되어 있다. 그림에 제시된 각 범주는 신경과학 문헌과 관련되어 있다. 그림과 표는 상담에서 신경과학이 통합될 수 있는 몇 가지 중요한 측면을 보여 준다. 먼저, 뇌는 탄력성을 갖도록 만들어졌으며 이러한 적응유연성은 다양한 형태를 지니며 전반적으로 뇌의 여러 영역에 관여된다는 것이다. 또 다른 측면은 전환적 신경과학(translational neuroscience)으로, 인간 경험의 기저에 놓인 신경생물학적 토대를 탐색하는 것이다. 즉, 인간이 경험하는 모든 사고, 감정, 행동은 그 기저에 신경적 관계망이 놓여 있다. 마지막으로, 건강과 치유에 도달하는 경로는 다양한데, 신경과학을 상담에 통합함으로써 내담자를 조력할 수 있는 다양한 방법을 확인하게 된다. 독단적인 이론이 허용되지 않는다.

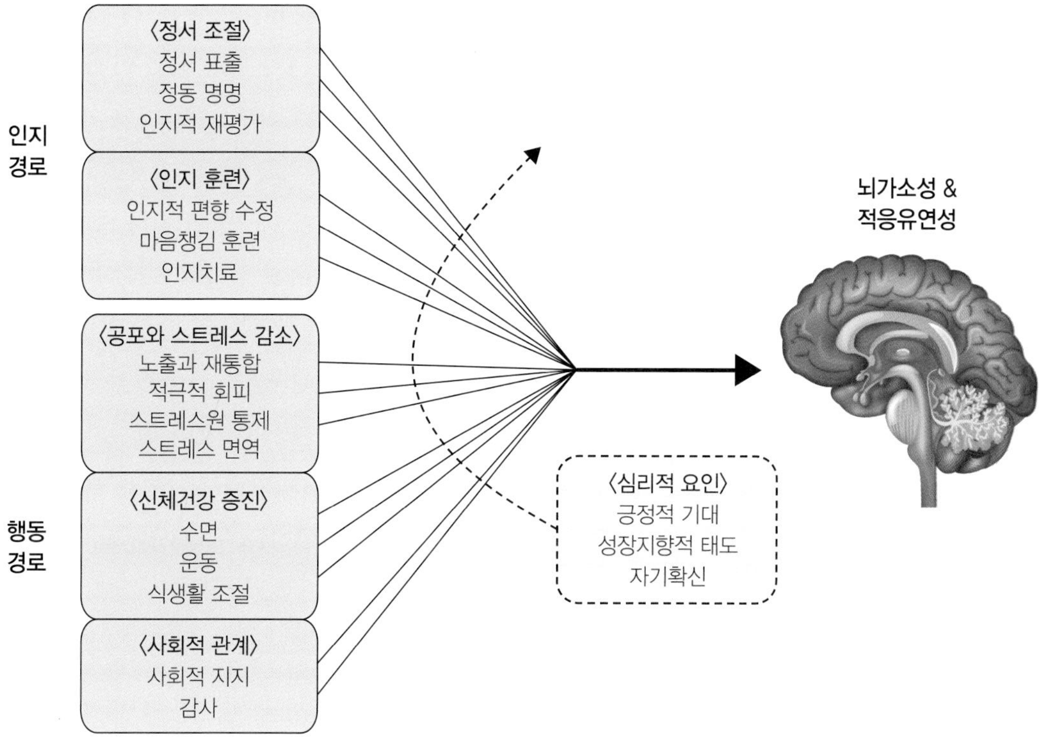

[그림 1-4] **적응유연성.** 적응유연성을 증진시키고 장기적인 신경계 변화를 유도할 수 있는 15가지 전략(실선 네모 박스)을 보여 준다. 또한 이러한 적응유연성 증진 전략을 학습하고 수행하는 과정을 향상시킬 수 있는 세 가지 심리적 요인(점선 네모 박스)이 제시되어 있다. 각 전략으로부터 나온 실선이 굵은 화살표로 통합되어 신경계와 적응유연성에 종합적인 영향을 미치는 것으로 도식화되어 있다(Tabibnia & Radecki, 2018, p. 63).

요약

이러한 논의를 전개하는 자체가 익숙한 작업이지만 한편으로는 새롭기도 하다. 이론가, 상담자, 심리치료자는 새로운 지식과 지혜(이 둘은 동의어가 아니다)를 임상 장면에 통합함으로써 인간적 상황 혹은 **고통**(pathos)의 치료에 대한 이해를 확장시키고자 늘 노력해 왔다는 점에서 이것은 익숙한 작업이다. Freud가 Josef Breuer의 작업을 확장시킨 것처럼 때로는 그러한 노력의 결과가 획기적이었지만, 또 다른 경우에는 두부절개술(trepanation)처럼 (좋은 의도에도 불구하고) 치명적이기도 했다. 동시에 우리의 작업이 새롭고 다소 부담스럽게 느껴지기도 하는데, 그 이유는 부분적으로는 다루고 있는 주제 자체로 인해 또 부분적으로는 상담자로서 우리가 하고 있는 이 작업의 중압감 때문이다. 내담자를 마주할 때처럼, 우리는 그렇게 존중과 경의를 표하며 또 집중력과 통찰력을 갖고 이 새로운 정보에 접근하고자 한다. 이는 바로 이러한 작업을 하는 과정에서 내가 추구하고자 하는 바이다.

신경과학적 연구결과에 대한 접근이 확대되고 또한 연구결과를 상업적으로 이용하려는 노력이 지속됨에 따라 상담자는 연구의 방향을 예의주시하며 조심스러운 낙관적 태도를 견지해야 한다. 새롭게 발견된 내용들은 엄격한 임상 훈련과 실제, 연구, 윤리적 지침을 통해 여과된 후 적용되어야 한다. 이 책은 상담자가 신경과학 연구의 효과적인 소비자가 되어 내담자에게 잘 적용—모든 상담서비스가 해를 끼치지 않도록 그리고 가능한 한 가장 최선이 될 수 있도록—할 수 있도록 그러한 여과지의 역할을 담당하고자 한다.

핵심정리

이 장의 도달목표:

- 독자들에게 명확한 기대를 심어 주기 위해 이 책의 전체적인 개관을 제시했다. 이 시점에서 당신의 기대는 무엇인가?
- 상담의 관점에서, 신경과학적 연구결과에 접근하는 데 따른 도전과 기회를 설명했다. 당신 자신에게 있어 어떤 도전과 기회가 있을 것으로 생각하는가?
- 신경과학적 연구결과가 임상적으로 적절하며 상담 영역에 통합될 수 있는 지점의 임상적 틀을 제시했다. 신경기반 상담을 당신의 임상활동에 접목시키는 데 있어 당신 자신이 윤리적으로 어느 정도 준비되어 있다고 느끼는가?

참고문헌

Badenoch, B. (2008). *Being a brain-wise therapist: A practical guide to interpersonal neurobiology*. New York, NY: W. W. Norton & Company.

Bandura, A. (1977). *Social learning theory*. Englewood Cliffs, NJ: Prentice-Hall.

Beckes, L., IJzerman, H., & Tops, M. (2015). Toward a radically embodied neuroscience of attachment and relationships. *Frontiers in Human Neuroscience, 9*: 266. doi.org/10.3389/fnhum.2015.00266

Beeson, E. T., & Field, T. A. (2017). Neurocounseling: A new section of the *Journal of Mental Health Counseling*. *Journal of Mental Health Counseling, 39*(1), 71-83. doi.org/10.17744/mehc.39.1.06

Berger, S. L., Kouzarides, T., Shiekhattar, R., & Shilatifard, A. (2009). An operational definition of epigenetics. *Genes & development, 23*(7), 781-783. doi/10.1101/gad.1787609

Bonnert, M., Olén, O., Bjureberg, J., Lalouni, M., Hedman-Lagerlöf, E., Serlachius, E., & Ljótsson, B. (2018). The role of avoidance behavior in the treatment of adolescents with irritable bowel syndrome: A mediation analysis. *Behaviour Research and Therapy, 105*, 27-35. doi.org/10.1016/j.brat.2018.03.006

Bott, N. T., Radke, A. E., & Kiely, T. (2016). Ethical issues surrounding psychologists' use of neuroscience in the promotion and practice of psychotherapy. *Professional Psychology: Research and Practice, 47*(5), 321. doi.org/10.1037/pro0000103

Clark-Polner, E., & Clark, M. S. (2014). Understanding and accounting for relational context is critical for social neuroscience. *Frontiers in Human Neuroscience, 8*, 127. doi.org/10.3389/fnhum.2014.00127

Cozolino, L. (2017). *The neuroscience of psychotherapy: Healing the social brain* (3rd ed.). New York, NY: W. W. Norton & Company.

Crockett, M. (2012). *Beware neuro-bunk*. Retrieved from http://www. ted. com/talks/molly_crockett_beware_neuro_bunk. html

Dewell, J. A., & Foose, K. (2017). Marginalizing humanism, a preference for the objectifiable, and moving on. *Journal of Humanistic Counseling, 56*(2), 111-126. doi: 10.1002/johc.12047

Elman, I., & Borsook, D. (2018). Threat response system: Parallel brain processes in pain vis-à-vis fear and anxiety. *Frontiers in Psychiatry, 9*: 29. doi.org/10.3389/fpsyt.2018.00029

Farah, M. J. (2018). Socioeconomic status and the brain: Prospects for neuroscience-informed policy. *Nature Reviews Neuroscience, 19*(7), 428-438.

Fernandez-Duque, D., Evans, J., Christian, C., & Hodges, S. D. (2015). Superfluous neuroscience information makes explanations of psychological phenomena more appealing. *Journal of Cognitive Neuroscience, 27*(5), 926-944.

Gruber, D. R. (2017). Three forms of neurorealism: Explaining the persistence of the "uncritically real" in popular neuroscience news. *Written Communication, 34*(2), 189-223. doi.org/10.1177/0741088317699899

Hansen, J. T. (2005). Postmodernism and humanism: A proposed integration of perspectives that value human meaning systems. *Journal of Humanistic Counseling, Education and Development, 44*(1), 3-15. doi.org/10.1002/j.2164-490X.2005.tb00052.x

Hansen, J. T. (2012). Extending the humanistic vision: Toward a humanities foundation for the counseling profession. *Journal of Humanistic Counseling, 51*(2), 133-144. doi.org/10.1002/

j.2161-1939.2012.00011.x

Haslam, N., & Kvaale, E. P. (2015). Biogenetic explanations of mental disorder: The mixed-blessings model. *Current Directions in Psychological Science, 24*(5), 399-404. doi.org/10.1177/0963721415588082

Herculano-Houzel, S. (2009). The human brain in numbers: A linearly scaled-up primate brain. *Frontiers in Human Neuroscience, 3*: 31. doi.org/10.3389/neuro.09.031.2009

Jokić-Begić, N. (2010). Cognitive-behavioral counseling and neuroscience: Towards closer integration. *Psihologijske teme, 19*(2), 235-254.

Jones, L. K. (2017). Neurophysioloogy of development across the lifespan. In T. Field, L. Jones, & L. Russell-Chapin (Eds.), *Neurocounseling: Brain-Based Clinical Approaches. pp. 27-44.* Alexandria, VA: American Counseling Association.

Kalat, J. (2019). *Biological psychology* (13th ed.). Belmont, CA: Cengage.

Khalsa, S. S., Adolphs, R., Cameron, O. G., Critchley, H. D., Davenport, P. W., Feinstein, J. S., … & Meuret, A. E. (2018). Interoception and mental health: A roadmap. *Biological Psychiatry: Cognitive Neuroscience and Neuroimaging, 3*(6), 501-513. doi.org/10.1016/j.bpsc.2017.12.004

Kleinbub, J. R. (2017). State of the art of interpersonal physiology in psychotherapy: A systematic review. *Frontiers in Psychology, 8*, 2053. doi.org/10.3389/fpsyg.2017.02053

Lebowitz, M. S., & Ahn, W. K. (2014). Effects of biological explanations for mental disorders on clinicians' empathy. *Proceedings of the National Academy of Sciences, 111*(50), 17786-17790. doi.org/10.1073/pnas.1414058111

Lebowitz, M. S., Ahn, W. K., & Nolen-Hoeksema, S. (2013). Fixable or fate? Perceptions of the biology of depression. *Journal of Consulting and Clinical Psychology, 81*(3), 518. doi:10.1037/a0031730

Lebowitz, M. S., & Applebaum, P. S. (2017). Beneficial and detrimental effects of genetic explanations for addiction. *International Journal of Social Psychiatry, 63*(8), 717-723. doi.org/10.1177/0020764017737573

LeDoux, J. E. (2015). *Anxious: Using the brain to understand and treat fear and anxiety.* New York, NY: Viking.

LeDoux, J. E., Moscarello, J., Sears, R., & Campese, V. (2017). The birth, death and resurrection of avoidance: A reconceptualization of a troubled paradigm. *Molecular Psychiatry, 22*(1), 24. doi:10.1038/mp.2016.166

Lin, Y., Chen, J., & Shen, B. (2017). Interactions between genetics, lifestyle, and environmental factors for healthcare. In B. Shen (Ed.) *Translational Informatics in Smart Healthcare* (pp. 167-191). Singapore: Springer.

Luke, C. (2016). *Neuroscience for counselors and therapists: Integrating the sciences of mind and brain.* Thousand Oaks, CA: SAGE.

Luke, C. (2018). *Career focused counseling: Integrating theory, research and neuroscience.* San Diego, CA: Cognella Academic Press.

Luke, C. (in press, July 2019). Response to Wilkinson: A neuro-informed humanistic perspective. *Journal of Humanistic Counseling.*

Luke, C., Redekop, F., & Jones, L. K. (2018). Addiction, Stress, and Relational Disorder: A Neuro-Informed Approach to Intervention. *Journal of Mental Health Counseling, 40*(2), 172-186.

Luke, C., Miller, R., & McAuliffe, G. (2019). Neuro-Informed Mental Health Counseling: A Person-First

Perspective. *Journal of Mental Health Counseling, 41*(1).

Luke, C., & Redekop, F. (June, 2016). Integrating neuroscience into counselor education: Nine key considerations. *Counseling Today.*

Luke, C., Redekop, F., & Moralejo, J. (in press). From microaggressions to neural-aggressions: A neuro-informed counseling perspective. *Journal of Multicultural Counseling and Development.*

MacDonald, G. (1997, May). Issues in multi-cultural counseling supervision. In B. Evraiff and L. Evraiff (Eds) *Caring in an age of technology. Proceedings of the Sixth International Conference on Counseling in the 21st Century*, Beijing, China.

Miller, R. (2016). Neuroeducation: Integrating brain-based psychoeducation into clinical practice. *Journal of Mental Health Counseling, 38*(2), 103-115. doi.org/10.17744/mehc.38.2.02

Miller, R. M., & Barrio-Minton, C. A. (2016). Experiences learning interpersonal neurobiology: An interpretative phenomenological analysis. *Journal of Mental Health Counseling, 38*(1), 47-61. doi.org/10.17744/mehc.38.1.04

Palmieri, A., Kleinbub, J. R., Calvo, V., Benelli, E., Messina, I., Sambin, M., & Voci, A. (2018). Attachment-security prime effect on skin-conductance synchronization in psychotherapists: An empirical study. *Journal of Counseling Psychology, 65*(4), 490-499. doi.org/10.1037/cou0000273

Palumbo, R. V., Marraccini, M. E., Weyandt, L. L., Wilder-Smith, O., McGee, H. A., Liu, S., & Goodwin, M. S. (2017). Interpersonal autonomic physiology: A systematic review of the literature. *Personality and Social Psychology Review, 21*(2), 99-141.

Panksepp, J. (1998a). *Affective neuroscience: The foundations of human and animal emotions.* New York, NY: Oxford University Press.

Panksepp, J. (1998b). The periconscious substrates of consciousness: Affective states and the evolutionary origins of the SELF. *Journal of Consciousness Studies, 5*, 566-582.

Panksepp, J. (2016). The cross-mammalian neurophenomenology of primal emotional affects: From animal feelings to human therapeutics. *Journal of Comparative Neurology, 524*(8), 1624-1635. doi.org/10.1002/cne.23969

Panksepp, J., & Biven, L. (2012). *The archaeology of mind: Neuroevolutionary origins of human emotions.* New York, NY: W. W. Norton & Company.

Panksepp, J., Lane, R. D., Solms, M., & Smith, R. (2017). Reconciling cognitive and affective neuroscience perspectives on the brain basis of emotional experience. *Neuroscience & Biobehavioral Reviews, 76*, 187-215. doi.org/10.1016/j.neubiorev.2016.09.010

Park, H., Rhee, J., Park, K., Han, J. S., Malinow, R., & Chung, C. (2017). Exposure to stressors facilitates long-term synaptic potentiation in the lateral habenula. *Journal of Neuroscience, 37*(25), 6021-6030. doi: https://doi.org/10.1523/JNEUROSCI.2281-16.2017

Pedersen, P. B., Lonner, W. J., Draguns, J. G., Trimble, J. E., & Scharron-del Rio, M. R. (Eds.). (2016). *Counseling across cultures* (7th ed.) Thousand Oaks, CA: Sage Publications.

Prendiville, E., & Howard, J. (Eds.). (2016). *Creative psychotherapy: Applying the principles of neurobiology to play and expressive arts-based practice.* New York, NY: Routledge.

Prochaska, J. O., & Norcross, J. C. (2018). *Systems of psychotherapy: A transtheoretical analysis.* New York, NY: Oxford University Press.

Prochazkova, E., & Kret, M. E. (2017). Connecting minds and sharing emotions through mimicry: A neurocognitive model of emotional contagion. *Neuroscience & Biobehavioral Reviews, 80*, 99-

114. doi.org/10.1016/j.neubiorev.2017.05.013

Pulvermüller, F., Garagnani, M., & Wennekers, T. (2014). Thinking in circuits: Toward neurobiological explanation in cognitive neuroscience. *Biological Cybernetics, 108*(5), 573-593. doi.org/10.1007/s00422-014-0603-9

Ramachandran, V. S. (2000). Mirror neurons and imitation learning as the driving force behind "the great leap forward" in human evolution. *The Third Culture*. Retrieved from http://www.edge.org/3rd_culture/ramachandran/ramachandran_p1.html

Ramamurthy, D. L., & Krubitzer, L. A. (2018). Neural coding of whisker-mediated touch in primary somatosensory cortex is altered following early blindness. *Journal of Neuroscience, 38*(27), 6172-6189. doi.org/10.1523/JNEUROSCI.0066-18.2018

Ratts, M. J., Singh, A. A., Nassar-McMillan, S., Butler, S. K., & McCullough, J. R. (2016). Multicultural and social justice counseling competencies: Guidelines for the counseling profession. *Journal of Multicultural Counseling and Development, 44*(1), 28-48. doi.org/10.1002/jmcd.12035

Redekop, F., Luke, C., & Malone, F. (2017). From the couch to the chair: Applying psychoanalytic theory and practice in counseling. *Journal of Counseling & Development, 95*(1), 100-109. doi.org/10.1002/jcad.12121

Rogers, C. R. (1942). *Counselling and psychotherapy* (Vol. 298). Boston, MA: Houghton Mifflin.

Rogers, C. R. (1961/1995). *On becoming a person: A therapist's view of psychotherapy*. New York, NY: Houghton Mifflin Harcourt.

Russell-Chapin, L. A., & Ivey, A. E. (2016). *Your supervised practicum and internship* (2nd ed.). Belmont, CA: Thomson Brooks/Cole.

Schmidt, L., Tusche, A., Manoharan, N., Hutcherson, C., Hare, T., & Plassmann, H. (2018). Neuroanatomy of the vmPFC and dlPFC predicts individual differences in cognitive regulation during dietary self-control across regulation strategies. *Journal of Neuroscience, 38*(25), 5799-5806. doi.org/10.1523/JNEUROSCI.3402-17.2018

Schultz, W. (2015). Neuroessentialism: Theoretical and clinical considerations. *Journal of Humanistic Psychology, 58*(6), 607-639. doi.org/10.1177/0022167815617296

Shen, L., Ye, B., Sun, H., Lin, Y., van Wietmarschen H., Shen B. (2017). Systems Health: A Transition from Disease Management Toward Health Promotion. In B. Shen (Ed.), Healthcare and big data management. *Advances in experimental medicine and biology*, vol 1028., pp. 149-164. Singapore: Springer.

Shonkoff, J. P., & Phillips, D. A. (2000). *From neurons to neighborhoods: The science of early childhood development*. Washington, DC: National Academies Press.

Siegel, D. J. (2012). *The developing mind: How relationships and the brain interact to shape who we are*. New York, NY: Guilford Press.

Skinner, B. F. (1974). *About behaviorism*. New York, NY: Knopf.

Suleiman, A. B., & Dahl, R. E. (2017). Leveraging neuroscience to inform adolescent health: The need for an innovative transdisciplinary developmental science of adolescence. *Journal of Adolescent Health, 60*(3), 240-248. doi.org/10.1016/j.jadohealth.2016.12.010

Sweatt, J. D. (2016). Neural plasticity and behavior-sixty years of conceptual advances. *Journal of Neurochemistry, 139*(2), 179-199. doi.org/10.1111/jnc.13580

Tabibnia, G., & Radecki, D. (2018). Resilience training that can change the brain. *Consulting*

Psychology Journal: Practice and Research, 70(1), 59-88. doi.org/10.1037/cpb0000110

Voutilainen, L., Henttonen, P., Kahri, M., Ravaja, N., Sams, M., & Peräkylä, A. (2018). Empathy, challenge, and psychophysiological activation in therapist-client interaction. *Frontiers in Psychology, 9*, 530. doi.org/10.3389/fpsyg.2018.00530

Wilkinson, B. D. (2018). The limits of neuroscience in counseling: A humanistic perspective and proposed model. *Journal of Humanistic Counseling, 57*(1), 70-78. doi.org/10.1002/johc.12067

Wolpe, J. (1973). *The practice of behavior therapy*. New York, NY: Pergamon Press.

Woodside, M., & Luke, C. (2019). *Empowering the practicum students: A developmental guide*. San Diego, CA: Cognella Academic Press.

Yee, A. X., Hsu, Y. T., & Chen, L. (2017). A metaplasticity view of the interaction between homeostatic and Hebbian plasticity. *Philosophical Transactions of the Royal Society B: Biological Sciences, 372*(1715), 20160155. doi.org/10.1098/rstb.2016.0155

Young, K. S., & Craske, M. G. (2018a). Survival circuits in affective disorders. *Current Opinion in Behavioral Sciences, 24*, 83-88. doi.org/10.1016/j.cobeha.2018.03.001

Young, K. S., & Craske, M. G. (2018b). The cognitive neuroscience of psychological treatment action in depression and anxiety. *Current Behavioral Neuroscience Reports, 5*(1), 13-25.

CREDITS

그림 1-4a: Golnaz Tabibnia and Dan Radecki, *Consulting Psychology Journal: Practice and Research*, vol. 70, no. 1. Copyright © 2018 by American Psychological Association.

그림 1-4b: Copyright © 2015 Depositphotos/Megija.

CHAPTER 02

뇌의 구조, 체계 및 기능

도입 질문

- 상담자가 갖추어야 할 최적의 '뇌 지식'은 어느 정도이어야 하는가? 필요하고 또 충분하다고 여겨지는 정도는 어느 만큼인가?
- 상담회기 중 상담자는 이러한 지식을 내담자에게 어떻게 전달하는가? 혹은 전달해야 하는가?
- 내담자는 이러한 정보를 치료적으로 활용하기 위해 어느 정도의 '뇌 지식'을 갖고 있어야 하는가?

"차를 운전하기 위해 굳이 기술자가 될 필요는 없다."는 것은 맞는 말이다. 그러나 차가 제대로 작동하지 않는 상황에서는 (기술자라는 것이) 도움이 될 수 있다. 기본적인 정비체크를 하거나 경미한 고장이 발생했을 때에는 자동차 설명서 정도로도 충분한 도움이 된다. 대부분의 경우 상담자는 내담자들이 자신들의 '차'를 잘 운전할 수 있도록 조력하는 기술자이지만, 신경과학을 임상 실제에 적용해야 하는 상황에서의 상담자는 내담자들이 자신들의 설명서를 잘 이해할 수 있도록 도와주어야 한다. 이 장은 뇌와 중추신경계(Central Nervous System: CNS)에 관한 설명서다. 이 책의 다른 전체적인 내용을 이해하기 위해서는 이 장에 기술된 뇌의 구조와 체계를 참조해야 한다. 주제의 특성상, 이 장의 어떤 내용은 단순하지만 또 어떤 내용은 복잡하다.

상담회기 내 신경과학적 접근

Sandrine Sandrine은 기분조절과 대인갈등 문제로 상담을 신청한다. 그녀는 27세이며 지난 10년 동안 치료를 반복했다. 그녀는 기분안정제와 불안치료제를 함께 복용해 왔다. 3회기 상담 중에 그녀는 "약, 상담, 대처기술 그 아무 것도 내게는 도움이 되지 못해요. 지난주에도 남편에게 두 차례나 주먹을 날렸고 아들도 한 차례 때렸어요. 내 뇌는 완전 엉망진창이 되어 도저히 약으로는 치료할 수 없을 것 같아요."라며 낙담한다.

대부분의 상담자는 임상실제에서 'Sandrine'과 같은 내담자를 만날 것이다. 만약 당신이 상담자라면 그녀의 낙담에 대해 어떻게 반응할 것인가? 다음 단계로의 상담을 진행하기 위해 당신이 알고 싶은 내용은 무엇인가? 어떤 이론이 생각나는가? 그녀의 뇌가 "완전히 엉망진창이 되었다."는 것을 확인하기 위해 어떤 평가를 시작할 것인가? 전문적 임상활동을 처음 시작하는 대다수의 초보 상담자들은 명료하고 복잡하지 않다는 이유로 인지행동적 접근을 가장 많이 채택한다. 나 또한 인지행동적 접근의 이론과 기술에 매료되어 내담자들에게 그 모형을 가르치고자 했다. 그러나 내담자들은 인지행동적 접근을 배우는 것에 대해 그다지 흥미를 느끼지 못하는 것 같았다. 무엇이 문제였던가? 그것은 훌륭한 상담모형임에 틀림없다. 어쨌든 인지행동적 접근을 적용한 내담자들이 긍정적으로 변화되고 있다. 후일 나는 많은 내담자—대부분의 내담자는 아니라고 하더라도—들이 진솔하고 촉진적인 피드백을 주고받는 강한 치료적 관계 안에서 성장한다는 것을 깨닫게 되었다(Rogers, 1942; Sommers-Flanagan, 2015). 나의 내담자들은 내가 그들에게 이론을 가르쳐 주기를 원했던 것이 아니다. 그들은 내가 촉진적 치료관계 맥락 안에서 그 이론을 활용하기를 기대

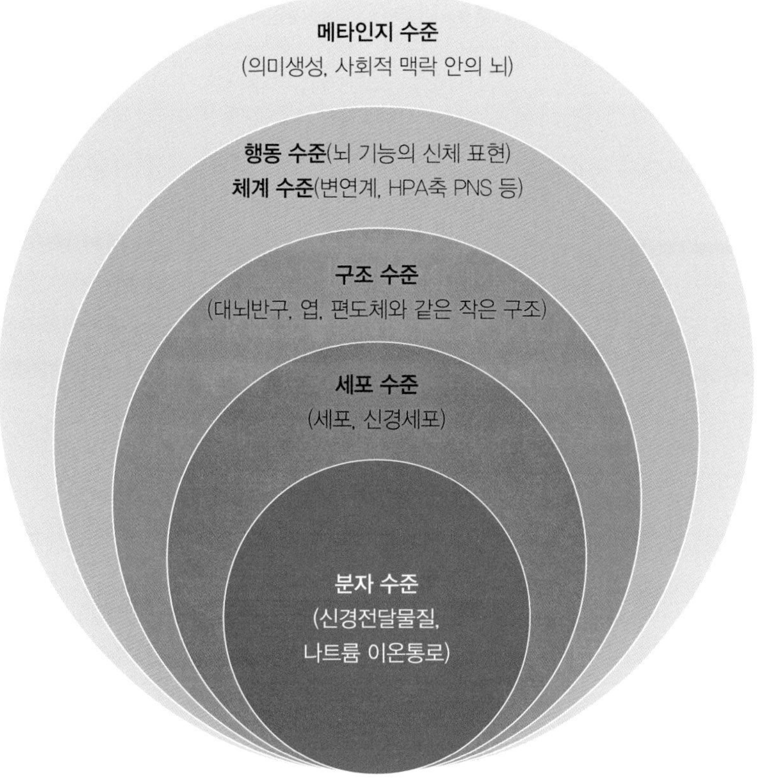

[그림 2-1] 신경과학 학습 수준

했었다(Wampold, 2015). 비인간적이고 탈맥락적인 자료와 정보는 종종 상담관계에 도움이 되기보다는 오히려 치료적 관계를 방해한다(Kim, Ahn, Johnson, & Knobe, 2016; Lebowitz & Ahn, 2014; Luke, Beeson, Miller, Field, & Jones, in progress 참조).

신경기반상담을 이해해 가는 데 있어 다양한 수준의 자료와 정보를 접하게 된다. 이러한 정보 자체만으로도 내담자의 변화를 유도할 수 있을 것이라는 착각에, 상담회기 동안 내내 이러한 정보를 반복사용하려는 충동에 사로잡혀서는 안 된다. 임상사례에 적용하기 위해서는 자료와 정보의 범주를 설정하는 것이 필요하다. [그림 2-1]은 신경기반상담 실제에 접목될 수 있는 설명 수준을 보여 주고 있다.

분자 수준(molecular level)은 세포 수준 내의 과정으로, 각 장의 '뇌 기제' 부분을 기술하는 데 일부 인용되기는 하지만 이 책의 범위를 벗어나는 내용이다. 이 수준은 초미세 수준에서의 생물물리학과 기능을 탐구하는 미생물학자의 영역에 속한다. 세포 수준(cellular level)은 뇌 세포(뉴런)와 그 기능을 탐구하는 수준으로, 신경과학과 이 책의 핵심 내용이다. 신경과학자는 뉴런의 구조와 기능을 이해하고 뉴런과 다른 세포 간의 관계성을 이해하고자 한다. 구조 수준(structural level)은 지난 두 세기에 걸쳐 신경과학의 주된 관심 영역이 되었는데, 특정 구조의 기능을 이해하는 것은 뇌의 신비를 풀 수 있는 열쇠라고 생각했기 때문이다. 체계 수준(systemic level)은 뇌의 여러 구조 간의 상호연결된 기능에 관련된다. 지속적인 신경생물학 연구 덕분에 뇌의 구조에 대한 이해를 넘어 뇌의 체계에 대한 이해가 확장되고 있다. 앞서 언급한 바와 같이, 뇌 체계를 구성하는 신경회로와 더불어, 구조는 뇌와 신경계 내에 다양한 체계를 형성하는 데 관여한다. 행동 수준(behavioral level)과 인지 수준(cognitive level)은 중요하지만 여기에서는 다른 방식으로 설명된다. 이것은 사고, 정서, 행동의 신경학적 근거를 이해하고자 하는 심리학자들의 관심이 집중된 특별한 영역이다. 메타인지 수준(metacognitive level)은 상담 활동에 중요한 함의를 제공한다. 메타인지는 더 높은 수준에서의 의식적이고 수의적인 체계이며, 사고에 대한 사고, 행동에 대한 사고 그리고 감정에 대한 사고를 포함하는 기능과 과정을 포함한다.

뇌 조직과 개관

여기서는 신경생물학과 초기에 발표되었던 임상관련 연구결과물들을 균형있게 다루고자 한다. 예를 들어, 최근 확인된 좌뇌 기능과 우뇌 기능 간의 균형은 신경과학 연구결과를 상담 실제에 적용하는 데 있어 중요한 함의를 지닌다. 그렇다고 해서 반구(hemisphere) 간의 균형에 관련된 정보를 상담 실제에 적용하기 위해 각 반구 내의 구조와 관련 기능을 모두 기억할 필요는 없다. 또한 상담자는 반구의 특이성 대 특수성 논쟁에 휩쓸릴 필요가 없다. 그러나 한쪽 반구 전체를 제거하는 반구절제술(hemispherectomy)과 같은 경우를 제외하고는, '좌뇌' 혹은 '우뇌' 명칭을 부여하는 것은 대칭적이면서도 동시에 공생적 기능을 수행하는 뇌에 대해 왜곡된 인식을 심어 주는 부적절한 명칭이라는 점을 알아야 한다. 각 반구는 특정 과제와 기능을 담당한다. 그러나 좌뇌와 우뇌 간의 상호작용을 이해하는 것은 일상적 기능을 통합하는 데 있어 핵심이라는 점을 이해하는 것이 무엇보다 중요하다. 1장에서 뇌 구조 용어가 대부분 라틴어(때로는 그리스어)이며 지리학적 명칭을 사용한다고 설명했던 점을 상기하기 바란다. 첫 번째 도입 질문으로 제시했던 "상담자가 갖추어야 할 최적의 '뇌 지식'은 어느 정도이어야 하는가?"를 다루기 위해 Luke(2016)에 소개된 1-2-3-4 휴리스틱과 [그림 2-1]의 설명 수준을 활용하고자 한다.

분자 수준: 신경전달물질

먼저 뇌의 가장 작은 구성요소인 화학물질(chemicals)부터 다루고자 한다. **신경전달물질(neurotransmitters)**은 뇌와 중추신경계(CNS) 내에 있는 화학물질인데, 활동전위(action potential) 작용으로 신경전달물질이 시냅스 틈(synaptic cleft)으로 분비되면서 뉴런 간의 정보전달이 촉진된다. 신경전달물질에 대한 이러한 기능적 정의는 두 가지 실체를 구체적으로 설명한다. (1) 신경전달물질은 뇌 안에서만 존재하는 것은 아니다. '장(gut)' 안에서도 발견된다, (2) 신경전달물질 기능을 담당하는 화학물질은 신경전달물질로서의 기능 '만' 수행하는 것은 아니다—예를 들어, 엔도르핀(endorphin)은 펩티드(peptide)나 뉴로펩티드(neuropeptide)로서의 기능뿐만 아니라 신경전달물질로서의 기능도 담당한다. 두 개의 뉴런을 화학적으로 연결하는 데에는 한 가지 신경전달물질만 작용하는 것은 아니다. 경우에 따라 많게는 네 가지 신경전달물질이 함께 작용하여 뉴런들을 연결하기도 한다(Garrett & Hough, 2018). 〈표 2-1〉은 잘 알려진 신경전달물질의 목록과 그 기능을 나타내고 있다.

〈표 2-1〉 **신경전달물질의 기능**

1. 세로토닌(serotonin): 기분, 기억, 학습, 식욕을 조절하는 신호 전달을 촉진
2. 도파민(dopamine): 쾌감과 고통을 조절
3. 노르에피네프린(norepinephrine): 주의집중과 각성을 조절
4. 아세틸콜린(acetylcholine): 자율신경계(ANS)와 기억 기능에 주로 관여
5. 가바(gamma-aminobutyric acid, GABA): 뉴런의 활동전위를 억제
6. 엔도르핀(endorphin): 고통 경감과 행복감 증진
7. 멜라토닌(melatonin): 수면조절에 관여
8. 글루타민산염(glutamate): 아미노산이면서 동시에 신경전달물질로서 주로 투사뉴런(projection neuron)의 기능에 관여하며 뉴런의 활동전위를 촉진

왜 중요한가

대부분의 뉴런은 직접적으로, 물리적으로, 지속적으로 서로 연결되어 있지는 않다. 만약 뉴런들이 항상 모두 연결되어 있다면 가소성(plasticity, 융통성과 변화)은 불가능해질 것이다. 뉴런 간에 발생하는 화학적 과정은 곧 뇌가 그 자체를 변화시키기 위해 경이롭게 적응하며 새로운 연결을 생성해낸다는 의미다(Kalat, 2019). 이러한 미세한 화학적 전달물질의 존재는 현재의 사고, 감정, 행동의 불행한 상태가 계속 유지되지는 않으리라는 희망을 내담자에게 안겨준다. 일시적인 연결 현상을 통해 확인되듯이, 뇌는 변화와 적응을 통해 진화한다. 우리는 가정마다 설치되어 있는 유선전화 통신망이 견고하기는 하지만 한편으로는 제한적이고 융통성이 적다는 점을 잘 알고 있다. 하지만 휴대전화의 등장으로 우리는 유선의 제약으로부터 벗어났으며 기지국과 디지털 신호 덕분에 가소성을 누리고 있다. 미흡하기는 하지만, 이러한 비유는 인간의 신경생물학적 조건이 지닌 융통성과 그로 인한 변화가능성에 대한 희망을 강조하는 것이 될 수 있다. 이러한 긍정적 기대(Wampold, 2015)와 희망(Yalom, 2005)은 성공적인 상담의 기초 요인이 된다는 점에서 신경기반상담에 있어 신경전달물질의 역할은 중요하다.

세포 수준: 뉴런

뉴런([그림 2-2])은 (어쨌든 세포 수준에서) 뇌의 기초 단위다. 자동차 운전 비유를 다시 언급하자면, 자동차 공학에 관해서는 배워야 할 사실과 과정에 관한 내용이 많지만, 단순히 자동차를 운전할 목적이라면 굳이 내연 엔진의 미세한 작동 기제까지 알아야 할 필요는 없

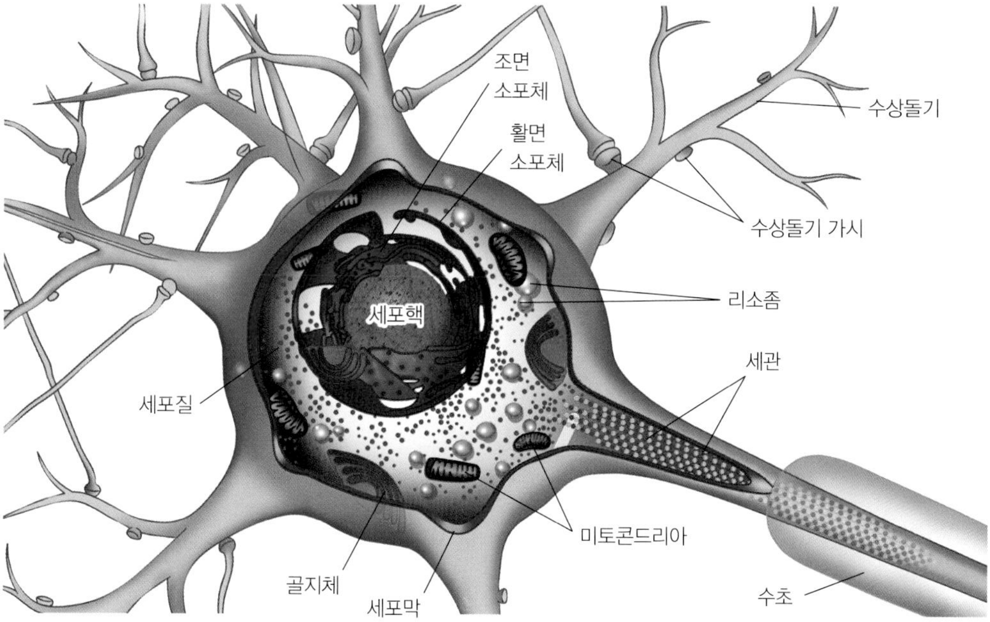

[그림 2-2] **뉴런의 해부학**

다. 이와 마찬가지로, 내담자와의 상담 장면에서 상담자가 뇌의 분자 수준의 기능까지 알아야 할 필요는 없다.

우리가 다루게 될 내용으로서 뇌 기능 측면에서의 최소 단위는 세포 수준, 즉 뉴런이다. 뉴런이 하위 체계와 물질로 구성되어 있다는 것은 생물학을 처음 공부하는 학생이라도 잘 알고 있는 사실이다. 뇌와 척수(spinal cord)의 뉴런은 전기화학적 신호—뉴런 내에 혹은 뉴런 간의 정보전달 방법—를 생성하고 전달하는 데 핵심적인 역할을 담당한다. 결국 모든 사고, 감정, 동기, 충동 등은 뉴런의 구조와 기능을 통해 그리고 뉴런 간의 정보전달을 통해 이루어진다.

구성요소

뉴런은 기본적으로 축색(axon), 수상돌기(dendrite), 교세포(glia), 수초(myelin), 세포체(soma), 시냅스(synapse) 그리고 시냅스 틈(synaptic cleft)으로 구성되어 있다. 물론 이것은 뉴런의 구조를 단순하게 나타낸 것이며 이후 보다 세밀하게 살펴보게 될 것이다([그림 2-3a]와 [그림 2-3b]). 여기에서는 일종의 색인처럼 뉴런—(각 뉴런 내에서) 전기 신호를 보내고 받으며 (뉴런 간의) 화학적 교류에 관여하는 뇌 세포—의 구성요소에 대한 보편적인 용어를 제시하고자 한다.

- **축색**(axon): 뉴런에서 길이가 가장 긴 부분이며, 대개 각 뉴런마다 한 개씩 갖고 있다. 세포핵에서 나온 전기 신호를 (대부분 수상돌기와 화학적으로 연결되는) 축색 종말에 전달하는 기능을 담당한다.
- **수상돌기**(dendrite): 세포체의 둘레 부분에 있는 줄기 구조이며, 축색을 통해 전달되는 화학 신호를 받는다.
- **교세포**(glia): 뉴런과 비교하기 위해 함께 기술되었다. 교세포는 뇌에 있는 세포 중 90%를 구성하며, 주로 뉴런의 구조와 절연에 관여함으로써 뉴런을 지지하는 역할을 담당한다.
- **수초**(myelin): 수초는 뉴런의 축색을 감싸고 있는 지방질 조직으로 축색을 절연시켜 전도율, 즉 신호의 속도와 강도를 증가시킨다.
- **세포체**(soma): 라틴어로 세포 몸(cell body)를 의미하는 세포체는 뉴런의 가장 큰 부분으로 세포핵을 담고 있다.
- **시냅스**(synapse): 시냅스는 **실재**(entity)이면서 동시에 **현상**(event)으로 설명될 수 있다. 쉽게 말해서, 뉴런 간의 화학적 연결을 뜻한다.
- **시냅스 틈**(synaptic cleft): 축색 종말과 수상돌기 가지 간의 공간을 뜻하며, 신경전달물질이 분비되어 시냅스로 전달되는 통로다.
- **종말**(terminals): **신경종말구**(bulbs or end bulbs)라고도 일컬어지는데, 축색의 말단 부분에 해당하며 신경전달물질을 저장하고 있는 소낭이 담겨져 있다.
- **소낭**(vesicles): 축색 종말에 있는 포켓으로 신경전달물질을 저장하고 있다. 축색의 전기 충격에 의해 자극받게 되면 신경전달물질을 시냅스 틈으로 방출하여 시냅스에 이르게 한다.

뉴런의 기능과 기제

Makinson과 Young(2012, p. 139)은 상담에 관련된 뉴런의 기능을 다음과 같이 설명한다.

먼저, 사고와 정서는 약 1,000억 개의 뉴런으로 구성된 뇌에서 일어나는 물질적 과정이 심리적으로 표현된 것이다. 한 개인의 심리적 기능의 핵심은 바로 뉴런이 어떻게 서로 정보를 교류하는지에 달려 있다. 기본적으로 뉴런은 흥분 혹은 억제 정보를 서로 주고받는다. 수신 뉴런(receiving neuron)은 다른 뉴런으로부터 들어오는 정보를 통합한다. 만약 수신 뉴런이 이러한 흥분성 투입을 충분히 받으면 이어서 이웃 뉴런에게 정보를 전달한다. 연결 뉴런(connecting neuron)이 수신 뉴런으로 하여금 메시지를 잘 전달할 수 있도록 빈번하게 촉진하면 그 결과 연결성은 강화되고 추가 정보를 전달하기 위해 역치가 감소된다. 이러한 뉴런-대-뉴런 연결 패턴으로 인해 복잡한 신경회로가 형성되고 그 결과 특정 뇌 부위가 형성된다. 바로 이러한 연결회로의 물리적 변이성으로 인해 뇌 영역마다 구체적인 특성이 나타나게 되는데, 뇌의 각 부위가 어떻게 기능하고 또 뇌의 다른 영역과 어떻게 정보교류를 하는가가 특징지어진다.

뉴런은 활발하게 기능하며 신체 곳곳에 영향을 미치지만, 주된 기능은 정보를 전달하는 데 있다. 세포가 휴지 상태일 때에는 세포체(cell body) 외부의 분자(주로 나트륨 이온과 염소 이온)가 내부의 분자(주로 칼륨 이온과 유기 음이온)와 균형을 이룬다(Garrett & Hough, 2018; Kalat, 2019). 즉, 외부로부터의 화학적 '압력'이 내부와 등가를 이루는 상태를 **휴지전위(resting potential)**라고 한다. 전기적 자극이 세포체에 도달하면 이러한 균형이 무너지고 뉴런을 '활성화(fire)'시켜 **활동전위(action potential)**로 변화시킨다. 이때 뉴런이 '활성화된다'라는 의미는 한 개의 뉴런이 다른 또 한 개의 뉴런과 일대일로 '교류(talking)'하는 상태를 의미하는 것이 아니다. 오히려 마치 낚시 그물처럼 수천 수백 개의 동시 연결점을 가진 것과도 같다. 한 개 뉴런의 활동전위만으로 다른 이웃 뉴런을 활성화시키기에는 역부족이다. 사실 한 개의 뉴런을 활성화시키기 위해서는 활성화된 뉴런이 약 10,000개가 필요하다.

[그림 2-3] 뉴런 정보교류의 비교

[그림 2-3]을 보면, 흔히 뉴런 간 정보교류는 첫 번째 이미지(a)처럼 이루어진다고 생각한다. 그러나 실제로는 두 번째 이미지(b) 형태로 활동전위가 형성된다.

이때 활성화되는가 혹은 비활성화되는가의 문제가 아니라, 흥분(excitatory, 인접한 신경섬유의 자극활동) 혹은 억제(inhibitory, 인접한 신경섬유의 비자극활동) 기능에 해당된다. 임상적 관점에서 볼 때, 모든 생각, 감정, 행동은 바로 뉴런 간 정보교류의 산물이라는 점이 핵심이다. 화학물질은 행동이며, 행동은 화학물질이다. 이것은 단지 환원론적 관점이 아니며, 세포와 분자 수준에서의 행동을 설명하고 있는 것이다.

뉴런의 유형

뉴런은 세 가지 유형, 즉 감각뉴런(sensory neuron), 운동뉴런(motor neuron), 중간뉴런(inter neuron)으로 나누어진다. 감각뉴런은 신체와 환경으로부터 오는 자극 정보를 중추신경계로 전달한다. 운동뉴런은 근육과 기관에 반응 명령을 전달한다. 중간뉴런은 단거리에 걸쳐 정보를 전달한다.

왜 중요한가

활동전위를 발생시키기 위해서는 여러 조건이 충족되어야 한다. 예를 들어, 뉴런 간의 공간에 해당되는 시냅스에서 신경전달물질이 전달되기 위해서는 많은 요인이 함께 작동되어야 한다. 다음에 다루게 되겠지만, 뇌의 전체 세포 중에서 뉴런(의사결정자, 활동 수용자)은 단지 10%에 불과하며 나머지는 모두 교세포(glial cell)다. 이들 교세포는 뉴런의 구조를 지지하며 뉴런 간 정보교류가 보다 정확하고 효율적으로 이루어지도록 지원한다. 즉, 뉴런이 '활성화'되기 위해서는 뉴런의 구조와 안정성을 지원하는 방대한 지원체계가 필요하다는 의미다. 일단 이러한 지원체계가 갖추어지면, 흥분하든 억제하든 간에 활동전위를 생성하기 위해 이러한 균형이 무너져야 한다. 상담 장면에서 흔히 내담자들(모든 인간성)은 현재 상태에 머물러 있는 고통(내적 압력)이 변화에의 고통(외적 압력)보다 더 클 때 비로소 변화를 고려하는 경향이 있다. 이는 인간 세포가 작용한 것처럼 보인다.

구조 수준 휴리스틱: 1-2-3-4-5

이 장의 내용을 최대한 함축적이면서 효과적으로 설명하기 위해 1-2-3-4-5 휴리스틱([그림 2-4])을 사용하고자 하는데, 이는 과도한 기술적 용어 사용 없이 뇌 기능에 대한 실제적인 지식을 습득하는 데 도움이 된다. 앞서 언급했던 분류법과 유사하게 보일 수 있지만, 또 다른 기능이 있다.

한 개의 뇌

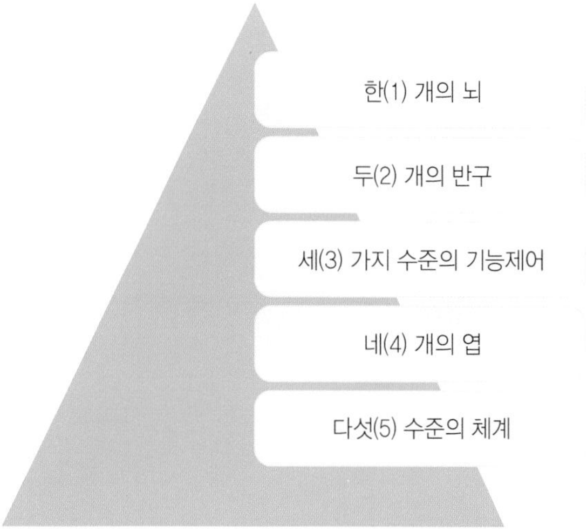

[그림 2-4] **구조 수준 휴리스틱: 1-2-3-4-5**

전체적인 단일 구조로서의 뇌는 아마도 이 세상에서 가장 성능이 우수한 컴퓨터일 것이다. 뉴런이라고 불리는 약 840~1,000억 개의 세포로 구성되어 있으며, 무게는 1.4kg다(Kalat, 2019). 이와 관련하여 가장 놀라운 사실은 이러한 뉴런이 뇌 섬유조직 밀도의 약 10%만 차지한다는 점이다. 나머지 90%는 신경교(glia) 혹은 교세포(glial cell)라고 불리는 세포로 이루어져 있다. 이들 교세포가 뉴런에 의해 생성된 전기적 자극의 전도를 구조적으로 지지하고 절연하는 기능을 수행한다는 것 이외에는 그리 알려진 바가 없다.

척수(spine)의 위쪽에 위치하는 뇌는 척수와 더불어 중추신경계(CNS)를 형성하며, 말초신경계(Peripheral Nervous System: PNS)와 더불어 사고와 행동부터 자극 반응에 이르기까지 신체 기능을 조절한다. 뇌는 우리 신체 기관 중에서 가장 많이 연구되었지만 그에 비해 실제로 규명된 내용은 적다. 예를 들어, 버락 오바마 대통령이 승인한 연구비 규모를 생각해 보자. 미국은 뇌 지도를 밝히기 위한 연구기금으로 10년 동안 1억 달러를 지출하기로 했다(BRAIN 2025: A scientific vision, https://braininitiative.nih.gov/pdf/BRAIN2025_508C.pdf 참조). 뇌 지도를 밝히고자 하는 작업은 뇌 구조 연구의 역사를 볼 때 매우 흥미롭다. 예를 들어, 뇌의 **국재화(localization)** 관점은 특정 부위와 구조는 특정 기능만 수행한다고 본다. 즉, 언어 생성(speech production)은 주로 특정 부위(전두엽의 브로카 영역)에서 담당하며, 언어 이해(speech comprehension)는 또 다른 부위(측두엽의 베르니케 영역)에서 담당한다고 알려져 있다(Güntürkün & Ocklenburg, 2017). 이 관점은 호문쿨루스(homunculus)([그림 2-5])에서 보듯이 타당성과 유용성을 지니고 있다. Franz Joseph Gall은 이러한 관점을 발전시켜 골상학이라고 하는 의사과학을 소개했는데, 따라서 우리는 이에 조심스럽게 접근하고자 한다(Spunt & Adolphs, 2017).

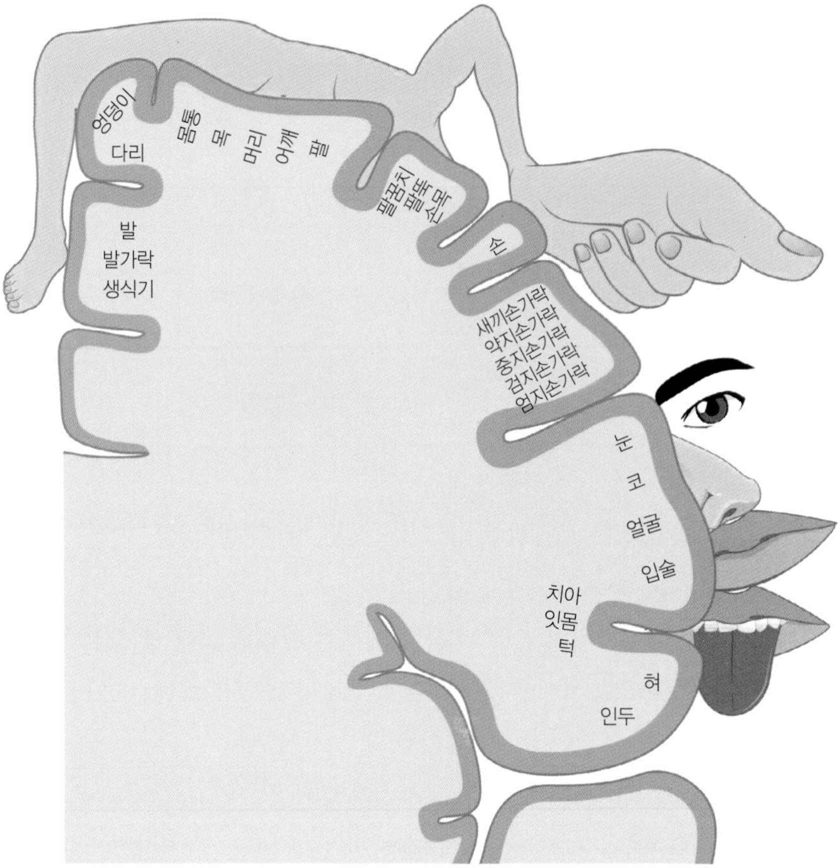

[그림 2-5] **호문쿨루스**

왜 중요한가

[그림 2-5]는 특정 행동 및 감각과 연결된 뇌의 일반적 위치를 나타낸다. 그러나 오늘날에는 뇌의 기능은 특정 부위나 영역에 국한된 개별적인 현상이라기보다는 통합적이라는 관점이 우세하다(예를 들어, Johnson & Young, 2017). 뇌 지도 연구의 제한점은 뇌 연구의 방향성이 지정학적 모형(localization model)으로 후퇴할 수 있다는 점이다. 자칫 뇌의 각 영역과 구조는 특정 사고, 감정 및 행동의 열쇠가 된다는 인식을 심어주게 된다. 실제로—현재 우리가 직접 경험하고 있듯이—뇌는 두 개의 반구와 여러 구조에도 불구하고 **통합된 체계망(unified network of systems)**으로 작동한다(Cuesta & Peralta, 2017). 각 부위 혹은 영역은 담당하는 역할을 수행하여, 체계 내 상호작용의 총합은 각 부분의 단순 총합보다 훨씬 더 크다는 것을 보여 준다. 이것은 내담자가 세상 안에서 경험하고 있는 것에 비유될 수 있다. 내담자는 종종 자신의 각 부분을 경시하고 통합의 필요성을 무시한다. 이것은 또

한 사회적 기능에도 비유된다. 상담자는 내담자로 하여금 자신이 더 큰 네트워크의 한 부분이라는 점을 깨닫도록 하며 나아가 공동체 의식의 가치를 인식할 수 있도록 조력할 수 있다.

두 개의 반구

여전히 논쟁이 되고 있지만, 두 개의 반구를 지닌 한 개의 뇌를 다루는 것보다 두(two) 개의 뇌에 대해 논의한다는 것이 더 정확한 표현이다(van der Kolk, 2014). 우리의 목적을 위해서는 두 개의 반구를 지닌 한 개의 뇌를 다루는 것만으로도 충분하겠지만, 아직까지도 두 반구가 지닌 역할의 차이점에 대한 논쟁이 활발하다. 각 반구가 고유한 기능을 갖고 있다고 하는 논쟁은 자칫 오해를 불러일으킬 수 있다. 왜냐하면 대부분의 경우 두 반구는 동일한 행동에 대해 서로 다른 방식으로 관여하고 있기 때문이다. 좌반구(left hemisphere)와 우반구(right hemisphere)는 대칭적인 구조로 한 쌍을 이루고 있다. 예를 들어, 해마(hippocampus)와 편도체(amygdala)를 다룰 때에는 개별 구조가 아닌 한 쌍의 구조를 언급하고 있는 셈이다. 단, 송과선(pineal gland)—데카르트가 영혼이 위치하고 있는 곳이라고 잘못된 가정을 설정했던—을 언급할 경우는 예외다.

좌우의 기능분화(lateralization) 용어는 뇌의 각 반구가 각자 다른 과제를 다르게 처리한다는 개념이다(Güntürkün & Ocklenburg, 2017). 좌반구는 피질(cortex)의 네 가지 L기능, 즉 해석(literality, 사실과 세부사항), 언어(language, 말과 추론), 선형성(linearity, '직선적' 사고), 그리고 논리(logic, 단계적 추론과 분석)에 관여한다(Siegel & Hartzell, 2003). 좌반구—좌반구를 언급할 때에는 특히 대뇌피질(cerebral cortex)을 의미하는 것일 뿐만 아니라 중뇌(midbrain)의 복제된 한 쌍의 구조를 의미하기도 한다—는 좌측모드 정보처리(Left-Mode Processing: LMP)에 관여한다(Badenoch, 2008, 2017). LMP 모형은 각 반구의 독특한 정보처리를 인식하는 데 관여한다(Güntürkün & Ocklenburg, 2017; Kalat, 2019).

[그림 2-6] LMP 대 RMP

우반구는 감각 입력(청각 및 시각 인식), 창의력, 공간 및 시간 인식이 이루어지는 곳이다. '우측 뇌'는 창의력과 정서반응에 다소 관여하는 것으로 잠정적으로 알려져 있다. 좌측모드 정보처리와 달리, 우측모드 정보처리(Right-Mode Processing: RMP)는 세상과 경험에 대한 전체 이미지를 생성하는 데 관여한다. 즉, 문자적(literal)이라기보다는 도형적(figurative)이다. 우반구는 좌반구에 의해 처리된 언어를 그림과 이미지로 만들어 낸다. 두 반구의 정보처리 차이점을 예로 들자면, [그림 2-6]의 타일 모자이크를 보는 것과 같다. 뇌 기능에 관한 현재의 지식에 의하면, 좌반구는 마치 각 타일 조각을 개별적으로 확인하는 것에 관여하는 반면, 우반구는 타일을 하나의 전체, 즉 게슈탈트(gestalt)로 경험하는 것에 관여한다고 할 수 있다.

왜 중요한가

이 글을 읽는 순간에도 당신 뇌의 두 반구는 책 내용을 이해하기 위해 협력 작업을 하고 있다. 한 내담자를 가정해 보자. 회피행동 문제를 지닌 17세의 남성 내담자가 '구역질, 손바닥 땀, 심한 심장박동' 증상을 호소한다. 어떤 생각이 드는가? 당신 뇌의 좌반구는 세부사항에 초점을 맞추어 이 내담자의 특성과 기술된 정보, 즉 17세 남자 청소년이고, 현재 치료 중이며, 구체적인 신체 증상을 호소하고 있다고 파악할 것이다. 그렇다면 당신 뇌의 우반구에서는 어떤 현상이 일어나는가? 우반구는 이러한 정보 조각들을 한데 모아 내담자의 경험에 대한 전체적인 이미지를 만들어 내고 그것을 진단 범주라고 하는 '그림'과 비교한다.

대부분의 내담자는 이 17세 내담자와 마찬가지로 자신의 증상을 진단기준에 부합되도록 제시하지 못한다. 오히려 내담자들은 자신의 경험을 (상담자의 경청 기술이 허용한다는 전제하에) 이야기식으로 말한다. 그들이 제시하는 증상—사고, 감정, 행동, 경험—은 미흡하게나마 진단기준을 충족하거나 혹은 충족하지 않을 수 있으며, 따라서 임상적 문제의 유무를 명쾌하게 규명하기 어렵다. 이때 상담자는 내담자가 자신의 상태를 표현하기 위해 의존하는 도구, 즉 언어(준언어)에 기대어 내담자를 이해해야 하는 상황이다. 상담자는 내담자의 언어와 씨름하여 내담자의 경험에 대한 보다 구체적이고 상세한 이해에 도달하기 위해 자신의 좌뇌를 활용한다. 상담자는 앞서 언급한 네 가지 L, 즉 **해석**(literality, "당신의 심장이 정말 당신의 가슴에서 박동하고 있나요?"), **언어**(language, "당신이 '난 어떤 것도 할 수 없어요.'라고 말할 때 그 말은 곧 …라는 뜻인가요?"), **선형성**(linearity, "'손바닥 땀'이 나고 '심장박동'이 느껴지기 직전에 무엇을 경험하죠?" 그리고 "그러한 경험을 어떻게 회피하나요?"), 그리고 **논리**[logic, 내담자의 이야기 내용을 진단기준 용어로 전환하는 작업이 일어난다: "내담자는 격렬한 감정을 느끼고(DSM-5 진단기준 C.4-과민성), 자신의 의지로 그것을 멈추기 어려운 상태이며(진단기준 B), 이러한 경험이 '매우 오랫동안 기억되었으며 올해 더 심해졌다."(진단기준 A) 등등]를 활용하여 내담자를 이해한다. 상담자는 자신의 LMP를 통해 내담자의 언어와 경험을 듣고, 이해하고, 해석하고, 적용할 수 있게 되었다. 이러한 과정이 내담자 치료에 도움이 되고 상담과정에서 반드시 필요한 부분이라 하더라도, 아직 상담이 본격적으로 시작되었다고 볼 수는 없다.

상담자 좌뇌의 작업이 우뇌의 작업으로 전환될 때 비로소 상담이 시작된다고 볼 수 있다. Badenoch(2008)와 Siegel(2012)은 이러한 과정을 권위와 확신을 갖고 설명한다. 내담자의 이야기와 상담자의 해석이 모자이크로 전환되는 것은 좌뇌와 우뇌 간의 연결을 통해 가능하다. 이때 모자이크는 상담자의 공감(일반불안장애의 경우 내담자의 관점에서 그의 경험을 바라보는 것), 임상장애의 선형성과 논리 통합(내담자의 경험을 이론적으로 설명하는 것, 예를 들어 인지행동치료, 합리정서행동치료, 정신분석 등), 시간(시간적 정보처리), 그리고 치료를 위한 중재(창의성)를 포함한다. 인지행동치료 중재 방법을 습득한 상담자는 내담자가 불안(anxiety)이라는 단어를 꺼내자마자 활동지를 사용하려고 할 것이다. 내담자는 불안이라는 단어를 말하고 상담자는 즉각 개입한다. 그러나 상담자가 기대했던 것과는 달리, 내담자는 상담자의 분석과 중재전략에 대해 덜 반응한다. 왜 그럴까? 그것은 바로 논리의 문제가 아니라, 인간에 관한 것이기 때문이다. 중요한 단서와 연결성을 놓치는 좌뇌의 전략으로 인해 내담자와 그의 문제를 마치 스도쿠(Sudoku) 퍼즐판처럼 대했기 때문이다.

효과적인 상담자가 되기 위해서는 각 반구의 상보적인 역할이 중요하다. 두 개의 반구는 뇌량(corpus callosum)이라고 하는 매우 치밀한 신경섬유 다발로 연결되어 서로 정보를 교류한다. 만약 이 정교한 교류 통로가 없었다면 두 반구가 공동작업을 하는 것은 매우 어려웠거나 최소한 비효율적이었을 것이다.

Sandrine은 두 반구의 기능에 대한 상담자의 설명을 어렴풋이 이해한다. Sandrine이 언어적 굴레에서 벗어나 전향적인(forward-looking) 언어로 나아갈 수 있도록 상담자는 두 반구에 대해 잘 이해하고 있다. 두 반구의 구조와 통합이 지니는 중요성에 대해서는 6장에서 보다 더 상세하게 논의할 것이다. 여기에서는 기본 구조에 대해서만 다루고자 한다.

상담회기 내 신경과학적 접근

Sandrine 사례 계속 도입 질문에서처럼, 이제 당신이 만약 Sandrine과 상담을 한다면 여기에 기술된 지식을 어떻게 활용할 것인가? 내담자를 조력하기 위해 뇌에 관한 지식을 어떻게 활용할 것인가?

상담자: Sandrine, 당신이 지난주 생활과 상황에 대해 이야기할 때 당신은 당신의 뇌가 망가졌다고 생각하는 것 같았어요. 그리고 당신에게 그 어떤 것도 도움이 되지 않을 거라고 생각하는 듯했어요. 제 짐작이 정확한가요?[상담자의 우뇌(감정 반영)가 내담자의 좌뇌(해석, 언어)에 도전하고 있음]

Sandrine: 글쎄요, 잘 모르겠어요. 어쨌든 나의 뇌가 제대로 작동하고 있지 않는 것 같고, 치료약이 효과가 없는 것 같아요. 그래서 어떻게 해야 할지 모르겠어요.[좌뇌(세부 사항)로부터 우뇌(전체 그림)로 이동하고 있음]

상담자: 좋아요. 당신이 무력감을 느끼고 있다는 것을 좀 더 이해할 수 있겠군요[우뇌(의미 반영)]. 만약 당신의 뇌가 '엉망진창' 되어 있지 않고 생활에 대한 통제력을 갖고 있다고 한다면, 남편이나 아들과의 관계가 어떻게 될 것 같아요?[우뇌의 미래지향적이고 창의적인 질문]

Sandrine: 글쎄요, 흥분한 상태에서 위험한 말과 행동을 하는 상황을 피할 수 있을 것 같아요. 나의 의지대로 행하는 것처럼 느껴질 것이고, 환경에 대해 덜 수동적이 되겠죠.

상담자: 당신이 통찰한 바를 말해 줘서 고마워요! 이제 우리가 나아가야 할 구체적인 상담 목표에 대한 아이디어를 얻은 것 같아요. 당신은 이미 당신 자신을 얽매고 있는 언어로부터 벗어나고 있으며 성공적인 미래 모습을 그려볼 수 있게 되었네요.

세 가지 수준의 기능제어

뇌 구조는 다양한 방식으로 조직된다. 각 영역을 구성하는 연결된 구조를 가능한 한 명료하고 간결하게 설명하고자 한다. 뇌 안에는 세 개의 진화된 구조가 있는데, 파충류의 뇌(reptilian brain) 혹은 후뇌[hindbrain, 뇌간(brain stem)], 원시포유류의 뇌(paleomammalian brain) 혹은 중뇌[midbrain, 변연계(limbic system)] 그리고 신포유류의 뇌(neomammalian brain) 혹은 대뇌피질[cerebral cortex, 전뇌(forebrain)를 포함]이 그 세 가지다. 각각은 구조를 지니며 정서, 인지, 행동 및 사회적 기능에 관여한다.

후뇌(hindbrain): 진화적으로 가장 먼저 발달된 것은 후뇌(rhombencephalon)다. 인간과 다른 유기체에게 있어 가장 먼저 발달한 뇌 영역이다(Kalat, 2019). 다음 구조들을 포함한다.

- **뇌교**(pons): 수면, 각성
- **소뇌**(cerebellum): 신체운동
- **연수**(medulla): 호흡과 같은 생존 기능
- **망상체**(reticular formation): 수면, 각성, 주의

이 구조들은 주요 생존기능을 조절하며 무의식적이다. 그러한 기능을 통제하기 위해 의식적인 노력을 기울일 필요가 없다. 매 순간의 호흡(공격받았을 때의 천식 환자를 생각해 보면 이해될 것이다)을 생각해야 하거나 혹은 혈액을 청소하고 순환시키기 위해 매 순간 심장박동에 주의를 기울이고 의식해야 한다고 상상해 보라. 이 두 가지 예시를 통해 '자동적 사고(automatic thoughts)'—이들 자동적 사고는 우리의 일상 기능에 깊게 스며들어 있어서 마치 전뇌가 아닌 후뇌에서 작동하는 것처럼 여겨진다—개념이 갖는 영향력을 이해하게 된다. 이것은 정확한 설명이라기보다는 배경정보처리에 관한 이해를 돕기 위한 은유에 해당된다.

중뇌(midbrain): 원시포유류의 뇌라고도 일컬어지는 중뇌(mesencephalon)는 다음 요소들로 이루어진다(Garrett & Hough, 2018).

- **상소구**(superior colliculus): 안구운동과 같이 후두엽(occipital lobe)의 부차적인 기능에 해당하는 시각정보처리
- **하소구**(inferior colliculus): 음향위치 탐지와 같은 청각정보처리
- **흑질**(substantia nigra): 운동통합(예를 들어, 파킨슨병은 이 부분이 손상된 경우)
- **복측피개부**(ventral tegmental area): 음식, 성, 약물 등의 보상효과를 지원
- **송과선**(pineal gland): 일상주기 및 계절주기를 관장

전뇌[forebrain, 대뇌피질(cerebral cortex)]: 신포유류의 뇌라고도 불리는 대뇌피질[간뇌(diencephalon)]은 신피질(neocortex)이라고 불리는 전뇌(prosencephalon)를 포함하는데, 뇌의 진화과정에서 가장 늦게 발달된 부분이다(Kalat, 2019). 대뇌피질에서는 고차원적인 정신 과정이 이루어진다. 목표설정, 문제해결, 의사결정, 비판적 사고에 관여한다. 변연계(limbic system)를 포함하며, 고차원적인 인지처리와 정서처리 과정을 구조적·기능적으로 통합한다.

왜 중요한가

Paul MacLean의 삼위일체 뇌(triune brain)에 관한 설명으로 뇌의 세 가지 기능제어 수준을 알게 되었다. 두 개의 반구 개념 덕분에 한 개가 아닌 두 개의 뇌를 이해하게 되었을 뿐만 아니라, 나아가 MacLean 덕분에 세 개의 뇌—파충류의 뇌, 원시포유류의 뇌 그리고 신포유류의 뇌(MacLean, 1990)—에 대해 이해하게 되었다. MacLean의 분류에 의하면, 뇌간(brain stem)은 가장 원시적이고 기본적인 생존체계, 즉 반사반응 체계다. 그다음 진화 산물인 변연계(limbic system, 실제로는 중뇌가 아닌 전뇌의 일부분이지만 설명 목적으로는 유용하다)는 보다 복합적인 정서와 반응 행동(예를 들어, 고전적 조건형성)에 관여하기는 하지만 여전히 본능에 의해 지배된다. 마지막으로, 신포유류의 뇌 혹은 대뇌피질(cerebral cortex)은 완전히 의식적이지는 않지만, 보다 복합적인 사회적 · 정서적 · 인지적 교류 능력을 갖고 있다. 이것은 상담에서 삶의 기능 수준을 묘사하기 위한 은유로 활용된다. 앞서 언급했듯이, 내담자는 한 개체로서의 생존(파충류 수준), 공동체 구성원으로서의 생존(원시포유류 수준), 혹은 관계적인 존재로서의 생존(신포유류 수준)에 기초하여 자신의 삶에 관련된 상담목표를 수립할 수 있다. 즉, 내담자는 반사적인 존재, 본능적인 존재, 혹은 관계적인 존재 중 어느 수준의 삶을 선호할까?

상담회기 내 신경과학적 접근

Sandrine 사례 계속 이러한 통합적 개념을 보다 구체화시킬 수 있도록 Sandrine 사례를 계속 살펴보자.

상담자: Sandrine, 당신은 기분이 변하면 신체증상이 나타나고 그 결과 당신의 표현을 빌리자면 '언어적 폭력(verbal violence)'을 가하게 된다고 했어요. 그 부분에 대해 좀 더 얘기해 주시겠어요?

Sandrine: 심장이 막 질주하는 것 같고, 머리가 몽롱해지고, 심장박동이 마치 내 눈 뒤에서 느껴지는 것 같고, 손바닥에 땀이 차고, 안절부절못하게 돼요.

상담자: 좋아요, 다양한 신체적 경험을 하는군요. 그 순간 그러한 신체적 경험이 당신에게 어떤 의미인 것 같아요?

Sandrine: 네?

상담자: 그런 것을 느낄 때 당신에게 어떤 일이 일어나고 있다고 생각되나요?

Sandrine: 잘 모르겠어요. 아마도 무언가 잘못되고 있고 내가 큰 혼란에 빠졌다는 의미겠죠.

상담자: 그런 다음은요?

Sandrine: 그 순간 내가 무슨 생각을 하는지조차 모른 채, 무언가를 해야만 한다는 생각에 사로잡히는 것 같아요.

상담자: 맞습니다. 그 순간에 당신은 단지 반응하고(reacting) 있는 것이죠?

Sandrine: 네, 바로 그거예요. 무언가를 해야 한다는 압박감과 내 감정으로부터 도망가야만 한다는 것, 그리고…. [침묵]

상담자: 그리고는 당신은 누군가에게 그것을 쏟아내죠.

Sandrine: 네, 제가 바로 그렇게 했어요. 내가 무언가 잘못되어 가고 있다고 느끼는 이유가 바로 그거예요. 죄책감과 무력감을 동시에 느끼죠.

상담자: 이해가 됩니다. 그것은 당신의 잘못일 수도 있고 또 그렇지 않을 수도 있지만 어쨌든 상담을 통해 그 두 부분을 도와줄 수 있다고 만약 내가 말한다면, 당신은 어떨 것 같으세요?

Sandrine: 희망적으로 들리네요(회의적이지만). 어떻게 그게 가능하죠?

상담자: 당신의 신체적 뇌는 인식 아래 차원에서 반응하고 있습니다. 당신의 정서 뇌(emotional-brain)는 이러한 신체 반응을 위기로 해석하고 공포와 흥분상태에 빠뜨리며 자기보호적 행동을 하도록 만듭니다. 이럴 때 당신의 사고 뇌(thinking-brain)를 불러와야 합니다.

Sandrine: 어떻게요? 내가 생각할 겨를도 없이 그러한 일들이 벌어졌어요.

상담자: 우리가 지금 하고 있는 것처럼, 그러한 일들이 일어나기 전에 당신의 사고 뇌가 먼저 생각을 하는 것이 중요합니다. 예를 들어, 그러한 순간에 당신의 몸을 인식하게 되면(중요한 첫 단계), 당신의 사고 뇌는 당신 몸이 '습관적으로 하던 그것을' 다시 하려고 한다는 것을 당신에게 상기시킵니다. 이때 당신 몸에 귀 기울이고 반응 행동을 표출할 것인지 혹은 당신 몸에게 다른 것을 말할 것인지를 선택할 수 있습니다. 자, 지금 상담회기 중에 그것을 연습해 봅시다.

네 개의 엽

앞서 언급한 바와 같이, 뇌는 두 개의 대뇌반구(cerebral hemisphere)로 나누어져 있으며, 대뇌(cerebrum) 혹은 신피질(neocortex)은 다시 네 개의 엽(lobe)으로 나누어진다. 각 엽은 가끔 중복되기도 하지만 사고와 행동에 각각 특정한 역할을 담당한다. 네 개 엽은 모두 고유한 기능을 담당하는데, 여기에서는 상담과 관련하여 설명하고자 한다. [이러한 개념을 임상 실제에 적용해야 하므로 가능한 한 명료하게 설명하기 위해 단순한 용어를 사용하고자 한다. 그러나 이렇게 할 경우, 뇌의 세 개 평면에 대한 기술적인(technical) 설명을 원하는 독자들의 관심을 충족시키지 못하고 뇌 구조의 위치를 설명해야만 하는 한계가 있다. 따라서 정확한 학술적 명칭과는 다른 용어를 사용하기 때문에 일부 독자들은 나의 설명이 약간 지루하게 느껴질 수도 있다. 하지만 상담의 임상적 목적을 위해서는 그러한 구체적인 수준에서의 용어는 불필요하다고 생각한다.]

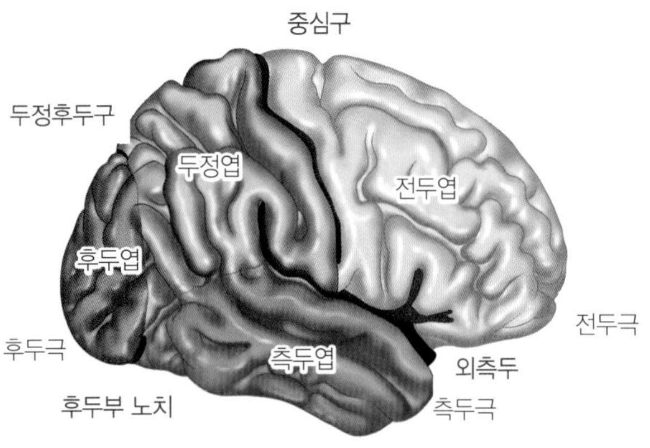

[그림 2-7] 네 개의 엽

[그림 2-7]에서 보는 바와 같이 네 개의 엽은 마치 중앙 뇌구(sulcus, 뇌의 윗 중앙 부분을 따라 갈라진 틈으로 대뇌 반구를 두 부분으로 양분함)에 의해 양분된 것처럼 펼쳐져 있는데, 각 엽의 절반 부분이 각 반구에 효과적으로 양분되어 있다. 측두엽(temporal lobe)은 예외인데, 좌반구와 우반구에 각각 한 개씩 위치한다. 엽의 기능에 대해 다음에서 간략하게 기술하겠다. 인간 행동의 복잡한 기능에 관여하는 뉴런은 바로 이들 네 개의 엽에 존재한다.

전두엽

가장 탁월한 전두엽(frontal lobe)은 뇌의 앞부분에 위치한다. 전두엽은 문제해결, 추론, 추상적 사고, 판단, 의사결정 등과 같은 영역에 관여하면서 주도적인 역할을 수행한다. 전두엽은 다음과 같은 구조와 기능을 갖는다(일부 목록; 상세한 내용은 Garrett, 2011 참조).

- 중심전회(precentral gyrus): 운동피질
- 이차 운동피질(secondary motor cortex): 기저핵(basal ganglia)과 함께 운동 계획
- 브로카 영역(Broca's area): 언어 생성
- 전전두엽 피질(prefrontal cortex): 의식적 감각, 추상적 사고, 추론, 계획, 작동기억

측두엽

뇌의 양쪽에 있으며 귀의 뒤편 위쪽에 위치한다. 측두엽(temporal lobe)은 복합적인 소리와 냄새를 처리하며(Badenoch, 2008), 청각피질(auditory cortex)을 포함한다.

두정엽

전두엽 바로 뒷부분에 위치하며 피질의 윗부분을 가로지르는 두정엽(parietal lobe)은 압력, 온도, 고통 등과 같은 감각 관련 정보를 처리한다. 또한 공간 방향성을 파악하게 해 주는 구조를 포함한다. 다음의 구조와 기능을 갖는다.

- **체감각피질**(somatosensory cortex): 피부감각, 신체 운동과 위치를 파악
- **베르니케 영역**(Wernicke's area): 언어 이해

후두엽

시각피질(visual cortex)이라고도 불리는 후두엽(occipital lobe)은 우리와 같은 인간에게 있어서 시각과 시각처리가 얼마나 중요한가를 보여 준다. 유일한 기능은 아니지만, 시각과 인식을 조절하는 기능이 주된 기능이다.

왜 중요한가

우리가 느끼는 감각 경험의 의미는 네 개 엽의 공동 작업을 통해 파악되기 때문에, 이들 네 개 엽에 대한 이해는 상담에 있어서 중요하다. Kalat는 이를 가장 잘 표현하고 있다. "요약하자면, 눈(eyes)은 자극 정보를 전달하고, 시각피질은 경험을 제공한다."(2019, p. 84) 즉, 앞으로 논의되겠지만, 자극 정보는 네 개의 뇌 엽을 통해 해석되며 감각으로 경험된다. 우리는 눈을 통해 세상을 보는 것이 아니다. 후두엽(occipital lobe)을 통해 세상을 본다. 우리는 근육 기억(muscle memory)을 갖고 있는 것이 아니다. 두정엽(parietal lobe) 안에서 운동 학습이 이루어진다[즉, 근육이 기억하는 것이 아니라, 일차 운동피질(primary motor cortex)이 기억한다]. 이것은 내담자가 자극과 경험 간의 차이를 이해할 수 있도록 하는 데 있어 많은 함의를 지닌다. 자극은 대부분 우리의 통제를 벗어나 있지만, 그러한 자극에 대한 경험으로서의 의미 해석은 여전히 우리가 통제할 수 있다(Luke, Redekop, & Jones, 2018).

다섯 수준의 체계

이들 다섯 수준의 체계에 대한 정보는 다양한 자료로부터 발췌하였는데, 특히 Garrett와 Hough(2018), Kalat(2019)를 참조하였다.

중추신경계

뇌와 척추(spinal column)는 중추신경계(central nervous system)를 구성한다. 척수(spinal cord)는 뇌의 메시지를 근육과 기관으로 전달하며, 근육과 기관의 메시지를 뇌로 전달한다. 반사에서부터 의도적인 행위에 이르기까지 모든 기능의 원천은 중추신경계다. 만약 중추신경계가 없다면 인간은 생명력 없는 덩어리에 불과하고, 행동할 수 없으며, 그러한 행동에 대해 사고할 수 없게 될 것이다. 그러나 신체가 환경에 반응하는 데 있어 의식적 사고와 지향성만이 작동하는 것은 아니다. 말초신경계도 이러한 과정에 관여하며 상담자가 내담자의 비인지적 반응과 행동을 이해하는 데 있어 중요한 요소가 된다([그림 2-8]).

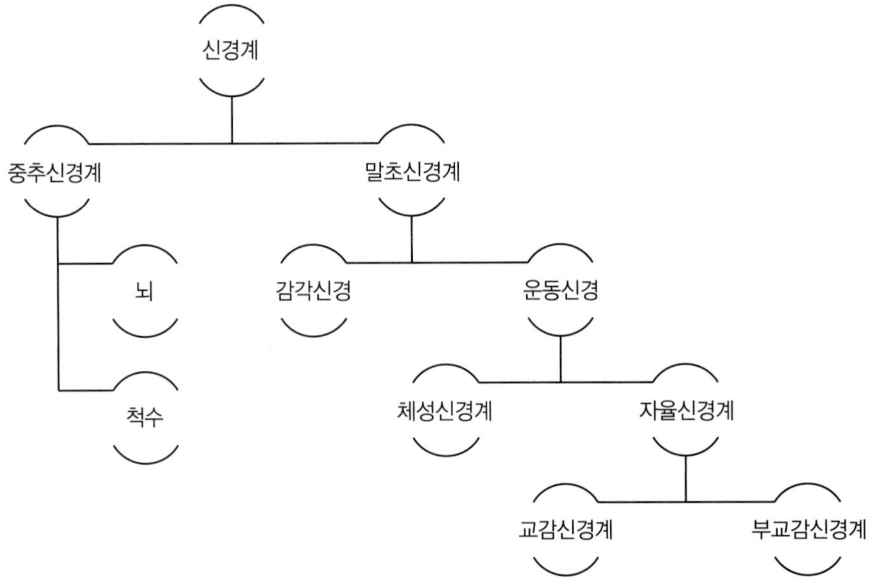

[그림 2-8] 중추신경계

말초신경계

말초신경계(peripheral nervous system)는 두 개의 하위체계—체성신경계(somatic nervous system)와 자율신경계(autonomic nervous system)—로 구성된다. 체성신경계는 주로 운동 뉴런과의 소통을 담당하는데, 골격계 안과 주변에 있는 근육을 자극해서 운동을 유발한다. 자율신경계는 위, 심장, 그 외 기관 및 혈관과 같은 평활근(smooth muscles)에 관여한다(Garrett, 2011).

자율신경계

자율신경계(autonomic nervous system)는 신체(와 마음)의 투쟁-도피반응(fight or flight responses)과 위기에 뒤따르는 생리적 불응기(refractory period)를 이해하고 조절하는 데 있어 핵심적인 요소다. 자율신경계는 두 개의 하위체계—교감신경계(sympathetic nervous systems)와 부교감신경계(parasympathetic nervous systems)—로 구성된다.

교감신경계

교감신경계(sympathetic nervous system)는 환경 속에서 위협—이러한 위협은 실제적인 것(달리는 자동차가 가까이 다가오는 것)이거나 혹은 인식되는 것(사랑하는 이가 사소한 일에도 자신을 포기하려고 마음먹는 것)일 수 있다—이 되는 어떤 것을 인식하고, 직관하며, 목격할 때 개체로 하여금 행동하도록 활성화시킨다. 일단 활성화되면 이러한 투쟁-도피는 다음에 기술된 다양한 신체 체계를 활성화시켜 행동을 준비시킨다.

- 심장박동 증가(주요 근육으로의 혈류를 증가시키기 위해)
- 동공 확대(위협적인 자극을 더 잘 확인하기 위해)
- 소화기능 저하(투쟁 혹은 도피 준비 차원에서 체계를 비우기 위해)
- 부신(adrenal glands) 자극(에너지와 명료성을 분발시키기 위해)
- 혈관 수축(상처로 인한 혈액 손실을 최소화하기 위해)

상담자가 신경과학적 지식을 활용하는 측면에서 볼 때, 교감신경계의 기능에 관한 기본적인 사실은 다음과 같다. 객관적이고 관찰 가능한 위협이든 혹은 경험자의 주관적인 인식과 해석이든 간에, 일단 위협이 감지될 때 교감신경계는 신체로 하여금 행동[설령 그 행동이 정지(freezing)되는 행동이라고 할지라도]을 취할 수 있도록 준비시킨다. 이러한 단순한 사실이 지니는 함의—인식만으로도 실제적인 신체 반응을 유발한다—는 이 책의 나머지 부분에서 추가로 논의될 것이다.

부교감신경계

부교감신경계(parasympathetic nervous system)는 교감신경계가 신체 체계에 관여한 직후 신체의 여러 체계들을 균형 상태로 되돌리는 데 관여한다. 다음에 기술된 부교감신경계의 기능이 작동하지 않을 경우 우리의 몸이 어떻게 될 것인지 상상해 보라.

- 심장박동 완화
- 동공 수축
- 소화기능 재개
- 부신 분비 감소
- 정상적인 호흡 상태로 되돌리기 위해 기도 수축

부교감신경계가 없거나 혹은 제대로 기능하지 못할 경우, 몸의 여러 체계가 과잉 흥분된 상태를 유지하고 결국 체계가 손상될 것이다. 자율신경계의 여러 체계는 위협적인 상황에서 함께 작동하여 신체 대응태세를 갖추도록 만들며, 부교감신경계는 신체기능이 정상 수준으로 복귀하도록 돕는다. 교감신경계가 과잉 흥분되어 있는 내담자 혹은 환경 내 위협 자극을 인식하는 민감성이 저하되어 있는 내담자를 상상해 보라. 신체적, 정서적, 심리적, 관계적, 혹은 다양한 유형의 위협이 가능하다. 〈표 2-2〉는 임상 장면에서 이러한 내담자를 만났을 때 이 장에 담긴 정보를 활용할 수 있는 반영 질문의 예시다. 생물학적인 측면과 임상적인 측면 모두에서, 교감신경계가 흥분시킨 체계들의 항상성을 부교감신경계가 재빨리 회복시키지 못하고 있는 상태를 알아차리는 것은 중요하다. 즉각적인 흥분(excitation)이 즉각적인 제지(inhibition)보다 더 개체를 보호하는 기능을 지니고 있다는 것은 진화론적 관점에서 충분히 이해된다(Thomas C. Burns, August 14, 2014, 개인적 대화). Burns는 또한 이러한 사실에 근거하여 위협, 불안, 혹은 분노를 느끼는 내담자에게 즉시

〈표 2-2〉 반영 질문

- 이러한 내담자에게 있어 삶은 어떤 것일까?
- 교감신경계의 과잉 활성화는 그의 몸과 마음, 나아가 삶에 어떤 영향을 미칠까?
- 그가 속한 환경 곳곳에서 위기와 위협을 인식하는 이러한 악순환을 제거하기 위해 어떤 상담 개입이 필요할까?
- 부교감신경계가 자율신경계를 정상적인 수준으로 회복시키지 못하는 내담자들은 누구인가? 이들은 임상 장면에서 어떻게 확인될 수 있을까?

진정될 수 있다고 얘기해 주고 안심시킬 수 있음을 강조한다.

왜 중요한가

이들 다섯 개의 신경 체계는 모든 수준에서 기능이 제대로 작동되도록 하기 위해 각자 중요한 역할을 담당한다. 이 장의 앞부분에서 살펴본 바와 같이, 뇌와 신경계는 내적 혹은 외적 위협으로부터 개체를 유지시키고 보호한다. 따라서 여러 체계는 통합된 생존 체계라고 할 수 있다. 이 생존 체계는 굶주림, 체온 상승, 생식 등과 같은 내적 위협을 분석하고 조절한다. 또한 생존 체계는 다른 사람이나 주변 환경적 위협을 분석하고 반응한다. 즉, 체계는 개체로 하여금 **적응**(adaptation)할 수 있는 힘을 키워 준다. 최초의 위협으로부터 생존할 수 있도록 해 줄 뿐만 아니라 위협이 현실화될 때 적응유연성을 증진시킬 수 있도록 함께 작동한다. 이들 체계는 내담자의 성장과 회복을 가능하게 하고 촉진시킨다.

상담회기 내 신경과학적 접근

Sandrine 사례 계속

상담자: Sandrine, 때로는 당신의 정서적 에너지를 남편과 아들로부터 거두어들이고 당신의 마음을 적절한 말로 잘 표현하고 있는 것 같습니다. 그러나 여전히 더 많은 노력이 필요한 것 같군요. 그런가요?

Sandrine: 네!

상담자: [웃으며] 그렇군요, 오늘은 당신의 기능을 저하시키는 또 다른 뇌-신체 체계에 대해 이야기해 봅시다. 자율신경계에 대해 들어 보셨나요?

Sandrine: 선생님 말씀을 듣고 보니 이제서야 생각나는데, 몇 년 전 커뮤니티칼리지에서 간호학 코스를 수강할 때 들어본 것 같아요.

상담자: 그렇다면, 자율신경계 내에는 함께 작동하는 두 개의 체계가 있다는 것을 기억할 겁니다. 한 체계는 위협 상황에 대처하도록 당신의 몸을 준비시키고, 또 다른 체계는 당신의 몸을 흥분상태

이전으로 되돌립니다. 최근 당신 주변의 누군가와 이러한 경험을 했었던 것을 생각해 보세요. 당신이 처한 환경 안에서 당신의 마음은 어떤 위협—예를 들어, 누군가가 당신을 해치려고 하는 순간처럼—을 인식합니다.

Sandrine: 저희 부모님이 그러셨죠.

상담자: 네, 그런 거예요. 위험을 알려 주는 경보신호를 저장하고 있는 당신의 뇌가 막상 그러한 신호를 감지하게 되면 그 순간 행동이 활성화되도록 작용합니다.

Sandrine: 제 주변 사람들은 대부분 좋은 사람들이에요. 제 부모님처럼 그렇지는 않아요.

상담자: 잘 구분하시는군요. 이 체계는 객관적 실체보다는 인식과 본능에 관련됩니다. 더욱이 앞서 말했지만, 관계는 당신에게 위협적으로 느껴지고 있습니다. 이 체계는 그러한 위협에 대해 반응하도록 준비시킵니다.

Sandrine: 그래서 그렇게 힘들었군요!

상담자: 그래요. 당황스러운 장면에 놓였을 때 이 체계는 우리로 하여금 투쟁하거나, 회피하거나 혹은 경직되도록 만듭니다. 전형적인 반응 양식은 두 가지—투쟁과 회피—입니다.

Sandrine: [고개를 끄덕임]

상담자: 몇 주 전에 우리가 논의했던 것처럼, 당신의 몸이 '행동화'하기 위해 준비하는 순간, 당신은 이러한 신체적 반응을 통해 무언가 위협적인 것이 존재한다는 것을 인식하게 됩니다. 그때 당신은 반응하게 됩니다. 앞으로 상담회기 동안 당신의 몸을 인식하고 당신의 뇌가 받아들이고 해석하는 메시지를 잘 인식할 수 있도록 노력해 봅시다.

Sandrine: 좋아요, 그런데 어떻게 하면 되죠?

상담자: 곧 알게 될 겁니다. 이번 주에는 당신의 뇌와 몸이 말하고 있는 것을 인식하는 연습을 해 봅시다. 몇 가지 기법이 있습니다([그림 2-9]).

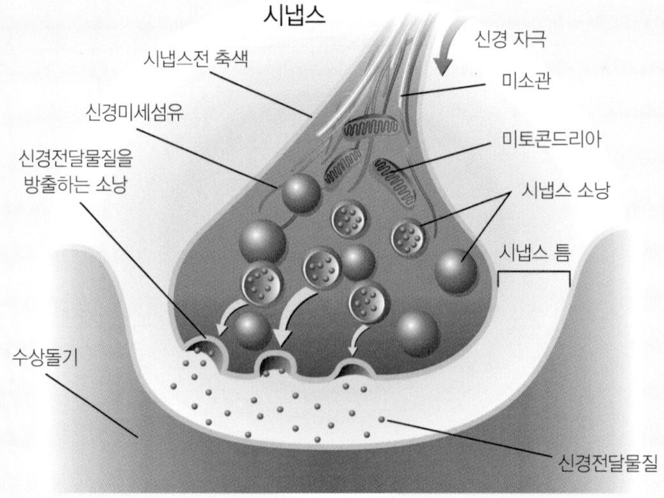

[그림 2-9] **신경전달**

뇌 기제

Doré, Zerubavel과 Ochsner(2014)는 신경과학적 통합의 이해를 돕기 위해 체계와 네트워크를 이미지로 제시한다([그림 2-10a]와 [그림 2-10b]). 단순하게 묘사된 두 개의 이미지만 보더라도 심리적 사상(mental events)—사회적, 정서적 혹은 인지적 사상 여부에 상관없이—은 단일 구조가 아닌 네트워크의 산물이라는 점이 분명하다. 하나의 구조가 정보를 처리하는 데 중추적인 역할을 할 수는 있지만, 경험을 생성하기 위해서는 다수의 구조와 체계가 조화롭게 공동 작업을 해야 한다. 두 가지 형태의 과제수행—경험 공유와 평가—에 관여하는 여러 위치와 구조를 확인해 보라. 구조는 정서, 인지, 보상, 심지어 운동에까지 관여한다는 점을 알게 될 것이다.

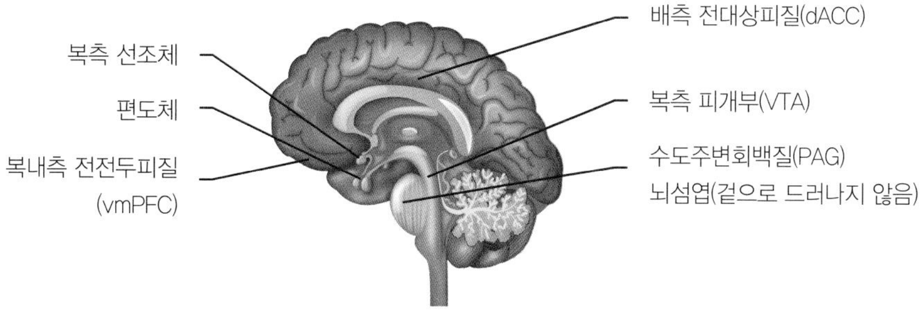

[그림 2-10a] 평가에 관여하는 구조와 체계

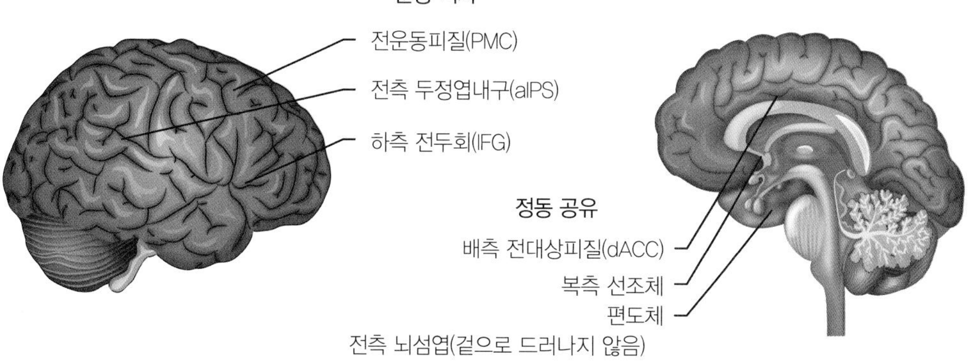

[그림 2-10b] 경험 공유에 관여하는 구조와 체계

요약

그렇다면 임상 장면의 상담자는 이러한 정서적-뇌에 관한 정보를 어떻게 활용할 수 있으며 또 활용해야 하는가? 앞서 나는 인간의 정서는 매우 실제적이지만 한편으로는 실체(reality)를 있는 그대로 반영하지는 않는다고 언급한 바 있다. Sandrine의 사례에서와 같이, 인간은 정서적으로 반응할 때 외적 실체(external reality)보다는 자신의 인식(perception)에 더 기반한다. 이러한 현상은 생존 가치가 크다. 생명이 위협적인 상황에서는 위험신호를 부정적으로 잘못 해석하는 것보다는 긍정적으로 잘못 해석하는 것이 더 나을 수도 있다. 그러나 일상에서 지속적인 위험평가 모드 상황에 놓이게 되면 교감신경계가 주기적으로 활성화되고, 이러한 정서체계는 성장과 건강을 위한 기능을 저해한다. 이러한 상태에 놓인 사람들은 종종 탈진하고, 불안해하며, 반응적으로 행동한다. 상담자로서 우리의 역할은 내담자로 하여금 이러한 인식 과정을 깨닫고 조절해 나갈 수 있도록 체계적 인식을 촉진하고, 그 결과 전인성(wholeness)에 도달할 수 있도록 조력하는 것이다. 자기인식(self-awareness)은 자기조절(self-regulation)에 앞선다. 두 가지 모두 유능한 상담자와 인간 존재가 되는 데 있어 중요한 요소이다. 1장 요약 부분에서 언급한 바와 같이, 상담자는 다음 두 가지 이유에서 뇌와 중추신경계의 기능에 대해 충분한 지식을 갖출 필요가 있다. 첫째, 상담자 측이든 내담자 측이든 간에 잘못된 지식으로 인해 내담자에게 피해를 주는 것을 예방하기 위함이다. 둘째, 내담자의 목표 달성을 지원하기 위해 모든 적절한 수단과 방법을 활용하기 위함이다. 나아가 상담자는 자신이 훈련받은 임상적 범위 내에서 상담해야 한다. 즉, 구체적인 훈련을 받지 않은 '뇌기반' 치료를 처방하는 데 있어 신중하게 접근해야 한다는 의미다.

핵심정리

이 장의 도달목표:

- 효과적인 상담을 촉진할 수 있도록 뇌와 중추신경계의 핵심적인 구조, 체계 및 기능을 설명했다. 상담에 관련된 이들 요소의 역할에 대해 어떻게 생각하는가? 핵심적이라고 생각하는가? 그렇지 않다고 생각하는가?
- 상담자가 이러한 지식을 실제적으로 수용할 수 있도록 가능한 한 임상 용어로 설명하고자 했다. 핵심

적인 지식을 임상 용어로 전환하는 데 있어서 어느 정도의 확신을 갖게 되었는가?
- 내담자가 미래 삶의 방향성에 대한 주체성을 획득할 수 있을 정도로만 최소한의 '뇌 지식'을 제공했다. 혹시 누락되었다고 생각하는 부분은 없는가?
- 뇌 구조의 명칭, 위치 및 연결 지점(각 구조를 어떻게 일컫는가? 각 구조는 어디에 있는가?), 기능(각 구조는 어떤 역할을 수행하는가?), 그리고 목적(각 구조는 왜 중요한가?)을 확인했다. '왜 중요한가'라는 부분에서 이러한 연결성을 어떻게 설명할 수 있겠는가?

참고문헌

Badenoch, B. (2008). *Being a brain-wise therapist: A practical guide to interpersonal neurobiology*. New York, NY: W. W. Norton & Company.

Badenoch, B. (2017). *The heart of trauma: Healing the embodied brain in the context of relationships*. New York, NY: W. W. Norton & Company.

Cuesta, M. J., & Peralta, V. (2017). A new step forward in "carving nature by its joints" in psychopathology/psychosis. *Neuropsychobiology, 75*(3), 117-118. doi.org/10.1159/000485211

Doré, B. P., Zerubavel, N., & Ochsner, K. N. (2014). Social cognitive neuroscience: A review of core systems. In M. Mikulincer and P. R. Shaver (Eds) *APA Handbook of Personality and Social Psychology*, Vol 1, pp. 693-720.

Garrett, B. (2011). *Brain and behavior: An introduction to biological psychology* (3rd ed.). Thousand Oaks, CA: Sage.

Garrett, B. & Hough, G. (2018). *Brain and behavior: An introduction to biological psychology* (5th ed.). Thousand Oaks, CA: Sage.

Güntürkün, O., & Ocklenburg, S. (2017). Ontogenesis of lateralization. *Neuron, 94*(2), 249-263. doi.org/10.1016/j.neuron.2017.02.045

Johnson, Z. V., & Young, L. J. (2017). Oxytocin and vasopressin neural networks: Implications for social behavioral diversity and translational neuroscience. *Neuroscience & Biobehavioral Reviews, 76*(part A) 7-98. doi.org/10.1016/j.neubiorev.2017.01.034

Kalat, J. (2019). *Biological psychology* (13th ed.). Belmont, CA: Cengage.

Kim, N. S., Ahn, W. K., Johnson, S. G., & Knobe, J. (2016). The influence of framing on clinicians' judgments of the biological basis of behaviors. *Journal of Experimental Psychology: Applied, 22*(1), 39. doi:10.1037/xap0000070

Lebowitz, M. S., & Ahn, W. K. (2014). Effects of biological explanations for mental disorders on clinicians' empathy. *Proceedings of the National Academy of Sciences, 111*(50), 17786-17790. doi.org/10.1073/pnas.1414058111

Luke, C. (2016). *Neuroscience for counselors and therapists: Integrating the sciences of mind and brain*. Thousand Oaks, CA: SAGE.

Luke, C., Miller, R., & McAuliffe, G. (2019). Neuro-Informed Mental Health Counseling: A Person-First

Perspective. *Journal of Mental Health Counseling, 41*(1), 65-79. doi.org/10.17744/mehc.41.1.06
Luke, C., Miller, R., Beeson, E., Field, T., & Jones, L. (in progress). Ethical considerations of incorporating neuroscience into counseling.
Luke, C., Redekop, F., & Jones, L. K. (2018). Addiction, stress, and relational disorder: A neuroinformed approach to intervention. *Journal of Mental Health Counseling, 40*(2), 172-186. doi.org/10.17744/mehc.40.2.06
MacLean, P. D. (1990). *The triune brain in evolution: Role of paleocerebral functions.* New York, NY: Plenum.
Makinson, R. A., & Young, J. S. (2012). Cognitive behavioral therapy and the treatment of posttraumatic stress disorder: Where counseling and neuroscience meet. *Journal of Counseling & Development, 90*(2), 131-140.
National Institutes of Health: BRAIN 2025 Report (2014). Retrieved from https://www.braininitiative.nih.gov/strategic-planning/brain-2025-report
Rogers, C. R. (1942). *Counselling and psychotherapy* (Vol. 298). Boston, MA: Houghton Mifflin.
Siegel, D. J. (2012). *The developing mind: How relationships and the brain interact to shape who we are*. New York, NY: Guilford Press.
Siegel, D. J., & Hartzell, M. (2003). *Parenting from the inside out*. New York, NY: Penguin.
Sommers-Flanagan, J. (2015). Evidence-based relationship practice: Enhancing counselor competence. *Journal of Mental Health Counseling, 37*(2), 95-108. doi.org/10.17744/mehc.37.2.g13472044600588r
Spunt, R. P., & Adolphs, R. (2017). A new look at domain specificity: Insights from social neuroscience. *Nature Reviews Neuroscience, 18*(9), 559. doi.org/10.1038/nrn.2017.76
Van der Kolk, B. (2014). *The body keeps the score: Brain, mind, and body in the healing of trauma*. New York, NY: Penguin.
Wampold, B. E. (2015). How important are the common factors in psychotherapy? An update. *World Psychiatry, 14*(3), 270-277. doi.org/10.1002/wps.20238
Yalom, I. D., & Leszcz, M. (2005). *The theory and practice of group psychotherapy* (5th ed.). New York, NY: Basic Books.

CREDITS

그림 2-2: Copyright © BruceBlaus (CC BY-SA 4.0) at https://en.wikipedia.org/wiki/File:Neuron_Cell_Body.png.

그림 2-3a: Copyright © 2010 Depositphotos/Fabervisum.

그림 2-3b: Copyright © 2018 Depositphotos/Higyou.

그림 2-5: Copyright © OpenStax College (CC by 3.0) at https://commons.wikimedia.org/wiki/File:1421_Sensory_Homunculus.jpg.

그림 2-6a: Copyright © 2016 Depositphotos/Lightsource.

그림 2-6b: Copyright © 2014 Depositphotos/PiXXart.

그림 2-7: Copyright © Sebastian023 (CC BY-SA 3.0) at https://commons.wikimedia.org/wiki/File:LobesCaptsLateral.png.

그림 2-9: Copyright © 2015 Depositphotos/Rob3000.

그림 2-10a: Adapted from Bruce P. Doré, Noam Zerubavel, and Kevin N. Ochsner, *APA Handbook of*

Personality and Social Psychology, vol. 1, pp. 695. Copyright © 2014 by American Psychological Association.
그림 2-10c: Copyright © 2015 Depositphotos/Megija.

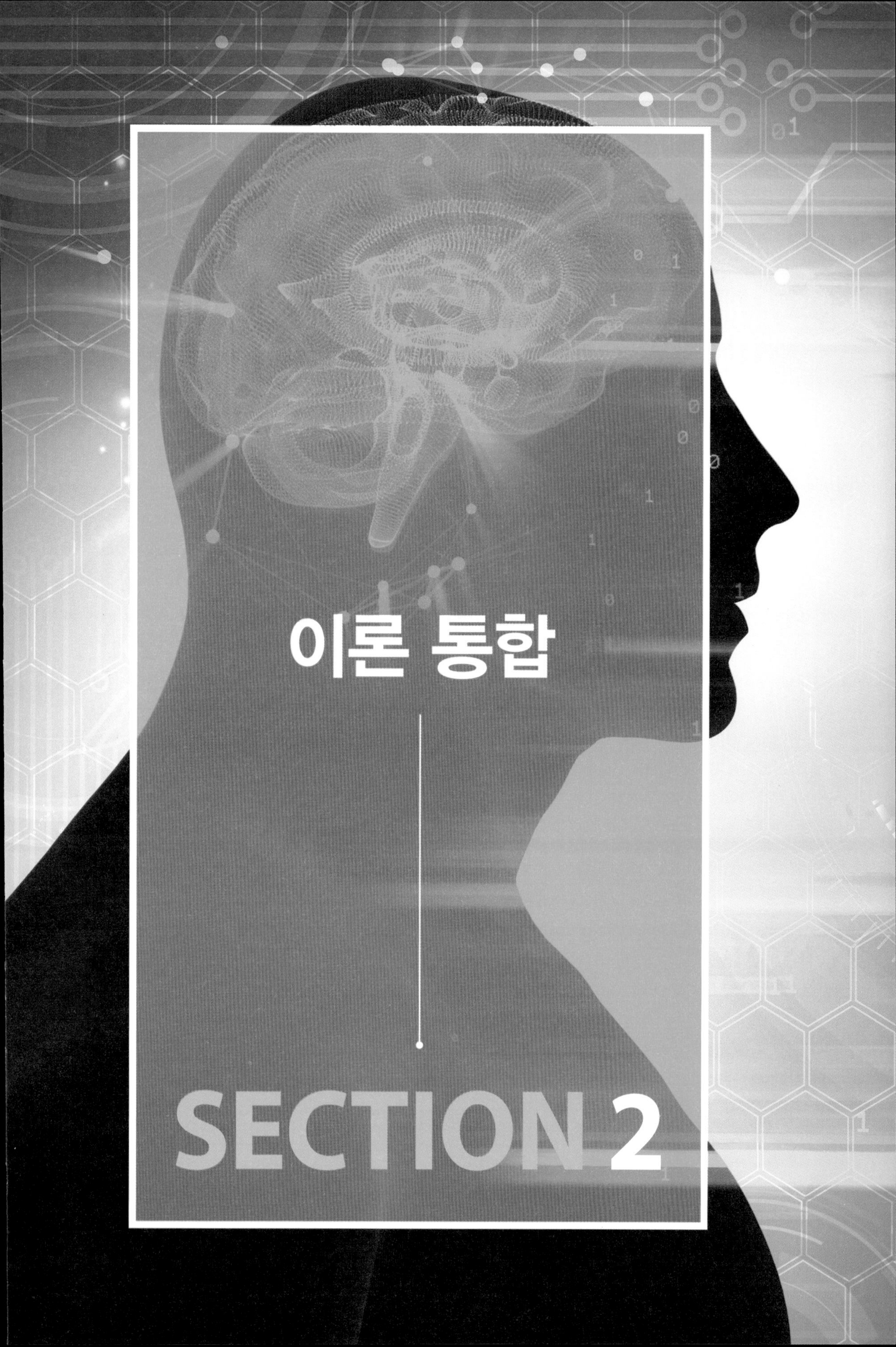

이론 통합

SECTION 2

CHAPTER 03

최근 정신역동적 접근과 신경과학

도입 질문

- Jade는 초기 경험의 무기력한 희생자이며, 과거 충족되지 않은 욕구를 그녀의 삶에서 표출하고 있는가?
- 내담자의 과거는 상담 효과에 어느 정도 영향을 미치는가? 적절함과 과도함 간의 경계는 어디인가?
- 의사결정은 내담자의 뇌와 내담자의 삶 중 어느 곳에서 이루어지는가? 접근하기 어려운 깊은 곳에 묻혀 있는가, 혹은 우리가 쉽게 접근할 수 있는 표면에 위치하는가?
- 내담자의 초기 관계 경험을 고려할 때 치료 관계의 역할은 무엇인가?

Jade

Jade는 불안과 우울을 호소하는 20대 중반의 백인 여성이다. 그녀는 자해와 더불어 두 번의 자살에 준하는 시도—삶을 끝내고 싶었던 것보다는 오히려 도움을 청하는 절규에 해당하는—를 했다. 두 명의 자녀 중 맏이로서 남동생과는 가깝기는 하지만 긴장된 관계라고 표현한다. Jade는 실직 기간 중 때로는 부모님과 함께 거주하며 재정적인 도움을 받기도 했지만, 부모님은 결코 그녀에게 성공에 대한 동기를 부여하지 않았다. Jade는 고등학교를 겨우 졸업했기 때문에 취업 기회가 제한되었는데, 직무 불만족을 계속 호소하면서도 학교교육을 더 원하지는 않았다. 현재 Jade는 재정적으로 곤란한 상태이므로 약 복용을 중단하고 있지만, 십대 후반 이후 지속적으로 항우울제와 벤조디아제핀류를 처방받아 왔다. 그녀는 늘 '텅 빈 느낌'을 가지며, 사람들과 친밀한 관계를 맺고 싶지만 어떻게 관계를 시작하고 유지해야 하는지 잘 모르겠다고 말한다. 이러한 공허감은 그녀의 사고와 감정에 영향을 미치며 삶에 대해 양가감정을 갖도록 만든다. 그녀는 자살 의도를 부정하지만, 자살에 대한 생각은 그녀의 삶에 지속적으로 존재한다.

문화적 고려사항

이 장의 문화적 고려사항은 역설이 아니라 갈등이라는 말로 표현될 수 있다. 정신분석은 백인 상류층 집단을 대상으로 개발되고, 발전되고, 연구된 치료모형이기 때문에 1세대 임상 활동에 있어 다문화적 다양성이 반영되지 못했다(Sommers-Flanagan & Sommers-Flanagan, 2017). 이에 반해, Freud와 동시대에 활동했던 Alfred Adler의 개인심리학은 평등주의적이고 사회지향적이었으며 가난하고 투표권이 박탈당한 집단에 초점을 두었다. 이러한 차이에도 불구하고, 이 두 접근은 모두 개인의 초기 경험을 강조하고 있으므로 동일한 범주로 묶일 수 있다. 그러나 정신분석은 사회의 주변인 집단에 속한 내담자들에게 현저한 관심을 두었는데, 신경과학적 통합을 고려할 때 이러한 점이 조명되어야 할 것이다. 예를 들어, 정신분석은 여성들의 경험을 병리적인 것으로 간주했으며(Corey, 2017), 장기치료를 받을 수 있을 만큼의 시간적 · 재정적 여유를 가진 일부 부유한 내담자들 이외에는 접근하기 어려운 치료였다. 이에 덧붙여, 신경과학적 통합은 자칫 정신분석 접근의 생물학적 결정론을 강화시킬 수 있으므로 상담자는 지혜롭고 정의로운 임상활동이 이루어질 수 있도록 자신과 내담자의 문화적 배경을 세심하게 고려해야 한다.

도입

"당신 어머니에 대해 말해 보세요."

이것은 종종 Freud와 그의 사고방식에 적용되는 문구이며, 그를 풍자하는 만화의 주제이기도 하다. 그러나 Freud에게 있어 초기 관계, 특히 어머니 혹은 주요 애착대상과의 초기 관계는 한 개인의 발달에 있어 핵심적인 요소다. 당대 빅토리아 시대에는 돌팔이 의사라는 오명을 얻기도 하고 이후 어머니와 신에 관한 주제 이외의 분야에서는 탁월한 사상가라는 칭송을 받기도 했던 Freud는 그의 연구에 대한 논란이 백년 이상 지속되고 있음에도 불구하고 여전히 우리에게 영향을 미치고 있다([그림 3-1]). 오늘날 신경과학 연구 덕분에 그의 이론—최소한 일부 개념—은 뇌에 기반하고 있다는 것이 밝

[그림 3-1] Freud 동상

혀지고 있다.

이 장에서는 정신분석과 이후의 정신역동적 접근(비록 이 두 용어가 상호호환적으로 사용되기도 하지만)의 기본 관점을 논의하며, 현대 정신역동적 관점과 임상 영역에서 다양한 형태로 전수되고 있는 Freud 이론의 몇몇 주요 개념을 강조하고, 세 가지 구성요소—기억, 의식, 초기 관계—에 관련된 신경과학적 연구결과를 통합할 수 있는 방법을 기술한다. 먼저 고전적 정신분석과 최근의 정신역동적 접근에 대해 간략히 소개한 후 통합적 접근을 논의하고자 한다. Prochaska와 Norcross(2014)는 정신분석과 정신역동이론을 구분하고 정신역동이론 내에 Adler 심리학, 자아심리학, 대상관계이론을 포함시켰는데, 이 책에서는 이러한 분류를 따른다.

정신분석이론

고전적 정신분석 관점 개요

초기 정신분석은 생물학적 결정론—행동은 본능적이고 진화적인 욕동에 의해 동기화된다—에 기반하고 있다. 두 가지 기본 욕동인 성과 공격성은 주로 (a) 쾌락 추구와 (b) 고통 회피를 위해 사용된다. Freud는 이 두 가지 욕동을 각각 **에로스**(eros, 쾌락)와 **타나토스**(thanatos, 죽음)라고 지칭했다. 이러한 지향성은 '생래적인(hardwired)' 것으로[이후 다루게 되겠지만, '생래적인(hardwired)'이라는 표현은 잘못 붙여졌으며 때로는 뇌의 기능에 관한 오해를 불러일으킨다. 그러나 일반적으로 사용되고 있는 표현이므로 명료하지는 않지만 이 책에서도 그대로 사용하기로 한다] 소멸을 피하고 어떠한 대가를 치르더라도 쾌락을 추구하는 속성을 지닌다. 욕동은 발달의 다섯 단계—청소년기까지 나타나는 심리성적 발달단계로 구강기, 항문기, 남근기, 잠복기, 성기기로 구성됨—를 거치는 동안 개인에게 영향을 미친다. 이 모델에 의하면 성격은 약 5세경에 거의 형성된다. 심리성적 발달단계를 거치면서 쾌락 추구의 기본 지향성이 세 가지 심리구조를 통해 전개된다. 첫째, 원초아(id)는 유아적인 반사회적 추동으로 그 자체의 욕구 충족만을 추구한다. 둘째, 초자아(superego) 안에는 도덕적으로 작동하는 인지적·행동적 억제력이 자리 잡고 있다. 셋째, 자아(ego)는 마치 서커스단의 단장처럼 원초아와 초자아 사이를 중재한다.

Freud에 의하면 이러한 심리구조 요소들은 거의 90%가 우리의 의식과 통제 영역 밖에서 욕동을 추구하며 서로 갈등한다. 이러한 생물진화적 과정은 우리의 사고, 정서, 행동에 영향을 미치며, 대부분은 우리의 인식과 의식적인 통제 밖에서 전개된다. 이 이론은 직관적인 영감을 주기는 했었지만 경험적 검증이 어려웠다. Freud는 자신의 이론을 검증하기 위해 순환적 방법론을 채택했다. 즉, 환자를 만나고, 환자의 경험에 대한 가설을 설정하고, 그 후 그 가설에 근거하여 환자에게서 관찰된 내용을 해석했다. 이 방법은 오늘날의 이론 전개 과정과 크게 다를 바가 없는 듯이 보이지만, 오늘날에는 편향을 방지하기 위해 보다 엄격한 방법론이 적용된다. 오랫동안 지속되어 오는 논란에도 불구하고 이 모델의 일부 개념들은 여전히 확고하며, 개념들이 변형되기는 했지만 그것들을 검증하기 위한 새로운 연구법이 소개되고 있다(Sommers-Flanagan & Sommers-Flanagan, 2018).

최근 정신분석적 관점

Freud만이 진정한 프로디언(Freudian)인 것 같다. 일찍이 그의 이론과 방법론을 채택한 사람들이 많았지만, 이후 정신분석 이론의 한계와 다양한 토론을 배척한 Freud의 성향으로 인해 많은 사람들이 정신분석으로부터 멀어지게 되었는데, Jung과 Adler를 비엔나정신분석학회(Vienna Psychoanalytic Society)로부터 제명시킨 것이 그 대표적인 예다. 따라서 핵심적인 교의(tenets)가 유지되고 있음에도 불구하고 지난 세기 동안 Freud 이론이 변화되어 온 것을 짐작할 수 있다. 최근에 정신분석적 및 정신역동적 임상가는 이론과 적용에 있어서 몇 가지 필요한 변화[혹은 Redekop(2014)가 강조하듯이, 임상가는 Freud가 실제 환자들에게 접근한 방식과 Freud가 환자치료 과정을 기술한 내용 간의 차이를 구분할 수 있게 되었다]를 도모해 왔다. 첫째, 가장 중요한 것은 관리의료 체계와 같은 외적 상황으로 인해 실용성 내지 경제성의 문제가 제기되면서 치료 회기와 치료 기간을 현격하게 축소해야만 하는 상황이 발생했다. Freud는 5년 동안 매주 3회 혹은 5회씩 환자를 만나도록 처방했지만, 오늘날 대부분의 분석가들은 6개월~2년에 걸쳐 매주 1회 혹은 2회씩 환자를 치료한다(물론 오늘날 정신분석가가 되기 위해 훈련을 받는 임상가는 자격증을 취득하기 위해 수년간에 걸친 자기분석을 받아야 한다).

치료 기간의 변화를 초래한 또 다른 실용성의 문제는 내담자의 기대다. 행동주의식 이론들이 편의성을 주장하면서 경쟁하듯이 등장했다. 오늘날의 내담자들과 마찬가지로, 그 당시에도 내담자들은 신속한 효과를 얻기 위해 보다 덜 집중적이고, 덜 침습적이며, 덜 장기적인 치료를 원했다. 그들은 치료 시간이 많이 소요되는 2차 변화(기저 체계) 대신에 1차 변화(예를 들어, 증상 감소)를 원했다[가족체계 맥락에 관한 Sommers-Flanagan & Sommers-

Flanagan(2018)의 논의 참조]. 만약 행동주의 치료를 통해 단 6회기 만에 증상을 감소시킬 수 있다면, 설령 근본적인 변화와 지속적인 효과를 강조함에도 불구하고, 막연한 시간을 투자하며 치료성과가 보장되지도 않는 정신분석에 참여할 환자가 누가 있겠는가? 가족주치의의 처방이 훨씬 더 나을 수도 있다. [치료약을 반대하는 것은 아니다. 단지 오늘날 장기치료 임상가가 직면하고 있는 상황을 묘사한 것이다.] 최소한 내담자 입장에서는 가장 편리한 절차, 예를 들어 행동주의 치료를 먼저 찾을 것이며 그 후에 분석적 치료를 찾을 것이다. 앞서 언급한 치료 관계에 대한 발전적 접근이라는 맥락에 비추어 볼 때, 이러한 사회적 압력으로 인해 분석가는 보다 내담자중심적으로 치료목표를 설정하게 되었다. 정신분석가를 찾아오는 환자는 모든 미해결 문제를 탐색하기 위해 막연한 시간을 투자하고 싶어 하지는 않는다.

이러한 분위기는 분석가가 평가와 개입에 있어 보다 더 지시적인 역할을 수행하도록 만든다(Corey, 2012; Messer & Warren, 2001 참조). 자유연상, 꿈 분석, 방어기제 분석 등과 같은 개입은 여전히 정신분석적인 특징으로 존재하지만, 상담자는 이러한 개입을 할 때 전통적인 방식을 고수하지 않는다. 예를 들어, Prochaska와 Norcross(2014, p. 70)는 오늘날 정신역동지향적 상담자가 채택할 수 있는 몇 가지 개입방법을 제시한다. 상담회기 수를 제한하는 것, 대인관계 문제에 초점을 맞추는 것, 보다 적극적으로 개입하고 전이의 반사판이 되지 않는 것, 강한 작업동맹을 형성하는 것, 전통적인 분석에 비해 보다 신속하게 전이를 해석하고 분석하는 것, 종결에 초점을 두고 상담 과정을 진행하는 것 등이다.

반영 3.1

잠시 다음 사항을 고려해 보자. 만약 Freud가 강조한 것처럼 인간발달에 있어 초기 관계가 중요하며(신경과학은 이것을 증명한다) 삶의 초기에 학대, 방임, 불안정한 양육방식 등으로 인해 발달이 손상받을 수 있다고 한다면, 성인이 현재의 인간관계 안에서 이러한 문제를 보다 효과적으로 다루어 나갈 수 있기 위해서는 얼마나 많은 시간이 필요할까?

상담회기 내 신경과학적 접근

Jade 사례 계속 Jade의 상담자는 임상 작업의 기초를 설정하기 위해 당연히 안정적인 치료관계를 수립하고자 할 것이다. 이러한 작업은 Jade의 이야기가 중요하다는 것을 전달하기 위해 정보수집, 치료적 반영, 재진술, 명료화, 요약하기 등 여러 과정을 거쳐 진행될 것이다. 또한 상담자는 공감—아직은 미미하지만 상담자가 Jade의 관점에서 세상을 바라보기 시작했다는 의미—을 전달하기 위해 자신의 언어, 신체동작, 준언어 등을 사용할 것이다. Jade의 상담자는 심리사회적 정보를 충분히 수집한 후 반영적인 태도를 취하며, Jade가 정서적으로나 내용적으로 상담회기에 적극 참여할 수 있도록 안내할 것이다. 이런 식으로 시작되는 관계는 Jade가 이전까지는 미처 경험해 보지 못한 인간관계일 것이다.

통합 노력

〈표 3-1〉은 현대 정신분석과 신경과학 간의 통합을 위한 세 가지 접점을 보여 주고 있다. 이후에 기술될 논의를 위한 일종의 개요에 해당한다. 먼저, Siegel(2006)이 소개한 대인간 신경생물학적 접근(interpersonal neurobiology approach)은 생애 초기 애착과 전생애에 걸친 관계성에 관련된 신경학적 속성(neural substrates)을 강조한다. Siegel(2015), Ramachandran(2000), Schore(2005), Beckes, IJzerman과 Tops(2015) 등에 의하면, 뇌는 다른 사람과의 관계적 맥락 안에서 더 잘 이해된다. 정신분석 이론의 핵심인 무의식 개념은 신경과학 문헌에서 많이 다루어지고 있다. 그중에서 Benjamin Libet(1993)와 John Searle(2004, 2013)의 연구가 대표적인데, 이들의 연구결과는 인식 영역 밖에 놓여 있는 신경과정을 이해하고 그 결과 인간이 종종 자신의 '의지'와는 무관하게 행동하게 되는 무의식의 기제를 이해하는 데 도움이 된다. 이와 유사하게, 기억도 종종 우리의 인식 영역 밖에서—감각정보와 맥락정보를 인코딩하는 것—작동한다. 내담자들의 과거 잠재기억이 그들의 현재 사고, 감정, 행동에 영향을 미칠 수 있다는 점을 상담자가 이해한다면 치료에 도움이 될 것이다. [이것은 너무나 방대한 주제라서 다양한 관점, 심지어 정신역동적 관점에서조차도 심도 있게 다루기 힘든 내용이라는 점을 심리학을 전공한 상담자 혹은 학생이라면 잘 이해할 것이다. 나는 단지 앞서 언급한 내용에 토대를 두고 간략하게 관점을 기술하고, 독자들이 추가적인 자료를 탐색할 수 있도록 몇몇 용어와 저자들을 소개하고자 한다. 예를 들어, Alan Schore와 Bonnie Badenoch는 통합의 가능성을 이해하는 데 많은 도움을 주고 있다. Badenoch의 연구결과는 Siegel의 대인간 신경생물학과 맥락을 공유하는 개별적인 이론이라고 할 수 있는데, 여기에서는 포괄적인 개요를 살펴보는 데 목적이 있기 때문에 상세하게 기술하지 않겠다.]

〈표 3-1〉 통합 개념 지도

신경학적 개념	정신역동적 요소	치료적 가치
생애 초기 관계와 뇌: 뇌는 관계성 맥락에서 발달한다. 애착과 관계성 이론을 생물학적으로 설명한다(Beckes et al., 2015).	**초기 관계성:** 그동안 생애 초기 관계가 어떻게 형성되는지, 이러한 초기 관계가 이후의 관계에 어떤 영향을 미치는지, 현재 임상가와의 경험이 이러한 관계성에 어떤 긍정적인 영향을 미치는지—즉, 임상가의 어떤 관계적 행동이 부모의 부적절하고 학대적인 양육으로 인한 손상을 극복하는 데 도움이 될 것인가—등을 규명하기 위해 많은 분석적 노력이 이루어졌다(Redekop, Luke, & Malone, 2017, p. 104).	신경학적 수준에서 대인관계성의 필요성과 중요성을 강조한다.
의식: 적응을 위해(이것 역시 문제가 될 수 있지만) 뇌 과정은 다양한 인식 수준(의식)에서 작동한다.	**'의식 이하':** 본능적 욕동은 인식 영역 밖에서 작동하며 사고와 행동을 추동한다는 관점은 관계적 패턴에도 동일하게 적용된다.	자기 존재에 대해 생각하고 있다는 것을 어떻게 인식하게 되는지 vs. 자기 존재에 대해 생각하고 있다는 것을 어떻게 인식하지 않게 되는지를 이해하도록 촉진한다.
기억 체계: 뇌가 정보를 어떻게 코딩하고, 저장하고, 회상해 내는지, 특히 코딩된 초기 기억이 이후의 생애 과정에서 어떻게 회상되는지를 설명한다.	**초기 기억:** 억압되었든 혹은 그렇지 않든 간에, 초기 경험과 그것에 대한 인식은 현재의 기능에 영향을 미친다.	인식 및 기억 소실과 관련하여, 기억이 실제 어떻게 작동하는지를 이해하도록 촉진한다.

초기 관계성

그동안 정신분석 이론은 몇 차례 전환기를 맞이하였는데, 특히 이론에 대한 해석이 수정되었다. 그러한 전환(Redekop, 2014)은 관계성, 특히 오늘날의 정신분석적 관점에 있어 관계성의 중요성을 강조하는 흐름을 약화시키지는 못했다(Neukrug, 2018). 아마도 가장 중요한 변화는 분석가가 환자로부터 일방적으로 정보를 얻어내고 해석하는 식의 일방향적(unidirectional) 관계로부터 상담자와 내담자 간의 정보를 공유하는 형태의 양방향적(bidirectional) 관계로의 변화다(Redekop et al., 2017). 심지어 용어도 분석가(analyst)에서 상담자(counselor)로 바뀌었다. " '한 사람'의 심리학은 환자의 심리 반응에 전적으로 초점을 맞추는 반면, '두 사람'의 심리학은 두 개인 간의 상호작용을 토대로 치료가 이루어진다고 가정한다."(Luborsky, O'Reilly-Landry, & Arlow, 2008, p. 27)라고 하는 표현에서도 이러한 변화의 중요성이 강조되고 있다. 이것은 임상을 바라보는 인식과 더불어 임상 장면에서의 역할에 있어서의 큰 변화를 의미하며, 현대 정신역동적 이론의 세 가지 중요한 영역—애착, 의식, 기억—을 강조하고 있다. 물론 그 외에도 더 중요한 영역들이 많이 있다고 주장할 수 있겠지만, 이 세 영역에 관련하여 임상적이고 신경과학적인 경험적 증거가 많이 축적되고 있으므로 여기에서는 이 영역들을 우선적으로 다루고자 한다.

반영 질문: 초기 관계

Adler식 접근을 취하는 상담자는 내담자의 아동기 초기 경험을 회상시키기 위해 다음과 같은 질문을 할 수 있을 것이다.

- 마음속에 어떤 것이 떠오르는가?
- 그러한 경험은 어떤 맥락에서 발생했는가?
- 누가 거기에 함께 있었는가? 그러한 경험에 관련된 사고와 정서는 무엇인가?
- 그 경험이 당신의 현재 사고와 행동에 어떤 영향을 미쳤다고 생각하는가?

당신의 관계성에는 주변인, 즉 주된 양육자의 존재 혹은 부재가 핵심적인 요인으로 작용한다. 그러한 초기 애착이 어떻게 당신의 현재 관계성에 영향을 미쳤는지를 생각해 보라. 신경과학적인 관점에서 애착에 관한 논의를 전개해 가는 동안 이러한 점을 기억하기 바란다.

Bonnie Badenoch(2008; Badenoch & Kestly, 2015)와 Louis Cozolino(2010, 2017)는 초기 애착 연구에 관련된 신경과학적 지식과 건강한 대인관계의 존재 및 부재 상황에서의 뇌 기능에 관한 탁월한 논의를 제공한다. John Bowlby(1969, 1988)와 Mary Ainsworth(예: Ainsworth, Blehar, Waters, & Wall, 1978)의 연구에 기반한 신경과학적 연구결과에 의하면, 건강한 대인관계 접촉, 특히 유아/아동과 주요 양육자 간의 관계와 이후 성인기 대인관계는 스트레스가 몸과 마음에 미치는 부정적인 영향에 대한 면역 기능에 관여하는 것으로 확인되었다(Cozolino, 2017). 더욱이 대인 접촉 경험은 보호 요인으로 기능하며 웰니스를 촉진하는 것으로 나타났다(Jones, 2017). 〈표 3-2〉에서 제시된 바와 같이, Cozolino(2017)는 아동기 애착 유형과 성인기 대인관계 유형 간의 관련성을 강조한다. 안정형(secure) 아

〈표 3-2〉 아동기 애착과 성인기 영향

부모의 성인기 애착유형	아동의 애착유형
자율형	안정형
거부형	회피형
집착형	불안양가형
미해결형/혼란형	혼란형

동의 부모는 상세한 기억력을 가지며, 조화로운 관점을 지니고, 논리적인 대화를 전개하는 경향이 있다. 반면, 부모와 분리되어도 당황하지 않고 어머니에게 다가가려고 하지 않는 회피형(avoidant) 아동의 부모는 초기 관계성에 있어 거부적인 태도를 나타내며, 자신의 아동기에 대한 기억 정보가 부족하다. 어머니에게 가까이 다가가려고 하지 않고 어머니의 애정 어린 행동에 대해 잘 반응하지 않는 불안양가형(anxious-ambivalent) 아동의 부모는 "집착이 강하고, 압박감을 느끼며, 내면의 메시지에 귀 기울이지 않는 태도를 보여 준다" (Cozolino, 2010, p. 203). 마지막으로, 혼란스럽고 자해 행동이 특징인 혼란형(disorganized) 아동의 부모는 외상 경험과 미해결된 상실 경험을 갖고 있으며, 혼란스럽고 갈등적인 행동을 표출한다.

이것은 상담자에게 적어도 두 가지 시사점을 제공하고 있다. 첫째, 초기 애착은 이후 성인기 애착에 영향을 미치는데, 즉 성인이 되어 자신의 아동을 양육하는 데에도 영향을 미친다. 임상 장면에서, 흔히 내담자는 급성 외상에 관련된 증상뿐만 아니라 만성적이고 세대간 전수되는 애착 문제를 호소한다. 이때 상담자는 정교한 임상기술과 더불어 신경과학적 지식을 활용하여 여러 세대에 걸쳐 반복되고 있는 자기파괴적 애착 패턴의 고리를 중단시킬 수 있도록 중재한다. 둘째, 앞서 언급했던 바와 같이 생물학/유전학, 경험 및 환경은 내담자의 임상 장면에 영향을 미친다. 우뇌 편향된 상담자에게는 내담자의 호소문제가 자칫 문제로 인식되지 않을 수 있다(이후 기술됨).

인간의 애착과 초기 관계성에 관한 추가적인 이해를 돕기 위해 쥐를 대상으로 한 연구결과를 소개한다. Weaver와 동료들(2004)은 모성적 양육에 있어 후생학적 영향을 확인하였다. 후생유전학은 유전자 발현, 혹은 분자 형질도입(molecular transduction)에 관여하는 환경적 요인의 영향력을 뜻하는데, 축적된 심리적 경험이 신경생물학적 구조를 변형시킨다는 것이다(Zhang, Labonté, Wen, Turecki, & Meaney, 2013). 즉, 양육자의 행동이 유아/아동의 뇌를 성장과 발달을 촉진하는 방식으로 변화되도록 영향을 미친다. Cozolino는 점진적이면서 급격한 유전적 변화에 대해 요약하며, "양육적 행동이 아동의 뇌 구조 변이에 영향을 미치는 세 가지 중요한 방식—학습과 가소성, 스트레스 대처능력, 성인기 양육행동"을 제시한다(2017, p. 241). 학습과 가소성이란 주변 환경을 탐색하고 창의력을 발휘하는 기초가 되며 뇌의 성장과 유연성을 촉진하는 것을 의미한다. 스트레스 대처능력은 스트레스 관리에 관여하는 뇌 기능 발달을 촉진하는 유전적 소인, 경험기반 가소성 그리고 모델링을 의미한다. 양육행동은 비행청소년이 이후 부모가 되었을 때 그러한 행동이 자신의 자녀를 양육하는 방식에 영향을 미친다는 의미다.

경험이 부족한 상담자라고 할지라도 다음과 같은 사례는 이해할 것이다. 손주를 데리고 상담실을 찾아 온 조부모는 손주의 '품행이 나쁜' 부모, 즉 자신의 자녀에 대한 이야기를 쏟아내며 하소연한다. 대부분의 경우, 조부모의 이야기 안에는 세대간 학습과 전수에 관한 내용이 담겨 있다. 이는 손주의 행동과 관련하여 조부모를 비난하려는 것이 아니고, 후생유전학과 세대간 전수라는 관점에서 이러한 관계성을 탐색하는 것이 중요하다는 의미다.

Alan Schore(2010a, 2014)는 뇌 발달에 관련된 초기 애착의 중요성을 매우 상세하게 기술한다. 2장에서 논의되었고 또 앞서 간략하게 언급되었던 뇌 구조와 기능에 대한 이해를 토대로, 우리는 우뇌가 정서와 관계성에 관련된 기능을 담당한다는 것을 알고 있다. 따라서 초기 양육자의 우뇌는 유아나 아동의 우뇌와 연결된다. 이러한 양육자와의 연결은 문자 그대로 그리고 은유적으로 일어나는데, 그 결과 아직 출생초기 단계이므로 충분히 발달되어 있지 않은 아동의 자기조절(self-regulation) 능력을 촉진하게 된다. 예를 들어, 아동의 환경 안에서 위기가 발생했을 때, 양육자가 자기 자신의 자기조절 능력을 토대로 아동에게 관심을 기울여 줄 때까지는 아동은 두려움과 통제 상실 상태에 놓여 있게 된다. 양육자의 뇌에서 작동하는 자기조절적 반응은 아동의 뇌가 건강하게 발달하도록 자극한다. Schore는 이를 기술적으로 설명한다. "인간 뇌의 변연계(limbic system)는 약 1세 반경에 수초화되고 우반구—변연계와 연결되어 있음—는 이 시기에 급속하게 성장하기 때문에, 애착 관계는 특히 우뇌의 변연계와 피질 영역에 큰 영향을 미친다"(2010, pp. 21-22). Schore는 시상하부 뇌하수체 부신피질 축[hypothalamic-pituitary-adrenocortical(HPA) axis]이 스트레스 반응을 조절하는 데 주된 역할을 담당한다고 하였다([그림 3-2]).

이러한 체계는 유아와 양육자 간의 깊은 관계 접촉을 통해 발달한다. 유아의 조절에 대한 주된 양육자의 무관심과 방임은 수동적인 행동이 아니라, 사실상 유아 발달에 대한 적극적인 장애물이라고 할 수 있으며 그 결과 많은 경우 제한적인 발달을 초래하게 된다. 따

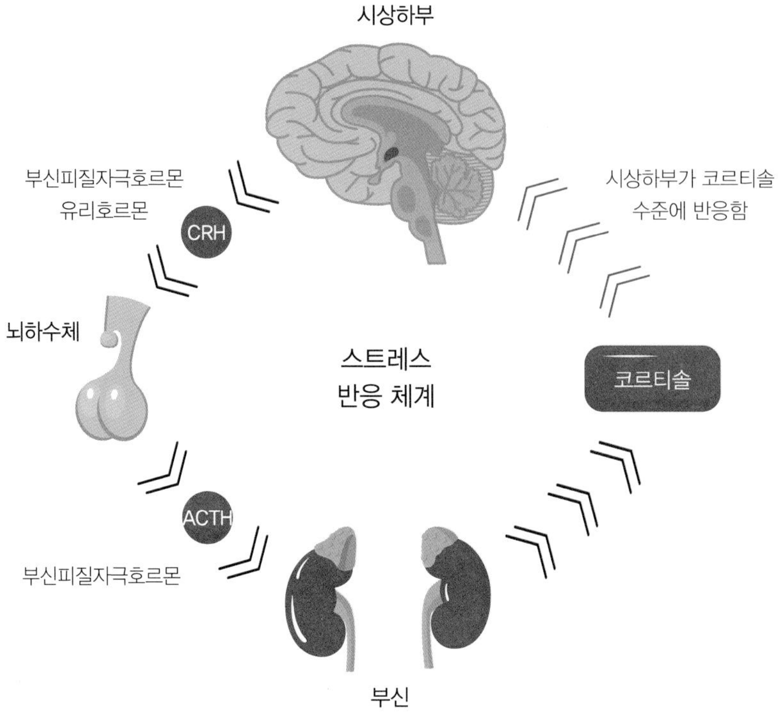

[그림 3-2] 시상하부 뇌하수체 부신피질 축

라서 신체적 · 성적 학대가 이러한 관계적이고 자기조절적 신경회로에 어떤 영향을 미치게 되는지를 생각하는 것은 어렵지 않다(외상의 신경학과 외상이 애착에 미치는 영향에 관한 심화된 논의는 Perry, 2006 참조).

이러한 정보에 비추어 볼 때, Jade의 사례를 위한 치료 전략은 무엇이라고 생각하는가? 그녀는 어떤 유형의 애착 경험을 갖고 성장했는가? Cozolino의 차트(〈표 3-2〉)를 토대로 그녀의 성인기 행동을 예측할 수 있겠는가? 나쁜 결과가 예견될 것은 명백하지만, 그럼에도 불구하고 혹시 좋은 결과를 찾을 수 있겠는가? 어떻게 이러한 연결이 결핍되고 잘못 형성되었는지를 설명해 주는 심층적인 이론을 참고할 필요가 있다. Badenoch(2008)는 Siegel의 대인간 신경생물학(interpersonal neurobiology: IPNB) 이론을 토대로 탁월한 저서와 치료매뉴얼을 집필했는데, IPNB의 네 가지 원리, 즉 (a) 신경 통합, (b) 우뇌와 우뇌, (c) 정서 조절, (d) 공감 인식을 강조했다. Badenoch는 개인의 건강한 적응에 있어서 이러한 신경회로가 지니는 중요성을 강조하면서 치료가 추구하는 건강에 대한 유용한 정의를 제시한다.

> 개인의 웰빙과 충만한 관계성으로 정의되는 정신건강은 보다 통합되어 가는 뇌에 기반한다.
>
> (Badenoch, 2008, p. xxii)

Badenoch는 환자의 고통을 일컬어 부딪혀 싸워야 할 '괴물(monster)'이라는 표현 대신에 덜 환상적이기는 하지만 '시냅스 활성화(synaptic firing)'라는 용어로 표현한다. 즉, 치료과정이란 환자가 무찌르기 어려운 괴물을 상대하는 것이 아니라, 내담자 뇌의 조절 능력을 향상시키기 위해 뇌 세포와 신경회로를 조작하는 것이라는 의미다. 이어서 Badenoch는 환자에게 마음-뇌 문제와 관련하여 '마음속에 있는 뇌'를 설명한다. 기괴한 '괴물'과 싸우느라 지쳐 있기보다는 뇌가 마음에게 잘못된 신호를 보내고 있다는 실체를 인식하도록 촉진한다. 이 시점에서 마음-뇌 문제는 임상 장면에서 논의해야 하는 주제가 된다. 내담자는 자신의 마음을 외재화하는 연습을 통해 자기파괴적인 뇌 기능을 객관적으로 평가할 수 있게 된다. (상담자의) 우뇌와 (내담자의) 우뇌 간의 관계적 맥락을 통해, 내담자는 상담자가 몸소 보여 준 자기조절 능력을 학습할 수 있게 되며, 자신의 마음이 자신의 뇌를 변화시킬 수 있음을 배우고 믿게 된다. 일단 이러한 전환이 일어나게 되면, 내담자의 뇌는 외상 상처에 대한 기억으로부터 벗어나 보다 정확하고 효과적인 방식으로 작동할 수 있기 때문에 내담자는 더 이상 초기 관계 경험의 희생자가 아니게 된다.

유전자가 행동에 절대적인 영향을 미치지는 않는다는 점이 확인되고 있다. 이러한 발달적 기원에 있어서는 태내 환경적 요인과 출생 후 환경적 요인이 결정적인 역할을 한다. 사회적 환경, 특히 양육자와 유아가 함께 만들어내는 사회적 환경은 유전자-환경 상호작용에 직접적인 영향을 미치며 그 결과는 오랫동안 지속된다(Schore, 2005, p. 204).

특히 초보 상담자는 상담 초기에 습득한 '정보'로 인해 당황하기 쉽다. Jade 삽화의 경우, 사실 상담자가 다루어야 할 주제들은 많다. 자칫 상담자는 제한적인 애착 정보만 갖고 Jade의 초기 애착 관계를 빨리 다루고 싶어할 수도 있다. 그러나 통합적 신경과학-심리치료 관점에서 볼 때, 상담자와 Jade 간의 애착 관계에 먼저 초점을 두는 것이 더 적절하다. 이를 통해 단순한 라포 관계 형성을 넘어 우뇌 접촉으로 확장되며, 그 결과 내담자의 잠재되어 있거나 혹은 쇠퇴한 애착 신경회로를 활성화시키게 된다. 소외, 공허감 그리고 관계성이라는 개념은 Jade와 같은 내담자에게는 추상적인 것으로 여겨질 수 있다. 따라서 상담자가 먼저 Jade에게 무의식적인 관심과 공감을 표현하고 인간적인 접촉을 보여줌으로써 Jade가 애착에 대해 단순히 이야기하는 차원이 아니라 진정한 애착을 경험하도록 촉진할 수 있다.

상담회기에서의 관계성

Jade 사례 계속 Jade의 상담자는 Jade가 실존적이고 경험적 차원에서 혼자 상담실로 들어왔다고 생각하지 않는다. 그녀는 자신의 관계 역사성과 그 역사성에 의해 영향을 받은 일반적인 관계성 관점을 지닌 채 상담실을 찾아왔다. 그녀의 상담자는 자신의 이론적 접근을 토대로 초기 애착의 형태와 기능에 관한 몇 가지 명시적 가정을 설정하고, 이를 Jade의 치료 관계 행동패턴에 적용한다. 상담 초기, 상담자는 Jade가 파트너와의 관계에서 반복적으로 착취당했음에도 불구하고 치료 관계에서 여전히 의존적인 모습을 나타내고 있다는 것을 깨닫는다. 상담자는 Jade를 상대로 관계 안에서 서로 정서, 인지 그리고 행동의 한계점을 설정하고 준수하는 건강한 경계선에 대해 모델링 학습을 시킬 기회를 갖게 된다. 즉, Jade가 약속된 상담회기 전에 상담자의 집으로 불쑥 전화하여 좌절감을 느낀다고 호소하며 토라지고 피해자 모습을 표출하면서 상담자를 '벌하고'자 할 때, 상담자는 공감적 관점 수용하기, 감정 지지하기, 치료관계의 한계를 재확인시키기 등 Jade가 미처 예상하지 못했던 방식으로 반응한다. 상담자는 견고한 치료 관계에 기초하여 이를 실행하기 때문에 Jade는 혼란스럽고 당황스럽기는 하지만 점차 관계성을 배워 나가게 된다. 이렇게 관계 학습이 진행되면서 Jade의 뇌는 그녀의 우뇌와 상담자의 우뇌 간의 일대일 접촉에 반응한다. 상담자는 Jade의 초기 관계의 신경과학에 내포되어 있는 몇 가지 핵심적인 내용을 함께 다룰 것이다. 주된 양육자와의 초기 관계는 (1) 이후 관계성의 기초를 형성하며, (2) 인지와 정서를 관장하는 뇌 영역의 발달을 촉진하거나 저해하며, (3) 상담자와의 현재 관계 안에서도 그것을 표출한다.

의식

의식(consciousness)은 일상적으로 사용되는 용어 중의 하나이지만 막상 그 구조와 의미를 분명하게 설명하는 것은 어렵다. 당신의 사고를 촉진하기 위해 다음 질문을 생각해 보라.

- 의식의 본질은 무엇인가?
- 어디에서 그것을 발견할 수 있는가?
- 인간의 경험 중 의식과 무의식이 차지하는 비율은 각각 어느 정도인가?
- 무의식의 내용을 의식으로 가져올 수 있는가?

Freud는 인간 경험의 방대한 부분은 의식적인 인식 영역 밖, 즉 무의식에 속한다고 주장한다. 그의 빙산 모형은 이것을 명료하게 보여 준다. 수면 위에 드러난 빙산의 형태, 움직임 혹은 구성 성분은 수면 아래 놓여 있는 약 90%의 심리작용의 지배를 받는다. 따라서 이 모형에 의하면, 우리가 자유의지라고 인식하는 대부분은 착각에 불과하다. Freud적 사고에 완전히 설득당하지 않더라도, 사회 자체가 관계적인 특성을 지니는 오늘날에는 이러한 주장의 영향력을 가늠하는 것은 어려울 수 있다. 그럼에도 불구하고 Freud적 사고는 심리학 분야에서 끊임없는 찬반 논쟁을 유발하는 촉매제 역할을 하면서 많은 영향을 미쳤다. Freud가 Darwin의 진화론에 근거한 생물학적 결정론에 기반을 두는 무의식에 관심을 가졌다는 것은 그리 놀라운 일이 아니다.

우리는 현대 신경과학을 통한 새로운 이해를 토대로 이러한 사고로 다시 회귀하고 있다. 오늘날 흔히 하는 말로, 우리의 뇌 활동, 행동 혹은 의사결정의 90%는 우리의 인식 밖에 놓여 있다. LeDoux(2003)가 그것의 원천에 대한 질문을 제기한 이후, 가장 가깝게는 마케팅 분야, 즉 신경마케팅(neuromarketing) 분야에서 관련 논의가 이루어졌다. 대중들의 선택 행동의 90%는 그들의 인식 영역 밖에서 이루어진다는 주장이다. 그것이 경험적으로 검증되기 어렵다고 하더라도, 중요한 주장임에는 틀림없다. 이 분야가 아직 초기 발달 단계에 놓여 있는 학문 영역이라는 점에서, 이러한 주장을 뒷받침할 만한 신경과학 문헌은 아직 드물다. 그럼에도 불구하고 부분적으로는 Freud로 인해 이러한 주장이 주목받고 있다. 또 다른 주장이 제기되고 있는 분야는 지난 30여 년 동안 독자적으로 이루어진 Libet의 연구결과에서 비롯된 것이다. Libet의 실험실 연구의 핵심은 개인의 뇌가 활성화되는(의사결정을 유도하는 정보전달과정을 의미함) 시점과 그가 의사결정을 인식하는 시점 간의 시간차를 측정하는 데 있다. 지난 30년 동안의 연구결과는 정보전달을 위한 신경작동과 의사결정 인식 간에는 시간차가 있다는 점을 꾸준히 보여 주고 있다. Libet(1993, 2004)와 그의 동료들은 비록 '찰나적인 결정(split-second decisions)'을 순간적인 것으로 받아들인다는 사실에도 불구하고, 우리의 인식 영역 밖에서 뇌가 의사결정을 하거나 혹은 의사결정 과정에 관여한다고 결론을 내린다. 따라서 우리가 의식적인 의사결정이라고 여기는 그것은 이미 우리의 인식 영역 밖에서 발생한 것이다.

이것은 진정 놀랄 만한 연구이며, 상담에서 무의식의 역할을 다루는 데 있어 반드시 고려해야 할 점이다. 연구결과가 지니는 설득력은 강력하지만, 그렇다고 해서 이러한 연구결과를 지나치게 접목시키지 않도록 유의해야 한다. 상담을 위한 가장 중요한 고려사항과 함의는 바로 메타인지(metacognition)다. 행동에 앞서 깊이 생각하지 않은 채 결정하는 경우도 있지만, (현재까지 알려진 바로는) 우리 인간은 자기 자신의 사고에 대해 사고할 수 있는 유일한 종족이라는 사실은 변함이 없다. 이러한 입장은 Mark Twain(1897)의 인용문에도 담겨 있다. "인간은 수치심을 느낄 줄 아는 유일한 동물이다. 그럴 필요가 있다." 정보처리 및 의사결정 과정에서 언제라도 우리는 잠시 멈추고 우리 자신이 지금 어떤 생각/행동을 하고 있는지 그리고 (가끔 유감스럽게도) 왜 그런 특정 방식으로 생각/행동하고 있는지를 우리 자신에게 질문을 던질 수 있다. 전통적 정신분석과 인지행동 접근 내에서도 다양한 관점들이 확산되고 있는 것은 바로 이러한 실체 때문이다. Freud의 (그의 마음속에 있는) 반박할 수 없는 신념은 오로지 분석을 통해서만 무의식을 인식시킬 수 있으며, 일단 그것이 표면화되고 통찰을 얻게 되면 자연스럽게 변화가 나타난다고 하는 점이다 (Alexander & French, 1946). [독자는 이러한 Freud의 신념을 반박하며 통찰은 행동이 아니라고 강조한 Redekop(2014)의 통찰력 있는 접근을 참조하기 바란다. 그는 Freud와 그의 추종자들이 통찰은 곧 행동이라고 주장한 것을 실제적이고 강력하게 반박한다.] 한편, 인지행동주의 상담은 과거가 사고와 행동을 형성하는 데 큰 영향을 미친다는 점을 부정하지 않는다. 그러나 통찰은 중요하지만 변화를 가져오기에는 충분하지 않다고 주장한다. 만약 우리가 원한다면, 그것을 극복할 수 있는 힘은 바로 사고에 대한 재사고(rethinking) 과정에서 비롯된다.

Mashour와 Hudetz(2017)는 상담자를 위해 의식에 대해 접근하는 한 가지 유용한 방식을 제안한다. 그들은 마취의 효과에 관한 연구를 통해 의식을 기술한다. 이 연구가 상담자에게 중요한 이유는 두 가지다. 의식은 다면적이므로, 인간은 단순히 의식적인가 혹은 그렇지 않은가라고 하는 이분법적으로 접근할 수 없다. 예를 들어, Koch, Massimini, Boly와 Tonomi(2016)는 특정 내용(content specific) 대 전체 의식(full consciousness)이라는 용어로 의식을 기술한다. 즉, '의식 대 무의식' 논쟁은 특히 신경과학적 관점에서 볼 때 논쟁의 가치가 없다는 의미다. 예를 들어, Storm과 동료들(2017)은 의식에 관여하며 나아가 특정 의식 유형에 상대적인 영향력을 미치고 있는 무수한 신경생물학적 구조와 체계를 논의한다. 예를 들어, Mashour와 Hudetz에 의하면, 의식은 수준(level)과 내용(content)이라고 하는 두 가지 측면을 지닌다.

> 개념상, 의식의 수준은 한 개인이 의식적인 정도, 즉 얼마나 반응적이며, 주의를 집중하고, 경계하고 있는가와 비교하여 얼마나 몽롱하며, 둔감하고, 무의식적인가의 정도를 뜻한다. 한편, 의식의 내용이란 한 개인이 특정 순간에 주관적으로 무엇을 경험하고 있는가의 문제다(Dehaene & Changeux, 2011). 실제적인 측면에서 볼 때, 의식의 수준은 동공 확장, 언어적 지시에 대한 유의미한 반응, 반응 시간 혹은 어떤 경우에는 신경생리학적 측정 등을 통해 평가된다. 이와 마찬가지로, 의식의 내용은 인지 검사에 의해 파악될

수 있는데, 예를 들어 대비, 지속성, 위장 등과 같은 자극의 특성을 적절하게 조작함으로써 감각 자극에 대한 인식 반응을 평가한다. 때로는 의식의 수준은 각성 수준과, 의식의 내용은 인식 혹은 주관적 경험과 각각 동의어로 사용된다.

(2017, p. 3)

Mashour와 Hudetz(2017)의 관점이 제시하는 두 번째 함의는 마취의 효과가 의식에 미치는 영향이 하향식 영향과 상향식 영향을 모두 포함한다고 하는 것에 대한 논쟁이다. 이러한 논쟁이 갖고 있는 함의는 곧 의식은 뇌간 수준뿐만 아니라 뇌 피질 수준의 기능에 관련된다는 점이다. 종종 우리 자신과 내담자를 반추해 보면, 거의 설명되지 않는 것들을 아주 많이 행하고 있다는 것이 자명해 보인다. 그 외에도, 뇌의 많은 기능이 우리의 인식 영역 밖에서 작동한다는 것은 명백히 증명 가능하다. 이것은 실제적이고 경험적인 근거를 지닌다. 첫째, 생물학적 근거이다. 중추신경계의 가장 윗부분에 위치하는 뇌는 심장박동, 호흡, 근육 수축, 내장기관 등을 조절하는 역할을 담당한다. 이러한 자동적이고 자율적인 과정은 위협으로부터 우리를 보호하고 우리의 생존을 유지하는 데 그 목적이 있다. 이 과정은 자연스럽게 두 번째 근거로 연결되는데, 우리가 충분히 이해하고 반추하지 못한 방식으로 생각하고, 느끼고, 행동하고 있는 우리 자신을 발견한다는 점이다(Boly et al., 2017 참조). 당신이 어릴 때 경험했던 사람과 똑같은 이름을 가진 사람에 대해 최근 당신이 보여주었던 반응을 생각해 보라. 혹은 차를 운전하는 동안 마치 최면상태에 놓였던 것—좀 전에 어떤 길을 지나쳤는지 기억해 낼 수 없는(road hypnosis)—과 같은 경험을 한 적이 있다면 떠올려 보라.

그렇다면 이러한 사실이 상담자에게 주는 시사점은 무엇인가? 아마도 두 가지 경우일 것이다. 첫째, 투쟁/도피/경직(fight/flight/freeze) 반응체계가 관여한다. 위협—실재적이든 혹은 인식된 것이든 간에, 곧 논의될 것이다—이 느껴질 때, 무의식 체계가 작동을 시작한다. 2장에서 간략하게 소개되었던 자율신경계가 이러한 과정을 이끈다. 첫째, 대부분 우리의 오감을 통해 또한 '직감'이나 본능을 통해 무언가 잘못되고 있다는 것을 감지하게 된다. 이러한 입력 과정은 뇌의 두 가지 체계를 통해 진행된다. 첫 번째 가장 빠른 경로는 편도체(amygdala)가 자리 잡고 있는 변연계(limbic system)라고 불리는 정서 통제센터로 이끈다. 바로 이곳에서 정서 기억이 다루어지고, 현재 인식이 과거 기억과 비교된다. 자율신경계 기능의 첫 번째 단계에 해당하는 편도체는 그 위협이 실재적이고 현저한 것인지 여부를 판단하고, 만약 그렇다고 한다면 투쟁할 것인지, 도피할 것인지, 혹은 자극이 과도하여 감당하기 어려울 정도가 되면 경직할 것인지를 결정하도록 돕는다. 만약 변연계에서 그 위협이 그다지 심각하지 않다고 판단할 경우에는, 그 정보는 대뇌피질로 보내져 추가적인 과정—정보수집과 이성적 분석—을 거치게 된다. 우리는 이러한 과정이 진행되는 것을 거의 인식하지 못한다. 마치 뒷목덜미에 머리카락이 붙어 있는 것과 같은 불편감을 조금 경험할지 모르지만, 그 과정은 무의식적이다. 한편, 헛구역질, 손바닥의 땀 혹은 근육긴장을 경험할 수도 있다. 이 모든 것은 불수의적인 반응이며 무언가 잘못되었다는 신호다. 이 장의 뒷부분에서는 의식의 이러한 측면에 대해 살펴보기로 한다.

뇌와 신경계의 이러한 측면은 몇 가지 기본적인 질문을 던지게 한다. 우리는 왜 특정 대상에 대해서만 두려움을 느끼는가? 우리는 자극에 대한 무의식적 처리 과정의 지배를 받도록 되어 있는가? 특정공포증이나 범불안장애처럼 두려움과 불안을 느끼는 사람 혹은 트라우마를 경험한 사람은 어떻게 해야 하는가?

의식에 관한 신경과학적 연구결과와 정신분석 접근을 통합한다는 것은 곧 사고, 감정 및 행동의 이면에 놓여 있는 동기를 인식하는 문제를 다룬다는 의미다. 인식에 관한 고전적 연구에서는, 인식을 측정하기 위해 연구참가자가 안내데스크로 다가가고 남성 안내원이 맞이하는 실험 장면을 고안했다. 안내원은 안내데스크에서 몰래 떨어져 나와 카운터 아래로 숨고 그와 비슷하게 생긴 남자가 대신 안내데스크에 앉는다. 연구참가자 대다수는 그러한 변화가 일어나는 순간을 알아차리지 못할 뿐만 아니라 이후의 인터뷰에서도 그러한 변화가 일어났었다는 것을 기억하지 못한다. 그러나 연구참가자 중 일부는 그러한 변화를 알아차리기도 했다. 연구자는 이러한 인식의 차이가 나타나게 된 이유에 대해 오늘날 '변화맹(change blindness)'이라고 불리는 가설을 설정했지만 명확한 결론을 도출하지 못했다.

독자로서 그리고 심리학을 공부하는 학생으로서 당신은 이와 유사한 연구들에 대해 잘 알고 있을 것이다. 그동안 선택적 주의와 이와 유사한 현상들에 대한 연구가 많이 이루어졌다. 인간은 다양한 이유로 인식 영역 밖에서 행동하며, 환경자극에 대해 선택적으로 주의를 기울인다. 상담자에게 임상적인 가치가 있는 내용은 (1) 우리 인간은 종종 스스로 설명할 수 없는 무의식적인 방식으로 행동하며, (2) 이러한 주의를 기울이지 않고 인지하지 못했던 동기와 행동을 자각시키는 것은 임상적으로 매우 중요하다는 점이다. 이러한 영역을 조명하며 구체적으로 접근하는 데에는 정신분석 이론이 시사하는 바가 크다.

상담회기에서의 의식

Jade 사례 계속 이러한 영역에 대해 Jade와 함께 작업하는 중에, 상담자는 초기 경험, 즉 생애 초기의 관계성 경험에 대한 Adler식 질문을 하게 될지도 모른다. 다음 시나리오가 그와 같은 예시가 된다.

상담자: Jade, 당신은 당신의 최근 관계성에 대해서 그리고 외롭고 공허감을 느낄 때 어떤 식으로 위안을 받는지에 대해 이야기했어요. 그것이 얼마나 힘든 것인지에 대해서도 말했었죠. 혹시 중요한 관계에 관련된 초기 기억에 대해 말해 줄 수 있는지요….

Jade: [처음에는 피상적인 관계라고 느껴졌던 부모와의 관계 경험에 대해 말하려고 애쓴다.] 나는 좀 더 많은 것을 원했던 것 같아요. 그렇지만 어떻게 요구해야 할지 몰랐어요. 그 감정이 부모님과의 관계 때문이라는 것조차 이해하지 못했어요. 마치 거부당하는 느낌이었어요. 친밀감은 바로 정서표현을 억제하는 것이나 깊은 대화를 나누지 않는 그런 것이라고 여겼어요.

상담자: 지금 그 얘기를 하면서 당신 자신에 대해 어떤 것을 깨닫게 되나요?

Jade: 아무것도요. 단지 사실만 말한 것뿐이에요.

상담자: 좀 전에 이야기한 내용이 당신이 가까워지고 싶은 사람과 관계를 맺는 데 어떤 영향을 미칠 수 있을 거라고 생각하세요?

Jade: 그동안 그 둘 간에 어떤 관련성이 있을 거라고는 미처 생각해 보지 않았어요. 아마도 부모님으로부터 관계성에 대해 배운 것이 현재 다른 사람과의 관계에 영향을 미치고 있겠죠?

상담자: 그럴듯한 설명이군요. 그렇다면 지금 우리의 관계를 어떻게 경험하고 있나요?

Jade: 경험하느냐고요?

상담자: 네, 우리가 만날 때 당신의 몸, 마음, 혹은 어디에서든지 어떤 일이 일어나나요?

Jade: 아, 당신을 만나는 것이 좋기도 하지만, 싫을 때도 있어요. [신경질적으로 웃는다.] 가끔은 내가 다른 사람들과의 관계에서도 이런 것을 원하고 있다는 생각이 들어요. 그러나 어떤 때에는 완전히 발가벗겨져서 상처받은 것처럼 느껴지고 도망가고 싶어요.

상담자: 우리의 관계에 대해 약간은 양가적인 감정을 갖는다는 말이군요…? 지금 상담실에서처럼 안전한 상황은 아니겠지만, 다른 사람과 있을 때에도 그런 식으로 느끼겠죠?

Jade: 네, 이해가 되는군요. 내가 원하는 것을 얻기 위해 좀 더 다른 방식으로 할 수 있지 않을까요?

상담자: 아마도요. 그에 대한 설명은 우리 뇌의 작동 방식과 관련됩니다. 표면적으로 당신은 친밀한 관계를 원하고 있어요. 그러나 좀 더 심층적인 차원에서는 관계가 위협으로 인식되고, 또 다른 수준에서는 관계가 부끄럽게 느껴지지요. 그동안 이러한 방식이 강화되어 왔고, 또 다시 건강하지 못한 관계성을 강화시켜 왔어요. 자기파괴적인 관계 방식으로 행동하기로 결정하는 것은 당신의 인식 영역 밖에서 일어나기 때문에, 당신이 정작 행동하는 시점까지는 당신의 행동이 당신의 인식 밖에서 이루어지는 과정에 근거한다고 볼 수 있죠.

Jade: 복잡하군요.

상담자: 네, 그렇죠. 앞으로 우리가 할 것에 대한 개요에 불과합니다. 이제 당신이 그러한 과정을 인식해서 당신의 통제하에 둘 수 있도록 하는 작업에 초점을 둘 겁니다.

연습

이 지침을 읽은 후, 책을 잠시 치워 두고 컴퓨터 가까이 놓인 당신의 손에 집중해 보라. 대부분의 경우처럼, 당신의 손바닥이 아래로 향하고 있음을 알아차릴 것이다. 이제, 3분 후에 손바닥을 위로 향하게 하고, 두 손을 다리 위에 놓으라. 똑바로 앉은 채 이완된 호흡에 집중하면서 당신의 손, 팔, 어깨를 이완시켜 보라.

당신의 팔이 어떻게 느끼는가? 당신의 어깨는, 가슴은, 등은 어떤가? 어떤 상담자와 내담자는 컴퓨터 앞에 앉아 반복적으로 하던 행동을 이제는 반대로 하려니까 팔뚝이 욱신거린다고 응답한다. 또 다른 사람들은 어깨와 가슴을 젖히고 자세를 이완시키게 되었다고 말한다. 여기에서 핵심은 우리는 미처 인식하지 못한 채 많은 것을 하고 있으며, 그중에서 어떤 것들은 우리의 웰빙에 부정적인 영향을 미칠 수 있다는 점이다. 내담자에게도 이러한 연습을 하게 함으로써 중요한 핵심을 깨닫게 도와줄 수 있다. 상담에서 의식을 고려하는 데 있어, 자원을 보호하기 위해 뇌와 몸의 다양한 체계가 개인의 인식 영역 밖에서 작동한다는 점을 명심하는 것이 중요하다—이는 본래 프로이트적인 것이 아니다. 인간은 종종 행동을 먼저 취한 후 자신의 행동을 설명하고 정당화하고자 한다. 우리는 종종 이런 식으로 진행된다는 것을 인식하지 못하며, 의식은 인식의 연속선상에 존재한다. 따라서 의식의 정도라는 표현이 보다 적절할 수 있으며, 상담을 통해 개인의 건강에 도움이 되지 않는 무의식적 반응을 의식화시킴으로써 통제와 변화가 가능하도록 촉진할 수 있다.

기억과 기억들

당신의 어린 시절 중에 무엇을 기억하고 있는가? 나 자신의 경우, 기억을 잘 하도록 해주는 구조나 인코딩 처리 과정을 갖고 있지 않았던 것 같다는 기억뿐이다. 단지 그 나이 즈음에 대한 좋은 기억을 갖고 있을 뿐이다. 사실, 유아기(약 2세 이하) 때부터 일어났던 실제

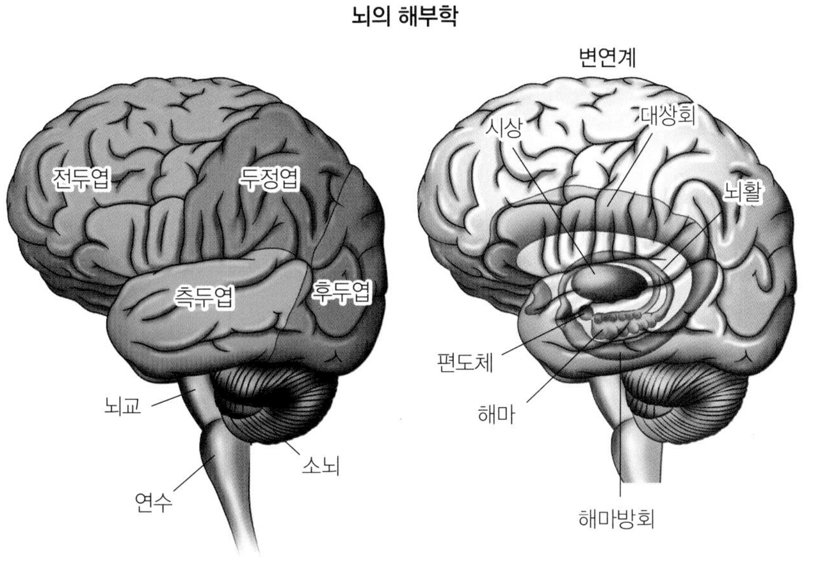

[그림 3-3] **편도체와 해마**

사건들을 **회상하기**보다는 들었던 이야기나 혹은 반복해서 들었던 이야기를 나의 '기억' 속에 끼워 넣었다는 것을 후일 알게 되었다. 이것은 흔한 현상이며, 인간의 기억이 지니는 복잡성과 한계성을 보여 준다. Carter(2009)는 기억에 관한 문헌을 요약하며 이러한 현상을 설명하고 있다. "사실, 기억은 경험의 축적이 아니다. 당신이 그 경험을 회상한 가장 최근의 시점들을 축적한 것일 뿐이다."(p. 165) 즉, 우리가 흔히 기억이라고 부르는 것은 사실상 재구성된 기억이라는 의미다. 기억에 관한 오해를 풀기 위해 우선 기억의 구조를 살펴보기로 하자([그림 3-3]).

먼저, 저장, 복구 그리고 기억 오염의 차원에서 볼 때 기억은 불완전한 체계다(Lane, Weihs, Herring, Hishaw, & Shaw, 2015). 경험이 부족한 상담자에게 있어 내담자가 과거에 대해 실제 무엇을 이야기하고 있는지를 살펴보는 것은 매우 중요하다(마치 '범죄현장의 수사관'처럼 내담자의 이야기 속에 담긴 객관적인 **사실**을 확인하는 것과, 한편으로는 내담자에게 있어 **진실**은 무엇인지를 이해하는 것). 이제 의미 해석에 관한 논의가 이어지는데, 신경과학 연구결과가 의미 해석의 방식에 대한 비유로 활용된다. 있는 것을 보는 것이 아니라, 우리가 보고 싶은 것을 본다(플라톤의 동굴의 비유). 상담자는 내담자의 이야기 속에 담긴 **객관적인 사실**을 찾는 것이 아니라 **내담자 자신**에게 **있어서 실제적인 것**이 무엇인지를 탐색할 수 있게 된다. 기억은 그것이 지니는 복잡한 특성으로 인해 우리의 논의가 시작되는 첫 시점이라고 할 수 있다—개인적인 영역뿐만 아니라 전문적인 영역에서 그것은 설명되기 어렵고 쉽게 오해를 불러일으킨다.

기억 유형

절차기억(procedural memory)은 걷기나 자전거 타기와 같이 학습된 행동이라고 일컬어지는 기억을 포함한다. 의식 과정이 관여되지 않는 기계적인 행위를 할 때 절차기억이 중요한 역할을 한다. 발걸음을 뗄 때마다 의식적으로 집중해야 한다거나 혹은 칫솔질할 때마다 그 절차를 곰곰이 생각해야 한다고 상상해 보라. 손가락 중 한 개가 부러지거나 다치게 될 때 우리 모두는 절차기억의 중요성을 깨닫게 된다. 그 손가락을 사용하는 일상적인 행위가 갑자기 많은 생각을 요구하는 행위가 되어 버린다거나 혹은 최소한 그러한 행동이 이제는 의식적으로 인식되게 된다.

공포기억(fear memory)은 의식 차원뿐만 아니라 무의식 차원에 존재한다. 내가 이 책을 집필하는 중에, 기억의 한계와 공포기억의 기전을 증명하는 새로운 연구결과가 소개되었다. Ramirez와 동료들(2013)의 연구에서, 쥐의 뇌의 해마(hippocampus) 안에 공포와 관련되어 있다고 알려진 일부 영역에 섬세한 광학섬유 케이블로 자극을 가했다. 그리고 그 쥐는 케이지를 통해 약한 전기충격을 받았다. 그러자 쥐는 마치 직접 전기충격을 받은 것처럼 광학섬유 케이블로 자극받았던 방에 대해 반응을 나타내었다.

Schore의 연구에 의하면, **일화기억**(episodic memory) 혹은 **자전적 기억**(autobiographical memory)은 정신역동적 치료 접근에 있어 가장 중요한 기억 유형 중 하나다. Schore(2005, 2014)는 심리치료에 있어 이 유형의 기억이 지니는 함의에 대해 상당한 연구를 진행하고 있다.

의미기억(semantic memory) 혹은 **서술기억**(declarative memory)은 '독자적인' 정보, 즉 주로 사실에 관련된 기억을 뜻한다(Carter, 2009, p. 155). 이러한 기억은 주로 정서와 분리되어 있다.

외현기억(explicit memory)은 정보나 사건에 대한 의식적인 연습을 포함한다. 예를 들어, "나는 이것을 기억하기를 원해!"라고 말하듯이 자기 자신을 향해 생각하면서 경험을 회상한다.

암묵기억(implicit memory)은 의식적인 인코딩 과정을 따르는 외현기억과는 달리, 무의식적으로 기억에 인코딩되는 사고, 감정 그리고 사건에 관련된다. '그 사람'과 함께 있을 때 느껴지던 '그 감정'처럼, 인식 영역 밖의 자각을 포함한다. 이러한 유형의 기억은 신경과학과 정신분석적 상담을 통합하려는 Schore의 연구주제다. 이 부분에 대해서는 다음에서 다시 다루겠다.

Schacter, Chiao와 Mitchell(2003)은 그들이 '기억의 죄'라고 일컫는 것에 대해 상세하게 기술하고 있는데, 우리의 지배적인 문화 기억 은유 차원에서 우리의 기억이 우리 스스로를 좌절하게 만드는 방식을 일컫는다. 〈표 3-3〉은 이를 나타내고 있다. 표 내용을 참조하여 내담자를 긍정적으로 조력할 수 있는 함의를 생각해 보라.

기억에 대한 컴퓨터 비유(정보처리모형)

인간의 기억체계는 매우 복잡하기 때문에 종종 비유를 사용하여 설명한다. 예를 들어, 인간의 기억에 대한 가장 잘 알려진 비유는 컴퓨터 기억 장치다. 간단하게 말해, 컴퓨터는 기억체계를 가진 가장 최초의 하드웨어 처리 과정이다. 심지어 오늘날 '클라우드' 저장체계는 비록 원격으로 접근하는 방식이지만, 물리적으로 존재한다. 우리는 컴퓨터나 다른 전기 장치를 사용할 때, 작업 결과물과 이미지를 저장하기 위해 '저장(save)' 키를 누른다. 저장 과정은 나중에 재생해 내기 위해 결과물이나 이미지의 코딩된 버전을 기기의 기억체계 안에 집어넣는 것이다. 사용자는 필요할 때마다 인코딩된 파일을 선택하여 끄집어낸다. 저장, 인코딩 그리고 재생의 과정은 매우 명료한 과정이다. 저장된 파일에 접근할 때 우리는 합리적인 확신을 갖고 그 파일의 내용을 신뢰한다. 그것은 코드에 상응하는 장소에 정확하게 저장되어 있다.

그동안 컴퓨터 기억체계는 인간 기억의 기능을 이해하기 위한 가장 적절한 은유로 사용되었다. 그러나 이 은유는 기억을 이해하는 우리의 능력을 왜곡시키는 심각한 오류를 담고 있다. 이는 특히 내담자의 기억 속에 담긴 의미를 이해하고자 애쓰는 임상가들에게 있어서 중요하다. 몇 가지 경우를 살펴보자.

먼저, 적어도 현시점에서 컴퓨터 기억체계는 폐쇄 체계 내에 데이터를 인코딩하는 과정에서 전기적인 것만을 사용한다. 반면에, 인간의 기억은 상대적으로 개방 체계에서 기능하는 전기화학적 과정이다. 따라서 신호 수신, 정보 전달 그리고 인코딩은 모두 '오염'될 소지가 있다는 점에서, 기억은 인코딩 과정에서 지속적인 오류가 발생한다. 예를 들어, 컴퓨터 메모리는 전달되는 이미지와 데이터를 왜곡시킬 수 있는 이전 기억과 사건에 대한 흔적을 포함하지 않는다. [컴퓨터 과학자는 컴퓨터 메모리와 인간의 기억을 비교하는 것에 대한 문제점을 파악하고 있을 것으로 확신하면서, 나는 일상적인 컴퓨터 사용자로서 특히 기계 학습과 인

공지능이 기억에 대한 은유를 정교하게 해 줄 것으로 여겨지므로 논의를 단순하게 하고 싶다.] 그다음은 컴퓨터 메모리가 현재 명령에 근거하여 한 가지 소스로부터 원자료를 정확하게 끄집어내는(물론 실리콘이 손상되거나 컴퓨터 바이러스가 침입하거나 하는 등의 일이 발생하지 않는 한) 인출 과정이 진행된다. 아마도 기질적인 뇌 질환과 같은 비유가 가능하겠지만, 그것은 지금 우리의 논의 영역을 벗어난다. 더욱이 인간이 기억을 끄집어낼 때—이것은 자전적 기억에 관련된 경우 매우 중요하다—이러한 기억은 사실상 원래 것의 재생이 아니다. 대신에, 그 기억은 사실상 뇌의 다른 기억 장소로부터 가져온 요소들로서 그것들이 통합되어 우리가 소위 **기억**이라고 부르는 것을 만들어 낸다.

〈표 3-3〉 기억의 일곱 가지 죄

- **일시성**(transience): 시간이 흐르면서 기억에 대한 접근성이 감소하는 것
  예시: 오래전의 일들을 단순히 잊어버림
  Jade의 사례: 학창시절의 경험을 물었을 때 Jade는 전혀 기억이 없는 듯이 보인다.
- **주의력 결핍**(absent-mindedness): 주의를 집중하지 않은 결과 잊어버리는 것
  예시: 주차 위치를 잊어버림
  Jade의 사례: Jade는 종종 상담 약속시간을 기억하지 못하고 30분 혹은 한 시간 일찍 오거나 늦게 온다.
- **차단**(blocking): 정보가 존재하지만 아주 짧은 순간만 접근 가능한 것
  예시: 설단현상
  Jade의 사례: 가장 초기 기억을 물었을 때 Jade는 대략 8세경의 기억부터 이야기한다.
- **오귀인**(misattribution): 기억이 잘못된 원인에 귀인하는 것
  예시: 꿈과 기억을 혼돈하는 것
  Jade의 사례: 과거에 대해 이야기할 때 Jade는 종종 일어난 사건에 대해 이야기를 시작하지만, 곧 그것을 환상으로 인식하며 실제 기억과 섞어 버린다.
- **암시성**(suggestibility): 실제 발생하지 않았던 것에 대한 심어진 기억
  예시: 유도 질문이 왜곡된 기억을 만들어 냄
  Jade의 사례: Jade의 상담자는 암시와 탐색을 구분하지 못할 경우 Jade의 감정, 기억 그리고 다른 경험들에 대한 유도 질문을 하는 것을 유의해야 한다는 점을 깨닫는다.
- **편향**(bias): 현재의 지식과 신념으로 인해 과거의 기억을 왜곡하는 것
  예시: 현재 행위와 일치되도록 과거 태도를 회상함
  Jade의 사례: Jade는 모든 사건, 인간관계 그리고 질문을 위협적인 것으로 받아들이고 자신을 상황의 희생자라고 여긴다.
- **항구성**(persistence): 잊고 싶지만 절대 잊혀지지 않는 회상
  예시: 외상적인 전쟁 경험
  Jade의 사례: Jade는 너무나 고통스러워서 그 누구에게도 이야기할 수 없는 '어떤 것'을 지속적으로 언급하지만, 그녀는 그것을 결코 잊을 수 없다. 그녀는 또한 그 '어떤 것'이 너무나 엄청난 것이었기 때문에 지금도 그녀의 마음속에 남아 있는 것이라고 짐작한다.

믿거나 말거나, 컴퓨터가 제대로 작동하지 않을 때 이를 마치 컴퓨터의 의도라고 여기는 경우도 있지만, 컴퓨터는 인간과 달리 정서와 동기를 경험하지 못한다. 컴퓨터의 궁극적인 의도와 목적은 정확하게 재생해 내는 데 있다. 반면에 인간은 정서적인 내용이 조금이라도 담겨 있는 기억을 회상할 때에는 정확하게 재생해 내기 어렵다. 심지어 정서를 담지 않은 내용조차도 정서적으로 몰입된 순간에 그것을 회상할 경우에는 기억 속에서 채색될 수 있다.

컴퓨터 사용 도중 작업내용을 잃어버릴지도 모른다는 불안 때문에 우리는 '저장' 키를 무수히 누르지만, 컴퓨터는 정보를 인코딩하는 데 있어 연습이 필요 없다. 반면에 인간은 외상 경험의 경우를 제외하고서는 기억에 대한 자연적 한계를 극복하기 위해 정보 인코딩에 대한 연습이 필요하다. 전화번호가 왜 일곱 자리인지 궁금해한 적이 있는가? 우리 뇌가 작동기억(working memory) 속에 담을 수 있는 정보의 양이 평균 일곱 단위이기 때문인데, 우리는 그것을 종이에 받아 적을 때까지 놓치지 않기 위해 작동기억 속에서 반복한다.

다음에 논의할 은유에서 확인되겠지만, 대부분 컴퓨터 메모리는 입력된 대로 출력된다. 내가 이 장을 집필하고 작업한 결과를 재확인할 때 이것을 깨닫게 된다. 좀 전에 저장한 내용을 끄집어내어 다시 읽었는데 그 내용이 조금도 개선되지 않고 그대로 있는 것을 발견했을 때 얼마나 실망하게 될지 상상해 보라!

기억의 경우, 특히 외상과 관련된 기억에 대한 정신분석적 접근은 기억된 내용과 기억되는 방식이 어떤 영향을 미치는지—이것이 핵심인데, 즉 경험된 내용과 회상 과정에서의 재경험—에 대해 잘 이해할 수 있도록 해 준다. Adler는 내담자의 세상에 관한 개인적인 규칙을 초래하는 지각/통각(apperception)의 스키마에 대해 기술하고 있다. 이러한 세상이 외상, 상실, 거부 혹은 학대 등에 의해 손상될 경우, 이러한 규칙은 미래의 대인관계에 대한 인식뿐만 아니라 기억을 편향시키는 방식으로 설정된다. 재기억의 개념(Badenoch, 2008)은 우리의 치료 작업에 스며들어 있다. 우리는 내담자의 고통스러운 기억을 지우려는 것이 아니라 내담자의 삶의 재통합을 위한 새로운 선택을 탐색하기 위해 내담자와 함께 그 고통스러운 기억 속을 함께 걸어가고자 한다. Kohut(예: Kohut & Elson, 1987)의 자기심리학은 '교정된 정서 경험(corrective emotional experience)'이라는 개념을 소개하는데, 이는 상담자와의 치유적인 관계 경험을 토대로 내담자의 이전 기억들이 재구성될 수 있다는 의미다. 이러한 관계성은 내담자로 하여금 자기패배적인 방식으로 해석되고 있는 사건을 재기억하게 함으로써 자신의 현재 고통의 근원을 탐색할 수 있도록 하는 정서적 닻을 제공하는 것과도 같다. 예를 들어, Jade는 초기 사건들을 '회상'함으로써 더 많은 것들을 이야기하게 되었는데, 초등학생 때 성애화(sexualization)를 경험했다고 한다. 심리성적 발달단계상, 그녀는 역할 혼미(role confusion, Erikson, 1968)에 빠졌으며, 자신의 암묵적 가치를 성적인 대상으로 내면화하였다. 초기 사건의 의미에 대한 왜곡된 기억에 근거하고 있는 이러한 무의식적인 신념은 그녀의 자기의식을 형성하였다. 상담회기를 거치는 동안, 그녀가 상담자를 성적으로 유혹하는 듯한 행동을 한 것을 상담자가 부드럽게 그렇지만 확고하게 직면하게 되면서, 그녀는 자신의 가치가 그녀의 일부분에 해당하는 성(sexuality)에 있는 것이 아니라 한 인간으로서의 고유한 가치에 있다는 것을 재구성(re-member)하게 되었다. 이러한 맥락하에, 그녀의 뇌는 우뇌와 좌뇌 간에 새로운 연결을 생성하기 시작하며, 그녀가 어떻게 정서 경험을 기억이라는 형태로 자동적으로 처리하였는지를 이해하게 된다. 앞서 언급한 것처럼, 정신분석적 접근의 목표는 객관적이고 사실적인 회상 그 자체가 아니라 내담자로 하여금 과거에 구성된 사건을 재경험(re-experience)하고 재구성(re-member)할 수 있는 치유적 맥락을 제공하는 대인관계적 지지에 있다. 인간의 기억은 분명 대단한 능력이지만 여러 면에 있어 명백한 결점을 갖고 있다. 더욱이 기억체계는 주의력체계와 상호작용하므로 내담자가 정확한 회상 수준을 갖고 있다고 하더라도 그러한 기억에 객관적으로 접근하는 능력은 심각하게 제한되어 있다. 따라서 정신분석적 치료에서, 상담자는 내담자가 사건의 단편적인 부분에만 선택적 주의(selective attention)를 기울이고 경험하고 있는 점을 깨달을 수 있도록 조력할 수 있다. 서술기억과 정서기억이라고 하는 기억의 양쪽 체계에 대한 이해를 염두에 두었을 때 외상 사건에 대한 회상은 특히 치료적으로 중요하다.

이러한 은유에 관한 논의의 핵심은, 다른 모든 비유나 은유의 경우와 마찬가지로, 우리가 그것을 깊게 다루게 되면 그것의 한계가 명확해진다는 점이다. 인간의 기억은 매혹적이고 놀랍지만, 또한 이제까지 은유를 통해 살펴본 바와 같이 매혹적이고 놀라운 결함을 지니고 있다. 이것은 우리가 사람들을 대상으로 하는 상담 활동, 특히 정신분석적 접근의 상담을 하는 데 있어 시사하는 바가 크다. 우리는 기억 인코딩과 재생에 관해 특별한 질문을 하게 된다. 정신분석 이론과 이러한 체계에 관한 신경과학적 연구결과를 통합하는 과정에서, 개인에게 작동하고 있는 기억의 유형을 이해하는 것이 매우 중요하다.

상담회기에서의 기억

Jade 사례 계속 상담 초기에 Jade는 그녀의 과거, 특히 다른 사람들의 행동에 대해 많은 시간을 할애하여 이야기한다. 상담자는 Jade의 과거를 들으면서, Jade의 고통은 그녀의 과거가 과거에 머물고 있는 것이 아니라 현재 그녀의 일상 매 순간 속에 존재하기 때문이라는 점을 깨닫는다. 상담자는 또한 신경학적인 관점에서 Jade의 기억은 사건의 객관적인 실제가 아니라 오히려 정서적 사건으로 재구성되어 현재 그녀의 기능에 영향을 미치고 있다고 판단한다. Jade와 확립된 관계를 활용하여, 상담자는 과거 사건과 그것에 대한 집착의 영향력을 확신하며, Jade가 자신을 희생자로 보고 있는 현재 정체감을 직면하면서 그녀가 희생화의 실체를 인식하는 방법의 하나로 과거를 재학습하고 재구성할 수 있도록 안내한다. 상담자는 기억은 기록된 것을 재생하는 것이 아니라 그것이 회상된 마지막 순간에 대한 회상이라는 점을 명심할 필요가 있다. 기억은 변형될 수 있으며 치료관계라고 하는 안전한 맥락에서 회상되어 그 이전과는 다른 식으로 저장될 수 있다. 기억은 다감각적이며, 따라서 내담자가 회상 동안 움직임을 함께 하면 기억을 보다 확실하게 경험할 수 있게 된다. 그리고 '기억 작업'은 '왜'라는 이유를 찾기 위한 것이 아니라 '무엇'을 현재로 가져와서 안전한 치료 관계 안에서 확인하는 것에 더 초점이 맞추어진다.

뇌 기제

Lane 등(2015)은 정서 인식의 신경학적 기반의 위치와 복합성을 제시한다. 그들은 다음과 같이 주장한다.

> 뇌 안에서 의식적인 정서 경험의 예시화를 이해할 수 있는 생물학적 출발점은 Damasio(1994)의 유명한 저서 『데카르트의 오류(Descartes' Error)』에서 강조한 복내측 전전두피질(Ventromedial Prefrontal Cortex: VMPFC)이다. 이 책에서 Damasio는 과감하지만 잘 검증된 주장, 즉 진정한 의미나 진화적 중요성을 갖지 않는 감정(feeling)은 정서(emotion)의 단순한 부산물이 아니라 오히려 구체적인 신경해부학적 기반을 갖는데 이로 인해 이러한 의식적 경험 상태는 기본적인 정서 반응 발생과는 다르다는 주장을 펼쳤다.

이러한 주장은 내담자의 정서가 무엇이며 또 내담자가 자기 자신과 다른 사람들의 정서로 인해 고통스러워하는 것을 이해하는 데 있어 매우 중요하다. Lane 등은 인지 불능(agnosia)에 대한 Freud의 생각과는 다르게 정서 인식의 신경학적 기질에 대해 논의한다([그림 3-4]). 그들은 정서와 감정이 어떻게 작동하며 그것들이 작동하지 않을 때 어떤 일이 생기는지를 설명한다.

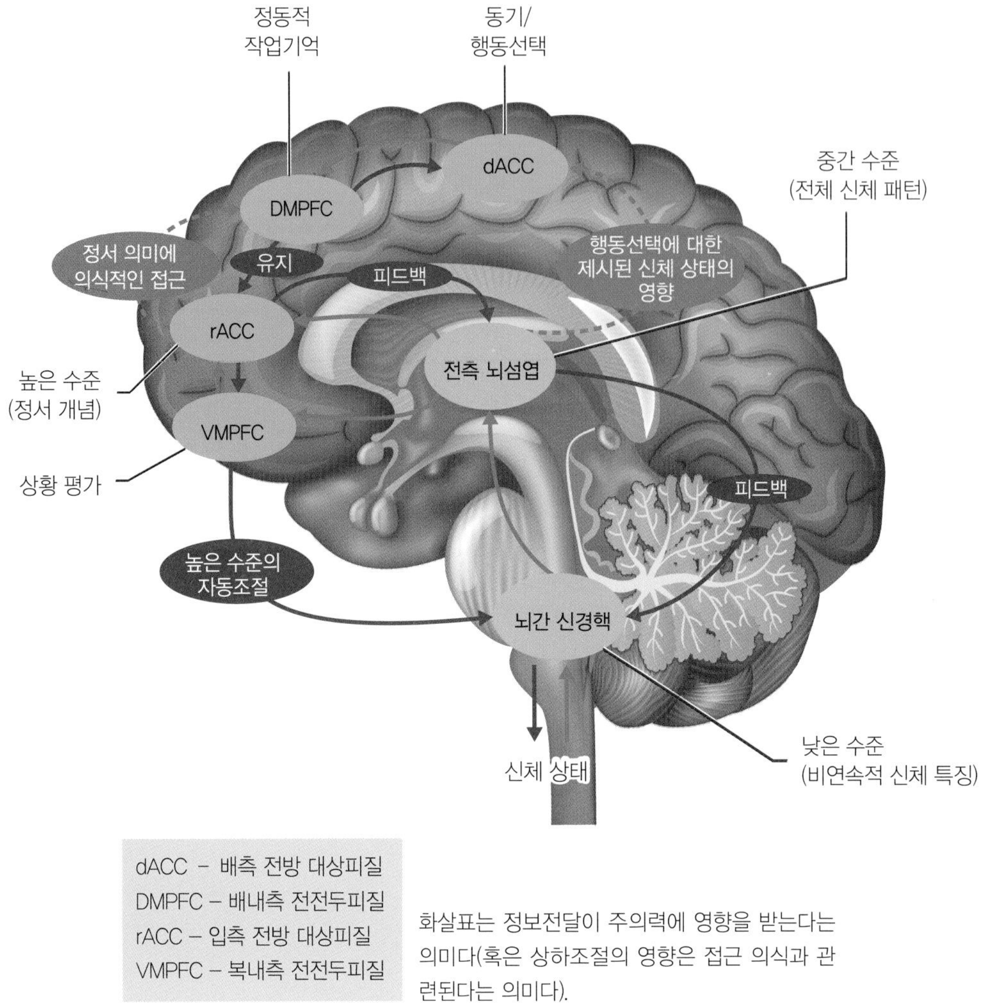

[그림 3-4] 정서 인식의 신경학적 기반에 관한 도식(Lane et al., 2015)

요약

이 장을 통해 이론 통합에 관한 어떤 결론을 도출할 수 있겠는가? 몇 가지 숙고해 볼 점이 있다. 관계성은 운에 달려 있으며, 애착은 빈약하고, 의식은 모호하며, 기억은 믿을 바가 못 된다. 1장에서 소개된 이론적 틀의 맥락에서, 이 모든 것은 유전적인 역사와 생물학, 환경 그리고 경험의 관점에서 개별적이고 전체적인 방식으로 내담자의 행동, 사고 그리고 현재 기능에 대한 감정에 영향을 미친다. 상담자에게 있어 이러한 영향력의 그물망은 복잡한 도전—신경과학의 현시점과 비교했을 때 상담자가 이것을 하나의 도전으로 인식하게 될 경우—이다. 첫째, 신경학적 수준에서 보았을 때 상담자와 내담자 간의 관계는 상담에 있어 가장 중요한 요소다. 이러한 관점은 오랫동안 폭넓게 수용되고 경험적 연구결과에 의해 입증되었지만(Prochaska & Norcross, 2014 참조), 신경과학 또한 이를 지지하고 있다. 내담자의 과거 혹은 현재의 관계성과는 상관없이, 상담 장면에서 이러한 점을 명백하게 드러냄으로써 내담자에게 성장에 대한 희망을 심어줄 수 있다. 신경과학에 대한 인식을 갖고 있는 상담자와의 애착이 중요하다. 둘째, 의식과 무의식 간의 비율이 10:90 이든 혹은 90:10이든 간에 우리 모두는 미처 이유를 의식하지 못한 채 행동하기는 하지만, 그럼에도 불구하고 우리는 행동과 그러한 행동의 이면에 놓인 동기를 모두 의식적으로 인식할 수 있다. 마지막으로, 신경과학에 대한 인식을 지닌 상담자는 내담자의 기억에 대해 매우 선택적이고 신중하게 접근할 수 있다. 기억은 자료이며, 자료중심의 상담은 자칫 핵심을 놓칠 수도 있다. 생물학, 환경, 경험, 행동, 사고양식, 정서 등에 대한 인식을 증진시키고 이를 통해 옛 기억에 대한 새로운 기억을 형성하도록 조력하기 위해 상담관계의 치유적 속성을 활용할 수 있다. 즉, 새로운 것은 복잡하게 여겨지지만 또한 희망의 뉴스이기도 하다.

핵심정리

이 장의 도달목표:

- 정신역동적 치료의 역사적인 배경과 현대 임상실제를 정리해 보라.
- 인간의 애착, 의식 그리고 기억체계의 신경학적 관련성과 유사성을 탐색해 보라.
- 현대 신경과학적 연구결과와 현대 정신역동적 치료를 통합해 보라.

참고문헌

Ainsworth, M. D. S., Blehar, M. C., Waters, E., & Wall, S. (1978). *Patterns of attachment: A psychological study of the strange situation*. Hillsdale, NJ: Erlbaum.

Alexander, Franz. *Psychoanalytic therapy: Principles and application*. Vol. 1946. U of Nebraska Press, 1980.

Badenoch, B. (2008). *Becoming a brain-wise therapist*. New York, NY: Norton.

Badenoch, B., & Kestly, T. (2015). Exploring the neuroscience of healing play at every age. In D. A. Crenshaw & A. L. Stewart (Eds.), *Play therapy: A comprehensive guide to theory and practice* (pp.

524–538). New York, NY: Guilford Press.

Beckes, L., IJzerman, H., & Tops, M. (2015). Toward a radically embodied neuroscience of attachment and relationships. *Frontiers in Human Neuroscience, 9*, 266. doi.org/10.3389/fnhum.2015.00266

Boly, M., Massimini, M., Tsuchiya, N., Postle, B. R., Koch, C., & Tononi, G. (2017). Are the neural correlates of consciousness in the front or in the back of the cerebral cortex? Clinical and neuroimaging evidence. *Journal of Neuroscience, 37*(40), 9603–9613. doi.org/10.1523/JNEUROSCI.3218-16.2017

Bowlby, J. (1969). *Attachment*. New York, NY: Basic Books.

Bowlby, J. (1988). *A secure base: Clinical applications of attachment theory*. London, England: Routledge.

Carter, R. (2009). *The human brain book*. New York, NY: DK Publishing.

Corey, G. (2012). *Theory and practice of counseling and psychotherapy*. Belmont, CA: Brooks/Cole.

Corey, G. (2017). *Theory and practice of counseling and psychotherapy* (10th ed.). Boston, MA: Cengage.

Cozolino, L. (2010). *The neuroscience of psychotherapy: Healing the social brain*. New York, NY: W. W. Norton & Company.

Cozolino, L. (2017). *The neuroscience of psychotherapy: Healing the social brain* (3rd ed.). New York, NY: W. W. Norton & Company.

Erikson, E. H. (1968). *Identity: Youth and crisis*. New York, NY: W. W. Norton & Company.

Jones, L. K. (2017). Neurophysiological development across the life span. In T. A. Field, L. K. Jones, & L. A. Russell-Chapin (Eds.) *Neurocounseling: Brain-based clinical approaches* (pp. 27–44). Alexandria, VA: American Counseling Association.

Koch, C., Massimini, M., Boly, M., & Tononi, G. (2016). Neural correlates of consciousness: progress and problems. *Nature Reviews Neuroscience, 17*(5), 307. doi:10.1038/nrn.2016.22

Kohut, H., & Elson, M. E. (1987). *The Kohut seminars on self-psychology and psychotherapy with adolescents and young adults*. New York, NY: W. W. Norton & Company.

Lane, R. D., Weihs, K. L., Herring, A., Hishaw, A., & Smith, R. (2015). Affective agnosia: Expansion of the alexithymia construct and a new opportunity to integrate and extend Freud's legacy. *Neuroscience & Biobehavioral Reviews, 55*, 594–611. doi.org/10.1016/j.neubiorev.2015.06.007

LeDoux, J. (2003). *Synaptic self: How our brains become who we are*. New York, NY: Penguin Books.

Libet, B. (1993). Unconscious cerebral initiative and the role of conscious will in voluntary action. In B. Libet (Ed.), *Neurophysiology of consciousness* (pp. 269–306). Boston, MA: Birkhäuser.

Libet, B. (2004). *Mind time: The temporal factor in consciousness*. Cambridge, MA: Harvard University Press.

Luborsky, E. B., O'Reilly-Landry, M., & Arlow, J. A. (2008). Psychoanalysis. In R. J. Corsini (Ed.), *Current psychotherapies* (8th ed., pp. 15–62). Belmont, CA: Thompson Brooks/Cole.

Mashour, G. A., & Hudetz, A. G. (2017). Bottom-up and top-down mechanisms of general anesthetics modulate different dimensions of consciousness. *Frontiers in Neural Circuits, 11*, 44. doi.org/10.3389/fncir.2017.00044

Messer, S. B., & Warren, C. S. (2001). Brief psychodynamic therapy. In R. J. Corsini (Ed.), *Handbook of innovative therapies* (2nd ed., pp. 67–85). New York, NY: Wiley.

Neukrug, E. (2018). *Counseling theory and practice* (2nd ed.). San Diego, CA: Cognella Academic

Publishing.
Perry, B. D. (2006). Applying principles of neurodevelopment to social work with maltreated and traumatized children: The neurosequential model of therapeutics. In N. Boyd (Ed.) *Working with traumatized youth in child welfare* (pp. 27-52). New York, NY: Guilford Press.
Prochaska, J. O., & Norcross, J. C. (2014). *Systems of psychotherapy: A transtheoretical analysis* (8th ed.). Belmont, CA: Cengage.
Ramachandran, V. S. (2000). Mirror neurons and imitation learning as the driving force behind "the great leap forward" in human evolution. *The Third Culture*. Retrieved from http://www.edge.org/3rd_culture/ramachandran/ramachandran_p1.html
Ramirez, S., Liu, X., Lin, P. A., Suh, J., Pignatelli, M., Redondo, R. L., … Tonegawa, S. (2013). Creating a false memory in the hippocampus. *Science, 341*(6144), 387-391.
Redekop, F. (2014). *Psychoanalytic approaches for counselors*. Thousand Oaks, CA: Sage.
Redekop, F., Luke, C., & Malone, F. (2017). From the couch to the chair: Applying psychoanalytic theory and practice in counseling. *Journal of Counseling & Development, 95*(1), 100-109. doi.org/10.1002/jcad.12121
Schacter, D. L., Chiao, J. Y., & Mitchell, J. P. (2003). The seven sins of memory: Implications for self. *Annals of the New York Academy of Sciences, 1001*(1), 226-239.
Schore, A. (2005). Attachment, affect regulation, and the developing right brain: Linking developmental neuroscience to pediatrics. *Pediatrics in Review, 26*(6), 204-217.
Schore, A. (2010). Relational trauma and the developing right brain: The neurobiology of broken attachment bonds. In T. Baradon (Ed.), *Relational trauma in infancy* (pp. 19-47). London, England: Routledge.
Schore, A. N. (2014). The right brain is dominant in psychotherapy. *Psychotherapy, 51*(3), 388. dx.doi.org/10.1037/a0037083
Searle, J. R. (2004). *Mind: A brief introduction*. Oxford, UK: Oxford University Press.
Searle, J. (2013). Theory of mind and Darwin's legacy. *Proceedings of the National Academy of Sciences, 110*(Supplement 2), 10343-10348.
Siegel, D. J. (2006). An interpersonal neurobiology approach to psychotherapy. *Psychiatric Annals, 36*(4), 248.
Siegel, D. J. (2015). *The developing mind: How relationships and the brain interact to shape who we are* (2nd ed.). New York, NY: Guilford.
Sommers-Flanagan, J., & Sommers-Flanagan, R. (2017). *Clinical interviewing* (6th ed.). Hoboken, NJ: John Wiley & Sons.
Sommers-Flanagan, J., & Sommers-Flanagan, R. (2018). *Counseling and psychotherapy theories in context and practice: Skills, strategies, and techniques*. Hoboken, NJ: John Wiley & Sons.
Storm, J. F., Boly, M., Casali, A. G., Massimini, M., Olcese, U., Pennartz, C. M., & Wilke, M. (2017). Consciousness regained: Disentangling mechanisms, brain systems, and behavioral responses. *Journal of Neuroscience, 37*(45), 10882-10893. DOI: doi.org/10.1523/JNEUROSCI.1838-17.2017
Twain, M. (1897). *Following the equator: A journey around the world*. Hartford, CT: American Publishing Co.
Weaver, I. C., Cervoni, N., Champagne, F. A., D'Alessio, A. C., Sharma, S., Seckl, J. R., … & Meaney, M. J. (2004). Epigenetic programming by maternal behavior. *Nature neuroscience, 7*(8), 847.

Zhang, T. Y., Labonté, B., Wen, X. L., Turecki, G., & Meaney, M. J. (2013). Epigenetic mechanisms for the early environmental regulation of hippocampal glucocorticoid receptor gene expression in rodents and humans. *Neuropsychopharmacology, 38*(1), 111.

CREDITS

CHAPTER 04

인지행동적 접근과 신경과학

도입 질문

- 당신은 스트레스를 받았을 때, 부정적 감정이나 사건이 일어났을 때 무엇을 하는가?
- 행동을 잘하기 위해 느끼는 방법을 바꾸는 것과 느끼는 것을 바꾸기 위해 더 잘 행동하는 것, 어느 것이 더 현실적인가? [나는 이 개념에 대해 오랜 수련 기간 동안 생각했었는데 이런 생각으로 이끌어 준 석사 과정의 교수님인 Allan McKechnie에게 큰 빚이 있다.]
- 사람들은 자신들이 말하는 것과는 다르게 실제로 원하는 것을 어떻게 드러내는가?
- 당신이 행동을 경험할 때 그 경험의 직전과 직후에 무엇이 나타나는가?

DaNeta

DaNeta는 53세로 양극성 장애와 관련된 증상으로 치료받는 외래환자이다. 무엇보다 그녀는 대부분의 감정 폭발이 22년간 함께 살아온 남편에게 향해 있는 것을 우려하고 있다. 자신이 안정되어 있을 때는 감히 생각할 수 없는 분노에 찬 말을 남편에게 퍼부으면서 말로써 마구 때리는 것 같다고 묘사한다. 보통 그녀는 물건을 던질 만큼 흥분하게 되는데, 남편이 제지하려고 할 때는 위협을 느껴서 더 폭력적으로 되어 할퀴고, 긁고, 때리고, 차는 일이 몇 번 있었다. 그녀는 조증 상태로부터 진정되었을 때 후회되는 감정을 토로하는데, 이 한없이 가라앉는 우울 상태는 최대 2, 3주 동안 지속된다. 이 기간 동안 그녀는 침대에 누워 있거나 방에만 있고, 식사를 하거나 화장실을 사용해야 할 때만 나온다. 가장 최근의 기분과 행동의 변화는 전형적인 자살 생각으로 이어져 수면제 과다복용을 하였다. 그녀는 4일 동안 입원한 후 2주간 집중 외래치료를 받았다. 그녀는 대처기술을 많이 배웠고, 자신의 분노와 우울증에 대해 통찰력을 얻었지만 그보다 더 많은 것을 삶에서 원한다고 보고한다.

문화적 고려사항

행동 및 인지행동 접근법의 발전은 다양한 문화적 관점을 개인에게 적용함에 있어 문화적 민감성을 증가시켰다(Corey,

2017). 하지만 이 절의 목적은 신경과학의 통합을 고려할 때 이러한 접근 방식과 관련된 위험을 강조하기 위한 것이다. 때때로 인지행동 상담자들은 전문가 역할을 선택하는데, 내담자와 합리적이고, 생산적이며 기능적인(역기능과 반대로) 생각과 행동을 하도록 조정해 나가는 작업을 한다. 하지만 이러한 방법은 내담자로 하여금 자신들이 경험해 온 바에 의하면 지극히 자연스러운 것임에도 불구하고, 합리적이고 생산적으로 살지 않는다고 비난받는 것처럼 느끼게 할 수 있는데, 이것은 한계 상황에서 살아온 내담자들에게 억압이 될 수 있다(Sommers-Flanagan & Sommers-Flanagan, 2017). 이러한 의도하지 않은 위해의 가능성은 상담자가 신경생물학적 개념화를 사용할 때 악화될 수 있다(Field, Beeson, & Jones, 2015; neuroscience-informed CBT 참고). 신경과학 언어와 개념의 통합은 일종의 신비감을 수반하는데, 이 장에서 기술된 직접적인 접근법과 결합될 때 사려깊게 활용되어야 할 것이다.

도입

> 행동 과학이 지나치게 단순하고 순진하다고 말하는 사람들은 대개 과학에 대해 지나치게 단순하고 순진한 지식을 가지고 있으며, 행동 과학이 말하고 있는 것이 사소한 것이거나 이미 다 아는 사실이라고 주장하는 사람들은 대개 그 실제의 성취에 익숙하지 않다.
>
> – B. F. Skinner(1974, p. 230)

행동주의와 행동 지향적 접근법은 흔히 환원주의로 활용됨으로써 오해와 오용의 소지가 있다. 이것은 일반적인 경우에도 그렇지만, 특히 소외되고 잘 드러나지 않는 집단에 대해서는 더욱 그러하다. 이러한 '과민하고 순진한' 접근법은 내담자로 하여금 단순히 그들의 행동이나 생각을 바꾸도록 격려할 수 있다. 결국 내담자의 감정은 별 가치가 없거나 비합리적인 사고의 결과물이 되는 것이다. 그러나 억압, 소외, 노골적인 학대의 폐해를 직접 경험한 개인과 집단에게 그 결과로 나타나는 많은 생각과 감정들은 어쩌면 합리적이고 당연한 것이다. 일부 사람들은 환경을 바꾸면 된다는 이야기를 할지도 모른다. 하지만 많은 내담자들은 이 환경을 벗어날 방법이 없다. 따라서 이러한 접근에 대한 정교한 이해를 통하여 개인을 비하하고 경험을 평가절하하는 것을 방지하고 지지하는 역할을 하게 할 수 있을 것이다. 깊이 있는 수준의 자기 대화는 자신을 하찮은 존재로 생각하고 있는 내담자들에게 단순히 그들이 지닌 '비관적이고 부정적인 생각(stinking thinking)'을 바꾸는 것이 아니라 깨달음과 치유를 통해 억압된 내면에 도전하게 한다. 이 장에서 보게 되겠지만, 메타가소성(metaplasticity)의 개념은(Yee, Hsu, & Chen, 2017) 뉴런의 역사와 그 역사가 향후 안정적이고 유연한 연결을 통해서 기능에 미치는 영향을 기술하고 있다. 이것은 또한 상담을 받고 있는 소외 집단의 경험에 대한 비유일 수도 있다. 그들의 역사가 어떻게 현재 인식과 행동에 영향을 주었고, 이것은 어떻게 간주될 수 있을까? 이 장을 읽을 때, 행동적 접근방식이 소수자들을 더욱 괴롭히는 동시에 다수자 지위에 있는 개인을 자유롭게 할 수 있음을 유의해야 한다.

행동이 중요하다

만약 당신이 이 장에서 다른 어떤 것도 얻어 가지 못한다고 해도 이 하나의 진실만을 명심해라. 행동이 중요하다!(Luke & Redekop, 2019) 내담자의 말에 속기 쉬운 것은, 내담자가 의도적으로 기만하기 때문이 아니라, 말로써 주고받는 것은 종종 신뢰할 수 없는 의사소통 방식이기 때문이다. 반면에, 행동은 다른 사람과 스스로에게 감추는 것은 어려울 수 있다. 1장에 제시된 이론적 체계를 고려해서, 사고와 느낌과 행동의 관계를 다시 한번 살펴보자. 여러분 중 많은 분들이 그러하겠지만 나는 집단 상담을 이끌 때, 집단 내의 행동에 세심한 주의를 기울인다. 왜냐하면 행동은 종종 집단 구성원들 사이에 무슨 일이 일어나고 있는지를 훨씬 더 잘 보여 주는 지표이기 때문이다.

가장 쉽고 직접적으로 측정된다고 추측할 수 있는 것은 무엇인가? 우리는 생각과 감정에 대한 내담자 보고를 측정할 수 있지만, 그것들은 직접 관찰하기 어렵다. 또한 사고나 느낌은 관련된 지표를 관찰할 수 있지만, 행동은 직접적으로 관찰될 수 있다. 이것은 절대 행동이 사고나 느낌보다 중요하다는 것을 의미하는 것은 아니다. 각각은 상담에서 전혀 다른 역할을 하고, 따라서 서로 융합되거나 상호 교환이 가능한 것으로 간주되어서는 안 된다.

〈표 4-1〉에는 현대 인지행동 접근법, 특히 마음챙김 알아차림(mindful awareness)을 포함하는 소위 행동치료의 제3의 물결과 관련된 주요 특징들이 요약되어 있다. 이러한 개념들은 뉴런과의 상관관계나 현상과 연결되는데, 상담자는 치료 시 이를 적용할 수 있을 것이다. 첫 번째 예에서 Hebbian 가소성(Yee et al., 2017)은 행동과 뇌 변화의 관계를 설명하고, 동시에 항상성까지 설명한다. 즉, "Hebbian 가소성은 연상 학습의 시냅스적 기초

를 제공하는 반면, 항상성 가소성은 네트워크 활동을 안정시키는 역할을 한다."(p. 1) 이것은 두뇌가 부분적으로는 개인의 필요와 환경에 대응하여 변화하고 같은 상태를 유지하도록 설계되었음을 나타낸다. 이러한 변화는 새로운 뉴런 성장(즉, 뉴런 생성)이나 새로운 뉴런 연결(즉, 시냅스 생성)의 결과로 발생할 수 있으며, 이것을 함께 신경가소성이라고 한다(Sweatt, 2016). 행동적 관점에서 이러한 신경 변화는 고전적 조건화 과정[즉, 연합 또는 쌍 학습(associative or paired learning)] 및 조작적 조건화 과정(즉, 우발적이거나 강화를 통한 도구적 학습)에서 비롯된다.

〈표 4-1〉의 세 번째 행은 뇌의 논리적 과정(흔히 좌뇌에 기인함)과 더 창의적이고 풍부한 상상력의 과정(흔히 우뇌에 기인함) 사이의 관계를 강조한다. 급진적 행동주의와 고전적 CBT는 오랫동안 정서적, 우뇌적 과정을 환경적 단서(급진적 행동주의)나 인지적 과정(CBT)으로 종속시켜 왔다. 그러나 CBT 접근법[예: REBT, 수용전념치료(ACT), 변증법적 행동치료(DBT), 명상 기반 인지 치료(MBCT)] 및 새로운 신경과학에 정통한 접근법(예: n-CBT; Field et al., 2015)의 최근 발전은 효과적인 행동 관리에서 있어 정서와 창의성의 가치를 조명했다. 게다가, 이러한 새로운 행동치료의 제3의 물결은 감정을 관리하고 건강한 선택을 하는 데 있어서 언어, 주의, 직접적 인식의 역할을 강조하였다. 〈표 4-1〉에 요약된 과정은 이 장에서 자세히 설명될 것이다. 신경과학에서 가장 중요한 발견 중 하나는, 사실 그렇게 새로운 것은 아니지만, 그 영향들이 오늘날에도 계속해서 밝혀지고 있다는 점이다. 잠시 DaNeta로 돌아가자.

〈표 4-1〉 행동 개념 지도

행동적 요소	신경학적 개념	치료적 가치
고전적 조건화: 연합학습(조건과 자극이 짝 지어짐)은 자기 패배적이고 변화에 저항하는 행동을 고착화한다.	**신경가소성의 특정 형태로서 Hebb의 법칙**: '함께 발화하는 뉴런들은 함께 연결된다.' 학습에 상응하는 뇌의 생화학적 변화	어떻게 우리가 제한된 가치나 증거를 연관시켜 부적응적인 행동 패턴에 갇히는지 설명한다.
조작적 조건화와 사회인지치료: 선행사건과 결과를 관리함으로써 새로운 방법으로 행동하는 것을 재학습하는 도구적 학습		변화는 가능하다: 신경학적인 수준에서 무엇이 진행되고 행동 후에 무엇이 진행되고 따르는지 탐색을 통해서.
합리적 정서행동치료: 무엇이 의사결정에 영향을 미치는가?	**좌뇌 및 우뇌 처리**: 논리(합리성) 대 창의성(정서)	정서는 실제지만 반드시 실제를 나타내는 것은 아니다. 내담자의 관점을 존중하면서 자신의 관점에 도전할 수 있도록 초대하는 것이 중요하다.

SLT: (Bandura, 1982) 종종 공감의 신경적 기초, 정확하게는 모방과 사회적 모델링의 신경적 기초를 제시했다.	**거울 뉴런/거울 시스템**	인간은 관찰을 통해 학습한다. 그래서 이것은 우연적 학습과 의도적 학습에 대한 질문을 제기한다.
마음챙김과 수용: 불편한 정서경험을 바꾸려 하지 않고 알아차리기	**뇌 속의 언어와 주의집중:** 암묵적인 것에서 명시적인 것으로의 기억과 알아차림의 이동	행동은 의식적으로 변화될 수 있기 전에 먼저 인식되어야 한다(급진적 행동주의로 부터 변화됨).
WDEP 현실치료: 소망 파악, 행동하기, 평가, 계획		당신이 하고 있는 일이 당신이 실제로 원하는 것을 어떻게 드러내는가?

상담회기 내 행동주의적 접근

DaNeta 사례 계속 내담자와의 신뢰관계 형성 이후 상담자는 진단 자체보다는 문제행동에 관심을 갖고 집중한다. 상담자는 DaNeta에게 (1) 이러한 진단을 내리게 만들었을 수도 있는, 그리고 (2) 문제의 원인이 되는 구체적인 행동에 대해 질문한다.

- 신경과학에 대해 알고 있고, 행동주의 제3의 물결에 속하는 접근법을 취하는 상담자가 제기할 수 있는 질문은 무엇인가? 이 상담자는 어떻게 진행하겠는가?
- DaNeta의 행동의 선행사건과 결과는 무엇인가?
- 선행사건과 관련하여 DaNeta의 기분이 고조되고 행동이 확대되기 직전 환경에서 어떤 일이 벌어지는가?
- 결과와 관련하여 극단적인 행동, 폭발과 우울의 철회 직후에 환경에서 어떤 일이 벌어지는가?

신경가소성과 메타가소성

1970년대 후반 Eric Kandel은 Aplysia californica 연구에서 행동의 기저에 있는 분자 변화를 설명하였다(Kandel, 1976; Willows, 1971 참조). 뇌는 변화하고, 분자 수준과 행동 수준 모두에서 다양한 이유와 방법으로 변화한다. 뇌 자체는 다른 과정들을 통해서도 변화하지만, 우선 CBT 관점에서 변화를 이해하는 것이 유용할 수 있다. 신경가소성(Sweatt, 2016)은 뇌의 변화를 묘사하는 데 가장 많이 사용되는 용어로 '경험의 결과로 뉴런이나 뇌 영역 사이의 구조적인 상호 연결의 변화 또는 기존 회로의 수정'을 말한다(De Raedt, 2006; Makinson & Young, 1996). 이것은 흥미진진하지만, 다른 많은 사람들처럼 당신은 뇌 속의 분자와 인간의 행동 사이의 연관성이 어떻게 치료적 변화를 더 쉽게 또는 더 빨리 만드는지를 설명하지 못하는 것에 실망할지도 모른다. 이것이 통합 작업에서 우리가 만나게 되는 어려움이다. 그럼에도 불구하고 상담에서 이러한 정보를 활용하여 성장을 촉진하도록 하는 방법이 있다.

행동주의와 Hebb

엄격한 인본주의적 관점에서 상담자들은 내담자들을 행동과 분리하여 하나의 개인으로서 내담자의 가치를 다룬다. 이것은 다음 장에서 다룰 것이다. 신경학적 관점에서 보면 우리는 반복적으로 하는 것이 있다(Yee et al., 2017). 실질적으로 그리고 신경학적으로 말하면, 행동은 의미 있고, 신경과학은 이러한 주장을 뒷받침한다. 1940년대 말과 1950년대 초, 신경과학자 Donald Hebb은 뉴런의 의사소통 현상에 대해 설명하였는데, 뉴런 네트워크의 발화하는 패턴은 같은 뉴런 네트워크의 후속되는 발화의 가능성을 증가시킨다는 것이다(Hebb, 1949). 즉, 함께 발화하는 뉴런들은 함께 엮인다. 분리해서 발화하는 뉴런은 따로 연결된다(사용하거나 사용하지 않거나). 이 간단한 구절은 Hebb의 법칙 또는 Hebb의 규칙으로 알려지게 되었다. 그것은 또한 신경과학에서 사용하거나 사용하지 않게 되는 원리를 나타낸다. 더 자주 사용되는 회로는 강화된다(더 많은 시스템 자원이 제공된다). 반면, 사용되지 않는 회로는 자원을 잃고 그 자원은 재분배된다. 이러한 반복적인 뉴런 발화의 패턴은 뉴런 네트워크를 만들어 낸다. 수천 개의 뉴런들 사이에서 발화하여 특정 행동을 유도하는 행동 가능성을 만들어 내는 시스템이다([그림 4-1]과 [그림 4-2]).

상담에 적용될 수 있는 Hebbian 가소성의 함의와 관련하여, 몇 가지 핵심 정보들을 염두에 두는 것이 중요하다. 뉴런이 다른 세포로부터 입력을 받거나 함께 발화하는 수많은 뉴런이 변화를 일으킨다고 하는 것만으로는 충분하지 않다. 뉴런 선호도 또는 특권에 따라 일부 세포는 다른 세포보다 더 잘 받아들인다(Cossell et al., 2015; Holtmaat & Caroni, 2016). 이 시냅스 가중치는 수천 개의 입력을 받았음에도 불구하고 어떻게 충분한 강도와 빈도를 가진 신호만이 신호 전송에 영향을 미칠 수 있는지를 강조한다. 세포 기능에 대해 자세히 설명하는 것은 여기서 범위를 벗어나고, 모든 뉴런의 메시지가 동일한 주목을 받는

세포	1. 신경망과 행동 연결: 그렇게 단순하지는 않은 단순한 모델 E. Kandel, T. Carew, J. Byrne, D. Alkon 2. 신경망 비판자, 신경 이미지 그리고 다중기억시스템: 포유류의 가소성에 대한 해부학적 특징 R. Thompson, J. LeDoux, J. McGaugh, D. Linden, M. Ito, L. Squire, L. Swanson 3. 생체실험 연구: '장소(place)' 세포의 단일 단위 연구 J. O'Keefe, M.B. Moser, E. Moser, H. Eichenbaum
시냅틱	4. 장기 잠재력 T. Bliss, T. Lomo, P. Anderson, R. Morris 5. NMDA 수용체: 다중 우발성 동시 발생 탐지기 G. Collingridge, P. Guthrie, A. Prochiantz 6. 가소성 유도의 후방 전파 작용 잠재력 및 정밀도 타이밍 D. Johnston, B. Sakman, M-M.Poo, N. Spruston 7. Hebb을 넘어서: 가소성의 항상성, 고유 특성 및 기억 안정화 E. Marder, L. Abbott, G. Turrigiano, S. Nelson 8. 의사결정과 약물 중독 E. Nestler, W. Schultz, T. Robbins, A. Graybiel 9. 신경발달적 가소성 및 활동에 따른 신경망 세분화 C. Shatz, M. Merzenich, M. Stryker
분자	10. 신경막을 통한 생화학적 신호 전달 P. Greengard, A. Karlsson, J. Schwartz 11. 유전자 행동 제어 S. Benzer, Y. Dudai, T. Tully, H. Bellen, R. Davis 12. 전사 및 변형 규제의 가소성 Ri. Tsien, B. Agranoff, S. Warren, E. Klann, E. Kandel, P. Dash, T. O'Dell, A. Silva 13. 자기 영속적인 생화학 반응 F. Crick, M. Kennedy, J. Lisman, J. Schwartz, A. Silva, S. Tonegawa 14. 행동 후생유전학의 새로운 하위 분야 D. Sweatt, M. Meaney, E. Nestler, L-H. Tsai, E. (T) Abel 15. 인간 질병 유전자와 행동 교란의 신경생물학적 메커니즘 H. Zoghbi, U. Bellugi, A. Silva, D. Sweatt, S. Warren, M. Bear, K. Huber

[그림 4-1] 유형별 신경가소성의 발전: 신경가소성과 행동의 60년간의 개념적 발전(Sweatt, 2016, p. 180)

것은 아니라는 것을 임상에 적용하여 이해하는 것으로 충분하다. 다시 말하면, Hebbian 가소성에 대한 최신의 이해는 뉴런이 단순히 함께 발화하는 것이 아니라는 인식을 포함하고 있다. 어떤 뉴런들은 다른 뉴런들보다 더 자주, 더 강하게 발화하거나 일반적으로 더 많이 선호된다는 것이다. 같은 방법으로, 어떤 사고나 정서는 개인에게 선호된다. 예를 들어, 부정적인 자기 대화(아마도 선호되는)를 더 적응적이지만 덜 신뢰되는 자기 대화로 대체하는 것은 효과적이지 않을 수 있다. 무엇이 신경 선호도를 생성하고 이러한 선호 네트워크/연결은 어떻게 변경될 수 있는가?

2장에서 Sandrine과 함께 작업할 때의 점토 유비법(clay analogy)를 떠올려 보라. Hebb의 법칙은 뉴런 네트워크가 특정한 생각이나 행동 패턴에 반응하여 발화하는데, 이는 뉴

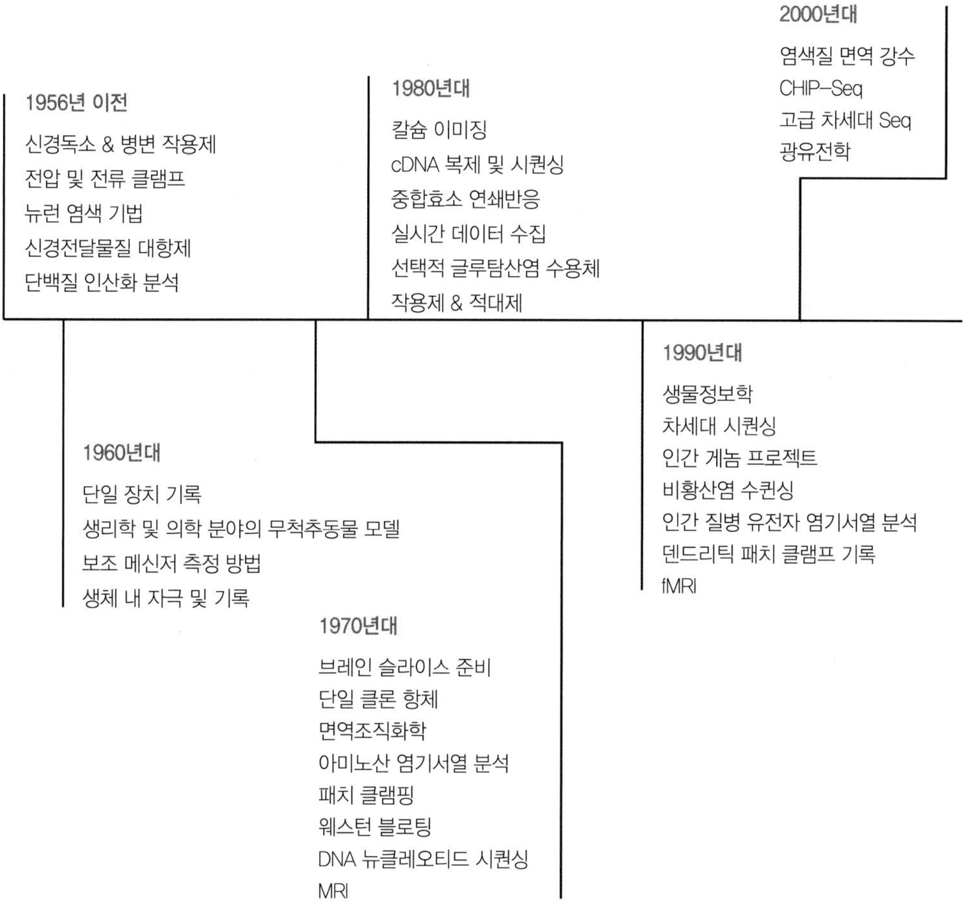

[그림 4-2] 시대별 신경가소성 발전: 가능하게 한 기술 발전의 타임라인. 모든 날짜는 대략적이며, 초기 개발에서와 달리 광범위하게 적용됨(Sweat, 2016, p. 181)

런 네트워크에서 반복되는 정도와 리허설의 양에 비례하여 강화된다는 것을 의미한다. 여기에는 두 가지 원칙이 작용하고 있다. 전형적인 뇌는 효율적으로, 사용되지 않는 네트워크와 시냅스를 제거한다(가지치기를 위해 필요 없는 부분이 어느 정도인지는 아직 결정되지 않았다). 따라서 뇌는 보다 효율적인 구조와 기능을 형성해서 행동적 · 환경적 단서에 반응한다. 그 결과로 우리 두뇌는 일상적인 처리 과정을 배경으로 처리할 수 있는데, 이것은 특정 작업을 더 쉽게 탐색할 수 있게 한다. 이러한 기능은 신경학적으로 고착화된 행동이나 사고 과정을 바꾸려고 할 때 문제가 된다.

나중에 이런 것들을 신경학적 관점에서 변화시킬 수 있다는 희망을 이야기하겠지만 우선 Hebb의 규칙과 행동주의의 연관성을 좀 더 자세히 살펴보자. Luke와 Redekop(2014)는 전반적인 행동주의 접근, 특히 행동주의의 발달을 요약하고 있다. 여기서 몇 가지를 살펴보도록 하자.

고전적 조건화

고전적 조건화는 자극과 반응의 연합을 이야기하는데, 이는 적어도 고전적 의미에서는 행동주의의 기초가 된다. Ivan Pavlov는 처음으로 다양한 동물들에게 있어 자극과 반응이 연합하는 힘을 보여 주었다. 사실 Pavlov에게 있어서 학습과 문제에 대한 모든 행동 반응은 본질적으로 연쇄적인 조건반사이다(Pavlov, 1927). 인간의 경우, 자극, 선행사건, 환경적 단서를 반응과 연결함으로써 행동을 훈련하는 방식으로 작동한다. 이와 같이 자극이 반응과 짝을 이룰 때마다 신경망이 강화되어 다시 같은 방식으로 연결될 가능성이 높아진다. 이것은 의식적 과정도 아니고 무의식적 과정도 아니다. 행동주의자들, 특히 초기의 행동주의자들은 의식의 존재를 인정하지 않았고, 현재 우리가 받아들이고 있는 마음의 존재도 인정하지 않았다. George Kelly(1955, 아마도 최초의 현대 인지심리학자), Alfred Adler(비록 대부분의 경우 정신역동적 모델로 받아들여지지만), Albert Ellis(REBT, 이 장 후반부에서 논의), Aaron Beck(인지치료), 그리고 기타 인지행동지향적 이론가들은 의식적 사고의 개념이 행동적 접근방식이 반사적인 행동의 인식에서 벗어나기 시작했다는 것과 결부된다고 소개했다.

고전적 조건화는 Hebb의 규칙과 관련이 있는데, 자극에 대한 반복된 노출과 짝지어진 반응이 어떻게 세포(뉴런) 수준에서 '반사신경(reflexes)'을 만들어 내는지를 이해하는 데 도움이 된다. 우리가 여기서 반응을 일으키기 위해 다른 뉴런과 함께 발화하는 하나의 뉴런에 대해 말하는 것이 아니라는 점을 상기하라. 1만 개 정도로 많은 뉴런이 동시에 발화해야 행동 잠재력(action potential), 즉 신경전달물질의 방출을 자극하기 위해 축색돌기 아래로 이동하는 전기적 충동이 생긴다(Schwartz & Begley, 2002). 그래서 신경학적 수준에서 고착된 행동에 대해 이야기할 때, 우리는 말 그대로 그리고 상징적으로 움직임을 만들기 위해 서로 협력하는 낭비적인 뉴런 네트워크에 대해 이야기하고 있다. 왜냐하면 자극과 반응의 많은 연결들이 의식 밖에서 일어나기 때문에, 이는 은유적으로는 뇌에 상처를 만들면서 꽤 오랫동안 악화되도록 그냥 내버려져 있을 수 있다는 것을 의미한다. 앞서 언급한 대로 의식적인 인지적 입력 없이, 심지어는 동의 없이 이러한 과정이 배경에서 작동하기 때문에 우리는 효과적으로 행동할 수 있다. 10장의 물질사용장애 치료를 다루면서 더 자세히 논의하겠지만 내담자의 약물 선택과 관련하는 것들이 이러한 배경 과정에서 나타난다. 예를 들어, 내담자들이 정상적인 상태(말 그대로 신경학적으로가 아니라)에 있을 때 약물이 자신의 삶과 기능에 미치는 영향을 알고 있지만, 산만해졌을 때 내담자들은 '나는 원한다'는 것 이상을 실제로 생각하지 않고 물질을 위해 움직이는 경향이 훨씬 더 많은 것으로 나타난다. 만일 '사용 행동'이 그들의 생존에 필수적이라면(특정 시기에 주장할 수 있는), 자동화된 배경 반사를 하는 것이 적응적 목적에 도움이 될 것이다. 사실, 내담자가 정직해진다면 이러한 행동은 생존에 필수적인 것은 아닐 것이다. 그럼에도 불구하고, 뇌에서 일어난 반복된 짝짓기를 바탕으로 '반사(reflex)'가 자동화되거나 또는 적어도 자극이 자동화된다.

상담회기 내 고전적 조건화 접근

DaNeta 사례 계속 인터뷰를 하면서 상담자는 DaNeta의 최근 폭발의 전조에 대해 DaNeta에게 물어본다. 이러한 질문은 DaNeta에게 신선하게 느껴지는데, 부정적인 행동을 유발하는 것 같은 단서인 '트리거(triggers)'를 주로 다루기 때문이다. 많은 치료 개입은 트리거에 대한 '대처'에 초점을 맞추지만, 신경학적 측면을 잘 알고 있는 상담자는 트리거와 대처 방법을 이야기하면서 DaNeta의 정서, 말, 신체언어에 조응한다. 상담자는 여기서 작업하는 트리거가 시간이 지남에 따라 내담자의 남편과의 관계와 상호작용의 질과 관련하여 더욱 강화된다는 점에 주목한다. 본질적으로 DaNeta는 '남편은 내 말을 듣지 않고 진정으로 나를 이해하지 못한다.'고 드러낸다. 이로 인해 그녀는 '단절감' '외로움' '공허함' 등의 감정을 갖게 된다. 행동주의 상담자는 이러한 감정들에 크게 관심을 두지 않지만, 그럼에도 불구하고 이러한 감정들이 내담자들에게 중요하기 때문에 우리에게는 중요하다. 그러나 우리의 초점은 DaNeta

가 단절감, 외로움, 공허함을 느끼지 않기 위해 사용하는 행동에 맞춰질 것이다. 그녀는 무엇을 하는가? "아무것도 안 한다."는 것이 거의 즉각적인 대답이다.

여기에서 검토되는 동안 점점 더 명백해지겠지만, 이것은 DaNeta를 비롯한 많은 내담자들의 반응이다. 때때로 내담자들은 자신의 뇌가 이러한 자동적인 듯한 반응들로 제한되어 있음에도 이것이 진실이라고 믿을 것이다. 뇌가 효율성의 모습을 가진다는 것을 상기해 보라. 한동안 사용하지 않는 시냅스는 가지치기하고 자주 사용하는 시냅스를 강화시킨다(Hebb의 법칙).

반응은 제한적일 것이며 내담자는 도전받을 것이다. 하지만 행동적 접근법에서와 같이 신경-인지적-교육적 관점에서, DaNeta의 상담자는 그녀가 하는 반응의 본질과 그것이 어떻게 자동적이 되었는지에 대한 피드백을 줄 것이다. 그러고 나서 상담자는 그녀를 다시 시도해 보도록 초대한다. [내가 좋아하는 접근법은 내담자가 "아무것도 아니다." 또는 "모른다."로 대답할 때 간단히 "글쎄, 알고 있다면 뭐라고 대답할 건가요?"라고 묻는 것이다. 믿거나 말거나, 나는 내담자가 '모르는' 것을 고집하는 것을 본 적이 없다고 생각한다. 내담자들은 항상 반응을 만들어 낼 수 있다!] 교류가 계속되면서 DaNeta가 사실상 뭔가를 한다는 것이 분명해진다. 그녀는 속으로 말을 쑤셔 넣고, 감정을 삼키며, 다음과 같은 자기 진술을 반복하기 시작한다. "싸울 가치도 없어." "그는 절대 변하지 않을 거야." "필요한 것을 충족시킬 수가 없어." 이는 "나는 남편의 또는 그 누구의 사랑도 받을 자격이 없다."는 보다 핵심적인 믿음으로 이어진다. '아무것도 아닌 것'은커녕, 이 과정은 화포에 화약을 싣고 퓨즈에 불이 붙을 때까지 가연성 물질을 포장하는 것과 같다. DaNeta의 뇌는 수년간의 이 과정을 통해 자신의 욕구를 표현하기 위해 남편에게 접근하기보다는, 이러한 충돌에 대한 자신의 몸의 자동적인 반응을 철수(도주)의 신호로 연결시키기 시작했다. DaNeta는 남편에게 화가 나더라도 위험이 너무 많기 때문에 그것에 대해 말하지 말아야 한다고 뇌에 가르쳐 왔다. 그러 때마다 '화포를 장전한다'. 그 결과, 피로감, 정서적 소진, 또는 날것의 '신경'이 노출될 때, 그 순간 충동적이고, 반응적이며, 조증처럼 격노하는 행동을 하게 된다. 실제로, 이것은 몇 주 동안, 그리고 욕구가 억압되는 동안 패배적인 자기 대화와 절망적 상황이라는 인식으로 인해 만들어지고 있다. 이러한 관계, 대화 패턴, 그녀의 부인과 관련된 뉴런 네트워크가 효율적으로 작용하도록 정비되고, 다른 문제 해결 네트워크들은 가치치기되어 DaNeta는 중뇌 밖에서 보다 효율적으로 운용할 수 있게 된다.

조작적 조건화

그 자체만으로는 Hebb의 법칙은 결정론적이고 조금 절망적이라고 느낄 수 있다. 그러나 신경과학은 반론을 제시한다. 첫째, Albert Bandura(1986, pp. 18-21)가 변화의 국면을 마련한다. 그는 인간의 선택 능력에 있어 다섯 가지 '역량(capabilities)'을 식별하였는데, 이는 상담자들에게 그리고 행동주의와 신경과학의 통합에 필수적이다(Luke & Redekop, 2019년 요약).

- **상징역량**(symbolizing capabilities): 초기 행동주의에서 추정된 시행착오 학습과 대조적으로, 인간은 언어를 사용하여 행동과 환경을 상징적으로 나타낼 수 있는 능력이 있다. Bandura는 이 능력이 환경을 변화시키고 또 적응하는 데 핵심적인 역할을 하는 것으로 본다(행동주의의 반결정론적 관점에 있어서의 핵심). 기본적으로 이 상징 역량은 환경 요인에 기초한 행동의 잠재적 결과에 대한 실제 가설을 시험해 볼 수 있도록 한다. 이것은 완벽한 시스템(foolproof system)은 아니다. 인간도 비합리적으로 시나리오를 개념화하고 잘못된 추론에 근거하여 행동에 대한 결정을 내리게 되고, 비효과적이거나 해로운 행동을 하게 되기 때문이다. 실제적으로, 상담은 DaNeta와 같은 내담자들에게 현재의 과정을 시각화한 다음에 좀 더 적응적이 되도록 도움을 줄 수 있다.
- **사전숙고 역량**(forethought capabilities): Bandura의 SLT(1977)와 이후의 학습 사회인지 이론(SCT)(1986)의 가장 강력하고 구별되는 특징 중 하나로, 행동과 환경 사이에 인지가 가지는 또는 인지가 가질 수 있는 매개 요소이다. 많은 개인들, 어쩌면 모든 개인들이 때로는 의식적인 생각 없이 충동적으로 행동할 것이 분명하지만, 우리는 환경에 대해 무차별적으로 무조건 반응하지는 않는다. 사전숙고—인지 역량—는 우리가 행동을 하기 전에 다양한 선택지를 구분하고 선택할 수 있게 한다. 그것은 미래의 행동과 그 잠재적 결과를 예상할 수 있는 확장된 상징적 역량에 기초한다. 예를 들어, DaNeta는 과거 행동에도 불구하고 환경에 따라 생각 없이 반응하는 존재가 아니다. 인지(cognition)가 허용된다면 환경-행동 연결을 매개한다.
- **대리 역량**(vicarious capabilities): 이 개념은 신경과학 연구결과로, 보다 구체적으로는 거울 뉴런 시스템에 의해 현재 굉장한 주목을 받고 있다(Ramachandran, 2012). 인간은 진공 상태에서 학습하거나 시행착오만으로 학습을 하는 것이 아니라, 소위 관찰 또는 대리 학습(Bandura, 1977, 1986)으로서 다른 사람을 통하여 학습할 수 있다. 이 대리 역량은 인간이 "지겨운 시행착오를 통해 행동 패턴을 점진적으로 형성할 필요 없이 관찰을 통해 학습하고 행동 패턴을 생성 및 규제하는 규칙을 획득할 수 있게 한다." (Bandura, 1986, p. 19)고 한다. 이것은 우리가 오랫동안 해왔던 학습 관점의 큰 변화를 가져왔다. Bandura는 복잡한 학습은 행동의 사전 모델링에 의해서만 수행될 수 있다고 주장한다(이는 상담자와 상담에 대한 엄청난 함의를 가짐). 상담회기 내에 DaNeta와

함께 하는 역할극은 환경 단서에 대한 반응을 바꾸도록 그녀의 두뇌를 재구성하는 데 도움을 줄 것이다.

- **자기조절 역량**(self-regulatory capabilities): 다시 한번, 행동 형성에 있어 엄격한 조작적 요소와는 대조적으로, 자기조절은 인간으로 하여금 맥락 안에서 자신의 수행 행동을 관찰할 수 있도록 한다. 이를 바탕으로 환경을 형성하는 것뿐만 아니라 자신의 성과에 대한 기대치를 수정한다. 이는 자기효능감, 결과 기대감, 자존감(Bandura는 이 용어를 사용하지 않을 것 같지만) 등에 막대한 영향을 미친다. 성공적인 행동에 기여하는 것은 인지-정서적 처리 과정으로, 부분적으로 환경과 개인적 요인에 의해 결정되며, 가장 중요하게는 자신의 상호작용에 관한 개인의 생각에 의해 결정된다(이것에 대해서는 자기효능감에 대해 논의하면서 더 설명할 예정임). 많은 내담자들이 스스로를 불운하고 무력한 상황(환경)의 피해자들로 느끼며 상담에 온다. 상담에서는 DaNeta가 스스로 힘이 북돋아진다고 느낄 수 있는 시간과 방법을 인식하는 것을 도울 것이다.
- **자기숙고 역량**(self-reflective capabilities): 여기에서 Bandura는 정확하게 이 용어는 아니지만 메타인지의 개념을 소개한다. 인간은 자신의 행동과 환경뿐만 아니라 자신의 사고에 대해서도 생각할 수 있는 능력이 있다. 특히 이러한 구조들이 짝지어져서 상호 강화(호환)되기 때문에 후속 사고, 행동 및 환경 영향을 변형할 수 있게 된다. 이것은 자기효능감이 행동을 결정하는 데 가장 큰 비중을 둔다는 것이 핵심이다. 즉, 과업 수행 능력에 대한 믿음이 증가할수록 행동이 일어날 가능성을 증가시킨다. 상담자는 DaNeta와 상담할 때 무슨 작업을 하든 그녀에게 무엇이 효과가 있고, 무엇이 효과가 없으며, 가능한 이유가 무엇인지에 대하여 스스로 피드백하고 성찰하도록 할 것이다.

이 다섯 가지 역량은 사고, 감정, 행동, 환경에 대한 진정한 존중과 더불어 행동과 비교하여 인지나 정서를 격하시키지 않으면서 행동주의를 현대로 건너갈 수 있게 하는 가교 역할을 한다. 게다가 '순수한' 환경과 행동에 대한 한계를 인정하면서도 변화와 자기 결정과 관련된 인간만의 독특한 역량을 설정한다.

조작적 조건화는 고전적 조건화의 자연스러운 연장선상에 있는데, 앞서 암시했던 신경과학의 변화에 대한 희망을 우리에게 소개함으로써 훈련된 반사 작용의 관점을 확장시킨다. 조작적 조건화는 Skinner의 작업과 저술(1938, 1974)를 통해 상당히 진전되었는데 고전적 조건화에서 말하는 자극과 반응의 연합을 강조하는 것에서 선행조건과 결과의 영역을 추가한다. 이것이 실질적으로 의미하는 것은 단지 짝지어진 것이나 반사 작용을 이끄는 행동 직전에 오는 사건(선행사건)을 살펴보는 대신, 조작적 조건화는 선행사건과 따르는 결과 모두를 고려한다는 점이다. 다시 말해서, 그 순간의 행동은 바로 직전과 직후에 따라오는 것에 의해 강화된다. Skinner의 용어인 강화조건(contingencies of reinforcement)은 어떤 행동에 따라오고 그 행동이 반복될 가능성을 증가시키는 상황들이다. 따라서 우리는 특정 자극에 특정 반응을 반사적으로 무조건 하는 식의 희생자가 되는 대신에, 특정 행동을 강화하는 환경적 요소들을 인식할 수 있다(역사적으로 인지의 공헌으로 여겨졌지만, 현재는 현대적 행동 접근법의 일부로 간주된다). 다음으로 주목해야 할 신경과학의 개념인 신경가소성을 살펴보자.

신경가소성(neuroplasticity)은 앞서 논의한 다섯 가지 역량을 가능하게 하도록 진화하여 사고와 행동에 큰 유연성을 부여한 인간 두뇌의 뉴런 네트워크 구조(composition)이다. 뇌의 변화 능력에 관한 이러한 현대적인 개념은 뇌의 순응성(malleability)에 대한 몇 가지의 오랜 오해들을 풀었다. 수십 년 동안, 우리가 가지고 태어난 뉴런은 유한하고 완벽하다는 것이 지배적인 견해였다. 근본적으로, 우리의 뇌는 절대 대체되지 않을 뉴런을 잃고 있다는 것이 초기의 주장이었다. 그러나 현재 신경과학은 뉴런의 생성(새로운 뉴런의 성장)이 일어나는 뇌의 여러 부위를 확인했는데, 가장 주목할 만한 것은 아마도 신경학적으로 기억을 담당하는 위치에 있는 해마(Forrest, Parnell, & Penzes, 2018; Jokić-Begić, 2010)일 것이다. 이것이 함축하는 바는 나중에 좀 더 자세히 논의될 것이지만, 지금은 우리의 내담자들에게 스스로의 행동이 '기억 뉴런'을 자극할 수 있다는 것을 깨닫는 것이 무엇을 의미할 수 있는지 한번 상상해 보자.

둘째, 신경가소성의 훨씬 더 강력한 개념은 시냅스 생성(synaptogenesis)이다. 시냅스 생성은 신경망이 시냅스(Kole, Scheenen, Tieinga, & Celikel, 2017)에서 어떻게 새로운 뉴런 연결을 형성할 수 있는지를 설명하는 현상이다. 뇌병변과 뇌손상 연구에서는 뇌가 손상된 부위에서 기능 상실을 보상할 수 있는 새로운 신경 연결을 형성할 수 있다는 것을 얼마 전부터 증명해 오고 있다(Jokić-Begić, 2010). 이것은 뇌가 손상에 적응할 수 있도록 더 효과적으로 변화한다는 것을 의미한다! 이 현실 그대로, 이러한 현상은 종종 이미지로 훨씬 더 강력하게 표현된다—하지만 대부분의 우리 내담자들은 fMRI 장치에 접근할 수 없기 때문에 변화를 이미지로 직접 관찰하도록 하는 것은 어렵다. 대신, 상담자들은 말 그대로 뉴런 수준에서 뇌의 구성을 바꾸기 시작하는 행동 변화의 예를 제시할 수 있다. 기본적인 예로는 일상생활에서 식료품점에 가는 것을 들 수 있다. 우리는 좋아하는 음식을 찾아 같은 가게를 자주 찾는 경향이 있다. 시간이 지남에 따라, 우리는 이 물건들을 어디서 찾아야 하는지 알고 있는데, 이 물건들을 추적하는 데 가상의 자동 조종 모드를 사용하고 있다. 그런데 가게의 물건의 위치를 바꾼다! 이런 변화들에 익숙해지려면 시간이 좀 걸린다. 그럼 어떻게 해야 하는가? 우리는 낡은 본능과 충동에도 불구하고 새로운 길이 습관이나 패턴이 될 때까지 행동을 변화시킨다. 내담자들도 확실히 이와 같다. 우리는 직접 보지는 못하지만, 우리의 신경망이 재구성되고 있다는 것을 알고 있다—기억 시스템과 운동 뉴런이 우리에게 뭔가 다르게 해 보라고 말하고 있다. 행동주의 상담자들은 내담자들의 변화를 가져오기 위해 이러한 상징들을 사용할 수 있다.

상담회기 내 조작적 조건화 접근

DaNeta 사례 계속 이러한 상호작용의 끝에는 결과물이 있다. DaNeta는 지금까지 수년 동안 자신에게 남편에 대한 감정을 터놓고 솔직하게 이야기하는 것은 안전하지 않다고 말해 왔다. 보상이 있다고 가정한다면, 신체적, 정서적 손상이 있음에도 이 행동을 가치 있도록 만드는 강화물은 무엇이 될 수 있을까? 행동적 접근은 항상 이익이 있기 때문에 이러한 행동을 한다고 주장한다. 그것을 이해하는 것은 상담자의 일이다. 신경 관점에서 DaNeta는 주로 대뇌 변연계 범위를 벗어나서 운용하는 것을 배우게 되는데, 주로 환경에 반응하여 수동적이거나 공격적으로 행동한다. 내담자가 자신의 파트너 또는 관계를 맺고 있는 어떤 사람하고도 확실하게 의사소통을 할 수 없다고 믿는 상황을 어떻게 느끼며 살지 상상해 보라. DaNeta는 일상의 경험을 천천히 탐색한 끝에 자신이 무력하고, 약하며, 힘이 없다고 느낀다는 사실을 인정했으며, 상담자와 함께 하고 있음을 긍정하게 된다. 상담자는 이러한 감정을 묘사하는 DaNeta가 탈진되고, 목소리가 부드러워졌으며, 눈빛이 풀이 죽어 보이는 것을 신체언어를 통해 관찰한다. 이와는 대조적으로, 그녀가 '조증 에피소드'에 대한 설명으로 옮겨갈 때, 상담자는 뭔가 다르다는 것을 주목한다. 행동주의의 제3의 물결에 해당하는 접근 방법에 따라, 상담자는 DaNeta가 설명하는 도중 그 순간에 경험하는 것을 묻기 위해 멈춘다. 상담자는 DaNeta에게 현재 지금 이 순간—그녀에게 새로운 것을 경험하기를 요청한다. 초기 혼란 이후 DaNeta는 심장이 두근거리고, 주먹을 꼭 쥐고, 땀이 나기 시작하는 것을 묘사한다. 그 신체적 경험들이 무엇을 의미하는지 물었을 때, 그녀는 강력하고, 거의 멈출 수 없는 느낌을 설명한다. "이러한 경험들을 좀 더 긍정적인 것으로 표현하시겠습니까, 부정적인 것으로 표현하시겠습니까?" DaNeta의 즉각적인 반응은 '긍정적'이다. 그녀는 어떻게 이 순간이 살아있다고 느끼고 통제할 수 있다고 느끼는 유일한 시간일 수 있는지 묘사한다(그 순간 그녀의 행동이 통제할 수 없는 것처럼 보이기 때문에 아이러니한 어조로). 상담자는 이에 대한 남편의 반응을 어떻게 받아들이는지 묻는다. "그가 날아오는 물체로부터 자신을 보호하고 있는 것이라고 해도, 그때는 내가 그의 관심을 받는 기분이 드는 유일한 순간이에요."라고 그녀는 씁쓸한 미소를 지으며 말한다. 이 순간 DaNeta는 불현듯 깨달음을 얻게 된다. 보상이 무엇이었는지 알게 된다. 상담자 또한 알게 된다. 그녀가 경험하는 부정적인 결과들(예: 부서진 물건들, 입원)에도 불구하고, 왜 그녀는 자신의 삶에서 자신이 강력하다고 느끼는 유일한 방법과 순간들을 포기할 수 없었을까? 자각의 순간, DaNeta는 부정적 부작용 없이 개인의 자율성을 느끼는 것을 경험하는 상상을 하도록 초대된다. 이 상상적 경험의 실현 가능성을 생각하지 않도록 상기시키는 것이 중요하다는 점을 유의해야 한다. 중요한 점은 문제 해결을 시작하기보다 앞으로의 삶의 가능성을 살펴보게 하는 새로운 뇌경로를 만들기 시작한다는 점이다.

사회인지이론

Bandura(1986)의 SCT는 환경적 요인이 강화에 핵심적인 역할을 하는 조작적 조건화 전통 안에 있는 학습이론이다. 행동주의는 초기에 명시적으로 인정받았든 아니든 학습이론임을 인식하는 것이 매우 중요하다. 따라서 학습과 관련된 용어를 이해하는 것이 중요하다. 학습이론, 특히 후에 SCT(1986)로 불리는 Bandura의 SLT(1977)는 행동 접근법의 변화를 보여 주는데 이후의 발전에 대해 이 절에서 다룰 것이다. 여기서는 SCT의 상당히 많은 개념들을 논의해 볼 것이며, 그 이론으로부터 보다 구체적인 개입을 추론해 볼 것이다. SCT는 대부분의 학습이 인지(cognition)를 통해 매개되며 사회적 맥락에서의 관찰을 통해 일어난다는 것을 증명한다. Bandura(1977)에 따르면 학습('학습된 행동'으로서)은 행동주의와 관련되어 다음과 같은 세 가지 주요 유형이 있다. '연합학습(고전적, 조작적 조건화)'은 두 자극이나 자극과 반응 사이에 연관성을 만드는 과정이다. 이와는 대조적으로 '비연합학습(습관화와 감각화)'은 노출에 기초하여 자극에 반응해서 감소하거나 증가하는 것이다. '관찰학습(또는 대리 학습)'은 다른 사람을 관찰함으로써 배우는 것과 관련된다. 이것이 Bandura 이론의 핵심이다.

SCT에서는 모델이 되는 행동을 하는 다른 사람을 관찰하고, 그 관찰된 행동의 결과는 대리 강화를 만든다고 이야기한다. 이는 최소한 두 가지 측면이 중요한데, 첫째는 우연한 환경적 강화가 관찰을 통해 거리가 먼 곳에서 발생할 수 있다는 점이다. 둘째는 환경이 행동을 강화시키는 역할을 하지만, 인지적 처리 과정이 인간과 강화물들 사이에서 중재자의 역할을 한다는 것이다. 즉, 우리는 환경을 그대로 생각 없이 받아들여 반응하는 존재가 아니며, 적어도 그럴 필요는 없다.

신경과학의 관점에서의 상담 연구를 적용해 보면, 뉴런 상관관계의 파동이 잘 자리 잡고 있음을 주목할 수 있다(Adolphs, 2009; Adolphs, & Anderson, 2018). 3장에서 논의한 바와 같이 대인간 신경생물학적 관점(Siegel, 2006)에서는 상담자와 내담자 양측이 서로 상호영향을 미치는 것으로 나타난다. Badenoch(2008)는 상담회기 내의 내담자에게 친사회적, 적응적 행동의 모델이 되는 상담자 모습을 더 명확하게 제시한다. 예를 들어, 상담자는 DaNeta에게 둘 다 지칠 때까지 감정 조절을 설명하거나, 또는 상담자가 DaNeta를 위해 감정 조절하는 것을 모델링할 수 있다. 이 모델링은 자기효능감 개발에 필수적이다. 자기효능감은 SCT의 핵심 구성 개념이며 주어진 과업을 완수할 수 있는 '강한 신념'(Bandura, 1977, p. 79)이다. 치료적 관계의 결과, 내담자들은 자신의 삶의 방향이나 적어도 주변 환경의 특정한 일들에 대해 긍정적인 영향력을 행사할 수 있다고 믿기 시작해야 한다. 이것은 임상적 자기효능감이며, 다음과 같은 네 가지 출처의 영향을 받는다.

1. **적극적 성취**(enactive attainment, 성공 경험)는 자기효능감의 가장 큰 원천으로, 과제를 성공적으로 해낼 때 그 과제를 다시 해낼 수 있다는 능력에 대한 믿음을 불러일으킨다. '잡아채는 것(catch)'이 주요하다(Weiner,1986). 인지된 능력과 인지된 노력 사이에는 반비례 관계가 있다. 과제를 완료하는 데 더 많은 노력을 기울였다면, 성공을 능력에 귀속할 가능성이 낮아지고, 그 반대의 경우도 마찬가지일 것이다. 상담에서 상담자들은 새로운 기술이나 기존의 기술을 사용하는 내담자들을 '잡아챈다(catch)'고 한다. 이것은 해결중심치료와 관련된 기법으로 6장에서 좀 더 자세히 다루게 될 것이다. 내담자들은 종종 스스로가 알지 못하는 적응 능력을 가지고 있다. 이것들을 인식하게 하는 것은 Hebb의 규칙에 반하는 학습의 형태로 뇌에 새로운 경로를 만들어 내게 된다.
2. **간접경험**(vicarious experience)은 관찰학습의 용어로 다른 사람이 유사한 일을 성취하는 것을 관찰하고 그것을 통해 효능감을 얻는 것과 관련된다. 다른 말로 하자면, 비슷한 역량을 가진 사람이 또는 신뢰할 수 있다고 생각되는 사람이 임무를 완수하는 것을 볼 때, 유사한 업무에 대한 자기효능감을 높일 수 있다. 어떤 업무에서 성공을 시각화하는 것에서도 유사한 메커니즘이 발생한다. 앞에서 설명한 바와 같이, 내담자들은 상담자들로부터 배우고, 그 반대의 경우도 마찬가지다. 일단 관계가 성립되면 우뇌와 우뇌의 치료적 관계는 내담자가 상담자로부터 자기조절을 배울 수 있도록 한다(Badenoch, 2008).
3. **언어적 설득**(verbal persuasion)은 자기효능감의 세 번째 원천으로서, 이름에서 알 수 있듯이 신뢰할 수 있는 사람(존경받고 권위 있는 사람)으로부터 언어적 격려를 듣는 것

과 관련된다. 이것은 주어진 과제에 대한 노력을 지속할 가능성을 증가시킨다는 점을 제외하고는 제한된 힘을 가지고 있다. 원하든 원하지 않든 (혹은 그것을 인지하고 있든 아니든), 상담자들은 내담자와의 관계에서 불균형한 힘을 가지고 있다. 신경학적 측면을 잘 인식하고 있는 상담자들은 이 힘을 종종 긍정적 자원 탐색이라고 일컬어지는, 내담자 강점을 깨닫도록 설득하는 것에 사용한다. 상담자들은 미안해하거나 힘을 완화하려고 할 필요가 없다. 왜냐하면 언제나 그 힘은 존재할 것이므로 오히려 그것을 내담자의 이익을 위해 사용하는 것이 나을 것이기 때문이다.

4. **생리적 흥분이나 상태**(physiological arousal or state)는 네 번째 원천이며, 과업과 관련한 높은 불안과 두려움—그리고 동반하는 신체적 흥분—이 부정확하거나 자기 파괴적인 평가의 결과를 가져올 수 있다는 현실에 입각한 것이다. 사람들은 두려움/불안 반응을 줄일 수 있는 정도까지 자기효능감의 정확도를 높일 것이다. 이는 신체적 상태뿐만 아니라 감정적 상태에도 적용된다(예: 격렬한 신체 활동 후 피로감 때문에 직무에 적합하지 않다고 믿게 된다). 이 장 시작 부분의 주장을 상기하라. 행동이 중요하다. 자기효능감의 관점에서 보면, 특히 이것은 사실이다. 대부분의 사람들과 같이 내담자도 불안, 두려움, 또는 다른 강한 감정을 경험할 때, 생각 없이 행동할 수 있다(이 장 앞부분에서 설명한 바와 같이). 문제를 일으키거나 악화시키는 것은 이 행동이지 감정 경험 자체가 아니다(Wolpe, 1973).

상담회기 내 사회인지적 접근

DaNeta 사례 계속 이 접근방식에서 DaNeta에 대한 첫 번째 질문 중 하나는 "이러한 방식으로 사건에 반응하는 것을 어디서 배웠는가?"이다. 이렇게 대화를 이끌면서, 상담자는 그녀에게 이것이 학습된 행동이며, 학습된 행동은 배우지 않을 수 있다는 것을 알려주고 있다. 상담자는 특히 DaNeta의 행동이 그녀의 생각을 통해 계획되기 때문에, DaNeta가 행동 변화를 할 수 있는 능력과 책임 둘 다를 가지고 있다는 것을 지적한다. 다음으로, 상담자는 자기효능감 구축을 하거나 가장 강력한 적수를 식별할 가장 유력한 원천을 확인할 것이다. DaNeta의 경우 일상적인 상호작용에서 주장을 회피하는 데서 비롯되는 분노에 대한 반응으로 느끼는 생리적 자극이 현실과 반응의 전부인 것으로 해석된다. 상담에는 그녀의 생리적 흥분과 행동 반응 사이의 신경 경로를 매개하는 사고를 보조하기 위해 이완 훈련을 포함할 것이다. [그림 4-3]은 학습을 보여 주는 활동이다.

[그림 4-3] 그림의 미로를 처음부터 끝까지 따라가 보고 시계 또는 타이머로 시간이 얼마나 걸리는지 확인해 보자. 이제 같은 미로를 처음부터 끝까지 다시 해 보자. 그리고 시간이 얼마 걸리는지 확인해 보자. 세 번째 반복한다. 이제 시간을 기록해 본다. 무슨 일이 일어났는가? 아마 시간이 줄어들었을 것이다. 이것은 학습과 기억의 연결 예시가 된다.

합리적 정서행동치료

Bandura의 업적은 그 자체로도 획기적인 것이었지만 행동주의 진화, 즉 Albert Ellis(Ellis & Velten, 1992)에 의해 개발된 REBT의 중요한 연결고리 역할로 기능한다. Bandura의 업적이 우리의 행동을 오로지 강화인에 의해서 영향을 받는다는 관점에서 해방시켰듯이, Ellis의 업적은 비이성적인 정서 과정으로부터 행동에 대한 이해를 해방시켰다. 느낌과 감정은 확실히 실재하지만 반드시 현실에 기반한 것은 아니다. Ellis는 감정이 현실적이긴 하지만 항상 이성적이지는 않다는 것을 덧붙였을 것이다. Ellis의 연구가 Bandura의 연구를 확장시키고, 이후 신경과학 원리와 연결시켜 주는 지점이 바로 여기에 있다. 이성적인 감정, 논리에 근거한 인지 과정을 통해 걸러진 이러한 감정들은 그들이 느끼고 행동하고 싶은 대로 느끼고 행동할 수 있도록 힘을 부여한다. 신경학적 수준에서, 우리는 이러한 현상이 두뇌의 양쪽에서 발생하는 것을 볼 수 있다. 둘로 나누어진 뇌 모델에 대한 많은 비판들을 보게 되지만, 한 가지는 분명하다. 뇌의 두 반구는 정보를 병렬로 처리할 때에도 환경(내부 및 외부 모두)의 데이터를 여전히 다른 방식으로 해석한다. 좌뇌는 Siegel(2006)의 표현대로 네 개의 Ls—literality(문체성), language(언어), linearity(선형성), logic(논리성)—와 관련이 있고, 우뇌는 창의성과 전체성 게슈탈트를 처리한다. 물론 이것이 창조적인 두뇌

[그림 4-4] 양측 뇌

와 싸우는 논리 두뇌가 있다는 의미는 아니다. 대신, 각 반구는 1차 처리 과정을 가진다([그림 4-4]).

정보를 해석하는 데 있어 경쟁하는 시스템이 아니라 두 개의 상호 보완적인 시스템의 상대적 가치를 생각해 보자. 균형 잡힌 경우, 즉 Siegel(2006년, 2012)과 Badenoch(2008)가 언급했던 양쪽이 통합된 경우, 그 결과는 이성적인 행동으로 이어지는 이성적인 감정과 유사하다. 그러나 생물학적, 환경, 경험의 결과로 우반구가 우위를 점할 때 감정은 이성을 초월한다. 이런 사람을 만나본 적이 있는지 잠시 생각해 보자. 여러분은 감정이 지배하며 자신(그리고 사랑하는 사람들)을 기분이나 감정에 휘둘리게 놓아 두는 우뇌 활동적인 삶을 사는 사람들을 알고 있을 것이다. 상담에서 이러한 내담자들은 종종 조울증, 기분 장애, 불안 장애(7장과 8장에서 다룰 것이다)의 이름을 가진다. 감정과 감정 조절에 집중하는 상담자들은 자신들이 불 위에 기름을 붓는 것과 같다는 것을 발견하게 되는데, 이러한 내담자들이 감정 중심적인 삶을 살기 때문이다. 좌뇌와 우뇌를 인지하고 하고 있는 REBT 관점에서의 상담은 내담자가 자신의 증상에 안도감을 느끼게 하려고 한다면, 합리성을 담당하는 좌반구 활동에 초점을 맞추어야 한다. 좌뇌 정보처리를 강화하기 전에 내담자가 더 좋게 느끼고 나아가서 다른 행동을 취하도록 도움으로써 상담의 기회를 잡을 수 있을 것이다.

예를 들어, 감정적으로 반응하거나 활성화된 내담자들과 상담할 때, 우리는 좌뇌 중심으로 REBT 접근을 하는 경향이 있다. 이런 내담자들은 종종 아이러니하게도 다음과 같은 식으로 자신의 감정과 이후의 행동을 합리화하거나 정당화하려고 한다. "글쎄, 당신은 거기 없었잖아! 거기 있었다면 내가 왜 그렇게 화가 났는지, 내가 왜 그런 식으로 반응했는지 알 거야!" 그래서 우리는 그들에게 부탁한다. 카메라가 상황을 녹화했다고 상상하기를 요청하고([그림 4-5]), 어떤 것이 재생될 것인가, 비디오에서 무엇을 볼 것인가를 말하도록

[그림 4-5] 카메라

한다.

거의 예외 없이, 그 대답은 "그들이 나를 화나게 하는 것을 볼 수 있을 거야!"의 버전이다. 그러고 나서 내담자는 팔짱을 끼고 의자에 다시 앉는다. 마치 이것이 자명한 것처럼 말한다. 상담자는 내담자가 실제로 무슨 일이 일어났는지 구체적으로 설명할 수 있을 때까지 우리가 비디오에서 볼 수 있는 다른 사람의 행동을 내담자에게 설명하도록 지속적으로 요구한다. 이렇게 상담회기에서 나타나는 것은 실제 행동이 아니라 감정적으로 활성화된 필터를 통해 해석된 행동이다. 보다 합리적인 현실이 스며들기 시작하면서, 내담자들은 우리가 그들에게서 감정을 빼앗으려 하지 않는다는 것에 대해 고마워하는 것 같다. 이 프로세스는 정보에 대한 좌뇌 처리를 강화한다. 또한 감정 출처에 대한 내담자의 인식에 도전함으로써 정보의 좌뇌 처리를 강화한다. 감정은 실재하지만 항상 믿을 만한 것은 아니다. 우리가 내담자의 감정을 직접적으로 바꾸려고 하는 일은 거의 없다. 대신, 상담자들은 무엇이 그러한 감정을 공급하고 있는지 단서를 찾고 내담자와 함께 탐구한다. 또한 내담자들에게 좌뇌와 우뇌의 상호보완적 자극 처리에 대해 설명한다. 둘 다 절대적으로 필수적이라고 설명할 수 있지만, 한 가지 과잉기능과 다른 하부기능이 있을 때 생각, 느낌, 행동이 불균형하게 된다.

상담회기 내 합리적 정서행동치료 접근

DaNeta 사례 계속 상담자가 그녀에게 직접적으로는 아니지만, 그녀의 기분이 나아지도록 도울 수 없다고 말했을 때 DaNeta의 반응을 상상해 보라. 당연히 받아들이기 힘들다. 하지만 이것이 상담의 진실이다. 우리의 방법은 내담자들의 방법보다 감정을 변화시키는 데 훨씬 덜 효율적이다. 그래서 내담자들은 치료를 받는 데 시간이 오래 걸리고 변화에 대한 양가적인 이유를 가진다. Ellis는 철학적이고 궁극적 행동적 목표인 무조건적인 자기 수용, 무조건적인 타인 수용, 무조건적인 세계 수용을 반복하며 DaNeta의 목표를 재구성할 것이다. 이러한 목표들—이 접근법은 행동주의에 대한 구성주의 철학 영향의 전조가 되었다.

DaNeta와 같은 많은 내담자들은 스스로를 받아들이기 위해서, 타인이 자신을 받아들이도록 변화시키기 위해서, 또는 세상 때문에 스스로 변할 수 없다는 것을 상담자에게 납득시키기 위해서 상담을 하러 온다. 신경과학을 알고 있는 상담자는 DaNeta가 원하는 대로 되기 위해서가 아니라 현재 자신이 있는 곳에서, 지금 현재 자신을 받아들이기 위해 작업할 것이다. 이것은 그녀의 뇌가 생각, 감정, 행동을 처리하고 해석하는 방식을 변화시키기 시작할 것이다.

마음챙김과 수용 접근

연구를 통해서 마음챙김은 웰빙의 유효하고 성공적인 요소로서 확립되고 있다(Fabbro, Crescentini, Matiz, Clarici, & Fabbro, 2017). 행동주의, 인지치료, CBT의 진화는 앞의 절에서 암시된 바와 같이 사고, 느낌, 행동과 관련하여 최고의 임상적 사고가 융합되는 결과를 가져왔다. Aaron Beck의 인지 요법(A.Beck, 1964 또는 J. Beck, 1995 참조)은 급진적 행동주의의 사고 없는 인간 모델에 대해 인지의 빛을 비추고, 그렇게 함으로써 Bandura의 SCT(앞서 논의되었던)와 함께 제3의 행동주의 흐름으로 안내하는 데 도움을 주었다. 이러한 접근법—가장 주목할 만한 것은 MBCT(Segal, Williams, & Teasdale, 2012 참조), DBT(Linehan, 1993 참조), ACT(Hayes, 2004 참조)—은 행동주의, 임상에서 관계의 힘, 그리고 인간의 사고, 행동, 감정에서 끊임없이 확장되고 복잡하며 역동적인 상호작용으로부터 경험주의에 무게를 지우고 있다.

변증법적 행동치료 개념들

DBT는 행동요법이 겪어온 변형을 보여 준다. 이는 Marsha Linehan(1993)의 연구에서 나온 것으로, 내담자의 반복되는 자살과 유사 자살 행동을 다루었다. 그녀는 이러한 내담자를 치료하는 데 있어 내담자-연계 목표 행동 분석을 활용하여, 연민(compassion)과 구조(structure)의 결합을 필요로 하는 딜레마를 확인했다. 더 나아가서 이러한 행동들이 종종 경계선 성격장애의 맥락에서 발생한다는 것을 확인했다(BPD; Linehan et al., 2006). 그녀의 혁신적인 접근법은 이 대상들과 함께 엄청난 성공을 누리며 계속 발전해 왔다. 현재처럼 상담 내 신경과학이 대중적으로 자리 잡기 훨씬 전에, Linehan은 기술과 행동 훈련으로 치료 관계의 줄타기를 하고 있었는데 실제로 신경가소성을 활성화하기 위해 우뇌와 우뇌 역동을 활용하였다.

변증법은 철학적인 세계관으로, DBT에 적용되었을 때 상담자와 내담자 사이의 주고받기, 진전했다가 후퇴하는 관계를 구현한다. Linehan(1993)은 이 용어의 두 가지 맥락을 "현실의 기본적인 본질과 설득력 있는 대화와 관계"(pp. 30-31)라고 설명한다. 첫 번째 예시로 변증법적 세계관은 상호 관련성(interrelatedness)와 전체성(wholness)과 같은 개념을 수용하고 맥락 안에 있는 자기로서 새로운 자기에 대한 이해를 이끌어 낸다. 세계관으로서의 변증법과 관련된 또 다른 개념은 극성(polarity)이다. 극성의 원리는 현실을 상호보완적이기보다는 유동적이고, 고정되어 있지 않으며, 역설적이라고 이해한다. Linehan은 BPD로 진단된 내담자들을 다루면서, 그들의 현실 관념이 고정되어 있고 유연성이 결여된 경향이 있다는 것을 발견했다. 마지막으로, 지속적 변화(continuous change)의 원리는 내담자, 상담자, 치료 자체가 서로 나란히 성장하고 변화하며 부상하는, 치료적 과정 내에서 서로 주고받는(give-and-take) 본질을 부각시킨다. 때때로 이러한 서술이 난해하게 보일 수 있지만, 접근법을 안내하는 근본적인 철학이며, 두 번째로 변증법적 설득이라는 용어를 가져온다. 여기서 Linehan의 변증법 사용은 내담자들의 기선을 제압하기 위한 형식적인 논리보다는, 변화를 유도하기 위해 개별적 언어를 사용하고 격렬한 토론을 하여 내담자들과 의사소통하는 것을 포함한다. '우리가 이해하지 못하는 것'은 치료에서 변증법을 안내하는 근본 질문으로서, 현실의 비영구성과 종종 혼란스러운 진실과 현실의 본질을 강조한다.

마음챙김(mindfulness)은 DBT의 핵심 기술이며 전략과 개입의 일부로 6장에서 논의되는 몇 가지 핵심 기술과 관련이 있다. 마음챙김은 "그 순간을 판단하거나 거부하지 않고, 그 찰나의 순간에 대해 연연해하지 않고, 의도적으로 현재의 순간을 인식하면서 살아가는 것"이다(Neacsiu, Ward-Cieselski, & Linehan, 2012, p. 1005).

수용전념치료 개념들

ACT(Hayes, 2004)는 기능적 맥락주의라고 불리는 철학적인 입장으로 시작하는데, 여기서 행동은 맥락 안에서만 이해된다. 이는 장애의 원인을 사고나 행동에서만 찾는 초기 기계주의적 형태의 행동주의에 대한 일종의 반응이다. 그것은 '왜'를 피하고 '무엇'을 탐색하는 실용주의 철학으로, 진실이 무엇인가 하는 문제에서 벗어나 '이것이 통할 것인가?'에 대한 질문에 중점을 두는 것이다.

행동주의의 연장선상에서, ACT(act라고 발음함)는 일찍이 Bandura(1986)에 의해 논의된 핵심인 언어를 통한 상징화 역량의 힘에 대해 강조하고 있다. ACT는 Bandura와 마찬가지로 내면의 현상을 정확하게 드러내는 데 있어 언어의 한계와 언어가 그 현상들에 대해서 임의로 의미를 부여하는 한계를 인식하고 있다. 인지적 접근과 전통적인 행동적 접근방식이 부정적 또는 작동하지 않는 사고(disabling thinking)를 식별하고 직면하기를 시도하는 반면에, ACT는 내담자가 어떤 생각이 단지 주의집중을 받는 만큼만 강력하다는 것을 인식하도록 이끌 것이다. 이러한 생각을 생각으로 받아들임으로써 내담자들은 이러한 생각들에 맞서서 과도한 관심을 주기보다는 이러한 생각들이 가지고 있는 힘을 발산할 수 있다. 본질적으로, 좌뇌에서 형성된 단어들은 우뇌에서 그 단어들을 시각화하고, 그 언어의 그림을 발전시킨다. 그 시각화된 언어는 신경학적으로 쉽게 자신의 삶으로 받아들일 수 있다.

심리적 유연성(psychological flexibility)은 다음의 여섯 가지 심리학적 개념들이 교차하는 핵심 개념이다. 이것은 우리를 위해 세상을 바꾸도록 변화를 요구하는 대신, 있는 그대로의 세상에 적응하는 법을 배우면서 완전한 인간으로 포용하는 것과 관련된다. 수용은 '사적 경험의 빈도나 형태를 바꾸려는 불필요한 시도 없이 사적 경험을 적극적이고 의식적으로 포용하는 것'이다(Hayes, Pistorello, & Levin, 2012, p. 982). 이러한 수용은 묵인이나 체념과는 구별되고 경험의 회피와는 극명한 대조를 이룬다. 수용에서 우리는 인지행동적 접근이 반영된 마음챙김 움직임을 볼 수 있다. 유연성과는 대조적으로, Hebb의 관점에서, 고정된 인지 지향성을 가진 내담자들은 행동학적으로나 신경학적으로나 변화를 만드는 데 더 많은 어려움을 겪는다. 고정 상태 이전에 이 고정 방향이 유전적으로 어느 정도 존재했는지는 불분명하다.

인지적 탈융합(cognitive defusion)은 '사적 사고와 경험에 대한 즉각적인 빈도 변화보다는 신뢰, 애착 또는 영향의 감소'이다(Hayes et al., 2012, p. 983). 반대로 융합은 인간이 말, 생각, 감정을 너무 문자 그대로 받아들여 부자연스럽고 심지어 해로운 수준의 힘을 부여하려는 경향이다. ACT에서는 우리가 너무 문자 그대로 이해하려고 할 때 언어를 제한적으로 이해하게 되고 이는 부정적인 행동을 유발한다고 본다. 예를 들어, "곧 갈게."의 의미는 다른 사람들에게 다른 의미가 될 수 있다. 너무 문자 그대로 해석한다면, 상대는 30분을 의미하는 반면, 나는 금방 도착할 것이라고 예상할 수 있다. 문자 그대로의 해석은 나에게 실망이나 원망을 불러일으킬 수도 있다. 인지적 탈융합은 생각이 그 의미가 가변적인 것처럼

'떠돌게(float by)' 놔두는 데 있어 더 많은 유연성을 허용한다. "저 사람은 정말 믿을 수 없는 사람이야."와 같은 실망과 관련된 나의 생각과 마주하기보다는, 그런 생각을 덜 의미 있는 것으로 생각할 수 있어, 자신의 사고와 감정에 있어 융통성을 더 많이 발휘할 수 있게 된다. 이 분야에서 놀라운 발견을 한 Hayes와 연구진들(2012)은 우울할 충분한 근거가 있는 우울증 내담자들이 치료에 더 저항적이라는 것을 발견했다!

생각과 감정에 대한 경직된 주의 집중과는 대조적으로 그 자리에 있는 것, 현재에 머무르는 것(being present)은 그다음의 여섯 가지 핵심 심리 조건으로, 과거와 미래에 초점을 맞추는 것에 저항하는 것을 의미한다. 이것은 그 순간에 남아 있을 자유가 있음을 의미하고 마음챙김과 연결되어 있다.

자기를 알아차리는 것(noticing self)은 있는 그대로의 자신을 받아들이는 것과 관련된 핵심 개념이지, 자신이 되어야 한다고 생각하는 사람과 관련된 것이 아니다.

ACT 접근법의 또 다른 강점은 가치(values)와 관련이 있다. 치료의 목표는 내담자가 자신의 가치에 따라 행동하도록 돕는 것에 기반한다. Hayes와 연구진들은(2012)은 죄의식과 강요가 행동 변화의 나쁜 동기부여라는 것을 보여 주는 연구결과를 강조한다. 이와는 대조적으로 가치에 기반한 행동이 변화에 훨씬 더 효과적이다.

마지막은 전념적 행동(committed action)이다. 모든 행동적 접근들에서처럼, 전념적 행동이나 지속적인 노력이 핵심이다.

ACT는 전통적인 CBT나 REBT와 같이 부정적, 부적응적 감정을 다루는 가장 효과적인 수단이 이러한 감정들에 직면하는 것이라는 개념에 경험적으로 도전한다(Hayes, 2004; Hayes et al., 2012). 이와는 반대로, Hayes는 수용이 특정 느낌을 경험하는 것을 알아차리는 내담자의 능력이고, 그것은 어떤 것을 해야 한다는 압박감이 없는 것으로 설명한다. 그는 이것을 언어의 문자성 측면에서 본질적인 한계와 함께 설명하는데 우울한 개인에 대한 연구를 통해 설명된다. 앞서 언급했듯이, 우울해지는 것에 대하여 강력한 근거를 가진 것처럼 보이는 사람들은 그렇지 않은 사람보다 더 우울하고 더 치료하기 어렵다.

앞서 뇌의 좌반구 기능에 대해 논의했듯이 자극은 문자 그대로 그리고 논리적으로 처리되는 경향이 있다. 너무 문자 그대로 좌뇌(언어가 주로 처리되는 곳)에서 감정과 정서를 경험하는 내담자들은 우뇌에서 그 감정 언어의 총체적인 게슈탈트를 만들어 낼 수 있고, 이로 인해 부적응적이 될 수 있는 정서 기반의 현실이 결과로 나타날 수 있다. 예를 들어, "너무 불안하다. 나는 통제력을 상실할 것이다."라고 말하는 것은 문자 그대로 뇌에서 만들어질 수 있는데, 그 영향은 실제로 통제 불능이 되는 행동으로 이어질 수 있다. 예를 들어, 신경과학과 ACT를 결합하여 상담자들은 내담자들에게 이러한 감정에서 벗어나려고 하지 말고 가능한 한 불안 경험을 재현해 줄 것을 요청한다. 그리고 내담자에게 이러한 불안한 경험이 얼마나 오래 지속되어 왔는지 물어볼지 모른다. 대부분의 내담자들은 이에 대해 알지 못하는데 그들은 자신이 인식한 경험적 현실에 대해 순간적으로 반응해 왔기 때문이다. 여기서 주목할 점은 저명한 행동주의자 Joseph Wolpe(1973)가 행동적 관점에서 문제되는 것은 감정 그 자체가 아니라(그에게 있어 불안은 내담자의 문제를 야기시킨 가장 만연한 감정 경험이었다), 감정을 느끼지 않기 위해 사용된 행동이라고 단호하게 주장했다는 점이다. 그래서 우리는 상담회기 내에서 불편한 감정을 '가지고 있는' 것을 연습한다. 이것은 홍수 요법 뒤에 있는 원리이다. 즉, 회피 행동을 대처하거나 보상하기 위해 사용하지 않고 불안감을 유발하는 자극(상황)에 대한 집중적인 노출이다. ACT의 관점에서, 이것은 행동 없이 감정적인 인식의 과정에 전념하는 것을 의미한다. Hayes는 내담자들이 기차에서 창밖으로 지나가는 풍경을 보는 것처럼 불편하거나 고통스러운 감정을 볼 수 있도록 도와줄 것을 권한다. 적어도 이런 관점에서 사람들이 살고 싶은 삶을 살지 못하게 하는 것은 반응적이고 회피적인 행동이 뒤따르는, 문자 그대로의 정서적 경험과 관련된 생각들 때문이다.

성찰하기

당신이 가슴 깊이까지 올라와 있는 바닷가의 파도 속에 서 있다고 상상해 보자. 수평선 쪽으로 내다보면, 당신 쪽으로 큰 파도가 밀려오는 것을 볼 수 있다. 이 시점에서 몇 초 동안 생각해 보고 다음의 몇 가지 선택 사항 중 하나를 선택해 보자.

1. 육지로 돌아서서 달릴 수 있으며, 그 결과 파도가 당신을 해저로 밀어넣게 될 가능성이 있다.
2. 파도를 뛰어넘어 균형을 잃고(당신이 초자연적으로 강력한 힘을 지닌 곡예사가 아니라면) 다시 파도에 휘말릴 수 있다.
3. 이 파도의 힘과 싸우겠다는 각오로 버텨 낼 수 있다.
4. 파도가 가라앉을 때, 스스로 완전히 물속에 잠기도록 하는 반직관적인 방법을 선택할 수 있다. 이는 파도에 압도되어 있다가 크게 다치지 않고 떠오르게 한다. 이 마지막 전술은 ACT와 어느 정도 유사하다. 즉, 우리가 가슴 높이의 바닷물 속에 있을 때 파도(생각, 느낌)가 밀려오면 그것이 무엇인지, 자연적인 것인지, 불가피한 것인지, 강력한 것인지를 인식할 때까지 공포에 질리거나 도망치거나 탈출, 극복, 혹은 뚫고 나가고자 하는 유혹을 받는다.

이제 불쾌한 감정을 경험할 때 뇌에서 무슨 일이 일어나는지 상상해 보자. 전전두피질(고차원 사고)은 강력한 힘을 발휘하여 정서를 억제하기 위해 엄청난 노력을 할 수도 있지만, 변연계가 너무 큰 적수임을 확인하게 된다.—바로 그 순간에!

상담회기 내 수용전념치료 접근

DaNeta 사례 계속 ACT 상담자는 DaNeta의 첫 번째 목표는 Hayes, Strosahl과 Wilson(1999)이 제시한 근본 원칙인 심리적 유연성으로, 고통에서 벗어나는 것에 대한 경직성을 버리고 대신 행동 레퍼토리를 증가시키는 것이 목적이다. 상담자는 DaNeta에게 그녀의 고통을 유발하는 것은 감정 자체가 아니라는 것을 이해할 수 있도록 돕는다. DaNeta는 화가 나고, 화가 난 것에 대해 다시 화가 난다. 그런 다음 자신의 선택을 억압이나 대립으로 양극화시킴으로써 자신의 행동 선택지를 제한한다. ACT의 관점에서, 상담자는 DaNeta가 자신의 감정적 경험을 거리를 두고 관찰하고 상황을 평가하며 그곳에서 결정을 할 수 있도록 하는 유연한 심리 스타일을 개발하는 데 도움을 주고 싶어 한다.

현실치료

William Glasser(1965)는 이 논의에 다면적으로 기여하였는데, 부분적으로 그의 접근방식을 특정 이론적 접근방식으로 분류하는 것과 관련된 어려움이 되기도 한다. 이 접근방식은 노골적으로 행동적이지만 확실히 포스트모던적이다(Prochaska & DiClemente, 2014). 우리의 목적을 위해서는 선택 이론에서 추론해 온 현실치료의 주요 구성요소를 검토하는 것으로 충분할 것이다. 이는 Wubbolding(2000)의 WDEF 개입 접근법이다. 나는 이 접근법에서의 네 가지 질문을 가져와 제시한 후, 한 가지 질문을 추가할 것이다.

1. **원하는 것에 대한 질문**(want question): 당신이 원하는 것은 무엇입니까?
2. **하고 있는 것에 대한 질문**(doing question): 당신은 어떻게 행동하고 있습니까?
3. **평가 질문**(evaluation question): 어떻게 평가할 수 있습니까?
4. **계획 질문**(plan question): 어떻게 할 계획입니까?
5. **마음챙김 질문**(mindfulness question): 당신이 하고 있는 것이 실제로 당신이 원하는 것에 대해 우리에게 무엇을 말해 줍니까?

이 시점에서, 내담자들이 언급한 목표에 비추어 행동을 살펴보면 불일치 경험에 직면하게 되는 것이 명백해진다. 뇌는 당신이 말하는 것은 어떤 것이든 믿을 것이라고 전해왔다. 흔히 내담자들은 행동에 전혀 부합할 것 같지 않은 목표를 지속적으로 표현한다. 이러한 단절을 염두에 두지 않으면 실제로는 아무 노력도 하지 않은 목표 때문에 허탈감과 낮은 자기효능감을 지속적으로 느낄 수 있다. 뇌는 개인의 내러티브에 적합한 목표를 만들어 내는 데 바쁘지만, 행동은 결코 그 목표에 일치하지 않을 것이다. DaNeta도 비슷한 딜레마에 빠져 있다.

상담회기 내 현실치료 접근

DaNeta 사례 계속 DaNeta와 충분한 수준의 치료적 관계가 성립되면, 현실치료 상담자는 WDEP 질문을 던진다. 대화는 다음과 같이 진행된다.

상담자: DaNeta, 당신의 삶과 가치를 바탕으로 했을 때, 당신이 삶에서 원하는 세 가지는 무엇인가요?

DaNeta: 저는 행복해지고 싶고, 남편과 덜 싸우고 싶고, 제 삶을 더 잘 통제하고 싶어요.

상담자: 그 목표에 비추어 볼 때, 그 목표에 도달한다고 했을 때 당신은 무엇을 하고 있다고 생각하십니까?

DaNeta: [잠시 멈춤] 아무것도 하고 있지 않네요.

상담자: 저는 당신이 실제로 많은 것을 하고 있다고 생각해요. 현재 당신이 하고 있는 일이 당신이 방금 이야기한, 당신이 원하는 것을 얻게 만든다고 말할 수 있을까요?

DaNeta: 전혀 아니에요.

상담자: 지금까지 당신이 해 왔던 일들이 효과가 없었다는 것으로 들리네요.

DaNeta: 맞아요.

상담자: 만일 내가 "내 생각에는 효과가 있어."라고 말한다면 무엇을 하시겠습니까?

DaNeta: 어떻게 할지 모르겠어요.

상담자: 그럼, 당신의 실제 행동으로부터 우리가 무엇을 알 수 있는지 잠시 생각해 보지요. 그것은 당신이 실제로 원하는 것이 무엇인지에 대해서 어떻게 말해 줍니까?

DaNeta : [약간 방어적으로] 저는 이미 원하는 것을 말했어요.

상담자: 잠깐만 저랑 함께 머물러 있어요. 당신은 원하는 세 가지를 말했고, 당신의 행동은 그것을 얻는 데 얼마나 도움이 안 되는지 설명했어요. 당신의 행동에서 당신이 진정으로 원하는 것이 무엇인지 유추해 볼 수 있는지 봅시다.

당신은 갈등을 피하거나—잠시 동안은 할 수 있어요—그 갈등에 수반하는 감정을 피하는 것이 당신이 원하는 것이라는 것을 유추해 볼 수 있어요. 맞나요?

DaNeta: 맞아요.

상담자: 동시에, 당신은 폭발하고 물건을 부숴 버리고 싶다고 했는데, 그것은 어떤 느낌인가요?

DaNeta: 나쁘고, 죄책감이 느껴져요.

상담자 : [잠시 기다리고 지켜본다.]

DaNeta: 그리고 힘이 있다고 느껴져요. 사실 그 순간은 정말 좋아요.

상담자: 그렇다면 당신의 행동에서 당신이 힘이 있다고 느끼고 싶거나 힘 있는 존재가 되고 싶어 한다고 유추해도 될까요?

DaNeta: [머리를 흔든다.] 그래요, 맞는 것 같아요.

상담자: 이건 부끄러운 일이 아니라는 것을 말씀드리고 싶네요. 저는 당신을 판단하기 위해 이 자리에 있는 게 아니에요. 상담을 통해서 우리 이야기 내에서 단절된 부분을 찾고자 하는 것일 뿐이에요.

DaNeta: 지금은 너무 유치하고 명백해 보이네요.

상담자: 듣고 있어요. 지금 드는 의문점은 만약 당신이 갈등 중에 다른 것을 느낄 수 있거나, 그러한 부정적인 갈등 없이 힘을 느끼거나 힘 있는 존재가 될 수 있다면 어떨까 하는 겁니다.

DaNeta: 그게 제가 정말 원하는 것이에요!

상담자: 자, 그럼 이제 다음 작업을 시작해 봅시다.

뇌 기제

Keck과 연구진들(2017)은 두 종류의 가소성에 관해 논의한 왕립학회(Royal Society)의 회의 결과를 요약했다. 논의한 바와 같이 Hebbian 가소성과 항상성 가소성의 개념은 [그림 4-6]에 제시되어 있는데, 이 그림은 가소성의 복잡성, 특히 Hebbian 가소성의 복잡성을 강조한다. 현상을 밈 크기(예: 함께 발화되고 연결된 뉴런들)로 줄일 때, 부정확할 정도로 지나치게 단순화할 위험이 있다. 이 경우 Le, Park, Zhong과 Chen(2019)이 논의하듯이 가소성은 "신경계 내의 다양한 회로의 활동과 연결성의 변화로 학습을 가능하게 하고, 기억을 암호화하고 행동을 이끌어 낼 때"이다(p. 44). 여기에는 적어도 두 가지 유형이 있다. 활성화(상승작용), 억제(우울)가 그것이다. Hebbian 가소성은 연합 학습과 관련이 있는 것처럼 보이는 반면에, 항상성 가소성은 시스템을 안정화시키는 것과 관련이 있다(Keck et al., 2017). 둘 다 뉴런의 흥분성, 시냅스 강도 및 시냅스 접점의 수를 통해 작용한다(Li et al., 2019). 이를 여기서 설명하는 목적은 신경생물학적 수준에서 학습된 행동의 복잡성을 강조하기 위한 것으로, 이를 통해 내담자가 변화하는 것의 어려움을 알 수 있다. 이러한 이유

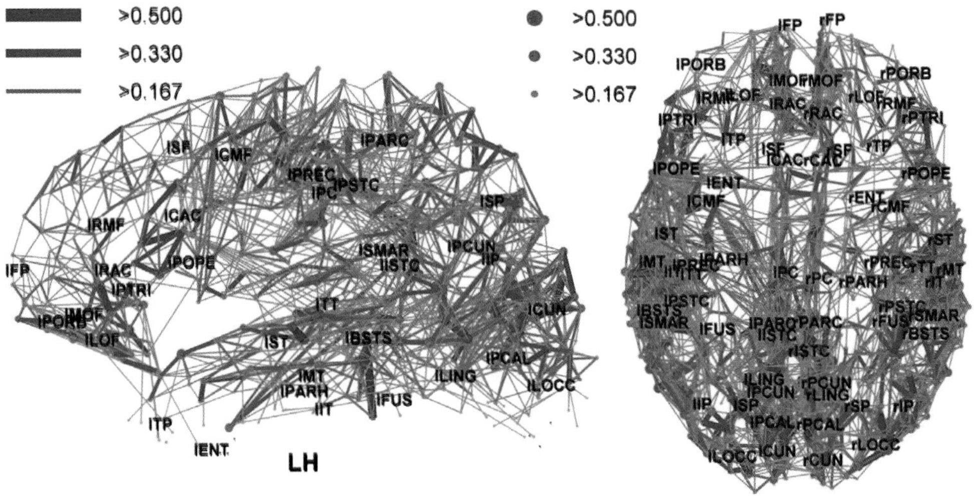

[그림 4-6] 가소성의 유형, Hebbian 가소성과 항상성 가소성 사이의 관계를 그린 개략도(Li et al., 2019)

가 변화 과정에 참여하는 것을 피할 이유는 아니지만, 기저에 있는 신경 과정으로 영향을 받는다는 점은 행동상의 어려움을 겪고 있는 사람들에게 연민과 공감을 가질 필요성을 이야기해 준다.

요약

이 부분에 대해 비판이 많은데, 행동 지향적 상담자는 문헌에서 알려진 것보다 친밀감을 형성하기 위해 훨씬 더 많이 노력한다. 관계의 기술은 항상 중요한 것으로, 현대에도 반복적으로 더욱 강조되는데, 이 책 전반에 걸쳐 논의된 최근의 신경과학 연구결과에 기초하여서도 더욱 강조되고 있다. 게다가, 행동주의 상담자들은 더 이상 내담자(그리고 모든 인간)를 환경 자극에 생각 없이 반응하는 것으로 보지 않는다. 2장에서 언급되었듯이 의식과 관련된 지배적인 견해는 우리가 의지와 의지로 인식하는 것, 심지어 의식적인 사고까지도 환상에 불과한 것으로 보는 점이 흥미롭다. Rosenthal(2000)은 무의식적인 결정론적 견해와 대조적으로, 다음과 같이 단언한다.

> 두 가지 모두 우리의 정신 상태의 접근과 관련이 있지만 의식과 메타인지는 별개의 현상이다. 한 가지 예로, 우리는 종종 우리가 관련 정보에 의식적으로 접근하지 않고 무언

> 가를 배웠는지 또는 우리가 무언가를 알고 있는지에 대해 판단을 내린다—때로는 심지어 그 정보가 어떤 일시적 이유 때문에 현재 접근할 수 없는 것일 때도 있다. 배웠다는 판단과 알고 있는 느낌의 판단은 때로는 현재 회상 없이도 일어난다. 그것은 마치 우리가 알고 있는 것에 대한 인식 없이 어떤 것을 알 수 있는 것과 비슷하다.
>
> (p. 204)

뇌는 우리가 인정하든 인정하지 않든 관찰하고, 해석하고, 결정을 내리도록 항상 활성화되어 있다. 상황에 대한 수동적인 수용, 즉 부정적 감정 상태일 때 뇌가 정지 상태를 유지한다고 가정하는 것은 뇌가 어떻게 작동하는지 모르고 하는 오해이다. 내담자들은 뇌가 항상성을 유지하는 네트워크가 강화되어 부정적인 감정이 존재할 때 다음에 수동성이 나타날 가능성이 높다는 것을 이해하는 것이 도움이 될 수 있다. 내담자들에게 감정이 이끄는 방향과는 반대로 행동하도록 지시함으로써 이러한 신경 네트워크에 도전할 수 있고 이는 신경학적인 변화와 미래 행동 변화를 위한 촉매제가 될 수 있다.

핵심정리

이 장의 도달목표:

- 지난 세기 동안의 행동 접근법의 진화를 추적하는 동시에 신경과학과의 통합의 지점을 살펴보았다.
- 변화에 대한 희망뿐 아니라 행동을 변화시키는 어려움에 대한 이해를 증진시키는 두 가지 기본적인 신경과학의 원칙을 나란히 제시하였다.
- 행동을 변화시키고 다루는 데 있어 언어와 주의집중의 역할을 탐색하였다.

참고문헌

Adolphs, R. (2009). The social brain: Neural basis of social knowledge. *Annual Review of Psychology, 60*, 693-716. doi.org/10.1146/annurev.psych.60.110707.163514

Adolphs, R., & Anderson, D. J. (2018). *The neuroscience of emotion: A new synthesis*. Princeton, NJ: Princeton University Press.

Badenoch, B. (2008). *Being a brain-wise therapist: A practical guide to interpersonal neurobiology*. New York, NY: W. W. Norton & Company.

Bandura, A. (1977). *Social learning theory*. Englewood Cliffs, NJ: Prentice Hall.

Bandura, A. (1986). *Social foundations of thought and action: A social cognitive theory. Englewood Cliffs*, NJ: Prentice Hall.

Beck, A. T. (1964). Thinking and depression: II. Theory and therapy. *Archives of General Psychiatry, 10*(6), 561-571.

Beck, J. (1995). *Cognitive therapy: Basics and beyond*. New York, NY: Guilford Press.

Corey, G. (2017). *Theory and practice of counseling and psychotherapy* (10th ed.). Belmont, CA: Brooks/Cole.

Cossell, L., Iacaruso, M. F., Muir, D. R., Houlton, R., Sader, E. N., Ko, H., … & Mrsic-Flogel, T. D. (2015). Functional organization of excitatory synaptic strength in primary visual cortex. *Nature, 518*(7539), 399. doi:10.1038/nature14182

Ellis, A., & Velten, E. C. (1992). *When AA doesn't work for you: Rational steps to quitting alcohol*. New York, NY: Barricade Books.

Fabbro, A., Crescentini, C., Matiz, A., Clarici, A., & Fabbro, F. (2017). Effects of mindfulness meditation on conscious and non-conscious components of the mind. *Applied Sciences, 7*(4), 349. doi:10.3390/app7040349

Field, T. A., Beeson, E. T., & Jones, L. K. (2015). The new ABCs: A practitioner's guide to neuroscience-informed cognitive-behavior therapy. *Journal of Mental Health Counseling, 37*(3), 206-220. doi.org/10.17744/1040-2861-37.3.206

Forrest, M. P., Parnell, E., & Penzes, P. (2018). Dendritic structural plasticity and neuropsychiatric disease. *Nature Reviews Neuroscience, 19*(4), 215. doi:10.1038/nrn.2018.16

Glasser, W. (1965). *Reality therapy: A new approach to psychiatry*. New York, NY: Harper & Row.

Hayes, S. C. (2004). Acceptance and commitment therapy, relational frame theory, and the third wave of behavioral and cognitive therapies. *Behavior Therapy, 35*(4), 639-665.

Hayes, S. C., Pistorello, J., & Levin, M. E. (2012). Acceptance and commitment therapy as a unified model of behavior change. *Counseling Psychologist, 40*(7), 976-1002.

Hayes, S. C., Strosahl, K. D., & Wilson, K. G. (1999). *Acceptance and commitment therapy: An experiential approach to behavior change*. New York, NY: Guilford Press.

Hebb, D. O. (1949). *The organization of behavior*. New York, NY: Wiley.

Holtmaat, A., & Caroni, P. (2016). Functional and structural underpinnings of neuronal assembly formation in learning. *Nature Neuroscience, 19*(12), 1553. dx.doi.org/10.1038/nn.4418

Jokić-Begić, N. (2010). Cognitive-behavioral therapy and neuroscience: Towards closer integration. *Psihologijske Teme, 19*(2), 235-254.

Kandel, E. R. (1976). *Cellular basis of behavior: An introduction to behavioral neurobiology*. Oxford, England: W. H. Freeman.

Keck, T., Toyoizumi, T., Chen, L., Doiron, B., Feldman, D. E., Fox, K., … & Lisman, J. E. (2017). Integrating Hebbian and homeostatic plasticity: the current state of the field and future research directions. *Philosophical Transactions of the Royal Society B: Biological Sciences, 372*(1715). doi.org/10.1098/rstb.2016.0158

Kelly, G. A. (1955). *The psychology of personal constructs*. New York, NY: W. W. Norton & Company.

Kole, K., Scheenen, W., Tiesinga, P., & Celikel, T. (2017). Cellular diversity of the somatosensory cortical map plasticity. *Neuroscience & Biobehavioral Reviews, 84*, 100-115. doi.org/10.1016/j.neubiorev.2017.11.015

Li, J., Park, E., Zhong, L. R., & Chen, L. (2019). Homeostatic synaptic plasticity as a metaplasticity mechanism—a molecular and cellular perspective. *Current Opinion in Neurobiology, 54*, 44-53.

Linehan, M. M. (1993). *Cognitive-behavioral treatment of borderline personality disorder*. New York, NY: Guilford Press.

Linehan, M. M., Comtois, K. A., Murray, A. M., Brown, M. Z., Gallop, R. J., Heard, H. L., … Lindenboim, N. (2006). Two-year randomized controlled trial and follow-up of dialectical behavior therapy vs. therapy by experts for suicidal behaviors and borderline personality disorder. *Archives of General Psychiatry, 63*(7), 757-766.

Luke, C., & Redekop, F. (2019). Behavioral Approaches. In E. Ginter, G. Roysircar, & L. Gerstein, (Eds.), *Theories and Applications of Counseling and Psychotherapy: Relevance Across Cultures and Settings*. Thousand Oaks, CA: Sage.

Makinson, R. A., & Young, J. S. (2012). Cognitive behavioral therapy and the treatment of posttraumatic stress disorder: Where counseling and neuroscience meet. *Journal of Counseling & Development, 90*(2), 131-140. doi.org/10.1111/j.1556-6676.2012.00017.x

Martin, K. C., & Kandel, E. R. (1996). Cell adhesion molecules, CREB, and the formation of new synaptic connections. *Neuron, 17*(4), 567-570. doi.org/10.1016/S0896-6273(00)80188-9

Neacsiu, A. D., Ward-Ciesielski, E. F., & Linehan, M. M. (2012). Emerging approaches to counseling intervention dialectical behavior therapy. *Counseling Psychologist, 40*(7), 1003-1032.

Pavlov, I. P. (1927). *Conditioned reflexes*. London, UK: Dover Publications.

Prochaska, J. O., & DiClemente, J. C. (2014). *Systems of psychotherapy: A transtheoretical analysis*. Stamford, CT: Cengage Learning.

Ramachandran, V. S. (2012). *The tell-tale brain: A neuroscientist's quest for what makes us human*. New York, NY: W. W. Norton & Company.

Rosenthal, D. M. (2000). Consciousness, content, and metacognitive judgments. *Consciousness and Cognition, 9*(2), 203-214.

Schwartz, J. M., & Begley, S. (2002). *The mind and the brain*. New York, NY: HarperCollins.

Segal, Z. V., Williams, J. M. G., & Teasdale, J. D. (2012). *Mindfulness-based cognitive therapy for depression*. New York, NY: Guilford Press.

Siegel, D. J. (2006). An interpersonal neurobiology approach to psychotherapy. *Psychiatric Annals, 36*(4), 248.

Siegel, D. J. (2012). *The developing mind: How relationships and the brain interact to shape who we are*. New York, NY: Guilford Press.

Skinner, B. F. (1938). *The behavior of organisms: An experimental analysis*. New York, NY: Appleton-Century-Crofts.

Skinner, B. F. (1974). *About behaviorism*. New York, NY: Knopf.

Sommers-Flanagan, J., & Sommers-Flanagan, R. (2017). *Clinical interviewing* (6th ed.). Hoboken, NJ: John Wiley & Sons.

Sweatt, J. D. (2016). Neural plasticity and behavior-sixty years of conceptual advances. *Journal of Neurochemistry, 139*, 179-199.

Weiner, B. (1986). *An attributional theory of motivation and emotion*. New York, NY: Springer-Verlag.

Willows A. O. (1971). *Giant brain cells in mollusks. Scientific American, 224*, 68-75.

Wolpe, J. (1973). *The practice of behavior therapy*. New York, NY: Pergamon Press.

Wubbolding, R. (2000). *Reality therapy for the 21st century*. Philadelphia, PA: Brunner-Routledge.

Yee, A. X., Hsu, Y. T., & Chen, L. (2017). A metaplasticity view of the interaction between homeostatic and Hebbian plasticity. *Philosophical Transactions of the Royal Society B: Biological Sciences, 372*(1715), 20160155. doi.org/10.1098/rstb.2016.0155

CREDITS

그림 4-1: J. David Sweatt, *Journal of Neurochemistry*, *139*, no. S2, pp. 180. Copyright © 2016 by John Wiley & Sons, Inc.

그림 4-2: J. David Sweatt, *Journal of Neurochemistry*, *139*, no. S2, pp. 181. Copyright © 2016 by John Wiley & Sons, Inc.

그림 4-3: Copyright © 2011 Depositphotos/Curaga.

그림 4-4: Copyright © 2015 Depositphotos/Macrovector.

그림 4-5: Copyright © EFF-Graphics (CC by 3.0) at https://commons.wikimedia.org/wiki/File:Surveillance-camera.png.

그림 4-6: Copyright © Hagmann P, et al., (CC by 3.0) at https://commons.wikimedia.org/wiki/File:-Network_representation_of_brain_connectivity.JPG.

CHAPTER

05

인본주의 접근과 신경과학

도입 질문

- 상대방의 이야기만 들어도 다른 사람이 느끼는 감정을 느낄 수 있는가(그리고 어떻게 가능한가)? [함정 질문]
- 분명한 스트레스 요인, 트리거 또는 별도로 제시되는 문제가 없는 경우 상담은 어떻게 진행될 수 있는가? 상담자는 어디서부터 시작해야 할까?
- 신경과학적 관점에서 삶과 죽음을 다루는 상담 이론을 검증할 수 있을까?

Larry

Larry는 30대 초반의 남성으로 초반에는 상담을 받을 이유가 불분명했다. 그는 인력이 부족해 외래 상담을 할 수밖에 없는 지방의 보훈병원으로부터 의뢰되었다. Larry는 1년 동안 아프가니스탄에 배치되었지만 전투를 보지는 못했다. 그는 헌병대원으로서 항상 기지나 근처에 주둔하고 있었다. Larry는 자신의 생명이 정말로 위험하다고 느낀 적은 없었지만, 많은 삶과 죽음, 그리고 '큰 그림'에 대해 생각하고 있다고 말한다. 그는 친구나 가족 중 누구도 자신의 경험을 이해하지 못하는 것 같아 상담자나 다른 사람들도 자신의 불안을 이해해 주길 기대하지 않는다고 재빠르게 덧붙인다. Larry에 따르면, 다른 사람들은 그가 전투에 직접 관여하지 않은 것에 대해 감사해야 한다고 하며, 군 생활에서의 '플래시백'이 없다고 생각한다. 상담자는 외상 후 스트레스 장애(PTSD)에 대한 질문에 집중했지만, 이 시점에서 이를 배제하고 Larry의 주관적인 경험인 인생에 대한 '큰 그림'을 다루기로 결정했다.

문화적 고려사항

Sommers-Flanagan과 Sommers-Flanagan(2018)은 인본주의적 접근법이 높은 수준의 개인 및 문화적 수용성을 가지지만, 한계도 있다는 점을 강조한다. 그중에 중요한 것은 어떤 문화에서는 그 문화의 가치와 대립될 수 있는 개인에 대한 집중과 감정표현에 대한 강조이다. 게다가, 내담자에 초점을 맞추는 것은 특정 문화 집단의 내담자에게는 소극적이고 필요한 구조가 부족한 것으로 느껴지게 할 수 있는데, 이러한 측면은 치료적인 관계를 저해할 수 있다(Corey, 2017). 이런 관점을 가지고 상담하는 상담자들은 접근 방식을 내담자가 속한 문화에 적용하는 것이 중요한데, 내담자에게 여러 맥락 안에서 살아가는 개인으로서 치료 과정을 어떻게 보는지와 상담을 통해서 기대하는 바가 무엇인지를 묻는 것부터 시작할 수 있다.

도입

> 초보 상담자 시절에 나는 다음과 같은 질문을 던졌다. 이 사람을 어떻게 치료하거나 고치거나 변화시킬 수 있을까? 지금 나는 다음과 같은 방식으로 질문을 한다. 어떻게 하면 이 사람이 자신의 성장을 위해 활용할 수 있는 관계를 제공할 수 있을까?
>
> – Carl Rogers(1961)

친구나 가족에게 당신이 수련 중인 상담자(또는 상담자, 심리학자, 사회복지사 등)라고 말할 때, 그들의 반응은 어떠한가? 당신이 대학원에 진학할 계획을 말할 때는 또 어떠한가? 한 사람이 경청의 기술을 배우기 위해 학사 졸업 후 2년에서 5년 정도, 그리고 수많은 교육과정과 자격증 취득을 위한 슈퍼비전을 받는 데 많은 시간을 할애할 수 있다는 사실에 놀라지 않는가? "사람들의 말을 듣고 조언을 해 주면 되는 거죠? 그게 얼마나 힘들겠어요?"라고 대략적으로 추측하지 않는가? 초기에는 당신이 잘 듣는 사람이기 때문에 [나는 상담 수업에서 학생들이 상담자로서의 역할극을 하면서도 어떤 질문도 할 수 없다는 규칙을 덧붙임으로써 듣는 능력을 테스트한다. 당연히 질문 없이 듣기만 하는 것은 Rogers의 방식을 적용한 것이다.] 또는 조언을 주는 데 능숙하기 때문에 상담자가 되기로 결심하게 되었을지 모른다. 그리고 듣는 것이 겉으로 보이는 것보다 훨씬 더 기술적이고 도전적이라는 것을 보여 주는 기법 수업도 있었다. 이 분야에서는 Carl Rogers와 그의 세 가지 핵심 인본주의적 상담 원칙(1942, 1961, Sommers-Flanagan, 2015)의 덕을 많이 보았다. 그 전까지 상담은 내용을 분석하고 치료 단계를 추천할 수 있을 만큼 충분히 오래 듣는 것이 중요했다(물론 주목할 만한 예외는 있다). 그렇다면 신경과학에서는 듣는다는 것에 대해 어떻게 말할 수 있을까? 비록 청각 관련 신경생물학에 관한 신경과학 문헌이 상당히 많지만(Jafari, Kolb, &

Mohajerani, 2017 참조), 이 장은 뇌의 청각피질과는 거의 관련이 없다. 대신, 우리는 신경과학에 넘쳐나는 상담의 은유로 돌아간다. 이 장에서는 또한 경청술의 이면에 있는 어려운 과학에 대해서도 다루고 있다. 가장 중요한 것은, 이 장은 인본주의 및 실존적 전통의 기본적 요소인 경청에 상응하는 하나의 주요 신경과학 원리에 초점을 맞춘다는 점이다. 〈표 5-1〉은 이해를 위한 경청의 구성요소와 그 이해가 인본주의 관점에서 어떻게 신경학적으로도 전달될 수 있는지를 보여 주고 있다.

〈표 5-1〉 인본주의 개념 지도

인본주의적 요소	신경학적 개념	치료적 가치
인간중심치료(PCT) 공감, 진솔성, 무조건적인 긍정적 태도(UPR)	거울 뉴런 대인관계 생리학	신경 수준에서 수용/거부의 예상 및 지각
실존주의 상담: 현상학	지각의 주관성, 뇌와 시간, 예행연습(rehearsal)	자유와 책임의 본질적인 힘, 소크라테스식 질문
게슈탈트: 전체론, 지금-여기에서의 경험, 실험	뇌는 전체론적으로 이해했을 때 가장 잘 이해되는 시스템 중의 시스템이다.	여러 시스템을 활성화하는 상담이 가장 효과적일 수 있는데, 증오하는 '부분들'을 화해시키는 것이 웰빙의 필수적인 요소가 될 수 있다.

경청하기

인본주의적-실존적 관점에서의 경청하기는 다음과 같은 듣기와 내담자에게 주의 기울이기의 몇 가지 측면이 포함된다.

- 내담자의 말 경청하기
- 내담자가 구두로 말할 수 없는 것에 대해 경청하기
- 비언어적 의사소통(몸짓과 같은 준언어적인 측면 포함)에 주의 기울이기

1938년 Carl Rogers는 상담회기 동안의 내용을 회상하는 것에만 의존하지 않고 선구적으로 상담 내용을 담기 위해 오디오 녹음을 활용하였다(Ivey & Daniels, 2016). Rogers는 후에 신경생물학에 의해 검증될 상담자 모델을 만들었다. 상담의 과정은 내담자에게 시기적

절하게 전달된 기술들의 집합이 아니다. 대신 게슈탈트적인, 즉 전인적으로 구체화된 경험(a whole-person, embodied experience)으로(여기서의 용어는 신체적인 경험을 통해서 표현될 수 있는 뇌에 기반한 경험을 일컫는 것이다. Varela, Thompson, & Rosch, 1991 참조) 상담 내에서 내담자는 판단하지 않는 진짜 자기를 탐색할 수 있는 안전한 공간을 경험한다. 판단하지 않고 진짜 자기를 탐색한다는 것은 두렵게 느껴질 수 있는데 인터뷰 순서나 기법의 일부로 축소되어서는 안 된다. 이러한 견해는 대인관계 신경생물학(Siegel, 2015)과 대인관계 생리학(Palumbo et al., 2017)과 같은 신경생물학적 관점에 의해 뒷받침된다. 우리는 이 장의 뒷부분에서 전인적인 경청(whole-person listening)이라는 주제로 다시 돌아갈 것이다.

이 장에서 논하는 경청의 유형은 어떤 면에서는 누구나 생각할 수 있는 기본적인 것이지만, 실제로는 우리가 상상하는 것 보다 훨씬 더 어렵다. PCT는 개념이 매우 복잡해서 어려운 것이 아니다. 이러한 방식으로 듣는 것은 많은 상담자와 내담자가 견딜 수 없기 때문에 어렵다. 깊고 완전하게 구현된 경청, 그리고 여기에 수반되어 발생하는 친밀감은 압도적일 수 있다. 이런 종류의 경험을 말로 묘사하기는 어려울 것이다. 이것이 왜 그렇게 변혁적인가 하는 이유이다. 하지만 단순히 나의 말과 Rogers의 말을 그대로 받아들이기보다는 오히려 그 과정에 대해 사회적, 정서적으로 신경과학이 무엇을 말하는지 봐야 한다. 이론의 개요와 통합을 살펴보기 전에, 앞에서 설명한 유형의 경청을 Larry의 사례에 적용하는 것으로 잠시 돌아가 보겠다. 이제 막 그를 소개받았을 뿐인 시점에서 경청하는 것이 어떤 것인지 좀 더 자세히 알아보도록 하자.

상담회기 내 신경과학적 접근

Larry **내담자의 말 경청하기**: Larry는 현명한 상담자라면 주의를 기울일 몇 가지 핵심 단어들을 활용한다. '큰 그림'을 '누구도 이해할 수 있을 것으로 기대하지 않으며' '플래시백'은 전혀 가지고 있지 않다고 한다. 이 세 가지 언어 표현은 Larry의 경험에 대해서 무엇을 말해 주며, 우리의 상담이 어디를 향해 나아가야 하는지 말해 줄 수 있을까?

상담자: Larry, 당신은 '큰 그림'이라는 말을 했는데, 무슨 뜻인지 좀 더 말씀해 주시겠어요?

Larry: 음, 지난 한 해 동안 제가 만나온 사람들과 재산에 대한 피해를 보면서, 이 모든 것이 무엇을 의미하는지 스스로에게 물어보게 되었습니다. 바로 인생이죠. 저는 삶이 한순간에 그곳에 있을 수도 있고 사라질 수도 있다는 것을 배웠고, 그것이 의미하는 바가 무엇이든 간에 제가 더 충만한 삶을 살고 싶게 한다는 것을 알게 되었어요.

상담자: 당신은 당신의 삶을 위해서 또 삶으로부터 더 많은 것을 원하지만 언제 어떻게 그런 일이 일어날 수 있는지 잘 모르겠다는 거군요.

Larry: 너무 벅찬 일인 것처럼 보여서 압도되는 듯한 느낌이에요. 그게 제가 여기에 온 이유지요.

내담자가 구두로 말할 수 없는 것에 대해 경청하기: Larry는 아무 말도 하지 않음으로써 많은 이야기를 할 수 있다. 이 경우, 그는 자신이 원하는 것을 분명하게 잘 표현할 수 없음을 통해 이를 전달한다. 또한 그는 상담을 의뢰하게 된 자신의 행동을 단편적으로 묘사하는 데 그쳐 상담 그 자체에 대하여 스스로 투쟁하고 있음에 대한 실마리를 우리에게 준다. 많은 내담자들은 비슷한 방식으로 상담을 시작하며, 자신들의 주관적인 경험을 모호하게 묘사하는데, 이때 상담자들은 구체적인 목표에 대한 확신을 가지기 어렵다.

상담자: Larry, 저는 압도당하는 느낌에 대한 당신의 이야기를 더 들어 보고 싶어요. 먼저 당신이 여기 있는 것, 상담을 받는다는 것에 대해 어떻게 생각하는지 말해 주시겠어요?

Larry: [잠시 멈춤] 글쎄요…, 저는 상담이 필요 없다고 생각하는 것 같아요. 결국, 저는 전투를 직접 보지는 않았습니다. 다른 사람들의 전투 결과를 보긴 했지만, 그 사람들처럼 플래시백은 없습니다. (내담자의 말을 들어보면, Larry가 '플래시백'을 다시 사용했다는 것을 알 수 있다.) 저는 제가 여기 있을 권리가 있는지 잘 모르겠습니다. 저는 그냥 우울증에 빠져 있고 거기에서 빠져나올 수 없을 것 같아요. 이러한 상태가 제 삶의 다른 부분에 영향을 미치기 시작한 것 같네요.

상담자: 이야기해 줘서 고마워요, Larry. 말하기 쉽지 않았다는 것이 느껴져요. 제가 당신을 좀 더 잘 이해하는 데 도움이 되네요. 이것은 중요하다고 생각하는데, 왜냐하면 상담을 받는 것에 대해 느끼는 양면성을 말하지 않고 내버려 두면, 우리가 하는 작업에 부정적인 영향을 미칠 수 있기 때문입니다. 지금 이대로도 다룰 수 있습니다. '압도당한다는 것'에 대해 좀 더 말해 주세요. 만약 제가 들어가서 당신이 압도당했다고 추측한다면 무엇을 볼 수 있을까요?

Larry: 아, 저도 모르겠어요. 아내는 제가 정말 조용해져서 별로 얘기하지 않는다고 말해요. 저는 단지 그 시간 동안 혼자 있고 싶을 뿐이지, 평소와 다른 느낌은 없어요. 그냥 지금은 별로 재미가 없어요.

상담자: 당신은 말수가 적어지고 예전 일을 제대로 즐기지 못하고 있군요…. 그리고 그게 아내에게 영향을 미치고 있어요. [이것은 Larry가 '압도당한다는' 용어를 사용해서 말하지 못했던 내용에 대한 재진술이다.]

비언어적 메시지 경청하기: 상담자는 Larry의 양면성을 설명하려고 하면서 Larry의 신체언어를 주목하는데, 이것은 몇 가지를 보여 준다.

상담자: Larry, 상담을 받는다는 것에 대한 복잡한 감정과 플래시백이 없다는 것에 대해 몇 번이나 언급한 것 사이에 무엇인가 연관이 있는 것 같습니다.

Larry: [한숨을 쉬며 가볍게 고개를 숙임] 음… 우리 부대의 많은 사람들이 전투를 봤든 못 봤든 간에, 플래시백, 악몽, 그리고 다른 것들 때문에 돌아와서 고통을 받고 있는 것 같아요. 저는 그런 건 딱히 갖고 있는 게 아니니까 아무 문제 없을 것 같아요. 검사 결과에서도 PTSD도 없고, 술도 안 마시고 약도 안 먹는데, 제가 왜 이러죠? 왜 저 혼자서는 이 일을 극복할 수 없을까요?

상담자: 당신이 스스로 하는 질문에서 "나는 이렇게 느낄 이유가 없으니 이렇게 느껴서는 안 된다." "어느 쪽이든 나 혼자 해결할 수 있어야 한다."고 하는 것 같습니다. 그런 말들을 할 때, 당신은 실망하고 좌절하는 것처럼 보입니다.

Larry: 흠.

상담자: 그게 당신이 느끼는 기분인가요?

Larry: 음… 하지만 저는 진짜 문제를 가지고 있는 것 같지는 않아요. 저는 스스로 다룰 수 있어야 하고 진짜 문제가 있는 사람들에게 공간을 내 주어야 할 것 같아요. 그럼에도 불구하고….

Larry의 말과 관찰된 몸짓과 투덜거림은 상담자가 Larry의 경험을 유추하는 데 있어 복합적으로 작용한다. 이 경우 Larry의 경험에 대해 이해하고 느낀 것을 반영함으로써 Larry의 경험을 확인하고 전달할 수 있다.

이론의 개관

인본주의는 존재의 한 방식이면서, 상담 관계의 기초이기도 하다. 동시에, 상담자가 기법을 적용하거나 개입을 하기 위해 내담자를 '개방'시키기 위한 수단이 아니라, 변화를 불러일으키기에 필요하고 충분한 것으로 간주된다(Woodside & Luke, 2019). 이 장에서는 인본주의적-실존주의적 전통에 속하는 세 가지 이론을 간략히 소개하고 통합하고자 하는데, 여기서는 간략히 소개하고 이어지는 절에서 자세히 설명할 것이다. 여기에 속하는 이론들의 중요한 특징은 Carl Rogers의 PCT, 즉 내담자 중심 상담이라는 측면이다. Rogers의 시대에는 정신분석학자들과 행동주의자들이 심리학에서 결정론의 창시자가 되기 위해(정신분석학의 경우 무의식-생물학적 결정론, 행동주의의 경우 무의식-환경 결정론) 논쟁하고 있었다. 이 두 가지 접근법 모두 인간을 과거의 무의식적인 과정이나 환경의 무의식적인 강화 과정에 반응하는 것으로 보았다. 하지만 1967년에 다음과 같은 글을 쓴 Rogers에게는 특별히 반향을 일으키지 않았다.

> 나는 나의 이해력을 뛰어넘는 무의식적인 영역으로부터 영향을 점점 덜 받는 존재이다. 나는 점점 더 스스로를 설계하는 사람이 된다. 나는 자유로이 선택할 수 있다. 나의 개별성을 받아들임으로써, 나의 'isness'는 개성과 잠재력을 더 많이 가지게 된다.
>
> (Rogers, Stevens, Gendlin, Shlien, & Van Dusen, 1967, pp. 48–49)

이것은 꽤 강한 확신이다. 그리고 이것은 아주 관계적이고 수용적인 PCT의 명백한 역설이며, 결정적으로 비지시적이다. 실제로, 내담자에 대한 Rogers의 반응은 진정성과 수용의 맥락에서 놀라울 정도로 직접적이며, 때로는 위협적이었다. 예를 들어, Rogers가 마라톤 집단 상담 비디오(Solbrig, 2014)에서 보여 주는 참가자들을 반영하는 피드백은 종종 상당히 자극적이다(예: 참가자의 애정을 열망하는 표현에 대한 반응으로 "부스러기를 구걸하는 것이 행복하군요."). 이것은 확실히 수동적인 반영이 아니다. 그것은 자극적인 공감, 지시하지 않고 끌어내는 접근이다.

관계의 역할

실존주의적-인본주의적 이론의 범주는 치료적 관계가 치료적 요소라는 한 가지 기본적인 토대 위에 있다. 인본주의자들의 관점은 일반적으로 인간에 대한 그들의 관점에 있어 우리의 이론들과 비교하여 아주 미묘하게 차이가 있다. 예를 들어, Maslow(1968/1999), Rogers(1961), Frankl(1969/1988)의 글에서 다루는 자기실현 경향성에서는 흠이 있고 때때로 이탈하기는 하지만 인간을 기본적으로 선하다고 묘사한다. 인간 조건에 대한 이러한 지향성은 관계에 중점을 둘 수 있는 장을 마련한다. 인간은 선천적으로 가치를 타고나고, 따라서 그들의 행동과 현재 환경 모두를 초월하는 가치를 가지는 것으로 여겨진다. 인본주의적 상담자에게 있어서 상담은 어떠한 내담자의 모습이든 수용해 주는 것이라기보다는 치료적인 관계를 통해서 가능한 한 자기를 한 인간에게 개방하도록 하는 것에 가깝다(Rogers, 1942). 이것은 중요한 차이이며, 상담의 상담자와 내담자 모두에게 성장과 발전에 대한 희망뿐만 아니라 새로운 차원의 임파워먼트를 가져오게 한다. 요점으로 돌아가자면, 인본주의적-실존적 접근법에서, 관계는 전혀 개입이 아니라는 면에서 개입이며, 개입을 위해 내담자를 준비시키기 위해 단장하는 과정도 아니라는 점에서 개입이다. 내담자가 변화를 선택한다면 변화를 위한 환경을 조성하는 것은 상담자의 기저의 성향과도 관련한다(Rogers, 1942). 그리고 이러한 입장은 관계에 대한 신경생물학 문헌에서 뒷받침되고 있다(Luke, 2019, im press).

신경생물학적 연구는 애착과 관계가 작용하는 방식에 대해 오랫동안 유지되어 온 개념에 도전해 왔다(Beckes, IJzerman, & Tops, 2015). Beckes 등(2015)은 상담 관계가 신경 활성화에 작동하는 애착 관련 기능을 구현한다는 것을 보여 준다. 예를 들어, 안전 애착된 개인은 우반구 기능에서 좌반구 기능으로 전환한다(Beckes et al., 2015). 다시 말하면, 사회적, 신경생리학적으로 내재된 투쟁 혹은 도피 반응 모드에서 보다 반응적인 대응으로 전환한다는 것이다(Young & Craske, 2018). 결국, 이러한 안전 애착은 등측 전전두엽 피질의 활성화를 통해 훨씬 더 높은 수준의 위협 처리를 가능하게 한다(Beckes et al., 2015). 이것이 상담자들에게 의미하는 것은, 내담자와의 상담에서, 인본주의적 과정을 통해 형성된 내재화된 애착 관계가, 내담자가 스스로의 선택의 결과든, 또는 그들에 대한 다른 사람의 선택이든 간에, 자신의 허용되지 않는 부분에 대한 탐색을 점점 더 참아 낼 수 있게 할 수 있다는 것이다(Rogers, 1942). 이는 Beckes 등(2015)과 Palumbo 등(2017)이 대인관계 생리학에서 설명하는 것과 비슷한데, 내담자의 내재화된 반응은 상담자의 내재화된 투사로 동기화될 수 있으며, 그 반대도 마찬가지이다. 관계는 여러 CNS 프로세스를 통해 반향을 일으키기 때문에 내담자의 성공에 필수적이다. 인본주의 전통을 따르는 상담자에게 이 관계는 세 가지 핵심 조건(Rogers, 1961)을 통해 가장 잘 형성되며, 다음에서 자세히 살펴보자.

공감

공감은 동정이 아니다. 때로는 공감조차 공감이 아닐 때도 있다. 상담자와 비교하여 신경과학자들이 공감하는 방법을 좀 더 자세히 살펴보면서 설명하겠다. Rogers에 따르면 공감, 즉 깊은 이해는 다양한 연구자들에 의해 수없이 공동 채택된 개념이다. Slattery와 Park(2011)가 제공하는 공감의 조작적 정의는 다음과 같은 임상적 설명을 제공한다.

> 우리는 공감을 치료적 행동의 기저를 이루며 치료의 성공을 예측하는 중요한 요소인 이해, 수용, 희망 및 커뮤니케이션을 포함하는 다면적인 특징을 가지는 것으로 설명해 왔

> 다. … 치료 세팅에서 공감을 배우는 것은 세 가지 다른 종류의 과업에 초점을 맞춰야 한다. (a) 인간 이해를 위해 충분히 복잡한 체계를 발전시키는 것, (b) 공감을 일으키는 강력하고 공감적인 임상 평가를 위한 기술을 습득하고, (c) 공감적 이해를 효과적으로 표현하기 위한 임상 기술을 구축하는 것이다.
>
> (p. 15)

전통적이고 일반적인 정의에서는 공감을 '느낌'과 감정에 기반한 것으로 일컬을 것이다. 그러나 임상적으로 이것은 정확하지 않을지 모른다. 공감은 인지능력이며 유능한 상담자들에게 필수적인 기술이다. Ivey와 Daniels(2016)가 표현한 바와 같이 공감의 2차원, 즉 정서적 공감과 인지적 공감으로 설명되더라도, 공감은 여전히 인지적 과정이다(Melloni, Lopez, & Ibanez, 2014 참조). 또한 실무 상담자의 정신건강을 위해서, 전문가들이 오래 상담을 하고 건강한 경계를 갖기 위해서도, 감정보다는 인지기반 기술이 되는 것이 필수적이다. 공감을 연구하는 대표적인 신경과학자인 Decety와 Jackson(2004)은 다음과 같이 현재의 정의를 요약한다. "다른 사람이 느끼고 있는 것을 느끼고, 다른 사람이 무엇을 느끼는지 알고 있으며, 다른 사람의 고통에 대해 연민을 가지고 반응할 의도를 가지고 있다." 그는 사회적 신경과학을 기반으로 한 공감의 대안적 개념화로서 세 가지를 고려할 것을 제안한다. 공감의 신경과학은 "(a) 다른 사람에 대한 정서적 반응으로 그 사람의 감정적 상태를 나누는 것을 필요로 하는데, 이는 종종 그렇기는 하지만 항상 그렇지는 않다. (b) 다른 사람의 관점을 공유하는 인지 능력, (c) 자기와 다른 사람의 느낌의 기원을 찾아가는 조절 메커니즘"(p. 73; 강조됨)과 관련한다.

공감의 사회 인지 신경과학은 개념으로서의 공감을 이해하는 데 도움이 될 뿐만 아니라 실천에 대한 함의를 초점화하는 데에도 도움이 된다. 사실, 신경과학에서의 공감은 현재 상당히 뜨거운 주제이며, 이는 단지 거울 뉴런에 관한 많은 연구들 때문만은 아니다. 우리는 이 모든 것을 적절히 다룰 수 있는 방법은 없기 때문에, 여기에서는 그 문헌들 중 몇 가지에 대한 간단한 요약을 살펴볼 것이다. 특히 상담 작업에 기여할 수 있는 연구결과에 가장 집중할 것이다.

[그림 5-1]의 사진 속 장면에 대한 당신의 초기 반응은 어떠한가? 이 사진은 다양한 반응을 불러일으키지만, 만약 여러분이 대부분의 사람들과 같다면 보통 움찔하거나, "와" 또는 "어-어"와 같은 반응을 할 것이다. 이러한 장면은 미소나 웃음을 자아낼 수 있다. 다음에 제시되는 구절들은 당신이 속한 세대에 따라 다양한 의미를 가진다. 어떤 것이 당신에게

가장 큰 반향을 불러일으키는가?

- "승리의 짜릿함 … 패배의 고통!"
- "미국에서 가장 재미있는 홈 비디오에 오신 것을 환영합니다."
- "창피한 실수(epic fail)"

[그림 5-1] 창피한 실수들(epic fails)

여기에는 공통점이 있는데, 모두가 보는 사람의 반응을 불러일으키는 문화적 이미지 표식이라는 점이다. 예를 들어, 1970년대 후반과 1980년대 초에 〈와이드 월드 오브 스포츠(Wide World of Sports)〉라는 텔레비전 스포츠 프로그램이 첫 구절에 이러한 단어들과 함께 시작하면서 승패를 나타내는 이미지를 보여 주었다. '패배의 고통'이라는 문구를 본 사람이라면 누구나 스키 선수가 경사로 꼭대기에서 부딪히거나 오토바이 운전자가 코스를 이탈했을 때와 연관된 느낌을 기억할 것이다. 매주 시청자들이 보고 또 보았다. 1980년대 후반부터 2000년대까지는 시청자들이 그들의 최고의 순간을 VHS 테이프에 담아 보낸 미국의 Funny Home Video가 하나의 문화적 아이콘이었다(이 글을 쓰는 현재는 VHS 비디오로 보내질 가능성은 낮지만, 여전히 TV 방송에 방영되고 있다).

전형적으로 보여지는 장면은 사고, 장난, 또는 불안정하거나 그렇지 않으면 잘못된 조언을 받은 인간이나 동물과 관련된 상황을 포함하고 있었다. 우승 동영상은 종종 일종의 움찔하고 놀라게 만드는 장면을 포함했다. 인터넷 시대가 되면서 이러한 패배의 고통을 담은 가장 재미있는 비디오가 최근 반복되어 웹에 노출되고 있는데, 흔히 '창피한 실수들(epic fails)'([그림 5-1])이라는 이름으로 편집되었다. 앞서 설명한 대로, 이러한 비디오는 고정된 물체(흔히 난간 같은 것)와 전형적인 무모한 사람(대개 스케이트보드 타는 사람)과 관련된 끝없는 근접 촬영, 위기 일발 및 기타 고통스러운 상호작용 장면을 포함한다. 결과는? 움찔거림과 웃음의 묘한 혼합이 일어난다. 왜 어떤 사람들은 웃고 어떤 사람들은 움찔할까? 어느 쪽이든 청중들은 외면하기가 거의 어렵다. 이유는 여러 가지가 있겠지만, 이것과 관련된 한 가지 특정한 현상을 지적하고 싶다. 대부분의 사람들은 다음에 일어날 결과를 알면서(예상하면서) 보고 또 본다. 그리고 보는 횟수에 상관없이, 마치 그들에게 일어나는 일인 것처럼 강하게 반응한다. 왜 그럴까? 이 장에서 우리는 신경과학의 관점에서 이 질문에 대한 가능한 답을 찾고 이를 상담에 적용할 수 있는 방법에 대해 살펴보고자 한다.

어떻게 반응하는가와는 관계없이, 이와 같은 이미지를 볼 때 일반적으로 다음과 같은 두 가지 사실이 있다. (1) 이 장면을 보고 시청자는 곡예사이거나, 포토샵된 이미지이거나 대단한 솜씨일 것이라 생각함에도 불구하고, 자동적으로 그리고 대부분 무의식적으로 여기서 나쁜 일이 일어나고 있다고 추론하게 된다. (2) 이 장면은 시청자에게 여러 감정을 불러일으키는데, 이 감정은 다른 사람이 상처를 입거나 상처를 입게 되는 것을 보는 불편하지만 찌릿한 느낌을 숨기거나 숨기지 못하는 두려움, 불안, 고통, 유머와 같은 부정적인 것이다. 이 모든 것이 단 몇 초 만에 시청자의 뇌에서 일어나며, 비디오나 라이브 장면의 경우 벌떡 일어서거나 움찔하거나 움찔하고 놀라거나 하는 것으로 이어진다. 왜 이러한가? 우리는 바로 앞 화면에서 일어나고 있는 장면과 관련되어 어떤 실질적인 고통도 느끼지 않는다는 것을 알고 있는 것처럼 우리에게 이러한 일이 일어나지 않는다는 것을 인지적으로 알고 있다. 그럼에도 불구하고 우리는 이러한 반응을 한다. 흥미롭게도, 우리의 뇌는 마치 우리에게 일어나는 일인 것 같은 신경 발화 패턴의 반응을 한다(Prochazkova & Kret, 2017). 이 경험을 담당하는 뉴런들은 거울 뉴런이라고 불리는데, 그 이유는 보는 사람의 마음속에 그 장면이 바로 눈앞에서 펼쳐지는 것처럼 이 뉴런들이 반영하기 때문이다. 신경과학자이자 거울 뉴런 분야의 선도적인 연구자인 Marco Iacoboni(2009)는 철학자 Ludwig Wittgenstein의 말을 인용하여 이러한 뉴런을 이해하는 목적과 효용성을 다음과 같이 요약한다.

> 우리는 감정을 **본다**. … 우리는 얼굴의 변화를 보지 않고 그가 기쁨, 슬픔, 지루함을 느끼고 있다고 **추론한다**. 우리는 다른 특징에 대해 설명할 수 없을 때조차도 슬프고, 빛나고, 지루한 얼굴을 즉시 묘사한다.
>
> (p. 262, 고딕체 원본)

이 묘사는 매우 직관적이라 할 수 있는데 거울 뉴런은 실제로 무엇을 하는 것일까?

거울 뉴런을 이해하기 위해서는 먼저 마음 이론(theory of mind)이라고 불리는 것을 살펴봐야 한다(Garrett, 2011; Garrett & Hough, 2018 참조). 마음 이론은 개인의 인식과 타인에 대한 인식 사이의 역동성을 설명한다(Gallese & Goldman, 1998). 그것은 사람은 다른 사람의 경험과 별개로, 자신만의 고유한 마음과 정신적인 경험을 가지고 있다는 인식이다. 발달심리학의 동일화와 차별화라는 용어는 마음 이론의 기초를 담고 있는데, 첫 번째 경우에는 다른 사람과 우리 자신 사이의 유사성을 보는 법을 배우는 반면, 두 번째 경우에는 우리 자신이 중요한 다른 사람들과 유사하지만 구별되는 것을 보기 시작한다. 타인과의 차별화가 일어나지 않을 때, 우리는 다른 사람이나 사물과의 융합된 정체성을 경험한다. 이러한 사실이 우리 목적에 중요한 이유는 거울 뉴런이 다른 사람들과의 연결성에 핵심적인 역할을 한다는 것이 과학계에서 강하게 지지된다는 점이다. 비록 방금 설명한 것처럼 그 연결성이 왜곡될 수 있더라도 말이다(Lamm & Majdandžić, 2015). Badenoch는 정신 모델을 설명하는데 있어 한 걸음 더 나아가는데, 이 정신 모델은 우리의 세계를 형성하고 이후 세상에 무엇을 기대할지, 특히 그 안의 사람들에게 무엇을 기대할지가 평생의 암묵적 기억을 바탕으로 이루어진다는 것이다. [암묵적 기억은 시험실의 향기처럼 의식적인 관심 없이 암호화되는 기억이라는 것을 기억하라. 대조적으로, 명시적 기억은 가령 시험을 위한 정보와 같이 우리가 의식적으로 기억하려고 하는 것들을 포함한다.]

2장에서 우리는 뇌에서 감각 뉴런, 중간 뉴런 그리고 운동 뉴런과 같이 몇 가지 다른 종류의 뉴런을 확인했다. 감각 뉴런은 외부 환경과 우리 내부의 감각기관에 메시지를 전달하거나 전달받는다. 중간 뉴런은 해당 체계 내에서 다른 뉴런들 사이의 연결점 역할을 한다. 운동 뉴런은 근육과 장기에 신호를 전달한다. 이 마지막 그룹인 운동 뉴런은 실제적으

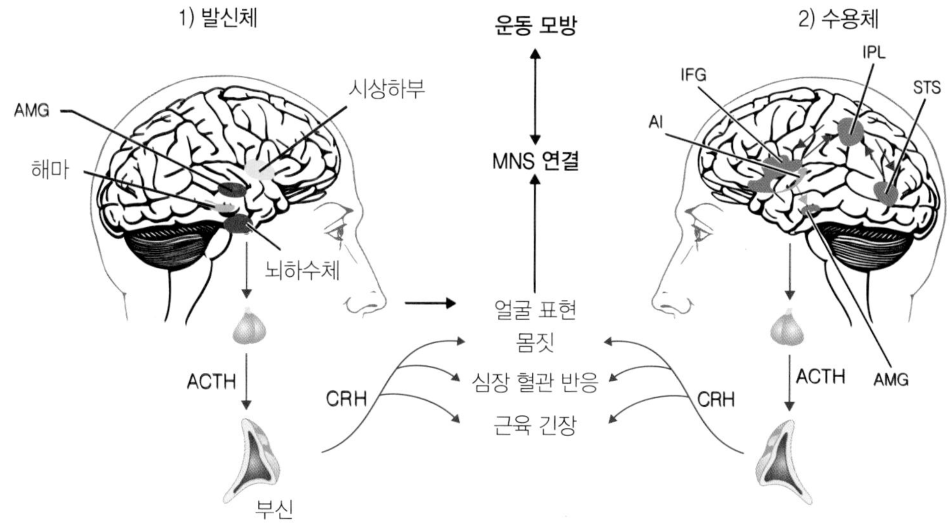

[그림 5-2] **운동 모방.** (1) 신체 움직임 관찰은 행동의 초기 시각적 묘사에 관여하는 STS를 활성화시킨다. (2) STS는 정확한 운동감각 움직임을 추적하는 거울 뉴런으로 IPL에 투사하고, (3) 이 정보를 '행동의 목표'를 코딩하는 IFG에 전달한다. (4) 목표지향운동 계획은 IFG에서 IPL을 통해 STS로 돌아간다. (5) MNS 연결은 운동 모방을 시작하게 한다. 전면 절연체 AI는 MNS를 AMG와 연결하며 이 두 독립적이면서도 상호작용하는 시스템 사이의 가능한 신경학적 교차로를 제공한다(Prochazkova & Kret, 2017).

로 소위 '거울 뉴런'을 구성한다. 거울 뉴런은 브로카 영역과 베르니케 영역과 같이 언어와 관련된 두 영역(전자는 말 산출, 후자는 언어 이해와 관련)에서 발견되는데, 다른 영역에서도 발견된다([그림 5-2]). 그래서 우리가 거울 뉴런에 대해 토론할 때, 이것들은 시각이나 촉각과 관련이 있는 감각 뉴런이 아니라 운동 뉴런이라는 것을 기억하는 것이 중요하다. 그러므로 거울 뉴런은 느끼지 않고 연합되는데(associate), 이 연합은 일반적으로 운동과 관련이 있다.

그렇다면 운동과 거울 뉴런은 어떤 관계가 있을까? 다른 말로 하자면, 왜 자연이 운동 피질에 거울 뉴런을 배치했을까? Garrett(2011)의 운동피질에 대한 논의는 이에 대한 해답을 찾는 데 도움이 될 수 있다([그림 5-2]). 진화의 관점에서, 생존은 가장 중요한 우선순위이다. 인간들이 사회성을 증가시키고 서로 가까운 곳에서 생활함에 따라, 잠재적인 위험을 나타내는 사회적 단서들, 즉 비언어적이고 미묘한 행동들을 이해하는 것이 점점 더 필요하게 되었다. 따라서 전전두엽 피질과 1차 및 2차 운동피질 사이의 관계는 매우 중요하게 되었다. 호문쿨루스(Homunculus)[1]에서 볼 수 있듯이, 뇌의 관련된 공간이 얼굴까지, 다리까지와 비교해서 할애되는 것을 살펴보아라.

예를 들어, Garrett이 묘사한 것처럼, 전전두엽 피질은 '운동을 계획하는 것(planning for movements)'으로 가장 잘 묘사될 수 있는데 이는 계획된 운동(planning movement)이라고 하는 고전적인 설명과는 반대된다. 그렇다면, 운동피질에서 반응할 준비가 되어 있어야 하고, 위협이 더 빠르게 판단될 수 있고 행동할 수 있을수록 생존 가능성이 커진다. 그러나 상담에서 이러한 회로는 과활성할 수 있는데, 타당한 위협이 존재하지 않을 때 발화되고, 존재하지 않는 위협에 대하여 선제적인 반응을 할 수 있다.

공감의 함의

공감에서 거울 뉴런의 역할은 통증 신호를 해석하지 않는다는 점에서 운동 뉴런의 문자 그대로의 기능과는 거의 관계가 없다. 대신, 거울 뉴런은 다른 사람의 특정한 행동—보통

1) [역자 주] Homunculus: 대뇌피질 호문쿨루스, 또는 펜필드의 호문쿨루스는 인간의 대뇌피질을 중심으로 하는 감각신경과 운동신경이 각기 다른 신체부위에 얼마만큼 연관되어 있는지를 크기로 대응시켜 나타낸 모형으로 각 신체부위가 자극에 대하여 얼마나 민감하게 반응하고 운동하는지를 나타낸다. 출처: https://ko.wikipedia.org/wiki/%EB%8C%80%EB%87%8C%ED%94%BC%EC%A7%88_%ED%98%B8%EB%AC%B8%EC%BF%A8%EB%A3%A8%EC%8A%A4

은 우리에게 친숙한 동작을 하는 것을 보고 반응하여 '발화(fire)'하는 경향이 있다. 이것이 의미하는 바는 거울 뉴런이 마치 자기가 직접 행동을 하는 것처럼 누군가 하고 있는 것을 보는 것만으로 반응한다는 것이다. 그러고 나서 이 발화는 그 행동과 관련된 감각 뉴런에 활동 전위(action potential)[2)]를 일으킨다. 가령 스포츠 중 스키를 볼 때를 생각해 보면, 스키 선수가 경사로를 지나다가 넘어지면 마치 내가 직접 경험하는 것처럼 움찔하며 전율한다. 이것이 현재 알려진 바로는 거울 뉴런의 기능이다. 직접 고통을 느낄 수는 없지만 내가 마치 낙상(동일화)을 경험하는 것처럼 반응하는 이유는 내 통증 수용체의 활성화 부재가 고통이 내부에서 비롯되는 것이 아니라 외부에서 오는 것이라고 알려주기 때문이다. 이것을 상담에서 정서적 고통에 적용하는 것은 그리 어렵지 않다. 상담자가 이러한 정보를 책임감 있게 활용하는 데 있어 도전이 되는 것은 한 사람의 뇌가 다른 사람의 움직임에 반응하여 운동 센터에서 발화한다고 해서, 그 상황에서 자신이 느끼는 것이 가까운 관계의 맥락 밖에서, 상대방이 느끼고 있는 것임을 확신할 수 없다는 점이다.

사회학습의 함의

V. S. Ramachandran(2000)은 인간을 비롯한 다른 영장류의 진화 속도와 관련하여 거울 뉴런의 역할에 대해 상당히 광범위하게 언급하였는데, 관찰을 통해 학습할 수 있는 능력은 발달과 진화를 위해 지난 세대에서 필요했던 시행착오를 불필요하게 했다는 것이다. 한 사람이 다른 사람이 작업을 수행하는 것을 볼 때, 그 행동에 대한 형판이 거울 뉴런을 통해 보는 사람의 마음에 배치되거나 각인된다. 예를 들어, 보보 인형 실험과 같은 Bandura의 SLT(1977, 1986)의 주장을 검증하는 연구가 수십 년 동안 진행되어 왔다(Everywhere Psychology, 2012). 지난 몇십 년 동안 신경과학 연구는 이 현상에 대해서 뇌에 기초한 생물학적 설명으로 증명하고 있다. 이러한 사실은 상담에 어떠한 도움을 줄 수 있을까?

첫 번째 발견 중 하나는 상담에서 공감이 정서적인 과정인지 인지적인 과정인지에 대한 논쟁과 관련이 있다. 이것을 둘러싼 논의는 천성 대 양육 논쟁으로 거슬러 올라간다.

2) [역자 주] action potential: 활동전위, 근육세포 또는 신경세포가 흥분할 때 생기는 전기적 활성으로서, 전기적, 화학적, 기계적 자극 및 온도변화 등에 의하여 생긴다고 생각하고 있다. 출처: https://terms.naver.com/entry.naver?docId=3513686&cid=60408&categoryId=58529

그리고 그 토론처럼, 결론은 양쪽을 만족시킨다. 공감은 정서적이면서도 인지적인 경험이다(Rameson, Morelli, & Lieberman, 2012). 이것은 두 번째 발견, 즉 공감의 신경과학 측면의 핵심 발견으로 이어진다. 공감은 이분법적인 경험이 아니라 차원적인 경험으로 가장 잘 설명된다. 예를 들어, 공감은 스펙트럼상에서 정반대편 극단에는 감정표현 불능증으로(Goerlich-Dobre, Lam, Pripfl, Habel, & Votinov, 2015), 스펙트럼상의 가장 어두운 끝에는 남의 불행에 대해 갖는 쾌감(Cikara, Brunau, Van Bevel, & Saxe, 2014)으로, 가장 충만하고 건강한 중심에는 정서 조망 능력(Hillis, 2014)을 가진 것으로 이해될 수 있다. 이러한 개념과 설명을 확인하면서 우리는 공감의 다차원적 특성과 관련한 세 번째 핵심 발견을 접할 수 있다(Lam, Silani, & Singer, 2015; Marsh, 2018). 즉, 신체적 고통, 사회적 거부를 관찰하거나 또는 이러한 사건을 듣거나 하는 경험의 차이는 공감을 생성하는 신경회로를 다르게 구성한다는 것이다. 상담자들에게 시사하는 한 가지 잠재적인 의미는 상담자가 공감적이거나 아니거나 할 수 없다는 것이다. 오히려 어떤 상담자들은 특정 내담자들이 고군분투하는 모습을 보거나 듣는 것에 더 공감하고 다른 내담자들에게는 덜 공감할 수 있다고 가정하는 것이 더 합리적일 수 있다. 이는 상담자들이 공감의 한계를 인정하면서 안도의 한숨을 쉬게 할 수 있겠지만, 동시에 상담자 자신의 덜 공감적인 영역을 성찰하는 데 있어서 방심하지 않고 주의해야 할 필요가 있다는 것을 의미한다. 공감 능력이 핵심 역량인 동시에 성향이 될 수 있다는 Marsh(2018)의 주장에 희망이 있을 수 있지만, 어느 쪽이든 훈련될 수 있다. 〈표 5-2〉는 연결되는 연속선상에 있음을 보여 준다.

〈표 5-2〉 타인과 연결의 연속성

감정표현불능증 (alexithymia)	말 그대로 '감정 단어가 없음'(Goerlich-Dobre et al., 2015 참조)
남의 불행에 대해 갖는 쾌감 (schadenfreude)	타인의 불행, 특히 경멸하는 사람의 불행으로 기쁨을 얻는다(Doré, Zerubevel, & Ochsner, 2014; Takahashi et al., 2009 참조).
정서 조망 수용 (affective perspective-taking)	다른 사람이 무엇을 생각하거나 느끼고 있는지 추론하는 능력(Hillis, 2014, p. 981)
정서적 전염 (emotional contagion)	다른 사람의 감정을 인식하고 공유하는 능력(Hillis, 2014, p. 981)
투사적인 연민 (projective sympathy)	다른 사람의 경험을 관찰하고, 비슷한 일을 겪으면서 내가 느끼는 것을 반영해 보고, 다른 사람이 경험하고 있는 것을 추측해 보는 것

여기에서 우리는 경험된 공감(empathy experienced)와 표현된 공감(empathy expressed)의 교차점을 탐색하고자 한다. 이는 Rameson 등(2012)이 공감과 뉴런 상관관계의 논의에서 구분한 개념이다. 신경학적으로, 인간은 공감을 경험하도록 '연결(wired)'되어 있다는 증거들이 증가하고 있다(예: Beckes et al., 2015; Palumbo et al., 2017). 현재까지는 논리적으로만 확장될 수 있기 때문에, 이러한 연구 결과를 일상생활과 임상 실습에 적용하는 한계는 다음에 논의된다. 이것은 공감의 현상을 주관적으로 경험하는 것으로, 표현하는 것과는 전혀 별개다. 이것은 중요한데, 왜냐하면 우리는 인간과 영장류들이 우리가 인지하든 못하든 항상 메타 수준에서 소통한다는 것을 알고 있기 때문이다(Panksepp, 2016; Panksepp, Lane, Solms, & Smith, 2017). 이것은 치료에 강력한 함의를 가진다. 만약 내가 상담에서 항상 내담자에게 무언가를 표현하고 있다면, 그리고 그것이 공감이 아니라면, 나는 무엇을 이야기하고 있나? 또는 내담자에게 공감을 경험하지만—잘 연구된 치료적 도구로 증명됨—표현하지 않는다면, 적어도 이런 측면에서 내담자에게 어떤 서비스를 제공하고 있는 것일까?

진실성(genuineness)

PCT의 기본 개념인 진실성, 일치성, 진솔성은 단순하게는 상담자의 내면과 외면이 일치하는 것을 의미한다. 그렇다고 해서 상담자가 내담자에게 떠오르는 모든 것을 말한다는 것은 아니다. 아마 생각나는 어떤 것이든, 생각날 때마다 말하는 것으로 스스로를 '정직한' 것으로 간주하는 사람들을 알고 있을지 모른다. 이것은 일치성(congruence)이 아니다. 단지 분별력이 부족한 것일 뿐이다. 그보다 진실성은 진솔성(authentic)이 구현된 것이다. Rogers는 내담자를 따뜻함에서 우러나오는 진심으로 아꼈다. 하지만 이것이 진실성의 필수적인 자세는 아니다. 대신 진실성은 내담자를 향한 자신의 감정에 대해 자신에게 솔직해지는 것과 관련이 있다. 상담자의 감정이 상담회기를 지배해서는 안 되지만, 이러한 감정들이 내담자의 상황이나 존재 방식에 대해서 알려줄 수 있다. Rogers는 세 번째 개념인 UPR(다음의 논의 참고) 때문에 따뜻해질 수 있고 이러한 방향성을 채택할 수 있었다. 이것은 핵심개념으로 최근의 신경과학에서의 발견들이 증명하고 있다. 예를 들어, 우리가 관계하고 있는 사람들은 미세한 표현에 기초하여 우리의 성향에 대한 미묘한 단서를 포착할 수 있다. 여기에 복잡성을 더해 주는 것은 영장류 연구들에서 이러한 단서에 대한 감지와 반응들이 많은 순간 우리의 의식 밖에서 일어난다는 것을 보여 준다는 사실이다. 예를 들어, Iacoboni와 Dapretto(2006)가 붉은털원숭이를 대상으로 한 연구에서 이를 증명하였는데, 그들은 이 연구에서 원숭이가 뱀에 대해 가지는 선천적인 두려움에 대하여 경험적 증거를 제공하고자 하였다. 분명히 아기 원숭이들은 뱀을 처음 접했음에도 불구하고 공포반응을 보였다. 초기의 결론은 영장류가 뱀을 두려워하도록 '연결되어(wired)' 있다는 것이었다. 그러나 그 후 연구자들은 공포 반응의 맥락과 관련하여 다른 질문을 하게 되었다. 이전 연구에서는 이 이론을 검증하기 위해 뱀을 제시할 때마다 아기 원숭이들은 엄마와 함께 있었다. 물론 분리불안과 같은 혼동 변인을 추가하지 않기 위해 어미를 가까운 범위 내에 두는 것은 이치에 맞다. 하지만 다른 실험에서 아기 원숭이를 어미와 분리하고 뱀을 최초로 제시했을 때 두려움의 반응을 보이지 않았다. 무슨 일이 일어난 것일까? 연구자들은 자료들을 다시 살펴보고, 아기 원숭이들은 무의식적으로 어미 원숭이로부터의 미묘하고 인지하기 어려운 신호에 주의를 기울이고 있었다고 결론 내린다. 공포는 학습된 반응인데 이는 영장류 사이에서 아직 알 수 없는 방법과 과정으로 학습되었다는 것을 보여 준다. [이러한 연구 결과는 여기에서 말하고자 하는 우리의 목적을 위해서는 정말 매력적이고 가시적인 것이지만, 결코 선천적인 두려움에 대한 논의에 대해 침묵하자는 것은 아니다. 뱀, 다른 공포 뉴런, 진화적으로 파생된 회로를 가리키는 많은 학자들의 연구 논문들이 있다.] 우리가 생각했던 대로 이러한 반응을 일으킨 것은 뉴런들의 집합이었지만 처음에 예상했던 뉴런들이 아니었다. 또한 신경과학자들이 종종 공감(empathy)이라고 언급하고 상담자들이 연민(sympathy)라고 언급하는 것이 무엇인지를 살펴볼 것인데 이 장 전체에 걸친 논쟁을 통해 점점 더 명확해질 것이다.

상담에서 공감은 상담자와 내담자가 서로의 암묵적인 행동에 응답함으로써 '조응(sync)'하는 것으로 진정성 또는 진정성의 부족을 통해서 유발된다(Finset & Ørnes, 2017) 마치 우리 삶에서 친밀한 관계에 있는 사람들이 말하지 않아도 무언가가 우리를 괴롭히고 있다는 것을 감지할 수 있듯이, 우리 내담자들도 우리가 말하는 것과 비언어적으로 소통하는 것 사이의 어떤 단절을 감지할 수 있다. 이것은 상담자들이 내담자들을 향한 그들의 드러내지 않은 부정적이고 잠재적으로는 해로운 긍정적 성향에 대해서 스스로 우선 관심을 기울여야 한다는 압력을 증가시킨다. 운동 뉴런이 뇌에서 작동하는 방식에 대한 이해가 부족하고 보편적인 진정성의 부족 때문에 우리는 내담자에게 복합적인 메시지를 보내는 것일까? Doré와 연구자들(2014)은 사회 인지 신경과학의 핵심 시스템에 관한 문헌을 검토했다. 이 중 가장 중요한 것은 편도체, 선조체, 복측피개 영역, 전전두피질 영역, 전대상피질 영역, 수도관주위회색질 영역으로 구성된 평가 시스템이다. 이 구조들은 모두 소위 원자가(valence, 좋음 대 나쁨)와 자극 시스템을 구성하는데, "이 구조들은 감각정보와 본능 정보를 통합하여 경험–의존적 가치 표현의 양상을 형성하기 위해 작동한다."(p. 696) 즉, 이 복잡한 지각 및 평가 시스템은 끊임없이 환경(또는 다른 사람)을 스캔하고 본질적, 관념적, 행동적 수준에서 평가하여, 한 사람이 다른 사람에 대해 어떻게 느끼는지를 결정하는 것이다. 이 모든 것이 사람의 인식 안팎에서 일어나고 있다. 이것은 진정성을 경험하고 반영하는 데 있어 상담자에게 독특한 도전이 되는데, 이는 진정성이 위조되기 어렵다는 것을 보여 준다(이것이 또한 상담자들에게도 바람직하지 않은 것이기를 바란다).

이 부분과 관련하여 나는 최근에 일차적으로 정신증적이고 약물사용을 하는 까다로운 혼합그룹을 이끌었다. 회기 마지막에 자연스럽게 두 명의 집단 멤버가 내가 함께 작업할 때 사용했던 포괄적인 언어에 대해 언급하였다. 그들이 무엇을 말하고자 하는지 알기 위해 시간을 들여 물어보았다. 그들은 다음과 같이 말했다. "나는 당신이 우리보다 나은 사람이 아니라 우리 중 한 사람인 것처럼 '우리'에 대해 말하는 것이 마음에 듭니다." 이 일은 나에게 큰 감동을 주었다. 나는 정말로 '우리' 중의 한 명으로 느꼈는데, 이는 내담자들이 주의를 기울이도록 하는 데 좋은 방법이었다. 최근 건강한 생활습관 행동과 스트레스가 우리 몸에 미치는 영향을 언급할 때 같은 유형의 언어를 사용하던 의사를 방문했던 것이 생각났다. 그가 나를 문제 있는 환자로 보기보다 우리가 함께 있는 것처럼 느꼈다고 생각했던 기억이 났다. 건강한 사람들의 투쟁을 위한 그의 진정성은 나에게 강력한 영향을 주었다. Rogers의 말로 돌아가서 나는 상담자들이 진정으로 내담자를 '동료 여행자'로서 볼 때, 그리고 내담자들이 그것을 믿을 때 이러한 일이 일어난다고 생각한다.

무조건적인 긍정적 관심

가능하다면 처음부터 직접적으로 이야기해 보자. 무조건적인 긍정적 관심(UPR)은 행동이 아니라 인간됨(personhood)과 관련이 있다. 내담자에 대한 상담자의 UPR은 상담자가 일반적으로 인간을 어떻게 보고 각 개인을 어떻게 개별적으로 보는지에 대해 말해 준다. UPR은 상담자가 인간으로서의 내담자와 내담자의 일련의 행동들을 분리하도록 허용하거나 오히려 요구한다. 우리가 이 두 가지를 혼동할 때, 우리는 우리의 개별적인 가치관을 어디까지 적용시킬 것인지, 어디까지 내담자를 가치있게 생각해야 할 것인지 혼란스러워진다. 이것은 상담에서 윤리적인 행동과 가치를 다루는 데 있어 굉장한 함의점을 가진다. 상담자들은 상담의 "문 앞에서 가치를 확인하라."는 요구는 받지 않지만, 의도적이든 의도적이지 않든, 내담자에게 자신의 가치를 강요하는 것은 허용되지 않는다. 상담자의 역할은 내담자의 행동을 개인적 기준이 아니라 내담자 스스로의 기준과 내담자의 (그리고 우리의) 공동체의 기준에 의해서 판단하는 것이고, 또한 내담자가 원하는 삶을 살 수 있도록 이끄는 데 있어 효과적인가에 의해 판단하는 것이다.

Badenoch(2008)는 상담회기에서의 마음챙김에 대해서 논의하면서, 상담자가 자신으로부터 한 발짝 벗어나 내담자에 대한 자신의 생각을 탐색하는 과정으로 설명한다. 그것은 변연계, 즉 편도체가 지각(perception)에 있어 어떻게 작동하는지 인지하는 것에서 시작한다. 편도체와 주변 구조의 한 가지 주요 기능은 판단하는 것이다! 이 기능은 '딱히 옳지 않은' 것을 포함하여 환경에서의 위험을 알아채도록 돕는 '고속 회로(fast circuit)'이다. 이것은 번개와 같은 속도로 그리고 종종 전의식의 수준에서 일어나기 때문에, 상대와 상황에 대해 판단하는 것을 피할 수 없다. 따라서 상담자들의 목표는 열반의 상태처럼 무판단의 상태에 도달하는 것이 아니라, 인식되고 무시되는 신경학적 현상에 대한 판단을 경험하는 것이다. 우리가 숙고하는 것을 멈추고, 마음이 어떻게 반응하는지 분석하고, 우리의 진정한 반응을 걸러내는 순간 (같은 시스템을 활용하여) 내담자들은 상담자의 불일치를 인식하게 된다. Badenoch(2008)은 마음챙김을 통해 세 가지 관계 치료적 요소 모두를 하나로 묶는 공감적 경험에 대한 설명을 다음과 같이 제공하고 있다. "판단을 꽉 움켜잡지 않고, 순간순간 마음속에 떠오르는 모든 것에 의도적으로 친절한 관심을 기울이는 것"(p. 178). 마음챙김에 대한 이 설명은 판단하게 되는 것은 당연하다고 가정한다. 그러나 그러한 판단을 꽉 움켜잡고 있는 것은 당연하지 않다. 따라서 공감에 대한 신경 인식 접근에서는 뇌의 자연적인 '판단' 상태를 인정하고 관계의 맥락에서 뇌의 영향력을 완화시키고자 한다.

내담자들은 스스로에게 그리고 자신에게 중요한 다른 사람들에게 그랬던 것처럼, 자신들의 사고나 감정이 상담자에게 견딜 수 없는 것이 될 것이라는 어느 정도의 두려움이나 불확실성을 가지고 상담을 시작한다고 가정하는 것이 일반적으로 안전하다. 이런 이유로 Rogers(1942)는 내담자의 부정적 및 긍정적 표현들을 수용하는 습관을 들이는 것이 중요하다고 주장하는데, 이는 어느 쪽이든 판단을 함으로써 맞닥뜨리게 되는 위험을 피하기 위해서이다. 조건부 판단의 위험은 상담자가 이전 관계를 통해 형성되어 왔던 내담자의 위협 감지 회로를 의도치 않게 활성화할 수 있다는 것이다. 예를 들어, Young과 Craske(2018)는 뇌에서 생존 회로의 역할, 즉 편도체, 전전두엽 피질 및 뇌섬엽의 역할을 강조한다. 본질적으로, 상담자는 생존 위협에 대한 두려움이 지지적인 관계의 맥락 안에서 사라질 수 있음을 추론할 수 있다(Clark-Polner & Clark, 2014). 위협 감지 시스템의 민감성은 의식적으로든 무의식적으로든(Fitzgerald, DiGangi, & Phan, 2018), 그 판단이 실제적이든 또는 내담자 스스로가 투영한 것이든 관계없이 개인으로 하여금 타인의 판단을 지나치게 인식하게 한다.

상담회기 내 신경과학적 접근

Larry 사례 계속 아무도 그의 상황을 이해할 수 없다는 Larry의 믿음이 그의 상황에 대한 이해 부족에 뿌리를 두고 있다는 것은 이미 여러분에게 분명해졌을 것이다. 사실이지만, 이것은 그가 그의 환경으로부터 받고 있을지 모르는 메시지들에 의해 복잡해진다—이것은 그가 단지 보내진 메시지를 받고 있다는 것을 의미하는 것이 아니다. 첫째, 상담회기 내에서 다음과 같이 시도된다. Larry는 자신의 경험과 인식에 기초하여, 의식적인 또는 무의식적인 상담자의 반응에 신경학적인 수준에서 조율되어 있다. 그는 상담자가 명시적으로든 암묵적으로든 자신을 거절할 것이라는 미묘한 신호에 반응할 준비가 되어 있다. 따라서 상담자들은 Rogers의 공감, 진실성, UPR의 개념을 적용하기 위해서 상담회기에 들어가기 훨씬 전에 이러한 태도들을 발전시키려고 노력해야 한다. 진실성은 부분적으로 우리의 거울 뉴런 덕분에 현재로선 꾸며내기가 어렵다. 그렇다면 상담자가 Larry를 좋아하지 않으면 어떻게 될까? 그와 계속 작업하는 것이 가능할까, 아니면 다른 상담자에게 의뢰하는 것이 최선일까? 여기에 대한 답변을 충분히 다루기에는 지면이 부족하지만, 부정적인 감정이 강하게 드는 내담자와 상담할 때 명심해야 할 다음과 같은 몇 가지 기본사항들이 있다.

- Larry는 상담자의 감정을 암묵적으로, 명시적으로 또는 두 방향 모두에서 감지하게 될 것이다. 진실성은 일반적으로 서로 다른 두 가지의 PCT 개념에 뿌리를 두고 있다. 상담자가 Larry의 관점에서 세상을 보려고 애쓰고 있거나(단지 상담자가 군 경력이 없어서 참전 용사의 경험을 잘못 이해하는 것만이 아니다) 혹은 상담자가 Larry의 행동과 다른 개인적인 요소에 너무 정신이 팔려서 그 안에 있는 사람을 볼 수 없게 되었거나 둘 중 하나다. 또는 아마도 슈퍼비전을 통해서 다룰 필요가 있는 상담자 안의 역전이 문제가 있을 것이다.

Larry와 함께 작업하면서, 비록 처음에는 신경학적으로만 가능하더라도 그가 선택할 수 있는 비판단적인 존재를 투영하는 것이 중요할 것이다. 이 시점의 Larry 상담에서 거울 뉴런에 대해 가르치는 것은 덜 중요하며, 상담자가 현재 상담회기 내에 거울 뉴런에 대해 알고 있는 것에 기초하여 행동할 수 있는 것이 더 중요하다. 당신은 Badenoch의 마음챙김이 판단을 하는 것이 아니라 공감과 잘 들어맞는다고 설명한 것을 기억할 것이다. 처음에는 상담자들에게 적용되었지만, 이제는 내담자인 Larry에게로 돌려볼 것이다. 우뇌와 우뇌 사이의 연결을 통해, Larry는 상담자의 행동을 미러링함으로써 상담자가 자신을 수용하도록 점점 더 끌어낼 수 있을 것이다.

동기강화면담

동기강화면담은 Miller와 Rollnick(2012; Rollnick & Miller, 1995)에 의해 설명된 것으로, 본질적으로 인간중심 접근법이 확장된 것이다. 내담자가 자신의 삶에서 어디에 있는지를 받아들이는 것이 이 접근법의 기반이며, 거울 뉴런 관점에서는 상담자가 삶을 수용하는 태도에서 내담자가 이러한 수용을 모방할 수 있는 길을 열어 준다(Rogers, 1942). 〈표 5-3〉은 각 단계들의 간략한 개요이며, 이는 인본주의 적용의 일종이다. 읽으면서 Larry에게 적용시켜 보자.

〈표 5-3〉 동기강화면담의 구성요소

공감적 의사소통(communicating empathy): 이 첫 번째 단계는 이 장 전체에서 다루고 있지만 여기서 다시 반복된다. 상담자가 내담자의 인지적, 정서적 경험을 이해하기 위해서 언어적, 비언어적인 수단을 동원해 이해하고 의사소통하기를 애쓴다면 내담자는 이를 알게 되고, 이러한 경향성을 자신의 삶에 적용시키고자 하는 것은 말할 것도 없고, 상담 관계와 치료적 과정에 더 적극적으로 참여하게 된다.
양가감정과 불일치(ambivalence and discrepancy): 최근에 여러분에게 문제가 됐던 생각, 느낌, 행동을 바꾸고 싶거나 바꾸려고 했던 때를 생각해 보자. 자신의 생각, 느낌, 행동 측면에서 100% 변화하고 싶었다고 이야기할 수 있을까? 물론 가능하긴 하지만, 보통 인간이 동기화되는 양상을 볼 때 그럴 가능성은 별로 없다. 대신, 우리는 종종 변화를 두고 자신과 전쟁을 하고, 갇혀 있기 위해 자신과 게임을 하는 경향이 있다. 이러한 양면성이 내담자에게 나타나는 방법 중 하나는 의사소통의 불일치를 통해서이다. 상담자가 이를 인지할 수 있게 되면, 내담자가 이를 받아들이는 데 도움이 된다.
저항과 함께 구르기(rolling with resistance): 비록 동기강화면담의 핵심 개념 중 하나가 저항을 관리하는 것이지만, 나는 앞에서 설명한 내키지 않음이나 양면성으로 지칭하는 것이 공감, 진실성, UPR을 구축하는 데 훨씬 더 효과적이라고 생각한다. 내담자를 묘사할 때 사용하는 언어를 바꾸는 것만으로도 내담자를 바라보는 관점이 변한다. 우선 먼저, '저항적'이라고 하는 것은 치료적 노력과 작업에 대하여 적극적으로 반항한다는 생각을 불러일으킬 수 있다. 반면에, 내키지 않음이나 양면성이라고 하는 것은 과묵함이나 아직 준비가 되어 있지 않다는 느낌을 불러일으킨다. '저항한다'는 것은 내담자가 전체 치료적 방향으로 나아가려 하지 않는 것처럼 느껴지게 한다. 그럼에도 불구하고 그 저항과 함께 굴러가는 것은 상담자가 맹목적이고 수동적으로 내담자를 따라가는 것이 아니라, 또는 저항에 저항한다기보다는, 동기를 부여할 수 있는 순간을 선택하게끔 내담자와 함께 해 나간다는 의미를 포함한다. 이는 상담에 있어 강력한 힘이며, 많은 내담자들이 이러한 관계에 익숙하지 않기 때문에 불협화음을 일으킬 수 있다.

자기효능감 유발(self-efficacy through evocation): 내담자의 장점을 끌어내고 이를 활용하여 내담자가 스스로 건강하고 의미 있는 의사결정을 내릴 수 있는 능력이 있다고 믿게 되는 과정이 동기강화면담의 진정한 목표이다. 앞의 3단계는 이러한 강점을 인식하고 매일 실천하고자 하는 의지를 쌓기 위한 장이다. 자기효능감은 장애물이 존재할 때 노력을 쏟고 지속하는 데 있어 긍정적인 성과를 나타내는 요소이다.

앞서 언급한 거울 뉴런에 대한 연구에서 강조되었듯이, 공감은 상담의 기초가 될 뿐만 아니라 인간 및 다른 영장류에도 내장되어 있는 것으로 보인다. 둘째, 인간은 의심할 여지없이 비유적으로나 신경학적으로나 두 가지 마음을 가지고 있다. 앞 장에서 논의된 좌뇌 및 우뇌 처리 원칙이 이를 입증했다. 논리적, 선형적 자아(좌뇌)는 때론 우위를 점하기 위해, 바라건대 조화를 위하여 창조적이고 전체적인 자아(우뇌)에 도전한다. 우리의 핵심 뇌 생리학에서는 우리 모든 인간들 마음의 이중성을 은유적으로 제시한다. 그러므로 양면성은 이용되고 활용되어야지 폄하되어서는 안 된다. ACT에 관해 4장에서 논의한 바와 같이, 문자 그대로의 언어 사용 또는 융합은 심리적 유연성을 유지하고 다양한 행동을 증가시키는 우리의 능력을 제한한다. 이것은 이미지를 생성하는 창조적인 우뇌와는 다른 언어 지향 좌뇌의 기능으로 보인다. 예시로 분홍색 물방울 무늬가 있는 보라색 코끼리에 대해 생각하지 않는 것을 생각해 보자. 일단 좌뇌가 문자 그대로의 언어를 인코딩/복호화하면, 우뇌는 그 언어의 저장된 이미지를 제조하거나 처리한다. 그러나 우뇌는 사용된 언어의 '없는 그림(nonpicture)'을 만들 수 없다(Maultsby, 1990). 상담은 Larry의 감정이나 경험(그림을 없애기)에서 벗어나도록 설득하는 대신, Larry의 관심을 다른 '그림'에 집중시킨다. 마찬가지로, 저항을 저항하는 것은 인간 관계에 관한 인본주의 원칙과 반대되는 것이다. 그리고 마지막으로 동기강화면담은 행동주의 원칙에 기반할 뿐 아니라 내담자들을 빠져나오게 만들기 위한 게슈탈트 상담, 그리고 현재 시점까지 건설적으로 구현했는지 여부에 대한 그들의 자산과 능력에 대한 인식을 바탕으로 한 연구에 기초한다.

실존적 관점

이 이론은 과학과 철학 사이를 오가는 측면에서 다소 까다롭기는 하지만 꽤 흥미롭다. 다른 곳에서, 나는 신경과학적 통합의 철학적 의미에 대해 더 많은 담론을 나누고 있다

(Luke, im press). 실존적 관점에서는 존재의 본질, 삶의 의미의 원천, 책임, 자유, 선택, 불안의 역할에 대해 아무리 짧더라도 어떤 입장을 취하기를 요구한다. 예를 들어, 행동적 관점에서는 불안을 병적으로 회피하도록 행동하게 만드는 촉매제로 본다. 실존적 견해와는 대조적으로, 행동적 관점에서는 불안이 우리의 궁극적인 죽음과 연결되며 우리가 어떻게 살지에 대해 선택을 할 때 부수적인 책임으로 나타난다는 관점을 가진다. 하지만 동시에, 두 관점 모두에서 불안의 회피가 중요한 역할을 하는 것으로 본다는 점에서 그리 멀리 떨어져 있지 않다. 실존주의자의 관점에서는 삶과 죽음에 대한 거대 질문에 접근하는 것은 불안과 맞서는 데 도움을 주고 심리적 건강으로, 혹은 적어도 병리적 상태에서 멀어지도록 이끄는 것으로 본다. 다음에 이어지는 절을 읽을 때는 '신경과학이 이런 종류의 문제에 대해 어떻게 말하는가?'에 유념하도록 한다.

현상학

이러한 종류의 접근법들의 주요 연결점은 현상학 개념인데, 특히 Truth(truth with a-big-T)와 관련되어 있다. 'Truth'는 관찰 가능하고 알기 쉬운 객관적 현실에 대한 믿음을 의미하며, 행동을 위한 규칙으로 이어진다. 사회에는 도움이 되지만, 그 정도에만 그친다. 현상학에서는 경험의 개별성을 인정하며 어떤 사람의 경험은 그 자신에 의해서만 알 수 있으며, 때로는 본인 스스로도 진정으로 알 수 없다고 본다. 현상학은 뇌의 구조에 그 기초를 두고 있다(Panksepp et al., 2017 참조). 이는 실존적-인본주의적 상담자들이 겸손과 솔직함으로 내담자들에게 다가가고, 다른 사람의 관점으로 세상을 보는 것의 한계를 인식하게 한다. 이러한 사실은 공감하고자 하는 상담자의 노력을 멈추게 하는 것이 아니라 결정에 대한 판단을 유보한다. Slattery와 Park(2011)이 공감 작업에서 활용한 Andrea Yates의 사례를 살펴보자. Yates는 천국에 빨리 가기 위해 다섯 명의 아이들을 조직적으로 익사시키는데, 이는 양육이 잘못되어 자신의 아이들이 지옥에 떨어질 수밖에 없게 되는 불가피한 판결을 피하게 하기 위해서이다. 더 나아가기 전에 한 가지 주의할 사항은 다음의 '공감 실험'(〈표 5-4〉)에서는 Yates 사례의 행동을 정당화, 합리화 또는 설명하려는 의도는 없다는 것이다.

대부분의 사람들은 이 사고 실험(thought experiment)을 견디기 위해 애쓴다. 그것을 견딜 수 있는 사람들은 하나, 둘 또는 셋의 상처, 생화학적인 오작동 또는 트라우마가 전혀 생각할 수 없던 것이 아니라는 현실에 대한 새로운 인식을 가지게 된다. 다시 말하지만, 이것은 어떤 사람이나 행동을 용서하거나 옹호하는 것이 아니다. 기억할 점은, 인본주의적, 공감적 관점에서, 아무리 그 행동들이 개탄스러울지라도 인간은 자신의 행동과 분리될 수 있다는 것이다.

〈표 5-4〉 공감실험

1. 눈을 감고 마음의 눈에 당신이 이 세상에서 가장 사랑하는 사람, 사물의 이미지를 모으십시오. 이제 그 이미지를 마음에 담아 두세요.
2. 이제 지금이나 미래에 그 사람이나 그 사물을 위험으로부터 보호하기 위해 하지 않을 일을 상상해 보세요.
3. 이제 여러분의 뇌 기능 장애로 인한 우울증과 정신병, 약물 오남용, 그리고 무엇이든 해봐야 한다는 압도적인 믿음의 결과로, 여러분이 행동하지 않으면 사랑하는 사람이나 대상이 영원한 고통에 처할 위험이 있다고 믿는 것을 상상해 보세요.

자유/선택

실존적-인본주의에서 선택의 자유는 인간 존재의 기본조건이다. 앞서 언급했듯이, 심리학 분야는 은밀하게 그리고 부지불식간에 결정론의 형태에서 또 다른 형태로 미끄러졌다. 심리학의 두 번째 세력으로서, 행동학자들은 인간 행동의 무의식적이고 생물학적인 결정론을 입증하는 Freud와 그의 동료들의 사례 기반 방법론을 기피했다. 안타깝게도, 행동주의자들은 환경적 단서에 대한 인간의 무의식적인 반응에 바탕을 둔 결정론으로 이를 대체했다. 이와는 반대로 실존주의자들과 인본주의자들은 목표 지향적인 인간 행동에 대한 목적론적인 관점을 발전시켰다. 인지심리학자들—Rogers(1961), May(1950/1977), Franckl(1969/1988) 등—의 업적을 바탕으로 인간은 자기 인식 능력이 있을 뿐만 아니라 선택의 자유도 있다는 것을 제안한다. 이 절을 살펴보기 전에, 이는 상담자의 임상 작업에 있어 중추적인 문제이며, 이 접근법과 신경과학을 통합하는 데 있어서도 확실히 중요한 문제라는 점을 유념해야 한다.

현재, 우리는 신경과학이 의식적인 선택과 무의식적인 결정론의 양쪽 모두를 증명하는 데 사용된다는 것을 알고 있다. 4장에서 나는 Libet(1993)과 같은 신경과학자들의 연구를 설명했는데, 이들은 인간은 무의식적으로 결정을 하고 그 이후 의사결정이 자유의지로 이루어졌다고 믿는다는 사실을 경험적으로 증명했다고 말한다. 이것은 독자가 결정할 일이다. 이 논의의 일부로서 선택과 자유와 관련되는 의지와 자유의지의 가능성을 살펴보자. 아마도 우리가 이 주제에 접근할 때 가장 관련 있는 것으로 고려할 수 있는 것은 지각(perception)이다. O'Callaghan, Kveraga, Shine, Adams와 Bar(2016)는 행동 예측(behavioral perdeictions) 탐색 대 환각 지각(perceptions in hallucination) 탐색을 통해 지각에 대한 통찰을 제공한다. 이것은 현상학의 관점에서 '자유'의 태생적 한계를 나타낸다. "시각적 지각은 수동적이거나 전적으로 자극에 의한 과정이 아니다. 대신, 들어오는 자극과 내부적으로 생성된 모델에 기초한 예측 사이에 능동적인 상호작용이며, 이는 주변 세계에 대한 우리의 의식적인 지각을 형성한다."(p. 64) 우리는 최소한 행동적 측면에서 지각은 현실과 동일하다는 것을 이미 알고 있다. 만약 여러분이 사고를 당하기 일보 직전이라고 스스로 인지하게/믿게 된다면, 여러분의 몸은 사고 인식이 정확한지 아닌지에 상관없이 사고에 대비해서 반응할 것이다. 마찬가지로, 내담자들은 선택할 자유와 능력이 있다고 믿는지 여부에 기반하여 목적론적 또는 결정론적 방식으로 행동할 것이다. 그래서 어느 수준에서는 인간행동은 믿음과 지각과 연관되어 있기 때문에 이 논의는 가치가 없다. 실존적 관점은 한 단계 더 나아가 선택의 자유에서 선택의 책임으로 옮겨가고, 이는 다음 절에서 좀 더 자세히 살펴볼 것이다. 일단은, 우리의 믿음과 행동 사이의 연관성을 고려해 보자. 전통적으로 인지적, 인지행동적 또는 합리적 정서행동 상담 개념으로 여겨지지만, 그것은 실존적-인본주의적 관점이 내재되어 있다.

자유와 책임

실존적 관점에서 보면, '행동이 중요하다!'는 주장도 사실이다. 여기에서 설명된 관점, 즉 인간은 선택의 자유가 있다는 관점에는 스스로의 선택에 책임이 있다는 관점이 밀접하게 따라간다. 이러한 연관성은 우리 문화에 깊이 배어 있어서 대중 경영서적[『좋은 기업을 넘어 위대한 기업으로(Good to Great)』(Collins, 2001)]과 상담 서적[『Counselling and Psyco Counsiling Theories』(Sommers-Flanagan & Sommers-Flanagan, 2018)]에서도 볼 수 있고, Victor Frankl(1959/1984)의 다음과 같은 역사에 남을 만한 언급에서도 그 가치를 알 수 있다. Frankl은 미국의 동해안에 있는 자유의 여신상의 균형을 맞추기 위해 미국 서해안에 책임의 여신상을 세워야 한다고 주장했다. 만약 당신이 개인의 자유와 책임을 연속선상에 있는 것으로 본다면 내담자들도 이 연속상의 다양한 지점에서 상담에 오는 것으로 대할 것이다. 그러나 그 지점에서 실존주의자들은 내담자들이 주어진 자유에 따라 행동하는 데에 책임이 있다고 여긴다. 그리고 행동은 뇌를 변화시킨다. 이 관점이 임상적으로 어떤 모습인지 알 수 있는데, 삽화의 형태가 아니라 단계와 국면으로 보인다.

- 인간은 자유롭게 선택할 수 있다.
- 인간은 선택에 대한 책임이 있다.
- 인간의 의미는 무행동(inaction)이 아닌 행동에서 발견된다.
- 인간의 지각은 현실과 같거나 최소한 창조한다.
- 당신의 지각과 상관없이, 어떤 사람도 당신에게 의미나 목적을 줄 수 없다. 당신이 만들거나 가져야 하는 것이다.

의미와 불안

이러한 개념을 탐색하는 작업은 삶과 죽음에 대한 궁극적인 의미와 불안에 대한 질문을 고려할 때 복잡성이 증가할 뿐이다. 자유와 책임과 마찬가지로, 우리는 신경과학의 유물론적 주장을 염두에 두고 있다. 즉, 생물학적인 뇌가 우리가 마음이라고 부르는 구조를 만들어 낸다는 것이다. 철학적인 환상이든 아니든, 내담자들과 대부분의 인간들은 일반적으로 의미, 목적, 죽음에 대한 질문들과 씨름한다. 상담자로서 우리는 앞에 있는 내담자와 함께 일하면서 과학자와 철학자에게 각각 과학적, 철학적 논의를 맡긴다. 그리고 내담자들은 이런 큰 질문들을 가지고 상담을 받기 시작하는데, 과학과 철학의 관계에 대한 그들의 생각을 바꾸려고 하는 것은 윤리적이지도 적절하지도 않다.

상담회기 내 신경과학적 접근

Larry 사례 계속 Larry는 군복무 기간 동안 많은 '위기 일발의 상황'을 경험했다. 이러한 상황은 최전선에 서는 것으로부터 오는 것은 아니었지만 그에게는 사실 아슬아슬한 일이었다. Larry는 최전선에서 싸우는 것에서 간신히 벗어났는데, 계속 자신이 최전선에 서게 되는 시나리오에 반복적으로 노출되었다. 이러한 경험들은 Larry의 뇌에서의 생화학 작용의 발현에 불과하기 때문에, Larry가 경험하는 것이 쓸데없는 것이라는 상담자의 유물론적 입장을 적용하는 것은 적절하지 않을 것이다. 이것은 어느 정도 사실일 수 있지만, 치료 상황에서는 별 가치가 없다. Larry의 노출로 인해 풀 수 없는 실존적인 질문들이 제기되었다. 그렇다면 이 맥락에서 신경과학은 상담에 무엇을 제공해야 하는가? 이런 '큰' 질문을 다루기 위해 우리가 지금까지 뇌에 대해 알고 있는 것을 어떻게 치료 접근법과 통합할 수 있는가?

주관성과 뇌

통합을 위한 첫 번째 적용은 경험의 주관성과 경험의 해석과 관련 있다. 1장의 안구 작동 방식에서 논의한 바와 같이, 신경과학은 우리 지각의 본질적으로 주관적인 특성(Panksep, Solms, & Smith, 2017)과 개별적인 현실 구성과의 관계를 입증해 왔다(6장에서 더 자세히 설명할 것이다). 따라서 이러한 관점을 활용하여 내담자들에게, 특히 Larry에게 더 적절한 질문을 해야 한다. 다음은 이와 관련한 질문들이다.

1. 어떻게 Larry의 뇌는 일어날 뻔한 경험에 대해서 그렇게 강렬하게 해석할 수 있었을까? 군대에서의 경험 이전에 어떠한 생물학적, 환경적 그리고 경험적인 현실이 Larry의 뇌를 형성했을까?
2. 우리가 언급한 일곱 가지 요인들 중(생각, 느낌, 행동 그리고 사회문화적 환경)에 어떤 것들이 Larry가 이러한 반응을 하게 하는 성향을 유발했고, 어떠한 방법으로 이 요소들이 Larry의 현재 경험을 '키우는(feeding)' 것일까? 어떤 신념 구조와 시스템이 Larry가 이러한 사건들에 이렇게 반응하도록 만들었을까?
3. 그의 뇌의 수직 및 수평 통합 문제가 자아와 증상의 표현에 어떤 방식으로 영향을 미치고 있는가? 어떻게 중뇌와/또는 우뇌가 에너지를 고갈시키고, 시야를 어둡게 하고, 인지 과정 밖에서 감정적으로 계속 흥분하게 하도록 만드는가?

뇌와 실존주의의 통합

앞서 언급한 바와 같이, Badenoch(2008)는 자신의 책에서 두 가지 뇌 유형의 통합을 아주 유창하게 병치하고 있으며, 상담자들에게 두 가지 유형 사이의 임상적 차이와 상담에서 각각을 활용하는 방법—이름하여 측면통합(lateral integration)—을 제시하고 있다. 본질적으로, 뇌의 두 반구는 매우 유사한 구조를 가지고 있으며 각 기능들이 어느 정도 평행을 이루고 있는데, (지금까지 우리가 아는 범위 내에서) 단 한 가지 핵심적인 측면에서 다르다. 각 반구는 자극 처리에 별개의 방식으로 접근하는 것처럼 보인다. 아마도 양측통합(bilateral integration)을 떠올릴 수 있는데, 이는 뇌의 좌반구와 우반구의 연결성과 관계성을 나타내는 Siegel(2006)의 용어이다. 양측 또는 수평적 통합은 내담자의 현상학적 세계관이 어떻게 형성되었는지 상담자가 이해하는 데 도움이 된다.

게슈탈트 관점과 신경과학

시간(time)과 행위(action)는 게슈탈트 접근법의 전형적인 특징이며, 논리적으로는 통합의 개념에서 상당히 벗어난다. 게슈탈트는 독일어로 전체(wholeness)의 개념인데, 인간의 경험에 대해 전체성(holism) 관점을 가진다. 자신을 간지럽히는 것, 몰래 다가가서 자신을 겁주는 것이 왜 그렇게 어려운지 생각해 본 적이 있는가? 건강한 조건하에 인간의 몸은 여러 개의 잘 통합된 시스템으로 이루어진 통합된 전체이다. 간지럼 반사는 동작 및 행동과 관련된 감각 경험 때문에 감각 수용체와 연결되지 않는다(Kalat, 2019). 다시 말해, 자신이 뭘 하는지 알기 때문에 반응하지 않는다. Spunt와 Adolphs(2017)는 영역 특수성(domain specificity) 개념으로 전체성에 대한 위협을 설명한다. 이 영역 특수성은 행동적, 정서적, 인지적 상관관계에 의해 뇌의 기능을 분리하는 데 사용되는 용어이다. 이 생물학적 시스템의 그림은 마음, 뇌, 감정, 생각, 행동에 대해 생각하는 은유적 목적을 제공한다. 게슈탈트적 표현으로, 왼쪽 다리는 한 방향으로 걷고 오른쪽 다리는 다른 방향으로 걷기로 결정한 것과 같이, 고통과 장애는 시스템이 개별적으로 기능하면서 발생하는 결과이다. 이것이 웃길 수도 있지만, 내담자에게 적용될 때, 우리는 조각난 자아 감각이 어떻게 자아를 손상시키고 있는지, 혹은 내담자가 생각, 느낌, 행동이 얼마나 분리된 시스템에서 살고 있는지 빠르게 알 수 있다.

시간

시간 지향적인 측면에서, 게슈탈트 상담은 오로지 지금 그리고 현재에 초점을 맞춘다. Perls(1976)에 따르면, 상담에서 우리가 다루어야 할 모든 것은 '지금'과 '여기'에 있다. 왜냐하면 상담자와 내담자가 함께 존재하는 시간과 장소이기 때문이다. 또한 진정성이 나타나는 시간과 장소이기 때문이다. 나는 과거나 미래에서는 되고 싶은 누군가가 될 수 있고 상담 밖에서는 어디든 있을 수 있지만 지금 이 순간과 장소에서는 진정한 내 모습으로부터 도망갈 수 없다. 나는 회기 밖에서의 내 모습을 설명하며 상담에서 상담자로 하여금 관찰되지 않고, 필터링된 행동을 좇게 할 수도 있고 또는 상담자로서 직접적으로 관찰할 수 있는 것을 다룰 수 있다. 종종 상담자들은 내담자가 무엇을 경험하고 있는지 확인하기 위해 "지금 어디에 있습니까?" "무엇을 생각하고/느끼고/하고 있습니까?"와 같은 질문을 한다. 처음에는 혼란스럽지만 다음과 같은 질문을 하면서 시간에 관한 중요한 요점을 전달한다. "당신은 지금 언제에 있나요?" 나는 집단 상담에서 이 질문/기술을 많이 사용하는데, 내담자가 한숨과 의기소침한 행동, 다른 구성원들과 단절을 가져오는 과거 이야기를 시작할 때 이 질문을 한다. 나는 내담자들 중 특히 불안이 높은 내담자에게 이 질문을 활용한다. 왜냐하면 불안은 과거에 얽힌 것처럼 보일지라도 미래에 집중되는 경향이 있기 때문이다. 내담자들은 적어도 집단의 일부가 되거나 다른 치료적 문화의 일부가 되기 전까지는 거의 항상 어떻게 대답해야 할지 혼란스럽거나 확신이 없다.

뇌가 시간을 어떻게 다루는지 생각해 보자. 예를 들어, 치과에 가서 한 시간 동안 기다리는 것이 좋아하는 TV 쇼를 한 시간 보는 것보다 훨씬 더 길게 느껴질 수 있는 이유는 무엇일까? 또 시간과 관련된 통증 강도 또는 불편함의 정도를 생각해 보자. 시간은 우리가 다쳤을 때 거의 멈추는 것 같지만, 우리가 어떤 즐거운 활동을 할 때는 금방 지나가는 것 같다. 이러한 현상은 현상학과 인식에 대한 이전의 논의에 비추어 볼 때 두뇌에 엄격하게 기반을 두고 있는가? 이 질문에 대하여 받아들일 만한 답을 찾기는 사실 꽤 어렵다. 시간과 관련하여 과거, 현재, 미래와 같은 광범위한 개념과 초, 분, 시과 같은 디지털의 증분 시간 간의 차이도 고려해 보자. 우리는 이미 이 책에서 시간과 관련하여 모든 것을 제어하는 '타임 센터' 같은 것이 있지 않을 것임을 추론할 수 있을 만큼 충분히 다루었다. 이에 대한 한 가지 이유는 시간은 전적으로 주의집중과 관련이 있기 때문이다. 그리고 이것은 시간의 흐름을 우리가 어떻게 인식하는지에 영향을 미친다. 실제로 시간은 신경전달물질인 도파민의 형태로 더 많이 존재하는데, 이 도파민은 서로 다른 환경하에(예: 흑색질과 기저핵) 뇌의 다양한 부위에서 작동하며, 주의집중과 맥락에 따라 활성화된다(Carelli & Olsson, 2015 참조). 또한 정신 장애는 시간에 기반할 수 있으며, 7장과 8장에서 보여 주듯이 불안과 우울증에서 분명하게 나타난다. 불안은 미래지향적인 반면, 우울증은 과거지향적인 것으로 보인다. 예를 들어, 우울증은 희망 없음, 좋은 변화는 지나가 버렸다는 느낌, 과거의 부정적인 사건들이 개인의 현재 웰빙을 결정짓는다는 느낌으로 특징지어진다.

Badenoch(2008)는 '일시적 통합(temporal integration)'—죽음을 포함하여 미래를 들여다볼 수 있는 능력—을 언급하였는데, 회피하거나 압도되기보다는 현재에서 직접적으로 기능하도록 사용한다. 그녀는 기억, 특히 감정적인 기억은 시대착오적일 수 있다는 점을 주목했다. 즉, 암묵적인 기억은 시간 감각이 없기 때문에 과거의 두려움이 현재에 다시 활성화되는 것처럼 현재에 과거가 살아있을 수 있다. 그녀는 "일상의 경험에서 암묵적인 기억이 활성화되면, 타임 스탬프가 없기 때문에, 우리는 감정적/ 본능적/지각적/행동적 급증이 현재 일어나고 있는 무언가에 의해 완전히 야기된 것으로 해석한다."라고 말한다(Badenoch, 2008, p. 24).

상담회기 내 게슈탈트 접근

Larry 사례 계속 앞에 논의된 내용은 Larry의 경험과 관련하여 중요한 함의가 있다. Larry와 함께 작업하는 데 있어 가장 큰 당면 과제 중 하나는 시간과 장소의 방향성이다. 그는 자신의 과거 군대 경험을 이해하는 데 사로잡혀 미래에 누가 되고 싶은지(어디로 가고 있는지) 모른다. 상담자는 그와 접촉하기 위해 시간적으로는 현재에, 공간적으로는 상담실에 그를 불러와서 작업할 것이다. 지금, 여기에서의 이 접촉을 통해, Larry는 자신의 생각, 감정, 행동을 현재 순간으로 더 완전하게 가져오는 경험 활동을 하면서 치료 동맹의 치유적인 본질을 경험할 수 있을 것이다.

뇌 기제

거울 뉴런과 공감

거울 뉴런은 뇌의 전운동피질, 두정엽 그리고 전두엽 근처에서 발견되는 뉴런이다. 이 뉴런들은 다른 곳에서도 발견된다. 거울 뉴런의 목적은 행동을 예상하고 준비하는 것이다. 이 뉴런들은 시스템의 일부로 가장 잘 이해되는데(Prochazkova & Kret, 2017), 개별 뉴런이 거울로서 독립적으로 기능하지 않기 때문이다(Lamm & Majdandžić, 2015). 인간에게 공감 능력이 내장되어 있다는 증거로서 기억 뉴런에 대한 원래의 과대 광고가(Iacoboni, 2009; Rizolatti, Fogassi, & Galese, 2001 참조) 점점 도전받고 있지만(예: Lamm & Majandićich, 2015), 상담자들은 거울 뉴런의 기능을 과장하지 않으면서 임상적 효용성을 이해하기 위해 고군분투하고 있다(예: Ivey & Daniels, 2016). 이 거울 시스템이 타인의 감정 상태를 읽

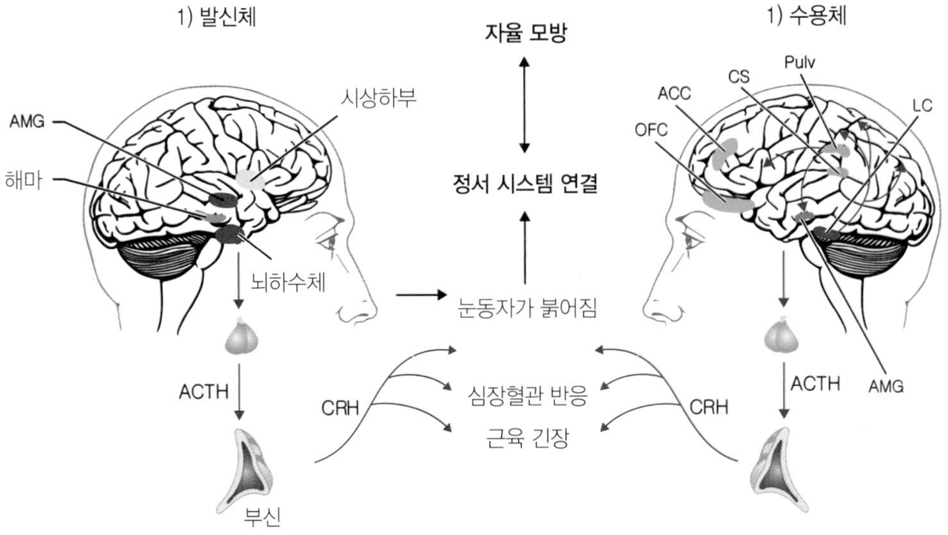

[그림 5-3] **자율 모방.** 자율 모방 발신체 신경 메커니즘: (1) 발신자의 스트레스 반응은 시상하부-뇌하수체-부신 축 활성화에 의해 시작된다. (2) 부신은 혈류 내 CRH 수치를 증가시키는 ACTH를 분비한다. (3) 신경내분비학적 반응은 심혈관 변화, 근육 긴장, 눈동자 홍조, 땀 흘림을 동반한다. 수용체: (4) 정서적 정보는 수신자의 감각에 의해 암묵적으로 등록되고, (5) CS-Pulv 경로를 통해 AMG로 전달된다. (6) AMG와 LC는 HPA를 활성화시킨다. (7) AMG와 LC는 발신자, ACC, VMPAC와 같은 상위 피질 네트워크로 AMG와 LC 프로젝트를 진행하고 (8) 발신체와 수용체는 생리학적(회색) 및 인지적(흰색) 수준에서 정서를 수렴한다(Prochazkova & Kret, 2017).

음으로써 공감을 불러일으키고 타인의 잠재적 행동과 가능한 목표를 예상하는 데 도움을 준다는 것만으로는 부족하다. 주로 전운동피질에 위치해 있기 때문에, 거울 시스템의 기능이 다른 사람들의 감정과 행동에서 위협을 읽는 것과 더 관련이 있을 수 있으며, 진화적으로 적응 기능 역할을 했다. [그림 5-3]은 (a) 암묵적 수준에서 발생하는 자율 모방과 (b) 보다 명시적 수준에서 운동 모방을 통해 인간이 서로에게 미치는 영향을 보여 주고 있다(Prochazkova & Kret, 2017). 사회와 대뇌피질이 진화하면서 타인의 감정과 행동을 예측할 수 있는 능력이 발달한 것으로 보인다.

요약

Larry는 실존적-인본주의적 접근방식과 신경과학을 통합한 좋은 사례이다. Larry와 상담을 시작할 때 가장 필요한 것이 무엇인지 생각해 보자. 조언? 인지를 제한하는 것? 어린 시절을 자세히 살펴보는 것? 아마도 이 모든 것들일 수 있으나 더 현실적으로는 Larry를 비롯한 대부분의 내담자들에게는 치유 관계가 절실히 필요하다. 인본주의적 접근은 모든, 거의 모든 치료의 기초를 제공하며 내담자의 삶의 더 큰 질문들을 탐색할 수 있는 안전하고 치료적인 환경을 제공한다. 그리고 Larry도 다르지 않다. 그와 함께 첫 번째로 해야 할 일은 현재 있는 곳에서, 존재하는 그 순간에, 바로 받아들여지는 것을 느끼는 것이다. 어떤 상담자가 다른 사람이 경험한 트라우마를, 심지어 비슷한 것을 경험했다 해도, 완전히 이해할 수 있을까? 이 장에서는 Larry조차도 자신이 트라우마를 경험했다고 생각하지 않지만 그의 반응은 매우 유사하며, 따라서 상담자의 수용은 핵심이 된다.

만일 내담자들이 상담자로부터 전인격적으로 수용된다고 느끼게 된다면, 목적과 의미에 관련된 질문같이 더 큰 질문들을 탐색할 수 있게 된다. 종종 명시적으로 문제를 제시하지는 않지만, 삶의 이유를 탐색하고 어떤 종류의 공헌을 하며 적어도 우리가 여기 있었다는 증거를 남기려 하는 것은 (이 이론적인 관점에서는) 인간으로서 선천적인 것이다. 때때로 이러한 질문에 대한 답변이 궁극적으로 만족스럽지 못하거나 실망스러울 수도 있지만, 상담자와의 연결이 내담자를 제자리에 붙들어 놓는 닻의 역할을 하게 된다.

신경과학은 이러한 관계에 대하여 탄탄한 기반을 제공하는데, 자신 및 다른 사람과의 관계에서 건강하지 못한 상태에 있는 내담자들이 왜 많은 고립과 조절 장애를 경험하는지에 대한 설명을 제공한다. 더 나아가 신경과학은 내담자가 동떨어지고 단절된 삶에 도전하게 하는 게슈탈트나 전체성과 관련된 가치 있는 임상적 은유(methaphor)를 제공한다.

핵심정리

이 장의 도달목표:

- Rogers의 핵심 조건과 신경과의 상관관계, 이것이 실존적-인본주의적 전통의 상담에서 무엇을 의미하고 무엇을 의미하지 않는지 더 잘 이해했다.
- 난해한 철학적 용어가 아닌 유용한 치료 구조로서 임상적 관점에서 현상학을 바라본다.
- 실존적 상담에 비추어 뇌 시스템 통합을 탐구했다.
- 게슈탈트 원칙과 개입의 기초가 되는 뇌 메커니즘을 탐구했다.

참고문헌

Badenoch, B. (2008). *Becoming a brain-wise therapist*. New York, NY: Norton.

Bandura, A. (1977). *Social learning theory*. Englewood Cliffs, NJ: Prentice Hall.

Bandura, A. (1986). *Social foundations of thought and action: A social cognitive theory*. Englewood Cliffs, NJ: Prentice Hall.

Beckes, L., IJzerman, H., & Tops, M. (2015). Toward a radically embodied neuroscience of attachment and relationships. *Frontiers in Human Neuroscience, 9*, 266. doi.org/10.3389/fnhum.2015.00266

Carelli M. G., Olsson C. J. (2015) Neural correlates of time perspective. In M. Stolarski, N. Fieulaine, & W. van Beek (Eds.), *Time perspective theory; review, research and application* (pp. 231-242). New York, NY: Springer.

Cikara, M., Bruneau, E., Van Bavel, J. J., & Saxe, R. (2014). Their pain gives us pleasure: How intergroup dynamics shape empathic failures and counter-empathic responses. *Journal of Experimental Social Psychology, 55*, 110-125. doi.org/10.1016/j.jesp.2014.06.007

Clark-Polner, E., & Clark, M. S. (2014). Understanding and accounting for relational context is critical for social neuroscience. *Frontiers in Human Neuroscience, 8*, 127. doi.org/10.3389/fnhum.2014.00127

Collins, J. C. (2001). *Good to great: Why some companies make the leap … and others don't*. New York, NY: Random House.

Corey, G. (2017). *Theory and practice of counseling and psychotherapy* (10th ed.). Boston, MA: Cengage.

Coutinho, J. F., Silva, P. O., & Decety, J. (2014). Neurosciences, empathy, and healthy interpersonal relationships: Recent findings and implications for counseling psychology. *Journal of Counseling Psychology, 61*(4), 541. doi.org/10.1037/cou0000021

Decety, J., & Jackson, P. L. (2004). The functional architecture of human empathy. *Behavioral and Cognitive Neuroscience Reviews, 3*(2), 71-100. doi.org/10.1177/1534582304267187

Doré, B. P., Zerubavel, N., & Ochsner, K. N. (2014). Social cognitive neuroscience: A review of core systems. In M. Mikulincer and P. R. Shaver (Eds) *APA Handbook of Personality and Social Psychology*, Vol 1, pp. 693-720.

Everywhere Psychology. (2012). Bandura's Bobo doll experiment [Video]. Available from https://www.youtube.com/watch?v=dmBqwWlJg8U

Finset, A., & Ørnes, K. (2017). Empathy in the clinician-atient relationship: The role of reciprocal adjustments and processes of synchrony. *Journal of Patient Experience, 4*(2), 64-68. doi:10.1177/2374373517699271

Fitzgerald, J. M., DiGangi, J. A., & Phan, K. L. (2018). Functional neuroanatomy of emotion and its regulation in PTSD. *Harvard Review of Psychiatry, 26*(3), 116-128. doi: 10.1097/HRP.0000000000000185

Frankl, V. E. (1984). *Man's search for meaning*. New York, NY: Washington Square Press. (Original work published 1959)

Frankl, V. E. (1988). *The will to meaning: Foundations and applications of logotherapy*. New York, NY: Penguin Group. (Original work published 1969)

Gallese, V., & Goldman, A. (1998). Mirror neurons and the simulation theory of mindreading. *Trends*

Cognitive Science, 2(12), 493-501. doi.org/10.1016/S1364-6613(98)01262-5

Garrett, B. (2011). *Brain and behavior: An introduction to biological psychology* (3rd ed.). Thousand Oaks, CA: Sage.

Garrett, B., & Hough, G. (2018). *Brain and behavior: An introduction to biological psychology* (4rd ed.). Thousand Oaks, CA: Sage.

Goerlich-Dobre, K. S., Lamm, C., Pripfl, J., Habel, U., & Votinov, M. (2015). The left amygdala: A shared substrate of alexithymia and empathy. *Neuroimage, 122*, 20-32. doi.org/10.1002/hbm.22879

Hillis, A. E. (2014). Inability to empathize: Brain lesions that disrupt sharing and understanding another's emotions. *Brain, 137*(4), 981-997. doi.org/10.1093/brain/awt317

Iacoboni, M. (2009). *Mirroring people*. New York, NY: Picador.

Iacoboni, M., & Dapretto, M. (2006). The mirror neuron system and the consequences of its dysfunction. *Nature Reviews Neuroscience, 7*(12), 942-951.

Ivey, A. E., & Daniels, T. (2016). Systematic interviewing microskills and neuroscience: Developing bridges between the fields of communication and counseling psychology. *International Journal of Listening, 30*(3), 99-119. doi: 10.1080/10904018.2016.1173815

Jafari, Z., Kolb, B. E., & Mohajerani, M. H. (2017). Effect of acute stress on auditory processing: A systematic review of human studies. *Reviews in the Neurosciences, 28*(1), 1-13.

Kalat, J. W. (2019). *Biological psychology* (13th ed.). Boston, MA: Cengage.

Lamm, C., & Majdandžić, J. (2015). The role of shared neural activations, mirror neurons, and morality in empathy-a critical comment. *Neuroscience Research, 90*, 15-24. doi.org/10.1016/j.neures.2014.10.008

Lamm, C., Silani, G., & Singer, T. (2015). Distinct neural networks underlying empathy for pleasant and unpleasant touch. *Cortex, 70*, 79-89. doi.org/10.1016/j.cortex.2015.01.021

Libet, B. (1993). Unconscious cerebral initiative and the role of conscious will in voluntary action. In B. Libet (Ed.), *Neurophysiology of consciousness* (pp. 269-306). Boston, MA: Birkhäuser.

Luke, C. (in press, July 2019). Response to Wilkinson: A neuro-informed humanistic perspective. *Journal of Humanistic Counseling*.

Marsh, A. A. (2018). The neuroscience of empathy. *Current Opinion in Behavioral Sciences, 19*, 110-115. doi.org/10.1016/j.cobeha.2017.12.016

Maslow, A. (1999). *Toward a psychology of being* (3rd ed.). New York, NY: Wiley. (Original work published 1968)

Maultsby, M. C. (1990). *Rational behavior therapy*. Appleton, WI: Rational Self-Help Aids/I'ACT.

May, R. (1977). *The meaning of anxiety*. New York, NY: Ronald Press. (Original work published 1950)

Melloni, M., Lopez, V., & Ibanez, A. (2014). Empathy and contextual social cognition. *Cognitive, Affective, & Behavioral Neuroscience, 14*(1), 407-425. doi.org/10.3758/s13415-013-0205-3

Miller, W. R., & Rollnick, S. (2012). *Motivational interviewing: Helping people change*. New York, NY: Guilford Press.

O'Callaghan, C., Kveraga, K. Shine, J. M., Adams, R. B., & Bar, M. (2016). Predictions penetrate perception: Converging insights from brain, behaviour and disorder. Consciousness and Cognition. dx.doi.org/10.1016/j.concog.2016.05.003

Palumbo, R. V., Marraccini, M. E., Weyandt, L. L., Wilder-Smith, O., McGee, H. A., Liu, S., &

Goodwin, M. S. (2017). Interpersonal autonomic physiology: A systematic review of the literature. *Personality and Social Psychology Review, 21*(2), 99-141. doi.org/10.1177/1088868316628405

Panksepp, J. (2016). The cross-mammalian neurophenomenology of primal emotional affects: From animal feelings to human therapeutics. *Journal of Comparative Neurology, 524*(8), 1624-1635. doi.org/10.1002/cne.23969

Panksepp, J., Lane, R. D., Solms, M., & Smith, R. (2017). Reconciling cognitive and affective neuroscience perspectives on the brain basis of emotional experience. *Neuroscience & Biobehavioral Reviews, 76*, 187-215. doi.org/10.1016/j.neubiorev.2016.09.010

Perls, F. (1976). *The gestalt approach and eye witness to therapy*. New York, NY: Bantam Books.

Prochazkova, E., & Kret, M. E. (2017). Connecting minds and sharing emotions through mimicry: A neurocognitive model of emotional contagion. *Neuroscience & Biobehavioral Reviews, 80*, 99-114. doi.org/10.1016/j.neubiorev.2017.05.013

Ramachandran, V. S. (2000). Mirror neurons and imitation learning as the driving force behind "the great leap forward" in human evolution. *The Third Culture*. Retrieved from http://www.edge.org/3rd_culture/ramachandran/ramachandran_p1.html

Rameson, L. T., Morelli, S. A., & Lieberman, M. D. (2012). The neural correlates of empathy: Experience, automaticity, and prosocial behavior. *Journal of Cognitive Neuroscience, 24*(1), 235-245. doi.org/10.1162/jocn_a_00130

Rizzolatti, G., Fogassi, L., & Gallese, V. (2001). Neurophysiological mechanisms underlying the understanding and imitation of action. *Nature reviews neuroscience, 2*(9), 661. DOI: 10.1038/35090060

Rogers, C. R. (1942). *Counselling and psychotherapy* (Vol. 298). Boston, MA: Houghton Mifflin.

Rogers, C. R. (1961). *On becoming a person: A therapist's view of psychotherapy*. Boston, MA: Houghton Mifflin.

Rogers, C. R., Stevens, B., Gendlin, E. T., Shlien, J. M., & Van Dusen, W. (1967). *Person to person: The problem of being human: A new trend in psychology*. Lafayette, CA: Real People Press.

Rollnick, S., & Miller, W. R. (1995). What is motivational interviewing? *Behavioral and Cognitive Psychotherapy, 23*(4), 325-334.

Siegel, D. J. (2006). An interpersonal neurobiology approach to psychotherapy. *Psychiatric Annals, 36*(4), 248.

Siegel, D. J. (2015). *The developing mind: How relationships and the brain interact to shape who we are* (2nd ed.). New York, NY: Guilford.

Slattery, J. M., & Park, C. L. (2011). *Empathic counseling: Meaning, context, ethics, and skill*. Belmont, CA: Brooks/Cole.

Smith, R., & Lane, R. D. (2016). Unconscious emotion: A cognitive neuroscientific perspective. *Neuroscience & Biobehavioral Reviews, 69*, 216-238. doi.org/10.1016/j.neubiorev.2016.08.013

Solbrig, H. (2014). Journey into self; Carl Rogers and Richard Farson [Video]. Retrieved from http://vimeo.com/90423184

Sommers-Flanagan, J. (2015). Evidence-based relationship practice: Enhancing counselor competence. *Journal of Mental Health Counseling, 37*(2), 95-108. doi.org/10.17744/mehc.37.2.g13472044600588r

Sommers-Flanagan, J., & Sommers-Flanagan, R. (2018). *Counseling and psychotherapy theories in context and practice: Skills, strategies, and techniques*. New York, NY: Wiley.

Spunt, R. P., & Adolphs, R. (2017). A new look at domain specificity: Insights from social neuroscience. *Nature Reviews Neuroscience, 18*(9), 559. doi.org/10.1038/nrn.2017.76

Takahashi, H., Kato, M., Matsuura, M., Mobbs, D., Suhara, T., & Okubo, Y. (2009). When your gain is my pain and your pain is my gain: Neural correlates of envy and schadenfreude. *Science, 323*(5916), 937-939. doi: 10.1126/science.1165604

Varela, F. J., Thompson, E., & Rosch, E. (1991). *The embodied mind: Cognitive science and human experience*. Cambridge, MA: MIT Press.

Woodside, M., & Luke, C. (2019). *Practicum in counseling: A developmental guide*. San Diego, CA: Cognella Academic Publishing.

Young, K. S., & Craske, M. G. (2018). Survival circuits in affective disorders. *Current Opinion in Behavioral Sciences, 24*, 83-88. doi.org/10.1016/j.cobeha.2018.03.001

CREDITS

그림 5-1: Copyright © Thowra_uk (CC by 2.0) at https://commons.wikimedia.org/wiki/File:Man_falling_of_horse.jpg.

그림 5-2a: Adapted from Eliska Prochazkova and Mariska E. Kret, *Neuroscience & Biobehavioral Reviews*, vol. 80. Copyright © 2017 by Elsevier B.V.

그림 5-2b: Copyright © 2012 Depositphotos/Den.Barbulat.

그림 5-3a: Adapted from Eliska Prochazkova and Mariska E. Kret, *Neuroscience & Biobehavioral Reviews*, vol. 80. Copyright © 2017 by Elsevier B.V.

그림 5-3b: Copyright © 2012 Depositphotos/Den.Barbulat.

CHAPTER

06

구성주의 접근과 신경과학

도입 질문

- 당신은 누구인가? 무엇인가? 어디 있는가? 어떠한 이야기를 가지고 있는가?
- 당신의 마음은 당신의 뇌와 별개의 존재인가? 아니면 마음은 오로지 신체적인 뇌의 작용에서 생기는 것인가?
- 만약 당신이 살고 있는 세상이 당신이 생각했던 것보다 덜 '실제(real)'라면 어떻게 할 것인가? 당신의 느낌과 행동에 어떤 영향을 미칠 것인가?

Carlos

Carlos는 40세의 남성으로, 현재 알코올 사용 장애(경미함에서 중등도 정도) 및 경미한 각성제 사용 장애라고 불릴 수 있는 전력을 가지고 있으며, 자신의 삶에 대한 전반적인 불만을 가지고 있다. 이는 불안과 우울증 증세로 이어졌고, 결국 업무 수행과 주관적 행복감 모두에 영향을 미쳤다. 그는 20대 초반인 아들과 최근 건강이 급격히 나빠진 아버지를 부양하며 살고 있으며, 세대 간 갈등을 경험하고 있다고 말한다. 또한 자신의 삶을 긍정적으로 개선하고자 하는 바람을 이야기하고 있다. Carlos의 상담자는 이 문제를 논의하는 동안 그럴 만한 근거가 있음에도 불구하고 농담으로 이러한 우려를 일축하는 패턴을 보인다는 것을 알게 된다. 상담자가 Carlos에게 이러한 부조화를 반영하자 Carlos는 잠시 생각하며 "사람들은 고통스럽지만 계속해서 살아나가는 것(play hurt)을 배울 뿐이죠."라고 대답한다.

문화적 고려사항

포스트모던과 구성주의 접근법에서는 상담과 치료에서 개인의 경험을 강조한다(Sommers-Flanagan & Sommers-Flanagan, 2018). 이러한 접근법에서 내담자는 자신의 이야기의 저자가 되며 다음 장을 진행하도록 권유받는다. 이러한 접근 방식에서 상담자는 '알지 못함(not knowing)'의 입장에 있는 경우가 많으며, 내담자를 자신의 삶의 전문가로 강조한다(Corey, 2017). 그러나 상담자들은 사회에서 일어나는 암묵적이고 미묘하며 체계적인 억압이 내담자의 삶의 이야기에 너무 과도하고 감지할 수 없을 만큼 영향을 미칠 수 있다는 점을 염두에 두어야 한다(Neukrug, 2018). 사실 Neukrug는 포스트모던 접근법의 알지 못하는 입장에서 더 나아가 상담자가 사회 정의 요원(social justice agents)으로 불려야 한다고 주장한다. 이것은 신경과학에 입각한 상담이 비주류 집단의 삶을 더 억압할 수 있다는 점을 절묘하게 확장시킨다(Luke, Miller, Beeson, Field, & Jones, unpublished).

도입

Carlos의 반응을 읽었을 때 무엇을 느끼거나 경험했나? 아마도 많은 내담자들이 이러한 내러티브를 가지고 살고 있을 것이다. 'playing hurt'는 스포츠에서 유래한 은유로, 부상당한 선수가 붕대로 감거나, 둘러싸거나, 그렇지 않으면 다른 방법으로 경기 중에 불가피하게 부상 당하는 것을 미연에 방지해서 경기를 계속 할 수 있게 하는 것을 말한다. 이것은 일반적으로 승리하거나, 경기에 참여하거나, 경력에 도움이 되는 기록을 얻고자 하는 욕망을 반영한다. 운동선수들은 몸이 스스로에게 이렇게 말하는 것을 초월하기 위해 마음을 사용하는 것 같다. "당신은 상처 입었고 멈추어 치료하는 것이 필요하다." 그들의 뇌는 자기 보호의 메시지를 적극적으로 보내고 있고 마음은 이를 무시한다. 그런가? 어떻게 이것이 가능한가? 많은 과학자들은 뇌의 한 부분이 다른 부분보다 우선시되는 것이라고 말하지만, 신경과학자나 철학자들은 다르게 설명을 한다. 그들은 마음이 뇌에 직접적인 영향을 미친다고 본다. 현재로서는, 어떤 특정 관점이 옳다고 주장하기보다는, 마음이 뇌와 분리되어 존재하며 뇌에 영향을 미친다는 이 개념의 치료적 함의를 생각해 보자. 첫 번째 이유는 대부분이 아니더라도 많은 내담자들이 암묵적인 믿음의 문제로서 이러한 방향성을 가지고 있기 때문이다. 두 번째 이유는 상담에 대한 구성주의적 접근을 살펴보았을 때 이를 위한 매우 강력한 임상 패러다임을 발견할 수 있기 때문이다. 내담자들은 자신의 감정과 관계에 대한 손상과 마모의 징후는 무시하고 여러 가지 이유로 'play hurt'를 선택한다.

신경과학적 연구를 이해하고 적용하는 데 있어, 특히 전문적인 조력에 있어서 이슈 중 하나는 마음과 뇌의 관계에 대한 것이다. 자연과학에서 알려진 것과 알려지지 않은 것을 어떻게 알 수 있는지에 대한 경계를 밀어붙이는 많은 분야들처럼, 자연과학자들(경험주의자들)은 엄격한 과학적 실험 방법을 적용할 수 있는 관측 가능한 현상에 집중한다. 그리고 이것은 분명히 장점이 있다. 역사는 의학적 상태와 자연과학을 철학적으로 해석하는 것이 웰빙보다는 해로움으로 이어지는 경우가 얼마나 많은지 많은 사례를 보여 주고 있다. 경험론자와 과학적 방법이 없다면, 우리는 여전히 악마를 내보내기 위해 환자/내담자의 머리에 1/4 크기의 구멍을 뚫는 일들을 할 수도 있다. 그럼에도 불구하고, 우리가 뇌과학에 접근함에 따라, 이전 장의 실존주의 관련하여 반복되었듯이, 신경과학은 무엇인가 다르다는 암시와 징후가 있다. 이를 대화로 유지하려는 몇 가지 이유가 있다.

1. 유물론자의 세상에 대한 이해는 썰물과 흐름이 있는 역사적 움직임을 나타내므로, 영구적인 현실로서뿐 아니라 일시적인 현실로서도 고려되어야 한다.
2. 다문화 상담의 관점에서 내담자는 생물학이 전부이고 운명을 결정한다는 스스로 느끼는 결정론적 관점 때문에 고군분투할 것이다.
3. 심리치료 분야는 상담, 사회사업, 심리학 등 모두 유물론적(예: 증거 기반 실천)으로 치닫고 있기 때문에 상담자가 현장에서 이러한 움직임을 이해하는 것이 필요하다.
4. 윤리적으로, 우리가 어떠한 관점에 있든지 간에, 상담자들은 자신의 관점을 내담자에게 강요하는 것을 방지하기 위해 스스로의 관점에 대해 알아야 한다.

Carlos에게 불편한 진실은 육체적 고통과 마찬가지로, 정서적 및 관계적 고통은 일반적으로 상처가 발생했고, 치유가 필요하다는 표식이다. 만일 통증의 메시지가 무뎌지거나 무시된다면, 지속적인 고통과 영구적일지 모르는 손상이 발생하는데, 이것이 바로 Carlos가 자신이 있을 것이라고는 생각지도 못했던 곳, 즉 치료 장면에 있는 이유이다. 뇌는 대표적인 모델을 만들어 내서 주변 세상을 이해한다. [그림 6-1]의 활동과 같이 정보가 누락될 때 뇌는 역사와 경험을 사용하여 빈 공간을 채운다. 이것은 말 그대로 그리고 비유적으로도 상담에 중요하다. 〈표 6-1〉에서 볼 수 있듯이, 구성주의적 치료 접근법은 임상 개입에 있어 신경학적으로 상관관계를 가지고 있다.

[그림 6-1] 이것은 무슨 의미인가?

〈표 6-1〉 구성주의자 개념 지도

구성주의자 요소	신경학적 개념	치료적 가치
치료적 관계	오른쪽 처리 모드와 뇌	뇌를 기반으로 내담자 현재 상태를 연결할 수 있다.
호손 효과	주의와 집중하기/마음챙김	관찰이 행동을 변화시킨다!
내러티브: 의미 만들기, 긍정적 기대	마음-뇌 문제/시각 사각지대	사고 실험을 나타낸다. "누가 또는 무엇이 당신을 위해 당신의 생각(thinking)을 하는가? 뇌가 이러한 생각을 하게 만드는 것은 무엇인가?" 목표한 곳을 쏘면 내담자가 개인 궤도를 재측정할 수 있게 된다.
해결중심치료(SFT)/상담	교감신경계가 압도되지 않는 한 해결책을 찾는 방향	해결책은 탄력적으로 만들어진 인간의 뇌에 쉽게 나타난다. 하지만 문제에 관심이 쏠려 집중이 흐트러지면 속고 흐트러질 수 있다. 상담은 안전한 성찰과 방향 전환을 위한 공간을 제공한다.

상담회기 내 구성주의적 접근

Carlos 사례 계속 Carlos는 자신이 어디에 있는지를 나타내는 이 관용구, 'play hurt'를 통해 현실에 대한 자신의 견해를 요약했다. 유혹을 느끼긴 하겠지만, 상담자는 이것이 어떻게 그리고 왜 그에게 비효과적인 내러티브가 될 수 있는지 깨부수려고 노력하지 않아야 한다. 대신 상담자는 어떠한 이론적인 방향성을 가지든지 간에 상관없이 Prochaska와 Norcross(2014, 2018)가 제시하는 상담의 중요한 세 가지, 즉 치료적 관계, 호손 효과, 긍정적 기대를 적용해야 한다. 이러한 내용은 〈표 6-1〉에 간략하게 요약되어 있으며 이 장의 통합적 논의를 구성하고 있다. Carlos는 상담자의 권유(단순히 호기심 어린 표정)를 받고 'play hurt'가 무엇을 의미하는지 설명한다. 그는 확실히 상처는 신체적인 것일 뿐 아니라 감정적, 관계적인 것이라 표현한다. 하지만 상실감, 가슴앓이, 우울 증상 등을 겪은 그때를 공개하거나 이야기하는 것은 안전하지 않거나 적절치 않다는 게 그의 생각이다. 대신, 그는 관계와 감정에 있어 정서적인 붕대로 자신을 계속 감싸고 있다. [이 도움말 및 기타 그림에 대한 유용한 자료는 http://faculty.washington.edu/chudler/neurok.html에서 확인할 수 있다.]

관계에 대한 구성주의적 접근

구성주의

마음-뇌 이슈에 대한 논의처럼, 구성주의적 철학은 내담자의 성장을 촉진하는 구체적인 방법을 모색하는 실무자들에게는 감당이 안 된다는 느낌을 즉각적으로 줄 수 있다. 그러나 온전한 상태에서 통합을 진행하기 위해서는 몇 가지 기본 사항을 다루는 것이 중요하다. 여기서 나는 명시적으로 연결하고 논리적인 배경을 만들려고 노력한다. 구성주의적 관점은 진실과 현실(또는 더 적절한 현실들)이 고정된 것이 아니라 창조된다는 믿음에서 시작된다. 좀 더 적당한 종류의 진실이 저 너머에 있어도 이 진실에 대한 접근이 너무 제한되어 있기 때문에 그 존재는 의심된다. 이러한 사실이 상담을 받는 내담자에게 의미하는 것은 (1) 그들은 현재 살고 있는 현실(다음에 오는 더 많은 현실)의 많은 부분을 창조하고 있고, (2) 그들이 선택한다면, 자신의 현실을 바꿀 힘을 가지고 있다는 것이다.

현실은 두 가지 주요한 방법으로 구성되는데, 구성주의(constructivism)와 사회적 구성주의(social constructionism)이다. 지금까지 다룬 모델에서, 제3의 행동주의 접근법을 제외하고는 모두 공통적으로 현실에 대한 긍정주의자 접근을 공유한다. 현실은 고정되어 있고 '저 너머에서(out there)' 발견되기를 기다리고 있다(Prochaska & Norcross, 2018). 이러한 관점과 대조적으로, 구성주의자들은 "지식과 현실은 개인 안에 구성된다."고 믿는다. 그들은 "개인의 마음이나 뇌 안에서 일어나는 일에 초점을 맞춘다". 사회적 구성주의자들은 "지식과 현실은 담화나 대화를 통해 구성된다고 믿는다."며 "현실 창출을 위해 함께 연합하면서 사람들 사이에 일어나는 일에 초점을 맞춘다."고 말했다(Sommers-Flanagan & Sommers-Flanagan, 2012, p. 370). 현실은 개인의 경험을 바탕으로 만들어지기도 하고, 개인의 환경에 따라 만들어지기도 하는데, 이때 이 두 가지 모두 신경학적으로 일어난다. 1장에서 제시된 모델의 관점에서 볼 때, 이 두 가지는 실제로 동일한 동전의 양면, 즉 경험과 환경이다.

Michael White(White & Epston, 1990 참조)에 의해 크게 발전된 내러티브 상담은 구성주의의 전형이다. Freedman과 Combs(1996)는 내러티브 상담의 네 가지 전제[Neukrug(2011)에 의해 인용되고 상세히 설명됨]를 제안하였는데, 여기서 보다 구체적으로 이 내용을 요약하고 Carlos에게 적용할 것이다.

1. **현실은 사회적으로 구성된다.** 인간은 자신의 행동과 경험을 자신이 살고 있는 사회적으로 구성된 세계(타인과 평생에 걸친 상호작용에서 파생됨)와 비교하며, 종종 자기가 경험하고 있는 갈등을 스스로 만들었다는 것을 알지 못한다. Carlos는 신체적 고통뿐만 아니라 정서적, 정신적 고통을 나약하게 여기는 가정과 공동체에서 성장했고, 나약함은 실제적인 인식된 위협에 대해 취약하게 만드는 것이었다. 따라서 고통은 취약성과 같으며 숨겨야만 한다. **Carlos의 환경은 그가 자신의 경험을 어떻게 해석하는지를 형성했다.**
2. **현실은 언어를 통해 형성된다.** 언어 자체가 현실을 창조하는 데 기여하는데, ACT(4장)에서 보았듯이 현실을 표현하는 데 우리가 어떠한 언어를 사용할지 집중하는 자체가 현실을 만들어 낸다. 그래서 Carlos는 자신의 현실을 창조하기 위해 비록 상처를 입는다 해도 다음과 같이 계속 스스로에게 괜찮다고 말한다. "**고통이란 나약함이요, 나약함은 취약함을 나타낸다. 취약하다는 것은 죽음이다.**" 그가 현실을 구성하는 데 사용된 단어, 즉 언어를 자세히 살펴보자. 궁극적으로 죽음과 비슷한 이러한 부정적인 정서를 계속 느끼도록 내버려 둘 것인가?
3. **현실은 내러티브(예: 지배적인 이야기)를 통해 구성되고 유지된다.** 사회적 상호작용과 언어의 결합은 사람들의 행동을 인도하는 지배적인 이야기를 만들어 낸다. Carlos에게 있어 지배적인 이야기는 강한 자만이 살아남는다는 것일 수 있다. 따라서 Carlos는 사회 안에서 자신의 자리를 유지하지 못할 때에도 강한 모습을 보여야 한다. 그의 즉각적이고 확장된 환경 내에서 내러티브는 강함 대 약함과 관련이 있고, 강함과 약함은 취약함과 결합되어 있는 사례들과 관련 있다. "**나약해지지 마, Carlos. 그리고 네가 약하다면 절대 그것을 보여 주지 마!**"
4. **절대적인 진실은 없다.** 우리는 내러티브와 다른 구성주의 치료법들에서 변화에 대한 희망을 볼 수 있다. '절대적인 진실은 없음'이 절대적인 진실로 보이는 아이러니에도 불구하고 내담자의 이야기는 고정적이거나 영원하지 않아 스스로의 이야기를 다시 쓸 수 있다. Carlos에게 있어 지배적인 이야기는 '강한 자만이 살아남는 것'이었지만, 내러티브 접근을 통해 가령 '약함이 강함으로 가는 길이 될 수 있다.'는 개념을 포함하여 이야기의 변화를 시작할 수 있다. 더 나아가서 상담자는 Carlos가 **암묵적으로 받아들이며 함께 성장한 스스로의 이야기가 자신이 앞으로 나아갈 수 있는 유일한 현실이라는 믿음에 도전한다.**

구성주의적 관점에서 임상 관계는 5장에서 논의된 몇 가지 요소들에 달려 있다. 구성주의(그리고 인본주의) 접근법에서의 관계의 연결고리는 상담자와 내담자의 역할에 대한 관점에 있다. 구성주의 상담자는 내담자를 전문가로 보고 자신을 컨설턴트 또는 협력자로 본다(Parsons & Zhang, 2014). 이러한 방향성은 내담자를 높이고 상담자를 낮춤으로써 관계를 동등하게 만든다. 상담에서 내담자는 내용 전문가이고 상담자는 과정 전문가이다. 이러한 관점에 있는 상담자는 잘 알지 못하고(Corey, 2017), 내담자가 자신의 삶에 대해 잘 알고 있는 전문가라는 입장을 취한다. 상담자는 자신의 삶을 아는 데 대한 내담자의 전문성을 강조하는 알지 못함(not-knowing)의 위치를 채택한다. 내담자는 자신의 삶의 '데이터'를 가지고 있으므로 상담회기 내에서 스스로 이야기의 전문가가 된다(de Shazer, 1994). 상담자는 관계와 과정에 대해 교육을 받고 내담자의 이야기를 이끌어 낸다. 그들은 서로 없이는 존재할 수 없다. 상담자와 내담자는 관계의 변수와 맥락에 의해서 결코 동등하지 않을 것이기 때문에, 이러한 전문가 역할 언어는 내담자가 역할 차이를 알게 하고 스스로의 전문성을 가지는 것을 도와서, 특히 내담자의 관점에서 상담자 헤게모니를 최소화한다.

사회적 구성주의와 문화적 존중

우리는 뇌의 주관성에 대해 이미 논의해 왔는데, 뇌의 주관성은 감각 정보를 처리하고 기억과 감정을 통해 이를 필터링하는 것과 관련된다. 상담에 있어 구성주의적 설명은 직관적인 매력을 가진다. 스스로의 현실에 대한 개인 구성주의는 사회적 구성주의와 나란히 놓여진다. 구성주의는 개인적 관점에서 현실을 창조하는 반면, 사회적 구성주의는 사회적 관점에서 현실을 창조하는 것을 나타낸다(Sommers-Flanagan, 2018). 가슴 아픈 예는 인종에 관한 사회적 현실이다. 아프리카 부족들이 '백인' 제국주의자들에 의해 노예로 팔려갔을 때, 아프리카인들에게 본질적으로 열등한 면은 없었다. 이러한 생각을 만든 것은 시간이 지남에 따라 문화, 정치, 신체적 학대를 통해서였고, 지금 시대와 시간까지 확장되었다. 이것이 사회적 구성주의가 작동하는 방식이다. 지배 집단이 현실이 어떠한지 결정하면 그것은 문화에 스며든다. 이것은 결국 개인이 현실을 인식하는 방식에 영향을 미친다. 이는 상담의 구성주의 관점에서의 중요한 한계가 된다. 비주류의, 잘 다루어지지 않고, 억압받는 집단에게 이러한 생각들은 그들의 마음속에 만들어진 것이 아니라 객관적인 현실이다(Farah, 2017). 구성주의적 접근법을 사용하는 상담자는 내담자의 개인 및 문화적 경험에 민감해야 한다. 후생유전학에 의하면 경험은 뇌를 변화시키기 때문에(Sweat, 2016), 뇌는 환경의 위협을 인식하도록 준비된다(Farah, 2017). 그럼에도 불구하고 상담자는 내담자가 쇠약해지는 자기 개념에 도전하고 문화적 억압에 대한 새로운 이야기를 창조하도록 지지할 수 있고 이렇게 함으로써 내담자가 가진 위험 감지 시스템을 완화할 수 있다(Sue & Sue, 2016).

이 책의 다른 곳에서 논의된 바와 같이, 미래 지향적인 구성주의 접근법은 이전의 성공 경험, 현재 나타나고 있는 문제의 예외 상황, 그리고 관계 방식의 변화에 대한 믿음을 강조한다. 내담자는 상담자의 믿음을 통해 변화에 대한 자신의 역량을 믿게 된다. 이는 상담자가 내담자의 경험을 최소화하는 일이 없도록 주의 깊게 듣고 이해해야 한다는 경고를 준다. 이 모든 것들이 뇌에서 어떻게 나타나는지 좀 더 자세히 살펴보자.

상담회기 내 구성주의(내러티브 치료) 접근

Carlos 사례 계속 상담에서 상담자는 Carlos에게 다음과 같은 자극적인 질문을 던질 수 있다.

상담자: Carlos, 당신이 감정은 여성과 약자들의 전유물이고, 나약함은 당신을 연약하게 만들고, 강함이 당신을 보호한다고 믿는 것 같아서, 저는 이렇게 묻고 싶습니다. 누가 당신의 생각을 대신해 주고 있나요? [상담자는 강한 공감대를 형성한 후에 이런 질문을 구체적으로 한다.]

Carlos: [약간 당황하면서] 내가 내 생각을 하죠! 그게 무슨 말인가요?

상담자: 제가 그렇게 말하는 이유는 당신은 마치 현실에 기반한 것처럼 당신의 생각을 이야기하는데, 이러한 것들이 당신 스스로가 만든 삶에 대한 규칙이 아닌 것 같기 때문입니다. 그리고 만약 당신에게 이것이 잘 작동했다면 저는 아무 말도 하지 않았을 겁니다. 지금 이대로라면 다른 누군가가 당신 대신 생각하고 있는 것처럼 보입니다. 그게 누구일까요, 뭘까요?

Carlos: 모르겠어요. 무슨 말을 하는 건지 여전히 모르겠네요.

상담자: 처음에는 이 문제를 해결하기 어려울 수 있습니다. 그래서 저는 우리가 서로 조금 더 신뢰를 가질 때까지 기다렸습니다. 지난 몇 주 동안 제게 말씀하신 것으로 미루어 볼 때, 당신은 특정한 사고방식과 행동 방식 안에 갇힌 초기 경험을 바탕으로 해서 몇 가지 생활 규칙을 개발하신 것 같습니다. 당신은 'playing hurt'와 관련이 있을 수 있는 삶의 예를 생각해 볼 수 있나요?

Carlos: 음, 저는 육체적이든 감정적이든 고통을 보이는 것은 나약함의 표시라는 것을 배웠고, 고통을 숨기고 계속하는 것이 더 낫다는 것을 깨달은 것 같습니다. 학교 들어가기 전, 아마 서너 살쯤 됐을 것 같은데 팔이 부러져 울고 있었는데, "얘야, 그만 울어라, 그렇지 않으면 진짜 울고 싶게 해 줄 거다."는 말을 들었었어요. 이게 당신이 말하는 예가 맞습니까?

상담자: 아주 강력한 예입니다. 그런데 누가, 혹은 무엇이 당신에게 이것을 가르쳤나요?

Carlos: 저희 집에서, 제가 중학교와 고등학교 때 저희 엄마는 싱글맘이었고 생계를 위해 여러 가지 일을 하셨어요. 엄마는 절대 불평하지 않았고 계속 일했어요. 아버지가 있을 때는 술을 너무 많이 마셔서 운동이나 일 외에 대화를 하거나 불평을 할 시간이 없었어요. 저는 주로 할머니와 지냈고 제가 팔이 부러졌을 때 같이 있었고 그 말을 한 사람은 아마 할머니였을 거예요.

상담자: 좋아요. 그러면 당신이 'playing hurt'를 배운 건 가족으로부터였다는 거네요. 마치 엄마, 아빠 또는 할머니가 지금도 여전히 당신 대신 생각해 주는 것처럼?

Carlos: 네, 무슨 뜻인지 알겠어요.

상담자: 그렇다면 왜 지금 변화를 시도합니까?

Carlos: 'playing hurt'가 직장 생활과 사생활에서 효과가 없다는 것을 의미하는 걸까요? 왜냐하면 아버지는 간경변증이 있었고 어머니는 우울하고 조금 억울해했으며, 할머니는 슬프고 화가 나서 돌아가셨기 때문이에요.

상담자: 당신 삶 속에 있는 내러티브, 'playing hurt'는 다른 이야기, 즉 '정서를 느끼는 것은 약하다.'는 이야기와 밀접하게 연결되어 있고, 둘 다 가족/가정환경에서 비롯된 것이며, 얼마 후에는 어느 것도 잘 기능하지 않는 것 같아요. 우리는 새로운 내러티브를 작업하고 쓸 수 있을 것입니다.

Carlos: 때가 된 것 같습니다.

뇌의 편재화 및 우측 처리 모드

인간의 뇌는 우반구와 좌반구로 나눌 수 있다. 각 반구는 특정 기능을 처리하도록 최적화되어 있다. 뇌 편재화는 몇몇 특정 영역 또는 과정, 즉 언어, 청각, 시각 공간 시스템, 기억, 운동, 감정, 고른 손놀림 등의 기능에서 강조된다(Güntürkün & Ocklenburg, 2017). 사실, Güntürkün과 Ocklenburg는 편재화의 비대칭이 만연하고, 이러한 사실이 인식, 행동 및 감정에 대한 수많은 함의에도 불구하고 잘 이해되지 않고 있다고 주장한다. 이러한 비대칭은 병렬(parallel)과 특별(complimentary) 프로세스를 허용하여 복잡성과 효율성을 높일 수 있음을 제안한다. 이러한 차이점이 개념화되고 표현되는 한 가지 방법은 Daniel Siegel에 의해 설명된다. 뇌의 우측 처리 모드는 Siegel의 대인관계 신경생물학(IPNB)의 특징이다. 그는 우측 처리 모드(뇌의 오른쪽 반구의 기능)를 다음과 같이 정의한다.

> 우뇌의 지배적인 신경 활동에 의해 형성되는 암묵적 정신과정. 이는 전체적(holistic), 비언어적(nonverbal), 시공간적(visuo-spatial), 자전적(autobiographical), 마인드사이트 맵 만들기(mindsight map-making), 피질하부 입력이 전체 신체의 지도에 통합되는 것과 관련된다.
>
> (Siegel, 2012a, pp. A1-71)

우뇌와 우뇌의 상담 역할을 탐구하면서 중뇌의 다양한 구조를 단수(singular tense)로 논할 수도 있지만, 대부분은 실제로 각 반구에서 중복된다는 점을 명심해야 한다. 예를 들어, 우리가 편도체, 해마, 시상하부를 단수로 말할 때, 우리는 사실 각각 우반구와 좌반구에 위치한 한 쌍의 구조에 대해 말하고 있다. 따라서 창의성이나 감정을 구현하는 우뇌 또는 우측 처리 모드에 대해 이야기할 때, 우리는 우뇌에 존재하는 편도체가 아니라 우뇌에 있는 한 쌍의 편도체 중 하나에 대해 이야기하는 것이다(Kalat, 2019).

이 예시를 계속해 보면, 우뇌의 편도체는 상담자와 내담자 사이의 정서적, 관계적 연결을 조율한다고 여겨지는데, 이를 바탕으로 과거 관계들을 확인하거나(비공감적 상담자의 경우), 내담자가 관계에 대해 자신이 가진 지배적인 이야기를 재검토하도록 하면서(Badenoch, 2008) 인지 부조화를 이끌어 낸다(공감적이고 신경과학을 알고 있는 경우). 이에 대한 경험적 증거도 있다. Ocklenburg 등(2018)은 종종 정서가(emotional valence)와 관련된 사회적 접촉이 우반구 프로세스에서 가장 두드러지게 나타난다는 것을 입증했다.

추가적으로 두 가지 뇌 관련 고려사항을 살펴보는데, 다른 절에서 각각 논의된다. 그것은 시각과 자연적 사각지대(1장 참조), 시각 대 지각(다음에 이것을 더 이야기할 것임)이다. 이 논의의 더 넓은 맥락은 현실의 본질과 그것이 내담자에게 무엇을 의미하느냐라는 것을 기억하라. 우리는 자신의 통각(apperceptions)을 통해 경험, 환경, 사회적 상호작용을 형성하고 또한 형성되며 이를 바탕으로 개인의 현실을 구성한다. 또한 우리의 통각—우리의 세계를 이해하기 위해 통과하는 정신적 과정—은 세상과의 감각적 상호작용, 즉 우리의 오감에 의해 형성된다. 하지만 만약 우리의 감각 경험을 우리가 생각하는 것만큼 믿을 수 없다면? [그림 6-2]는 이 문제를 해결하는 데 도움이 될 수 있다.

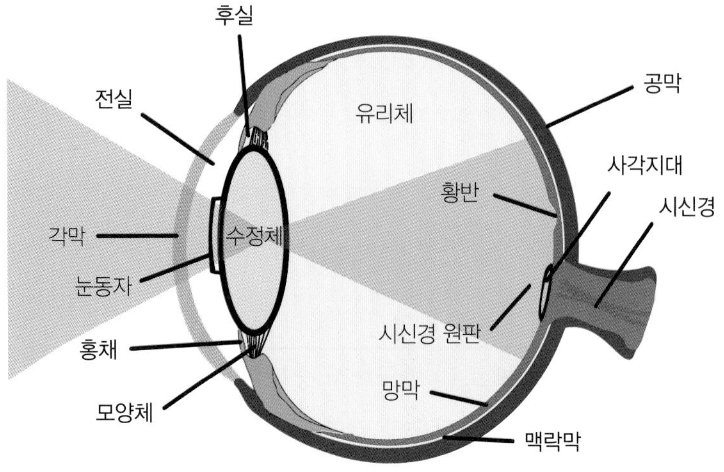

[그림 6-2] 물리적 사각지대

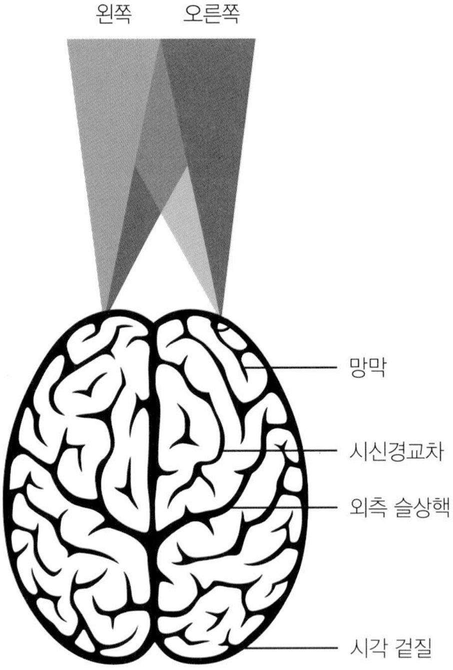

[그림 6-3] **사각지대 보정.** 양쪽 눈의 사각지대를 보완하기 위해 개별 눈의 시야가 중첩되어 사각지대를 효과적으로 보이게 만든다.

이 책은 생물심리학이나 신경과학 교재가 아니기 때문에, 지면의 한계상 보는 과정에 대하여 간단히 설명하겠다. Kalat(2019)의 그림에서 눈은 뒷부분으로, 궁극적으로는 뇌로 빛을 흡수, 반사, 전달하도록 설계됐다. 빛은 각막과 수정체를 통해 눈으로 들어가 망막에 반사된다. 색상과 움직임 해석을 위해 디자인된, 일련의 빛에 민감한 수용체인 망막은 신경세포를 통해 코드화된 신호를 시신경으로 전송하고, 시신경은 뒤쪽에 있는 눈에서 나와 뉴런을 통해 뇌로 이동하며, 이것은 전기적, 화학적 신호를 모두 전달한다. 하지만 의문스러운 점이 있다. 안구 뒤쪽의 시신경이 빠져나가는 지점에는 수용체가 없기 때문에 망막의 이 지점에 부딪히는 신호는 결코 해석될 수 없다(아무도 주위에 없는데 말하는 것을 생각해 보면 된다). 이것이 실제 물리적 사각지대이다([그림 6-2]). 그런데 우리는 사각지대에 있는 것을 보지 못하지만 왜 항상 충돌하지는 않을까? 간단히 말해서, 우리 두 눈의 시야가 서로 겹쳐져서 자연스럽게 각 눈의 사각지대를 보완한다. 각 눈의 사각지점은 시야의 서로 다른 영역에 영향을 미치기 때문에 한쪽 눈이 다른 쪽을 보정한다([그림 6-3]).

여기에 내포된 흥미진진한 비유로 넘어가기 전에, 시력과 같은 자기 제한적이고 자기 교정적인 시스템의 함의를 생각해 보자. 눈은 우리가 존재하는 모든 것을 볼 수는 없는 본질적 한계를 가지고 있다(빛의 스펙트럼과 그것이 우리가 인지하거나 인지하지 못하는 것에 미치는 영향). 이러한 생리학적 사실은 온화한 버전의 구성주의 철학을 상담에 사용할 수 있음을 강조한다. 현실이 존재하지 않거나 모든 현실이 구성주의적인 것은 아니지만 정확하게 현실을 보는 (개인적이고 집단적인) 능력은 복잡성 속에서 제한되어 있다. 예를 들어, 독일의 철학자 Hans-Georg Gadamer는 〈표 6-2〉와 같이 실제로 매우 명확하게 증명할 수 있는 사고 실험 유형을 제안했다.

〈표 6-2〉 **시각적 한계, 실험 1**

가급적 어두운 방에서 손전등을 들고 구형의 물체(예: Gadamer의 글씨를 쓴 당구공)에 빛을 비춥니다. 이제 불빛에서 보이는 것을 설명하십시오. 얼마나 많은 이미지를 인식하거나 볼 수 있었습니까?

무엇이 비춰지고 있는지 정확하게 설명할 수 있는 것이라면(여전히 미심쩍은 결론), '현실'의 일부만 비춰지고 한 번에 한 부분만 비춰질 수 있다. 설령 당신이 비출 수 있다 하더라도 인간의 눈은 모든 면을 한 번에 볼 수 없기 때문에, 가령 당구공의 '진실'을 '잡기'는 어렵다(당신이 다른 부분을 보기 위해 시선을 옮긴 후 다른 쪽 면이 본질적으로 변화하지 않았을 것이라고 장담할 수 없다). 그리고 이 모든 것은 신호가 후두엽에 전달되기도 전에 일어난다. 물론 이 예시에는 한계가 있으므로 이제 〈표 6-3〉에 제시된 다른 예제를 살펴보자.

해결중심치료(SFT)와 신경과학

중요한 점은 시력의 물리적 한계는 우리의 마음보기(Siegel, 2012b)의 한계, 자기와 타인에 대한 감각의 한계와 동일하다는 것이다. 우리 각자는 상황을 분명히 보고 있다고 생각했던 때, 기껏해야 시야가 흐리거나 최악의 경우 시야가 가려졌을 뿐이라고 생각했던 때를 떠올릴 수 있을 것이다. SFT(Berg, 1994; de Shazer, 1994; Franklin, Zhang, Froerer, & Johnson, 2017)와 같은 구성주의적 접근법은 내담자와 상담자에게 현실이 실제가 아니고 심지어 객관적이지 않다고 설득하고자 하는 것이 아니다. 그보다는 상담자가 단순한 학습자 이상의 무엇도 잘 모른다는 관점, 즉 내담자가 전문가라는 겸손함을 가지고 상담회기에 참여하도록 초대하는 것이다. 상담자는 내담자의 사각지대를 조명하기보다는 내담자가 스스로 자신의 사각지대를 탐색하고 이와 관련하여 결정을 내릴 수 있도록 만드는 관계를 제공한다. 이것은 수동적인 과정이 아니다. SFT는 내담자가 문제가 포화 상태에 이른 이야기에 도전하도록 만들고 문제해결 기반 관점을 조명하도록 초대한다. 예를 들어, Carlos에게 삶은 원래 고통 속에서 살아가는 것이라는 playing hurt는 문제가 포화 상태에 이른 이야기의 일부이지만, 그는 자신의 시야나 인식의 영역 밖의 해결책을 찾아낼 수 있는 잠재력을 가지고 있다. 상담자는 그에게 경험을 보여 주고, 주변에 있는 해결책을 상상해 보도록 하고, 그중 하나나 그 이상을 시도하기를 기다릴 수 있다(Fred Redekop, May, 2015, 개인적 대화). '조하리의 창(Johari Window)'은 이러한 인식 확장의 도구 중 하나이다.

이러한 맥락에서 유명한 조하리의 창(〈표 6-4〉, 〈표 6-5〉)은 큰 가치를 가진다. 앞서 논의한 사각지대를 비춘다고 볼 때, 조하리의 창은 개인적 앎의 구체적인 영역에 적용될 수 있다. 자신도 알고 타인도 알고 있는 것(열린 영역), 자신만 알고 있고 타인은 모르는 것(사적 영역), 자신은 아직 모르지만 타인은 아는 것(보이지 않는 영역), 그리고 자신도 타인도 모두 알지 못하는 것(숨겨진 영역). 우리가 아는 것의 힘을 이해하지 못하거나 우리가 알고 있는 범위를 벗어나서 기능하려고 할 때, 위험을 초래한다. 이는 개인 생활에서뿐만 아니라 임상 현장에서 상담하는 내담자에게도 적용된다.

〈표 6-3〉 시각적 한계, 실험 2

> 야외에 서서 달을 바라보는 것을 생각해 보자. 어떻게 묘사할 것인가? 이제 망원경으로 지금 보고 있는 것을 정확하게 묘사한다고 상상해 보자. 묘사는 어떻게 변화하는가? 이제 당신의 눈이 망원경처럼 정확하게 볼 수 있고 당신이 보는 것을 정확하게 연관시킬 수 있다고 가정해 보자. 당신은 달의 몇 퍼센트를 설명할 수 있으며, 그 제한된 설명이 달의 '현실'에 어떤 영향을 미치는가? 당신이 보는 것이 정확한 만큼 당신이 보는 것은 '진실'일 수 있다. 하지만 '달에 있는 남자'를 보는 사람들은 어떨까? 달 표면에 정말로 얼굴이 있는 것일까, 아니면 지형과 빛을 해석한 것일까?

〈표 6-4〉 조하리의 창

	자기에 대해 앎	자기에 대해 모름
타인에게 알려진 것	열린 영역(open)	보이지 않는 영역(blind)
타인에게 알려지지 않은 것	사적 영역(private)	숨겨진 영역(hidden)

〈표 6-5〉 **조하리의 창 형용사**

긍정적	부정적
• 인내심 있는	• 참을성 없는
• 힘이 있는	• 냉담한
• 자랑스러운	• 무책임한
• 조용한	• 이기적인
• 반영적인	• 상상력이 부족한
• 완화된	• 비합리적인
• 종교적인	• 지각력이 없는
• 반응적인	• 시끄러운
• 탐색하는	• 자기만족적인
• 자기 확신적인	• 과하게 극적인

상담회기 내 신경과학적 접근

Carlos 사례 계속 앞부분을 읽고 Carlos에 대해 생각해 보자. 면접 상담 과정에서 다음 단계는 무엇인가? 그의 사각지대는 어디인가? 상담자는 간단하게 다음과 같은 질문을 할 수 있다.

상담자: [대략적으로 눈을 스케치하고 물리적 사각지대를 강조한다.] Carlos, 우리가 논의한 바와 같이, 우리는 두 개의 눈앞에서 완전한 시야를 확보해야 할 필요가 있는, 말하자면 사각지대를 가지고 있어요. 우리가 'playing hurt'라는 문제에 초점을 맞춘 비유와 관련하여 이야기한다면, 당신이 삶을 다루는 데 있어 잠재적인 사각지대는 무엇인가요?

Carlos: 음, 당신이 지난 회기에 나에게 준 형용사 목록을 두 명의 친구들과 가족들에게 주었어요(〈표 6-5〉).

상담자: 네. 무엇을 알게 되었나요?

Carlos는 자신의 관점에 부합할 수도 있고 그렇지 않을 수도 있는 다른 사람들이 자신을 바라보는 방식을 계속해서 설명한다. 〈표 6-5〉에는 이른바 Johari와 Nohari의 형용사를 목록화했다. 이는 내담자가 자신을 어떻게 보는지와 다른 사람들이 자신을 어떻게 보는지 알아보는 데 사용될 수 있다. 이것은 실제적으로는 불일치하는 관점을 강조할 수 있고, 또는 개인이 자신의 내러티브를 어떻게 쓰고 있는지를 강조하는 데 활용될 수 있다. Carlos의 경우, 다른 사람들은 그를 냉담하고 접근하기 어려운 사람으로 묘사한 반면, Carlos는 자신을 자랑스럽고 성숙하다고 여겼다. 어디에서 연결이 끊어지는가? 대화를 하면서, 상담자(그리고 Carlos)는 Carlos가 초기 환경에서 개발한 전략인 '고통 속에서 계속해 나가는 것(playing hurt)'이라는 생각이 그때 효과가 있었고, 그에게 강인함과 자부심의 원천, 즉 성숙의 증표가 되었다는 것을 알게 되었다. 하지만 대인관계에서, 고통 속에서도 계속해 나가야 한다는 그의 생각은 실제로 그를 가장 가까운 사람들과 떼어놓았다. 현재 Carlos와 관계를 맺고 있는 사람들은 나약함의 증거로 보아 그를 멀리하기보다는 그가 고통과 같은 삶의 중요한 부분을 공유하려 하지 않는 것으로 오히려 거리감을 경험하는 것으로 드러났다. Carlos의 태도는 강점이라기보다는 관계에 있어 장벽이 되는 것이다. 이것은 어떻게 설명될 수 있을까? 상담에서 Carlos는 자신의 삶에 대한 내러티브가 적어도 중요한 다른 사람들과의 관계에서는 더 이상 자신을 보호하는 데 효과적이지 않다는 것을 깨닫기 시작한다. 그러나 상담자와의 작업에서 이것이 명백해지기 전까지는, 그는 'playing hurt'이라는 생각을 많은 가능한 내러티브 중의 하나라기보다는 자신의 삶의 주된 내러티브로 받아들였다. 신경학적으로 볼 때 Carlos의 좌뇌는 그의 우뇌가 만들어낸 총체적인 이야기를 그대로 받아들이고 있었다. 결국, 이 내러티브를 carlos의 삶에, 그의 행동과 관계에 가져왔다. 다음으로, 상담자는 가능한 해결책과 'playing hurt'라는 생각의 대안을 마련하기 위하여 Carlos가 자신의 삶을 살펴볼 수 있도록 초대할 것이다.

관찰은 행동/현실을 변화시킨다

SFT는 종종 치료 이전 변화 질문으로 상담을 시작한다(Weiner-Davis, De Shazer, & Gingerich, 1987). 이 접근 방식은 내담자가 초기 만남에서 했었던 변화에 참여하겠다는 약속을 인식하도록 유도한다. 이에는 두 가지 실험 또는 일련의 실험이 있는데, 이 두 가지 실험은 구성주의적 접근법과 특히 SLT에서 주의와 마음챙김의 개념에 대해 자세히 설명할 것이다. 보이지 않는 영역(blindness)의 변화와 호손 효과가 그것이다. 첫 번째 실험으로, 참석자들은 행동을 주목하는 데 영향을 미치는 요소를 살펴보기 위해 환경에서 미묘한 변화가 일어나는 상황에 참여하도록 초대된다. 학생들은 실험이 실시되는 참여 장소인 공지사항이 표시된 데스크에 도착했고, 이때부터 실험이 시작되었다(3장의 논의 참조). 카운터에 다가가자, 칼라가 있는 셔츠를 입은 한 남성이 그들을 맞았다. 참가자에게 인사한 직후(참가자들은 실험이 이미 시작되었음을 알지 못했다), 이미 비밀리에 연구자의 지시를 받은 이 남성은 표면적으로는 작성할 서류를 찾기 위해 카운터 뒤로 가서 허리를 굽혔지만, 실제로는 다른 사람으로 교체되었다. 바뀐 사람은 비슷하게 생기긴 했지만 완전히 다른 사람으로, 다른 얼굴, 다른 머리카락, 다른 색깔의 셔츠를 입은 사람이었다. 참가자들은 이 바뀐 사람을 알아챘을까? 참가자의 25% 미만만이 변화를 인지한 것으로 보고되었다. 참가자들이 처음 인사한 사람과 완전히 다른 사람으로 바뀐 것을 모르는 이유를 무엇으로 설명할 수 있을까? 상당히 많은 이유를 추측해 볼 수 있지만, 나는 가장 유력한 두 가지 이유를 들고자 한다. 한 가지 설명은 참가자의 기대에 따라 어떤 행동에 관심을 기울일지 달라지는데 참석자들이 변화를 예측해야 할 이유가 없어서 알아차리지 못했다고 할 수 있다. 두 번째 설명은 참석자들이 간단한 양식을 완성하는 데 주의를 집중하여 환경의 다른 요소에 주의가 분산되었다는 것이다. 다시 말하면, 바로 앞에 있는 즉각적인 과제가 다른 환경적인 자극보다 우선시되었다는 것이다. 이것은 엄청난 변화에 대해 알지 못하는 것이며, 이는 상담에 대단한 시사점을 가져온다. 구성주의 치료에서는 뇌가 주목하도록 방향을 이끌 수 있고 따라서 방향을 바꿀 수 있다는 사실을 강조한다.

그리고 1920년대의 호손 실험이 있다. 간단히 말하면, 공장장들은 공장 근로자의 생산성을 높이기 위해 조명을 더 밝게 하고, 교대조 조절 등 근로자 환경의 다양한 측면을 변화시켜 생산성이 향상되는지 보고자 했다. 변화의 종류에 상관없이 모든 경우에서 생산성은 향상되었다. 어떻게 환경을 변화시키는가 그 자체는 생산성의 향상과 거의 관련이 없으며 혼동 변인과 오히려 관련이 있는 것으로 나중에 확인되었다. 모든 경우에 있어서 생산성을 측정하는 방법은 실험자나 관찰자가 참석하여 행동을 기록하고 변화를 추적하는 것이었다. 나중에 호손(Hawthorne) 효과라고 불리는 이 관찰 효과는 근로자들이 관찰되었기 때문에 수행이 증가했음을 입증했다! 이와 마찬가지로 내담자들이 자신의 삶의 상황에 주목하는 것은 이러한 변화를 경험하든 아니든, 엄청난 변화의 잠재력을 부여한다.

[그림 6-4] 콘 아이스크림

첫 번째 유형의 실험에서는 하나의 시연 또는 일련의 시연을 실시했는데, 이것은 구성주의 전통의 핵심적인 신경-원리를 보여 준다. 우리는 우리가 주목하는 행동과 무엇을 기대하는지 여부에 따라 환경의 특정 상수와 변화에—문자 그대로 그리고 비유적으로—무지하다([그림 6-4]에서 무엇을 읽을지 생각해 보라). 호손 실험에서 관심 기울이기 행동은 알아차림과 수행 모두에 강하게 연관되어 있다(〈표 6-6〉). 그러나 관찰된 사람의 행동을 변화시킨 것은 관찰자의 주의집중이었다! 신경과학과 구성주의 치료에서 이러한 발견들을 어떻게 결합할 수 있을까?

〈표 6-6〉에 있는 실험을 수행하는 데 있어 어떤 점을 주목해야 하는가? 대부분의 내담자에게 일어나는 일은 앞에서 말했던 두 가지 경우와 관련 있다. 첫 번째는 호손 효과와 관련되어, 사람들은 스스로를 관찰자와 관찰당하는 사람으로 만들면서 자신의 행동을 관찰한다. 두 번째는 특정 생각, 말, 행동을 하는 순간을 알아차리게 되고, 결과적으로 얼마나

자주 이렇게 하느냐에 따라 사각지대가 감소하게 된다. 그러다가 정말 흥미로운 일이 벌어진다. 실제로 그 행동의 횟수가 나날이 줄어들게 된 것이다! 주의를 기울여야 한다는 요구 사항만 있었을 뿐 행동을 바꾸려는 시도는 하지 않았음을 상기해 보자. 관찰은 행동을 설명하고 바로 그 행동들을 변화시킨다. 뇌는 주의 기울이기를 통해서 현실을 만들어 내고, 이 주의 기울이기는 행동을 지시한다.

〈표 6-6〉 주의 기울이기 행동 실험

- 다음 주 동안 시도해 보십시오. 인생에서 수정하고 싶은 행동을 생각해 봅니다. 메모장과 펜을 가까운 곳에 두십시오(또는 필요한 경우 휴대전화 앱).
- 당신이 그 행동에 참여할 때마다 표시를 합니다. 판단하지 마세요. 바꾸려고 하지 마십시오. 그냥 행동을 추적해 따라갑니다.
- 예를 들어, 내가 다른 사람에게 비판적인 사람이라면, 다음 주 동안 '비판적'이라는 범주에 속하는 말을 하거나, 실행하거나, 생각할 때마다 노트에 표시를 합니다.
- 주말마다 일일 총계를 비교하고 관찰한 내용을 기록합니다.

상담회기 내 해결중심치료와 신경학적 접근

Carlos 사례 계속 이와 같은 방법이 Carlos에게 어떻게 작동하는지 살펴보자. 한 가지 접근 방식은 Carlos에게 자신이 느끼는 모든 것을 기록해 달라고 부탁한 다음 그 뒤에 어떤 일이 일어났는지 기록하는 것이다. 목표는 그가 어떤 것을 느끼는 횟수를 줄이는 것이 아니다. 대신, 그가 자신의 정서적인 경험을 온전히 인식하도록 돕고, 이러한 정서적인 경험과 그의 인식과 행동 사이에 연결점을 만드는 것이다. 시간이 지남에 따라, 이렇게 연습함으로써 Carlos의 문제로 포화된 내러티브는 변화할 수도 있고, '나는 느낀다'는 연장선에서 또 다른 해결 지향적 내러티브가 만들어질 수 있다. Carlos에게 지금은 그 정도면 충분하다.

주의와 주의집중하기

당신은 이 책의 여러 곳에서 주의집중(attention)이라는 용어를 읽었을 것이며, 당신을 향해 "내가 말할 때 주의를 집중해!"라는 표현을 들어왔을 것이다. 하지만 이 용어는 정말 무엇을 의미할까? 어떻게 하는 걸까? 심지어 '주의를 지불하라(pay attention)'는 표현도 기이한 말이다. 예를 들어 주의를 '지불(pay)'하는 데 사용되는 통화는 무엇인가? 이 주제에 대한 문헌을 파헤친다면 '주의집중'를 이해하기 위한 다양한 접근 방식을 접하게 되겠지만, 현 시점의 신경과학 분야에서 가장 정확한 대응은 '모르겠다'고 답하는 것이 빠르게 공감대를 얻는 방법일 것이다.'주의집중이란 무엇인가?'와 '주의집중은 어디에 위치해 있는가?'라는 질문은 얼핏 보면 단순함을 내포하고 있지만 단순한 답변에서 주의집중의 복잡성을 드러낸다.

주의집중을 어떤 것에 집중하는 것이라고 생각할 수도 있지만, 우리가 단어를 정의하는 데 있어서 어원을 고려해 본다면 이 단어가 아주 잘 정의된 것은 아님을 알 수 있다. Garrett(2011)은 이러한 함정을 피하고 우리의 목적에 맞는 다음의 정의를 제공한다. "주의집중은 다른 것들은 제외하고 일부 뉴런 입력을 집중함으로써 뇌가 제한된 자원을 할당하는 수단이다."(p. 488) 이것은 주의를 기울이는 것이 자원을 특정 자극으로 향하게 하거나 멀리하게 한다는 것과 관련이 있다는 점에서 중요하다. 그러기 위해서는 뇌에게 무엇을 집중하고 무엇을 무시해야 하는지 알려 줘야 한다.

이를 상담에 적용하는 데는 어려움이 따른다. 예를 들어, Carlos의 경우 그는 건강하고 관계적인 메시지에 더 많이 주목할 필요가 있으며, 일상적으로 기능하는 데 있어 더 이상 효과적이지 않은 오래된 'play hurt' 메시지를 무시하는 연습을 할 필요가 있음을 알 수 있다. Carlos가 어떻게 할 수 있느냐고 물었을 때 상담자는 뭐라고 말할 수 있을까? "Carlos, 당신은 당신의 뇌에게 무엇에 집중하고 무엇을 무시해야 하는지 말해 줘야 해요." 이것은 질문에 대한 단순하지만 가시적인 예시이다. 누가 뇌에게 이런 말을 하라고 그에게 말하는 걸까? (잠시 함께 생각해 보자.) 상담자가 "Carlos, 당신은 뇌에게 말할 필요가 있어요…." 라고 말할 때, 우리는 마음-뇌 논쟁의 중요성을 더 명확하게 알 수 있다. 또한 나는 우리의 작업에 균형을 유지하기 위한 긴장을 받아들이기를 권한다. Carlos의 뇌는 그의 행동과 주의집중의 원동력이지만, 우리가 Carlos에게 뇌에게 무언가를 말하라고 요청했을 때, 우리는 Carlos의 본질과 관련하여 무엇을 언급하고 있는 것일까? 이 분야의 일부 사람들은(마음이 뇌와 별개인 것으로 알고 있는 사람들) 마음이 뇌에서 파생되고 마음은 뇌에 영향력을 행사한다고 제안한다. 이런 경우 Carlos의 마음은 질문에서 당신(the you)인데, 이는 Carlos의 뇌와는 별개로 어떤 생물학적 과정에 영향을 미치는 진수가 있다는 것을 암시한다.

뇌철학

이 이슈를 더 명확히 하기 위해, 다음 절에서는 이 논의의 전체적인 윤곽을 잡는 방법을 제공하고자 한다. 언어나 철학 안에서 길을 잃지 말고 마음속에 Carlos의 사례를 간직해 두라고(당신에게 개인적으로 의미 있는 것이 무엇이든) 권하고 싶다. 신경과학 및 인본주의 상담 정신의 회유를 위한 확장된 논의를 위해서는 Beeson & Miller(in press), Luke(in press)를 참조하라.

앞서 제기된 질문들은 이 논쟁과 관련된 핵심 질문들로서, 위대한 철학자들의 저술 이후 적어도 3,000년 동안 존재해 온 질문들이다. 본질적으로 이 질문은 "마음과 뇌의 관계의 본질은 무엇인가?"로 귀결된다. 이것은 오랫동안 철학에서 뇌와 마음의 문제로 언급되어 왔다. 이 논의에는 기본적으로 두 가지 측면이 있다. 일원론(monism)은 우리가 마음이라고 부르는 것이 뇌에서 발생하며, 마음의 초월적 모습은 인간의 뇌와 그 물질적 기능(뉴런, 세포, 분자)의 복잡성을 반영하는 것이라고 믿는 것이다. 이것은 물론 대다수의 과학자들과 사람들이 가지고 있는 견해이며 유물론이라고 불리는 확장된 철학적 관점을 나타낸다.

이원론(dualism)은 마음과 뇌가 별개의 독립체로서 각각이 서로에게 영향력을 행사한다는 관점이다. 이원론은 실제로 17세기 프랑스 철학자이자 수학자인 René Descartes가 전개한 철학적 논쟁에서 나타난다([그림 6-5]). 그는 마음이 뇌와 신체에 직접적인 영향을 미치며, 특히 물질계(뇌)와 비물질계(마음)의 인터페이스로서 송과선(pineal gland)을 통해서 작용한다고 믿었다. 뇌에 있는 몇 안 되는 단수형 구조(singular structure)(2장에서 논의된 쌍방 구조와는 달리) 중 하나인 송과선은 '영혼의 자리(seat of the soul)'로 간주되었다(Garrett, 2011).

Descartes의 견해는 당시로서는 상당히 기발했고 뇌와 신경계가 어떻게 기능하는지에 대한 추가적인 신체적 탐구로 이어졌으며, 그는 여러 면에서 과학적 방법을 정립하는 선구자가 되었다. Joseph LeDoux(2002)는 그의 책 제목인 『Synaptic Self』(LeDoux의 일원론적인 방향성을 보기 위해서는 책 내용을 더 자세히 읽을 필요가 없이 제목만 봐도 됨)에서 이 두 가지 주요 입장인 일원론과 이원론에 대해 훌륭하게 요약 설명하고 있다. LeDoux는 철학자들과 신경과학자들 사이의 마음-뇌 문제에 대한 초기 가정의 차이점에 대해 논한다.

> [철학자들은] 자연(물질과 마음)이 기본 물질 사이에 존재할 수 있는 가능한 관계, 논

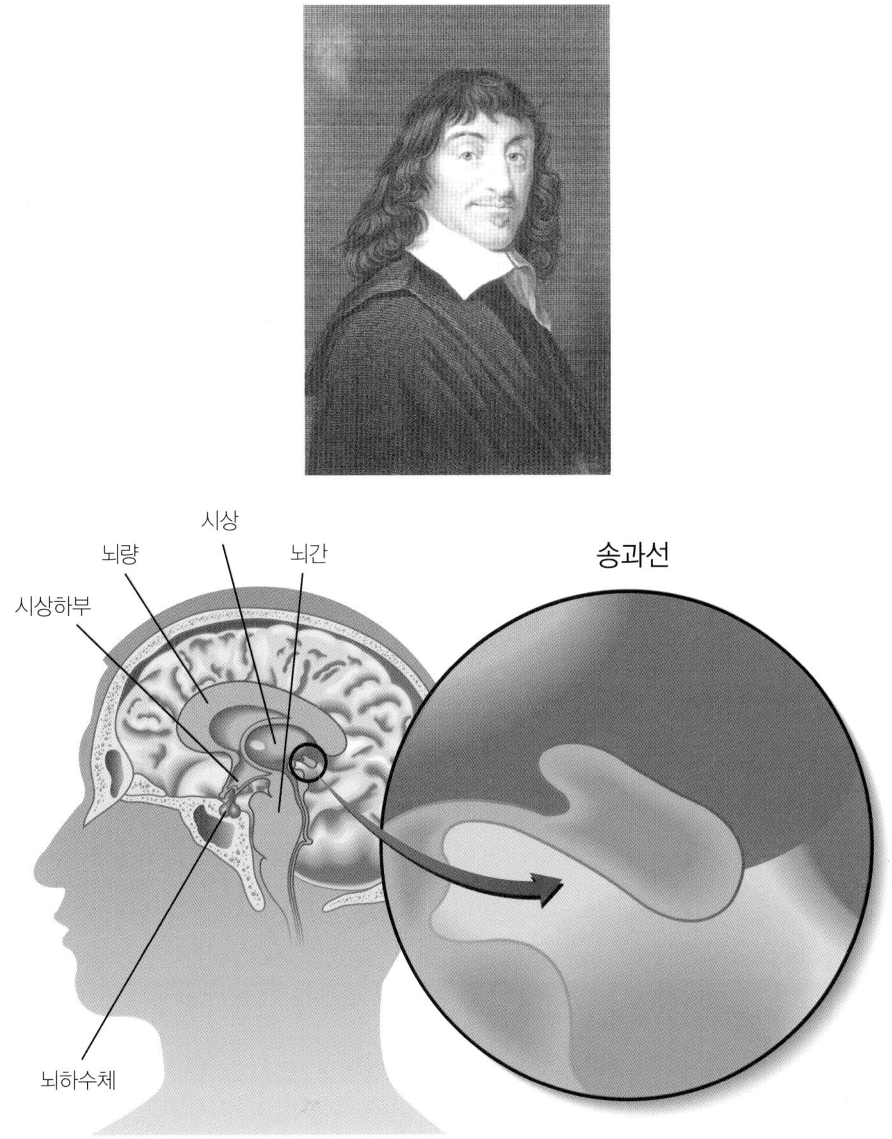

[그림 6-5] (a) René Descartes와 (b) 송과선

리에 대해 논의한다. 반대로, 신경과학자들은 일반적으로 마음-신체 문제에 대한 유물론적 관점이 올바르다는 가정(마음은 뇌의 결과물)에서부터 시작해서 뇌가 어떻게 마음을 가능케 하는지를 이해하려고 노력한다.

(p. 18)

현대 자연과학자들 사이에서는 이 모든 것이 물리적 현실에 바탕을 두고 있다는 것에 대해 의심의 여지가 거의 없다. 현재의 철학적 논쟁은 마음의 구체적인 본질(물질 대 물질이 아닌 것)에 대한 것이 아니라 우리가 마음이라고 부르는 것이 신경학적인 처리 과정에서 나타나는 구체적인 방법에 관한 것이다. 이것은 철학에서 마음-신체 문제(mind-body problem)라고 불려 왔다[철학에서 이 이슈를 둘러싼 예시로 Honderich의 『Oxford Companion to Philosophy』(2005)를 참조]. 엄격히 과학적이고 생물학적인 관점에서 '문제'는 해결된다. 뇌의 전기화학적 과정은 우리가 마음, 정신 또는 영혼으로 인식하는 것을 발생시킨다. 논쟁은 끝났다. 상담자의 역할은 과학의 주장을 증명하거나 반증하는 것이 아니다. 상담자의 관점에서 제시된 이슈의 함의를 먼저 이해하고 이것을 상담 실무에 적용하는 것이다. 그럼에도 불구하고 여전히 논쟁은 끝나지 않았다. 이 분야의 저명한 신경과학자이자 선구자인 Jeffery Schwartz(예: Schwartz & Begley, 2009)는 이 스펙트럼의 극단에 있는 이원론적 관점을 지향하고 있다.

상담자이자 사회변화 촉진자로서 이원론에 대해 대화할 수 있는 능력을 쌓는 것은 꽤 유용할 것이다. 당신의 입장이 논쟁의 어느 방향에 있든지 간에, 사람들의 삶에서는 설명하기 어려운 일들이 일어나고, 대다수의 사람들은 무슨 이름을 붙이는가에 상관없이 어떤 초월적인 개념들에 흡족해 한다. 인간은 뇌에 대한 엄청난 양의 정보를 가지고 있지만, 이러한 질문에 궁극적으로 응답하는 데 필요한 것보다는 훨씬 적게 알고 있다. 우리가 인간에 대해 더 많은 정보를 축적하고 더 많은 미스터리를 밝혀낼수록 질문이 줄어드는 것이 아니라 더 많은 질문으로 이어지는 것처럼 보인다. 사실은 마음-뇌 논쟁의 양쪽 모두에는 지능이 높고 교육을 잘 받은 좋은 의도의 사람들이 존재한다. 상담자들은 어느 한쪽 편을 택하는 대신 판단을 보류하고 모호함을 수용해 나가야 한다. 무엇보다 상담자들은 내담자들이 때로는 우리의 노력과 의도한 것 때문이 아니라 설명할 수 없는 이유로 좋아질 수 있다는 것을 알고 있다. Irvin Yalom은 그의 저서 『사랑의 집행자(Love's Executioner)』(2012)에서 이와 같은 현상에 대한 경험을 매우 솔직하게 이야기한다. 이제 Carlos를 돕는 데 쓸 만한 것을 찾을 수 있는지 좀 더 살펴보자.

〈표 6-7〉 **뇌와 마음**

뇌
물리적으로 뇌는 회백질과 백질로 구성된 1.4kg의 조직 덩어리이다. 회백질은 1000억 개 정도의 뉴런(세포)으로 구성되어 있다. 백질은 뇌 물질의 90%를 구성하며 주로 원추세포로 구성되어 있는데, 이는 뉴런의 전도성에 있어 구조적이고 보조적인 역할을 하는 것으로 보인다. 뇌의 크기는 대략 두 주먹이 맞닿아 있는 크기이다.

마음

"마음은 구체적이면서도 관계적인 것이다."(Siegel, 2012b, pp. 1-7) 『Norton Series on Interpersonal Neurobiology』의 편집자인 Daniel Siegel은 마음에 대한 통찰력 있는 설명을 제공하는데, 마음은 의식, 창의성, 직관, 성찰, 통찰력 등을 포함한다. "마음은 긴급한 자기 조직화 과정으로 에너지와 정보를 시간에 따라 어떻게 움직일지를 형상화한다. 이러한 마음의 측면은 자연스럽고, 새로우며, 자기 조직적인 동적 프로세스로, 우리의 몸과 타인 및 환경과의 상호작용에서 생성되는 에너지 및 정보 흐름 시스템의 기본 특성에서 발생한다. 이러한 긴급 프로세스는 에너지 및 정보 흐름에서 발생하며, 시간이 지나면서 에너지 및 정보 흐름을 형성하기도 한다. 이것은 복잡한 시스템의 전형인 반복되는 마음의 속성이다. 복합체계는 상호작용하는 실체들의 군집으로 외부로부터의 영향에 열려 있고, 혼란스러운 상태에 들어갈 수 있다."(Siegel, 2012b, pp. 1-7) 이것은 마음에 대한 꽤 밀도 있는 설명이다. 이 문제에 대한 보다 철저한 논의를 위해, 나는 Jeffrey Schwartz와 Sharon Begley의 지적이고 매력적인 책, 『마음과 뇌: 신경가소성과 정신력의 힘(The Mind and the Brain)』(2009)을 추천한다. 지난 100년간 뇌 연구의 한계 중 하나가 뇌가 고립된 상태에서 연구되었다는 점에 주목한 신경과학자 V. S. Ramachandran(2000)은 연구에서 마음의 관계성을 반영하였다. 뇌의 완전한 기능을 이해하기 위해서는, 뇌의 모든 기능을 단독으로가 아닌 다른 것들과의 관계 안에서 관찰해야 한다.

그렇다면 임상가와 실무자는 상담에서 내담자와 함께 작업할 때 이 문제에 어떻게 접근해야 할까? 앞서 논의한 바와 같이, 누구나 인정하든 아니든 자신의 세계관을 가지고 있다. 상담자로서 우리는 스스로의 세계관에 대해 잘 알고 있어야 하는데, 상담자가 가진 가치는 내담자와의 작업에 은밀하게 영향을 미치기 때문이다. 마음-물질 논쟁은 상담자들이 매일 상담실에서 직면하는 도전을 강조한다.

신경과학시대의 유물론

여러분은 이 책의 주요 목적 중 하나가 상담자들이 신경과학에 관한 정보를 잘 활용하도록 돕는 것이라는 것을 알 수 있을 것이다. 신경과학 연구결과를 상담에 적용하는 데 조심성과 겸손을 발휘해야 할 몇 가지 이유가 있는데, 그중 가장 중요한 것은 어떠한 주장도 맹목적이고 무모하게 따르는 것을 피하는 것이다. 우려되는 부분은 다음과 같다.

1. 동물 연구를 인간에게 일반화하는 것(Gottlieb & Lickliter, 2004)
2. 뇌의 작동 방식을 이해하기 위한 상관 접근에서 발견되는 태생적 한계(Siegel, 2012a)
   a. 전류가 흐르는 뇌 부위를 만지고 어떤 일이 일어나는지 확인한다.

b. 피실험자에게 과제를 완료하도록 요청하고 어떤 뇌 부위가 '켜지는지' 관찰한다.

3. 병리학적 접근법: 병변이나 다른 뇌 손상이 있는 환자의 뇌를 검사하고 무엇이 작동하지 않는지 확인한다(예: H. M. 및 Pineas Gage의 사례).
4. '배선(wiring)'의 언어적 한계(뉴런 기능을 전도율이 훨씬 빠른 전기 회로와 비교)
5. 현재의 영상 기법[fMRI 및 양전자 방출 단층촬영(PET) 스캔, 단일 광자 방출 컴퓨터 단층촬영(SPECT) 스캔]. 일련의 영상 기법들은 한 시점의 뇌 활동을 놀랄 만큼 세부적으로 보여 준다. 다른 검사 세트(fMRI)는 움직임과 활동을 표시하지만 명확성과 디테일은 제한적이다. 요점은 이 검사 세트들이 더 정교해질지 여부가 아니라, 항상 나아질 것이고 나아지고 있다는 점이다. 현재 우리가 직면하고 있는 한계는 현재 사용되고 있는 기술들의 한계로 인해 추론을 포함한다는 점이다.

과학에 대한 과학의 믿음, 또는 Curtis White가 『과학 망상(Science Delusion)』(2013)에서 과학 만능주의라고 지칭하는 믿음은, 과학이 인간의 궁극적인 의미와 목적에 관한 질문까지 포함하여 자연계의 모든 질문에 대답하고, 대답할 능력과 책임을 가지고 있다는 믿음이다. 이 과정에서 과학 만능주의와 그 신봉자들은 철학, 예술, 인문학과 같은 다른 모든 앎의 방법들을 무시한다. White의 말을 빌리면, 철학, 예술, 인문학과 같은 것들이 더 이상 사회에 필요 없는 것으로 인식되고 있다. 이러한 사고의 결과는 K-12 학교들에서 이미 볼 수 있는데, 이 학교들에서는 미술과 음악 수업이 예산 삭감 시기에 가장 먼저 없어졌다. 이것은 고등교육에서도 볼 수 있는데, 교양 교육의 역할은 자주 무시되거나 평가절하된다. 하지만 역설적으로 고용주들은 비판적 사고, 문제 해결, 문자와 언어적 의사소통과 같은 교양 교육에 의해 전달되는 기술을 가진, 찾기 어려운 졸업생들을 찾고자 한다. 또한 과학은 측정 대상이 아닌 것은 아무것도 아니며, 적어도 연구할 가치는 없다는 개념에 도전하고 있다(Schwartz & Begley, 2009). Schwartz는 시간과 공간이 측정에 대한 유물론적 관심에 주목할 만한 예외를 제공한다고 말한다. 신경과학이 적어도 '정신력(mental force)'과 관련된 현상을 아직 설명하지 못했다는 이전의 지점으로 다시 돌아가 보자. 나는 이 논의를 조심스럽게 진행하고자 한다.

이 논의를 하는 주된 목적은 과학과 과학 만능주의의 현재 동향, 필요성, 불변하는지와 관계없이 유물론의 스펙트럼상의 끝에 있는 특징이 다음의 Seigel(2021b)의 마음에 대한 요약으로 정리될 수 있기 때문이다. "정신적 삶은 에너지와 정보가 체화되고 관계적인 흐름을 가지는 긴급하고 자기 조직적인 과정이다. 마음은 우리의 몸이나 관계에서 분리된 것이

아니다. 마음은 몸과 관계에서 생겨나 그것들을 규제한다."(Siegel, 2012b, pp. 1-7)

Siegel은 마음은 체화되고 관계적이며, 사람들 내부와 사람들 사이에 에너지를 생성하며, 따라서 일종의 흐름을 만든다는 대논쟁을 제기한다. "비물질적 정신이 물질적 뇌에 의해 좌지우지 될 수 있는가?"(Badenoch, 2008, p. 44) 이 질문은 우리가 이 주제에 접근함에 따라 직면할 수많은 암묵적 가정을 예고한다.

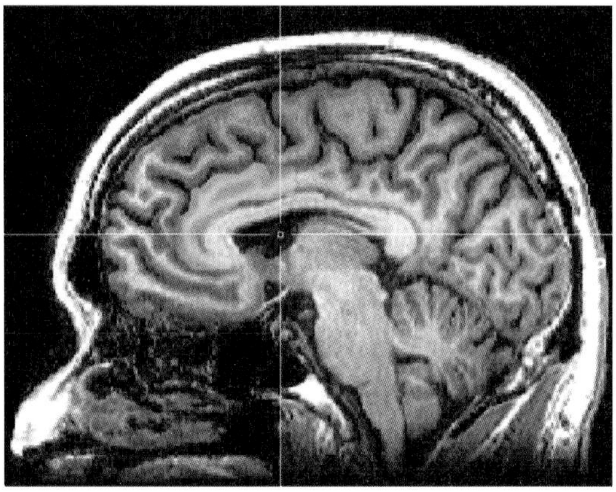

[그림 6-6] 전방띠이랑(anterior cingulate gyrus)

그렇다면 뇌/마음에서 주의집중은 어디에 있는가?

[그림 6-6]의 이미지는 주의력에 있어 중요한 역할을 하는 자리인 전방띠이랑(anterior cingulate gyrus)을 보여 준다. 이곳은 목표 지향적 주의와 반응 행동을 하게 하는 주의를 유도한다(Garrett, 2011). 여기서 중요한 고려사항은 적어도 현 시점에서는 해당 위치가 주의력이 실제로 어떻게 작용하는지를 이해하는 데 거의 도움이 되지 않는다는 것이다.

여기서부터 재미있어진다. 의식, 주의집중 그리고 마음챙김에 대한 개념들이 이러한 기능을 수용하는 뇌의 구조상의 교차점에 모이고, 마음-몸/뇌 논쟁의 연결고리가 된다. 여기서 우리가 이루고자 하는 것, 즉 신경과학과 상담을 통합하여 치료 실습을 보여 주는 예로 Carlos로 돌아가면 더욱 흥미로워질 것이다. 앞서 언급했듯이, 모든 신경과학자가 뇌와 마음에 대하여 전적으로 유물론적 관점을 수용하는 것은 아니다. 이 논의에서 가장 주목할 만한 사람은 Schwartz인데, 그는 마음이 뇌에 영향을 미칠 수 있다는 (인식된) 현실을 확인하고 이것이 일어날 수 있는 네 가지 방법을 제시하였다(Schwartz & Begley, 2009). 마음챙김은 주의집중의 또 다른 용어로 정신 에너지를 사물이나 생각에 향하게 하는 과정이다. Schwartz는 강박장애(OCD) 치료에 다음과 같은 단계를 적용했다.

- 재명명(relabel): '증상들'
- 재귀인(reattribute): 원인들
- 재초점화(refocus): 부정적인 행동에서 벗어나기
- 재평가(revalue): (증상으로 돌아감)

Schwartz는 그의 2009년 저서의 부제처럼 주의집중하기와 마음챙김을 '정신력(mental force)'으로 지칭하며 설명한다.

> 그들은 (강박장애 환자들) 강박과 충동을 잘못된 신호, 질병의 증상으로 다시 재명명한다. 그들은 이러한 생각과 충동을 병적인 뇌 회로 탓으로 돌린다("이러한 생각은 뇌가 기능을 잘 못하는 것이고 실제로는 내 손을 다시 씻을 필요는 없다"). 그들은 병적인 생각과 충동에서 벗어나 생산적인 행동에 관심을 돌린다. 마지막으로 강박과 충동을 재평가하여 이것은 본질적인 가치가 없고 내재적인 힘이 없음을 깨닫는다.
>
> (Schwartz & Begley, 2009, p. 14)

이제, 잠시 Carlos에 적용해서 이를 충분히 이해해 보도록 하자. Carlos는 왜 치료를 받으러 왔을까? Carlos는 '막혔다'고 느끼고, 인기도 없고, 'playing hurt'하는 패턴을 가지고 있다. 그와 상담할 때 재명명–재귀인–재초점화–재평가를 적용하면 어떻게 될까? 여기서 핵심은 Carlos의 주의하는 과정—즉, 감각과 지각의 차이, 지각과 현실의 차이, 감각은 우리의 감각 기관으로부터 도달하는 정보인 반면, 지각은 감각에 대하여 의식적으로 알아채는 것이고, 현실로 이끄는 것이다—에서 찾을 수 있는데, 이에 대한 설명은 이 책의 범위를 벗어나는 것이다!

상담회기 내 신경과학적 접근

Carlos 사례 계속 Carlos의 감각은 그가 낮은 에너지와 동기를 가지고 있다고 알려 준다. 이것은 그로 하여금 미래가 암담하다는 인식을 심어 주며, 따라서 그는 자연스럽게 막막함을 느끼고, 삶은 고통이고 '그게 바로 그것'을 의미하기 때문에 고통이 있어도 괜찮은 척해야 한다고 느낀다. 하지만 만약 수년 동안 그가 말해 왔던 것을 믿어온 뇌의 결과인 이러한 감각과 인식을 다시 **재명명**하기 시작한다면 어떨까? 상담자는 감각이 현실이 되어 암울한 미래에 대한 인식을 형성하도록 하는 대신, 이러한 감각이 뭔가가 잘못되었다는 메시지로 받아들이도록 도와줄 수 있다. 그러나 그 중심에는 가령 외부 세계가 있는 것이 아니라 자신의 뇌가 있다.

다음으로, 그의 감각과 증상들을 다른 원인으로 **재귀인**하면서, 상담자는 Carlos의 뇌 기능에 대한 새롭고 현명한 진술들을 그와 함께 개발할 수 있을 것이다(Carlos가 이 분야에 있는 것이 아니라면 전문 용어나 생리학에 있어서 너무 깊게 들어가지는 않는다). 그는 스스로에게 무슨 말을 하고 있었을까? 그는 아프고, 우울하고, 미래는 제한된 희망을 가지고 있다. 그에게는 삶이 이러하다. 그는 기억 회로, Hebb

의 규칙, 그리고 신경가소성에 대한 간략한 입문으로부터 도움을 받을 수 있다. "내 뇌는 반복된 예행연습을 통해 이러한 생각들이 진짜이며 나의 유일한 선택이라고 믿도록 배웠다. 내가 원하지 않는다면 이것을 계속 믿을 필요가 없다!" 이것은 인지적 재구조화와 자기 대화 그 이상이다. 이것은 뇌 재구조화이다. 그리고 뇌 언어에 의해 만들어진 정신 이미지들은 Carlos가 앞으로 나아갈 수 있게 하는 데 크게 기여한다.

지금까지, Carlos의 문제 인식에 대한 반응은 어떤 행동으로 나타났는가? 자기 노출의 회피, 철회 같은 것으로 나타났다. 상담은 이제 **재초점화**, 새로운 행동의 실행, 행동에 주목하기에 집중하는데, 이를 위해 뇌가 현실을 다르게 감지하고 인식하도록 훈련시킬 것이다. Carlos는 자기 자신과 관계들에 있어 미래에는 다를 수 있다는 것을 믿기 때문에 새로운 믿음에 부합하는 행동을 할 수 있을 것이고, 이것은 뇌의 새로운 관계 회로를 개발하는 데 도움이 될 것이다. 그는 상담회기 내에서 역할극, 반대 역할극, 빈 의자 기법을 시도함으로써 관계 속에서 자신이 어떤 모습으로 보일 것인지 정신적인 그림을 그려 볼 수 있을 것이다. 새로운 행동을 지향하는 이 '정신적 힘(mental force)'은 지속적으로 새로운 행동을 유도할 것이다.

마지막으로, Carlos는 관계의 초기 경험을 **재평가**하기 위해 초대될 것이다. 여기에서는 특히 본질적 의미가 없거나 가치가 없는 사건들 그리고 배워 왔던 가치들을 평가한다. 그렇게 함으로써 그는 자유롭게 자신의 주의력—정신적인 힘—을 자신이 관심 있는 것들에 기울임으로써 새로운 감각과 행동에 가치를 부여한다.

모든 단계마다 Carlos의 주의력은 현실에 대한 경험을 바꾸기 위해 체계적으로 이동한다. 그의 마음은 뇌(전방띠이랑)에 저장된 기억(해마)의 재료를 재검토하고 쇠약하게 하는 메시지의 근원(복합적인 암묵적 기억)이 되는 정서적 내용(편도체)을 재평가하라고 말한다. 이 과정을 통해 그의 좌뇌, 실행 기능(전전두엽 피질)이 오래된 물질을 재처리하고 새로운 자극에 주의를 돌리게 하고, 그러고 나서 새로운 자극으로부터 새로운 이야기를 만들어 낼 수 있게 된다(우측 모드 처리). 상담자가 한 회기에 이 모든 것을 말하는 것은 Carlos에게 별 도움이 되지 않을 수 있지만, 상담자가 어느 정도 신경학적으로 주의를 전환하게 해서 어떻게 자신의 내러티브를 변화시킬 수 있는지 이해하도록 만드는 것은 도움이 될 수 있을 것이다.

믿는 것이 보는 것이다

상담회기 동안 내담자들에게 계속해서 이야기하는 두 가지가 있다. 이 두 가지는 상담의 구성주의 접근법과 Prochaska 및 Norcross(2014)의 초이론 접근법의 세 번째 요소(기대)와 직접적으로 관련이 있다. 첫 번째는 오래된 상투적 말인 "보는 것이 믿는 것이다."라는 말인데, 그 반대도 사실이다. 믿는 것이 보는 것이다. 처음부터 실제로 거기에 무엇이 있었는지에 관계없이 우리가 보기를 기대하는 것이 종종 우리가 볼 것이라고 예상되는 것이다. 따라서 앞서 소개한 실험에서도 변화가 있을 것이라고 예상하지 못하는 경우 이러한 변화를 감지하기 어려울 수 있음을 보여 준다. 두 번째는 구성주의의 관점에서 뇌에 대해 내담자에게 말하는 것인데, "당신의 뇌는 결국 그렇게 똑똑하지 않습니다. 그것은 당신이 말하는 것을 거의 모두 믿을 것입니다!"이다. 이는 내담자들의 삶과 현재 나타나는 문제에 대해 스스로의 관점에 도전할 수 있을 만큼 충분히 오래 주목을 받는다. 뇌는 최대한 효율적으로 반응하려고 하는데, 때때로 이미지를 예측하기 위해 정확성을 희생한다. 예를 들어, [그림 6-7]을 보고 앞의 [그림 6-1]과 [그림 6-4]의 이미지로 돌아가 보자.

이제 첫 번째 이미지를 보고 어떤 생각을 했는지 떠올려 보자. 그런 다음 두 번째 버전의 아이스크림 콘의 이미지를 보자. 특히 아이스크림이 제안하는 것을 고려하면서, 이제 부분적으로 숨겨져 있던 이미지가 당신이 예상했던 것과는 전혀 다를지도 모른다고 생각하고 관찰해 보자. 내담자는 이러한 활동에 호의적으로 반응하고 주의집중과 기대에 관련한 요점을 즉시 파악한다. 현실은 우리가 기대하는 대로 뇌에 형성된다. 이러한 예는 어디에서나 볼 수 있다! 상담자는 내담자가 이 원리를 이해할 수 있도록 주의집중과 기대에 반응하는 뇌의 구조를 설명할 필요는 없다.

JGF GBFAM JS CQQD

[그림 6-7] "아이스크림은 좋은가?(Ice Cream Is Good?)"

뇌 기제

일반적인 주의, 주의집중하기, 알아차림의 생물학적 기초를 이해하기 위해, 나는 임상 사례를 제시하여 신경과학적인 관점에서 이 문제를 다루는 데 있어 관련성과 복잡성을 강조하고자 한다. 당신이 가장 최근에 정신 질환을 앓고 있는 내담자와 작업했던 것을 떠올려 보자([그림 6-8]). 내담자에게 질문을 하거나 집단 안으로 들어오도록 초대했을 때 어떤 일이 일어났는가? 당신의 경험을 통하여 내담자가 일반적인 사회적 관례보다 반응이 지연

조현병의 뇌

조현병에서 비정상적으로 작동하는 뇌 부위와 시스템은 다음과 같다. 한때 신경전달물질인 도파민의 불균형이 조현병의 주요 원인으로 여겨졌다. 그러나 새로운 연구 결과에 따르면, 보다 광범위하게 작용하는 신경전달물질인 글루탐산염(glutamate)에 의한 피폐한 신호전달—더 구체적으로 뉴런상의 글루탄산염의 주요 표적 중 하나(NMDA 수용체)에 의해서—이 질환의 광범위한 증상들을 더 잘 설명해 준다.

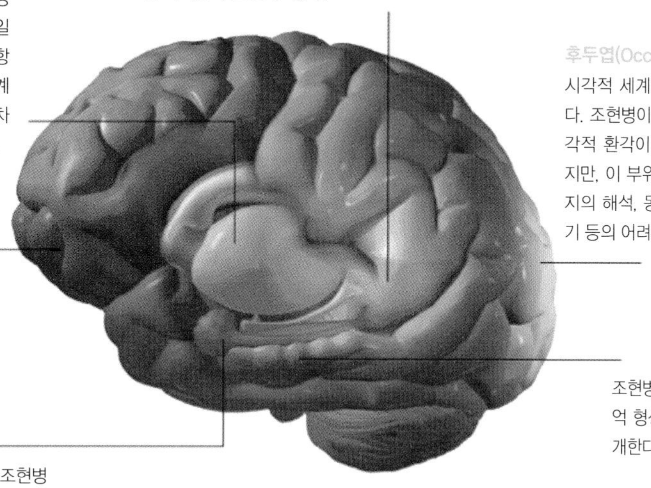

[그림 6-8] **조현병 뇌**

된 이유를 추론해 냈을 것이다. 내담자는 자기 머리 안에 있는 다른 사람에게서 당신의 목소리를 찾으려고 하거나(환청인 경우), 그 사람/귀신/물체가 의자나 방에서 없어지기를 기다리거나(환시인 경우), 또는 당신에게 반응하면 죽음 또는 파괴로 이어질 것이라고(망상/편집증) 판단할지도 모른다. 상담자의 사회적 본능은 초기에는 움츠러들게 만들어 내담자의 코멘트와 요청에 대해 잘 주목하지 못하게 만든다. 현실에서 내담자는 자주 참여한다. 다른 사람은 단지 보지 못하거나 인식하지 못하는 것일 수 있다.

이제 정신병적 증상을 경험하지 않는 환자들의 주의집중과 관련된 신경계에 대해 잠시 생각해 보자.

- **변연계**(limbic system): 무엇보다도 유기체가 생존하기 위해서는 환경으로부터의 위협을 인지하고 예상할 수 있어야 한다. 변연계가 존재하는 중뇌는 이러한 위협을 인지

하는 역할을 담당한다. 상소구(inferior colliculi)와 하소구(superior colliculi)는 시각과 청각의 위험 처리, 흑색질(substantia nigra)은 움직임을 조정, 맥락의 서술 기억을 위한 해마, 이러한 기억과 관련된 공포 감정을 처리하는 편도체 등이 있다.

- **후뇌**(hindbrain): 후뇌는 중뇌의 활성화에 관여하는 시스템을 구동한다. 주의와 관련된 운동 활동을 위한 망상체(reticular formation), 각성을 위한 뇌교(pons), 움직임 조정을 위한 소뇌(cerebellum), 그리고 더 많은 산소를 공급하기 위해 호흡 속도를 높이고 이를 주요 근육에 공급하기 위해 심장 박동수를 증가시키는 연수(medulla) 등이 있다.
- **전뇌**(forebrain): 여기서는 중뇌 활성화에 이어 이차적으로 활성화되는 실행 기능을 볼 수 있다. 비록 실시간으로는 몇 초의 시간이지만, 전전두엽 피질(및 인접 구조)은 이러한 모든 데이터를 다양한 시스템에서 가져와 데이터를 해석하고, 일련의 응답들을 조정한 다음 이러한 명령을 실행하는 역할을 한다.

아직까지, 정신분열증 환자의 영향을 끼치는 뇌 부위에 대해서는 이야기하지 않았다. 이들이 '집중하기(pay attention)'를 기대하기 전에 참조하고 있는 시스템에 대해 생각해 보자. 다음으로, 애착과 정신병의 발달 사이의 관계를 보여 주는 [그림 6-9]의 도표를 보자. Debbané 외 연구진(2016)은 애착 신경생물학을 통해 애착 관련 정신병의 개념적 모델

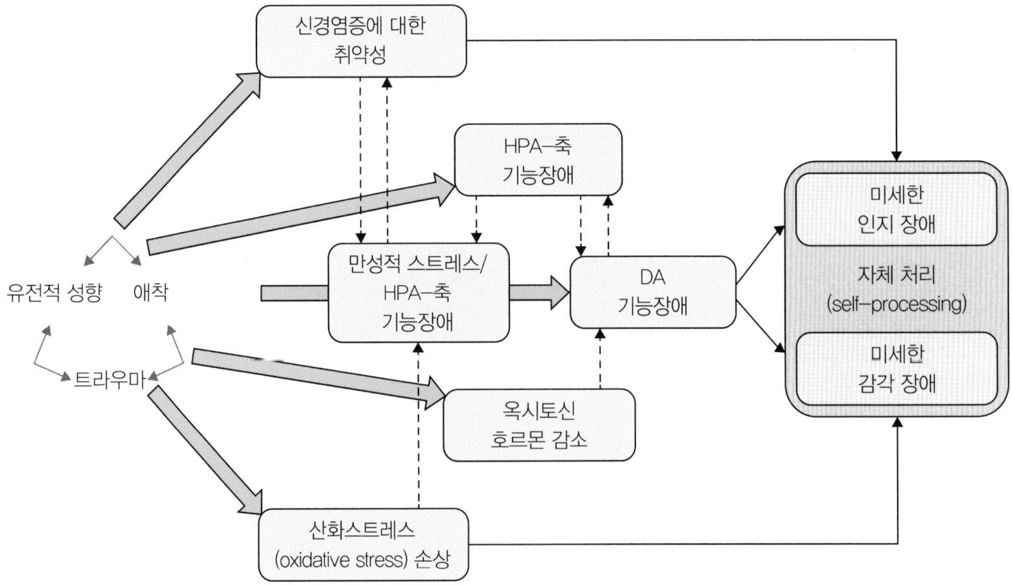

[그림 6-9] 다섯 가지 애착과 연관된 신경생물학적 경로

을 제시한다. 여기서의 복잡성은 타인의 경험을 이해하는 것의 어려움과 적어도 이 모델에서는 유전학, 애착, 트라우마가 어떻게 상호작용하여 현실을 창조하는지를 보여 준다.

요약

이 장에서 설명한 신경과학의 유물론과 구성주의는 서로 연결되기 어려운 격차가 있는 것으로 보이지만, Lipchik, Becker, Brasher, Derks와 Volkmann(2012)과 같은 저자들이 단언하듯이 교차점이 있다. IPNB(Siegel, 2006)는 마음챙김의 개념을 상담자와 내담자 관계의 충만함으로 가져온다. IPNB의 주요 구성요소에는 '에너지 및 정보의 흐름을 조절하는 과정'으로서 마음에 대한 관점과, 상담자와 내담자 사이에 그 에너지가 흐른다고 본다는 관점을 포함한다(Siegel, 2006, p. 248). IPNB는 상담자 뇌의 오른쪽 반구와 내담자 뇌의 오른쪽 반구 사이의 관계를 구체적으로 설명한다. 여기서 나에 견해와 Badenoch의 연구결과를 통합하여, Siegel의 견해를 요약해 보고자 한다.

1. 마음은 신경생물학적 과정과 대인관계 과정에서 비롯된다.
   - 예를 들어, 눈을 감아 보자. 기쁨, 슬픔, 분노 또는 기타 감정에서 중간 정도의 감정을 가지고 있는 사람과 관련된 당신의 삶의 한 장면을 상상해 보자. 잠시 동안 이 장면을 만들고 가만히 두어 보자. 무슨 일이 일어나는가? 대부분의 경우, 이 간단한 작업은 진짜(original) 감정의 형태를 만들어 낼 것이다. 1단계에서 엄청난 직관적(및 경험적) 호소를 가진다는 점을 제외한다면 어떻게 이것이 가능한가?
2. 마음은 유전과 경험, 내가 추가한 것으로, 환경과의 상호작용을 통해 평생 동안 발전한다.
3. 마음은 동일화와 개별화의 균형을 통해 자아 조직을 완성한다. 즉, 우리가 누구이고 또 누구는 아닌가, 주로 구성된 현실에 대한 개인의 내러티브와 관련이 있다.

Badenoch은 뇌의 '흐름'을 생물학 및 경험의 모든 움직이는 부분을 관계나 개입과 같은 상담 과정과 연결하는 방식으로 개념화한다. 다음으로 IPNB 및 뇌의 변연계 및 피질 영역을 통합하는 더 광범위한 치료 모델을 설명하는데, 내담자가 개인적인 내러티브를 다시 쓰는 데 도움을 준다는 맥락에서는 잘 맞다. 앞에서 우리는 뇌를 바탕으로 관찰과 기대 사이의 관계와 그것이 어떻게 지각을 형성하는지 논의했다. 여기서 나는 이 방정식에 감정과 기억의 개념을 추가한다. 예를 들어, '아이스크림이 좋다.'는 이미지를 이용해 여러분의 인식을 엉망으로 만들었는데, 더 감정적으로 강렬한 문구, 가령 '관계는 상처를 준다.'거나 '남자는 여자를 이용한다.'를 상상하거나, 아이스크림 대신 폭력, 피, 정서적 어두움의 이미지를 삽입했다고 상상해 보자. 무엇이 거기에 있었는지에 대한 뇌의 기대는 다르게 나타날 것이고, 특히 이 이미지들이 깊고 암묵적이거나 노골적인 수준에서 당신에게 울림을 준다면 당신은 다른 사람들이 본 것과는 아주 다른 것을 보게 될 것이다.

핵심정리

이 장의 도달목표:

- 정답이 없는 "무엇이 실제인가?"라는 질문을 제기했지만, 단순히 질문하는 것만으로도 얼마나 중요한지를 확인했다.
- 구성주의 접근에서 마음이 상담에서 어떻게 나타나는지 특별히 관심을 가지면서 이 주제를 파악하였다.
- 뇌 기반 관점에서 내담자의 내러티브에 접근하는 방법을 발전시켰다.
- 철학의 탁한 물 속에 발을 담그고 내담자, 내담자의 뇌와 마음을 돕기 위한 체계적인 접근 방식을 제시하였다.

참고문헌

Badenoch, B. (2008). *Being a brain-wise therapist: A practical guide to interpersonal neurobiology*. New York, NY: W. W. Norton & Company.

Beeson, E. T., & Miller, R. (in press). *Journal of Humanistic Counseling.*

Berg, I. K. (1994). *Family-based services: A solution-focused approach*. New York, NY: W. W. Norton & Company.

Corey, G. (2017). *Theory and practice of counseling and psychotherapy* (10th ed.). Boston, MA: Cengage.

Debbané, M., Salaminios, G., Luyten, P., Badoud, D., Armando, M., Solida Tozzi, A., … & Brent, B. K. (2016). Attachment, neurobiology, and mentalizing along the psychosis continuum. *Frontiers in Human Neuroscience, 10*, 406. doi.org/10.3389/fnhum.2016.00406

de Shazer, S. (1994). *Words were originally magic*. New York, NY: W. W. Norton & Company.

Farah, M.J. (2017). The neuroscience of socioeconomic status: Correlates, causes, and consequences.

Neuron, 96(1), 56-71.

Franklin, C., Zhang, A., Froerer, A., & Johnson, S. (2017). Solution focused brief therapy: A systematic review and meta-summary of process research. *Journal of Marital and Family Therapy, 43*(1), 16-30. doi.org/10.1111/jmft.12193

Freedman, J., & Combs, G. (1996). *Narrative therapy: The social construction of preferred realities*. New York, NY: W. W. Norton & Company.

Garrett, B. (2011). *Brain and behavior: An introduction to biological psychology* (3rd ed.). Thousand Oaks, CA: Sage.

Gottlieb, G., & Lickliter, R. (2004). The various roles of animal models in understanding human development. *Social Development, 13*(2), 311-325. doi.org/10.1111/j.1467-9507.2004.000269.x

Güntürkün, O., & Ocklenburg, S. (2017). Ontogenesis of lateralization. *Neuron, 94*(2), 249-263. doi.org/10.1016/j.neuron.2017.02.045

Honderich, T. (2005). *The Oxford companion to philosophy*. New York, NY: Oxford University Press.

Kalat, J. (2019). *Biological psychology* (13th ed.). Belmont, CA: Cengage.

LeDoux, J. (2002). *Synaptic self: How our brains become who we are*. New York, NY: Penguin Books.

Lipchik, E., Becker, M., Brasher, B., Derks, J., & Volkmann, J. (2005). Neuroscience: A new direction for solution-focused thinkers? *Journal of Systemic Therapies: Special Issue: Psychotherapy and Neuroscience, 24*(3), 49-69. doi.org/10.1521/jsyt.2005.24.3.49

Luke, C. (in press, July 2019). Response to Wilkinson: A neuro-informed humanistic perspective. *Journal of Humanistic Counseling*.

Luke, C., Miller, R., Beeson, E., Field, T., & Jones, L. (in progress). Ethical considerations of incorporating neuroscience into counseling.

Neukrug, E. S. (2011). *Counseling theory and practice*. Belmont, CA: Brooks/Cole.

Neukrug, E. (2018). *Counseling theory and practice* (2nd Ed.). San Diego, CA: Cognella Academic Publishing.

Ocklenburg, S., Packheiser, J., Schmitz, J., Rook, N., Güntürkün, O., Peterburs, J., & Grimshaw, G. M. (2018). Hugs and kisses-The role of motor preferences and emotional lateralization for hemispheric asymmetries in human social touch. *Neuroscience and Biobehavioral Reviews, 95*, 353-360. doi.org/10.1016/j.neubiorev.2018.10.007

Parsons, R. D., & Zhang, N. (2014). *Counseling theory: Guiding reflective practice*. Thousand Oaks, CA: Sage.

Prochaska, J. O., & Norcross, J. C. (2014). *Systems of psychotherapy: A transtheoretical analysis* (8th ed.). Belmont, CA: Cengage.

Prochaska, J. O., & Norcross, J. C. (2018). *Systems of psychotherapy: A transtheoretical analysis*. New York, NY: Oxford University Press.

Ramachandran, V. S. (2000). Mirror neurons and imitation learning as the driving force behind "the great leap forward" in human evolution. *The Third Culture*. Retrieved from http://www.edge.org/3rd_culture/ramachandran/ramachandran_p1.html

Schwartz, J. M., & Begley, S. (2009). *The mind and the brain: Neuroplasticity and the power of mental force*. New York, NY: HarperCollins.

Siegel, D. J. (2006). An interpersonal neurobiology approach to psychotherapy. *Psychiatric Annals, 36*(4), 248. Retrieved from https://search.proquest.com/docview/217056447?accountid=28833

Siegel, D. J. (2012a). *Pocket guide to interpersonal neurobiology: An integrative handbook of the mind*. New York, NY: W. W. Norton & Company.

Siegel, D. J. (2012b). *The developing mind: How relationships and the brain interact to shape who we are*. New York, NY: Guilford Press.

Sommers-Flanagan, J., & Sommers-Flanagan, R. (2012). *Counseling and psychotherapy theories in context and practice: Skills, strategies, and techniques*. Hoboken, NJ: Wiley.

Sommers-Flanagan, J., & Sommers-Flanagan, R. (2018). *Counseling and psychotherapy theories in context and practice: Skills, strategies, and techniques*. Hoboken, NJ: Wiley.

Sue, D. W., & Sue, D. (2016). *Counseling the culturally diverse: Theory and practice* (7th ed.). Hoboken, NJ: Wiley.

Sweatt, J. D. (2016). Neural plasticity and behavior-ixty years of conceptual advances. *Journal of Neurochemistry, 139*, 179-199. doi.org/10.1111/jnc.13580

Weiner-Davis, M., De Shazer, S., & Gingerich, W. J. (1987). Building on pretreatment change to construct the therapeutic solution: An exploratory study. *Journal of Marital and Family Therapy, 13*(4), 359-363. doi.org/10.1111/j.1752-0606.1987.tb00717.x

White, C. (2013). *The science delusion: Asking the big questions in a culture of easy answers*. Brooklyn, NY: Melville House.

White, M., & Epston, D. (1990). *Narrative means to therapeutic ends*. New York, NY: W. W. Norton & Company.

Yalom, I. D. (2012). *Love's executioner: And other tales of psychotherapy* (2nd ed.). New York, NY: Basic Books.

CREDITS

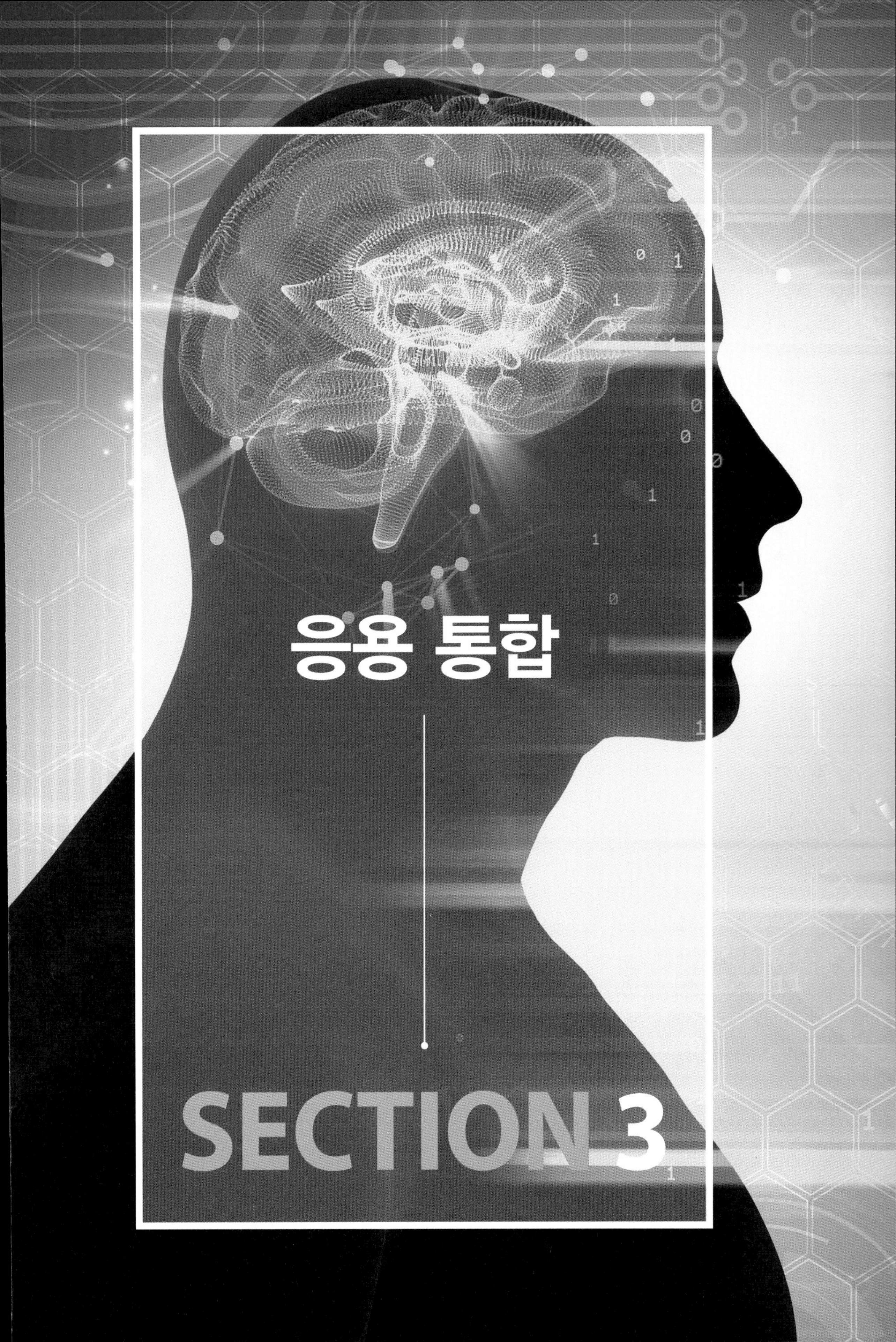

응용 통합

SECTION 3

CHAPTER

07

불안과 신경과학

도입 질문

- 한 개인 내에서의 불안의 사회적 · 임상적 양상은 어떠한가?
- 불안에 대한 최선의 치료법은 무엇인가?
- 불안한 내담자와의 상담에서, 내담자를 가르치거나 압도하지 않으면서 신경과학의 연구 결과를 어떻게 적용할 수 있는가?

Tim

Tim은 21세 남성으로서, '계속 걱정'하는 문제로 인해 어머니의 의뢰로 상담에 왔다. 끊임없는 걱정은 고등학생 때부터 Tim의 학업 성적에 영향을 미치기 시작했다. Tim은 걱정 때문에 거의 매일 배탈이 났다. 무엇을 걱정하는지 물으면 그는 특정 스트레스 요인이나 불안 유발 요인을 잘 찾아내기 위해 애를 쓴다고 한다. 그가 많은 걱정 속에서도 그나마 가장 편안한 시간은 텔레비전을 보거나 비디오 게임을 할 때이다. 그러나 광고 시간이나 게임이 로드되는 시간 등 몰두할 것이 없어지는 상황이면 불안감이 다시 몰려온다. 막연한 불안(부동성불안)에 더하여 Tim은 대인 환경의 어려움을 이야기한다. 특히 관심이 그에게 집중될 때 그는 판단받는다고 느낀다. 그의 어머니는 이것이 중학교에 들어가면서부터 시작된 것 같다고 한다. Tim은 자신의 어머니가 언제나 (다른 많은 면담도 물론) 상담회기에 함께했으며, 이것이 '평범하지 않다.'고 생각하긴 하지만 어머니가 함께 있을 때 편안함을 느낀다고 했다.

문화적 고려사항

문화적 관점에서 불안을 고려할 때 불안 경험에 대한 지각의 힘과 영향을 염두에 두어야 한다. 예를 들어, Douthit와 Russotti(2017)는 '비주류 혹은 소수자들'의 급성 및 만성 스트레스 요인과 관련된 정신 신경 면역학(PNI) 및 후생유전학을 이야기한다. 수세대에 걸쳐 학대, 권리 박탈 및 체계적인 억압이 오늘날 우리가 보는 내담자에게 누적적으로 부정적인 영향을 어떻게 끼쳐 왔는지를 상상하는 것은 그리 어렵지 않다.

이것은 비주류 혹은 소수자인 내담자가 본질적이고 근본적인 방식으로 결함이 있다는 것을 말하는 것이 아니다. 그것은 유전적 세대전승과 정신 신경 면역학의 현실을 강조한다. 이것이 실제로 의미하는 바는 소수자집단의 내담자가 위협 탐지 시스템, 신경생물학적, 환경적 측면에서 유전적으로 불안에 대한 경향이 있을 수 있다는 것이다. 즉, 범불안장애(Generalized Anxiety Disorder: GAD)의 특징인 부동성불안(걷잡을 수 없는 막연한 불안)과 함께 생활하는 것은 살아가면서 경험하게 되는 다소 정상적인 부분이며, 이것은 방어적 유전적 소인(후생유전학)을 능동적으로 물려받은 경험의 결과이다. 여기에서 가장 중요한 것은 우리 앞에 있는 내담자의 개인적 경험은 개인이 아닌 사회적 실패의 결과라는 것이다.

도입

우리 중 누구라도 불안에 대해 알고 있다고 생각하는 것과 상관없이, 우리가 정말로 기억해야 할 것은 작은 견과류인 아몬드라는 이름뿐이다. 아몬드는 라틴어로 편도체이다. 편도체는 모양과 크기 모두에서 아몬드와 비슷한 변연계 중앙에 있는 구조이다([그림 7-1]). 그리고 편도체는 비유적으로 변연계의 중심으로서 인간의 감정, 특히 불안과 두려움에서 핵심적인 역할을 한다.

잠시 동안 다음 질문에 대해 생각해 보자.

[그림 7-1] 아몬드

1. 당신은 (사람으로서) 불안에 대해 무엇을 알고 있는가?
2. 불안에 대해 무엇을 알고 싶은가?
3. 우리는 (상담 현장에서) 불안에 대해 무엇을 알고 있는가?

앞의 질문의 내용과 같은 강좌명으로 수업을 할 경우, 나는 이러한 질문을 수업에 제시하고 그와 함께 퀴즈, 증상, 원인, 위치(신체 내), 영향 및 치료의 6개 범주를 다룬다. 다양한 반응이 있지만 그중 눈에 띄는 몇 가지 요인이 있다. 〈표 7-1〉은 비공식적인 분석을 기반으로 한 범주들이다. 얼마나 많은 사람들이 당신과 당신의 경험에 공감하는지 확인해 보기 바란다.

이 글을 읽으면서 어떤 부분이 눈에 들어오는가? 학생, 상담자, 내담자는 불안감이 무엇이며 어디에 있는지, 무엇을 해야 하는지에 대해 다양한 출처로부터 다양한 메시지를 받고 내보내는 것으로 보인다.

〈표 7-1〉 불안에 대한 대중적 지혜

가벼운 반응들	증상	원인
끔찍하다 불안한 사람은 내향적이고 자존감이 낮다고 생각함 연약하고 아프다고 생각함 당신의 행동을 제한하고 삶을 소외시킴 비정상, 나쁜 징조 '걱정' 또는 '두려움'에 비해 사회적으로 더 수용됨	집중 안 됨, 과도한 경계 생각이 너무 많거나 없음 울음 수면 장애 신체: 손바닥과 겨드랑이에 과다한 땀, 근육 긴장, 빠른 호흡 기피	전환 두려움: 취약성, 통제력 부족, 성공 과거, 현재, 미래 무엇이나 원인이 되거나 아무 원인이 없음 기대: 사회적 비교
발생하는 곳	**영향**	**치료**
어디에나! 가슴 피부 어깨 머리 집, 직장, 식료품점, 각종 모임, 운전: 언제 어디서나	대인관계: 파트너와 생활하기 힘들고 사랑하기 힘듦 불안에 수반되는 행동들이 문제를 유발함 불안한 사람들을 공감하기 어려움 일: 집중, 상호작용 신체: 체중, 수면, 면역 체계, 두통, 흉통, 소화기 문제	교육: 인성 결함이 아니라 실제 뇌 메커니즘의 문제 불안과 싸우지 말라 혼잣말 내담자 지지하기 '그저 헤쳐나가자' 부적응 행동 중지 이완 기법들 할 일 찾기 2차 이득: 내담자가 부가적으로 얻는 것

국립정신건강연구소가 제시하는 기본적 사항

불안장애

- 18세 이상 미국 성인 약 4,000만 명, 약 18.1%가 불안장애를 갖고 있다.
- 불안장애는 우울장애 또는 약물 남용과 함께 발생하는 경우가 빈번하다.
- 하나의 불안장애가 있는 대부분의 사람들은 또 다른 불안장애를 가진다. 불안장애가 있는 사람들의 약 3/4이 만 21세 6개월이 되면 첫 번째 에피소드를 경험하게 될 것이다(National Institute of Mental Health).

뇌에서 불안이란 무엇인가

불안과 공포에서 편도체의 역할을 탐구하는 선도적인 신경과학 연구를 해 온 Joseph LeDoux에 따르면, 본질적으로 불안은 정신적 상태이다. 그의 견해는 미국 전역으로부터의 최근 데이터를 통해 발전한 것이다. 불안의 뇌과학적 이해를 위해 LeDoux는 먼저 불안을 두려움과 구별하고, 행동 및 생리적 반응과 구별되는 정신 상태로 불안을 이해할 것을 제안한다(LeDoux & Pine, 2016). Ledoux(2015) 그리고 LeDoux와 Pine(2016)에 의하면 두

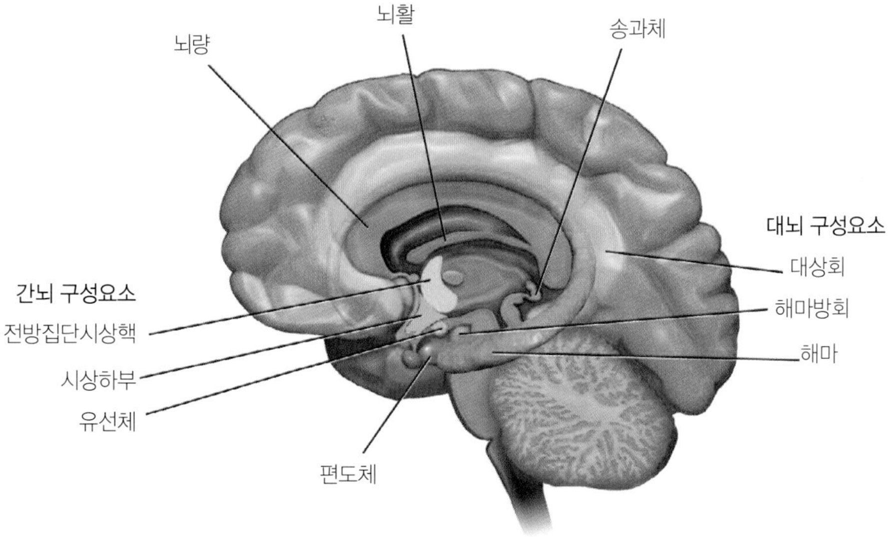

[그림 7-2] 변연계

려움은 두드러지거나 즉각적인 위협으로 인한 감정 또는 정신 상태인 반면, 불안은 무정형의, 멀리 있는, 불확실한 위협으로 인한 감정 또는 정신 상태이다. 여기의 정신 상태는 뇌 기반 행동 및 생리적 반응과 구별된다. LeDoux와 Pine의 다음과 같은 표현을 참고하기 바란다. "방어 회로는 위협을 탐지하고 대응하는 뇌 회로이며, 방어 행동은 위협에 대응하여 발생하는 행동이고, 방어적인 생리적 적응(조정)은 방어 행동을 지원하는 생리학의 보조적 변화이다."(2016, p. 1084) 이러한 구별은 이 장 전체에서 이야기하는 치료를 위한 함의(시사)를 갖는다. [그림 7-2]에 제시된 변연계가 중요한 역할을 한다.

DSM-5의 진단 기준

우리가 불안과 범불안장애(GAD)를 구체적으로 살펴볼 때(이에 대한 이유는 다음에 논의됨), DSM-IV에서 DSM-5로의 전환에서 진단 범주화의 주요 변화가 발생했다는 점에 유의해야 한다(American Psychiatric Association, 2013). 강박장애(OCD)는 DSM-IV에서 불안장애로 분류된 반면, DSM-5에서는 OCD 및 관련 장애가 자체 범주로 존재한다(신체 이형, 축적 및 머리카락 당기기 장애 포함). 또한 한때 불안장애로 분류되었던 급성 스트레스 장애와 PTSD는 이제 반응성 애착 장애, 억제되지 않은 사회 참여 장애 및 적응 장애와 함께 외상 및 스트레스 관련 장애에 속한다.

불안장애는 DSM-5에서 다음을 포함한다.

- 분리불안장애
- 선택적 함묵증
- 사회불안장애
- 공황장애
- 광장공포증
- 범불안장애

이러한 각 장애는 일반 의학적 상태와 약물 중독 및 금단증상 제외와 같은 한정과 함께 특정 증상, 기간 및 강도가 있다. DSM-5에서의 재분류로 인해 이 장에서는 감별 진단을 다루거나 모든 장애를 다루기보다는 불안에 대한 보다 일반적인 현상으로 설명하고자 한다. 예를 들어, 불안장애 진단으로 나아가려면 개인의 두려움이나 불안이 과도해야 하며,

(문화적 규범에 따라 예상되는 비율 이상이어야 한다), 지속적이어야 하고(지속적이라는 것은 진단 임계값을 초과하는 충분한 기간을 의미한다), 두려움이나 불안과 관련된 '행동 장애'를 초래해야 한다. 그래서 우리가 여기에서 보는 것은 심각도, 지속 기간, 행동 조절 곤란이다. 다음은 GAD 진단 기준을 시작점으로 사용하여 내담자의 불안을 식별하는 임상가를 위한 설명 목록이다(〈표 7-2〉).

a. 여러 사건/활동에 대한 과도한 불안과 걱정(최소 6개월 이상)
b. 걱정을 통제하기 어려움(시도를 했다는 의미)
c. 행동 조절이 곤란한 세 가지 이상의 증상 :
- 초조, 긴장, 불안
- 쉽게 피로해짐
- 집중력 저하, 정신이 멍해짐
- 신경과민
- 근육 긴장
- 잠들기 어려움, 수면을 지속하기 어려움, 수면이 불안정함

d. 이러한 것들이 대인관계, 직장 및 기타 상황에서의 기능을 현저하게 손상시킴
e. 물질이나 의학적 상태로 인한 것이 아님
f. 다른 특정 불안, 스트레스, 기분장애로 인한 것이 아님

[다음 표는 본질적으로 발견적인 것으로서 종합적인 것이 아니다. 이와 같은 연합의 사용은 정보를 개념화하는 지름길을 제공하는 동시에 제공할 수 있는 정보의 범위와 깊이를 제한할 수밖에 없다는 점에 근본적인 위험성을 갖는다. 따라서 보조적인 것으로 참고만 하기 바란다.]

〈표 7-2〉 불안이란 무엇인가?

이론	경구	분과	관련 주제
정신분석적 관점	정신병리는 역사적이다.	Freud학파	짝사랑, 죽음
		Adler학파	열등감, 자신과 타인에 의한 자기평가 지각
인지행동적 관점	정신병리는 행동적이다.	인지적	왜곡된 사고의 결과
		행동적	불안은 자연스러운 것이다. 회피가 문제를 유도한다.
		수용전념	메타-불안이 문제이다.

인본주의적-실존적 관점	정신병리는 관계적이다.	인간중심	고립
		실존주의	삶과 죽음
		게슈탈트	불안은 규정된다.
구성주의적 관점	정신병리는 구성된다.	내러티브, 해결중심	'관리 대 제거'(Quick, 2013)

뇌에서 불안은 어디에 있는가

DSM-5는 두려움을 실제 또는 임박한 위협에 대한 반응으로, 그리고 불안을 미래의 위협에 대한 예상으로 설명함으로써 두려움과 불안을 구별한다(American Psychiatric Association, 2013). 이것은 둘 사이의 차이에 대한 LeDoux(2003)의 "두려움은 즉시 나타나는 특정 자극에 대한 반응으로 간주되는 반면, 불안은 일어날 가능성이 있는 일에 대한 걱정"(p. 289)이라는 논의와 유사하다. 따라서 불안은 감정적 반응으로 이어지는 인식으로 생각할 수 있으며, 이는 행동 반응이 자동(투쟁/도피/경직)인지, 자율적(심박수/호흡)인지 또는 자발적(접근/회피)인지 여부에 관계없이 인지적으로 해석되고 행동적으로 입증된다. 그러나 여기서 주의할 점은 불안과 두려움의 경계가 명확하지 않다는 것이다. 사실, 불안은 스트레스(덜 극단)에서 두려움(반대편 극단)까지의 연속선의 가운데에 위치하며, 스트레스와 불안, 불안과 두려움은 상당한 정도로 겹친다. 이것은 특히 뇌과학적으로 볼 때 사실이다.

불안이나 걱정이 장애로 진단되기 위해서는 과도하고 오래 지속되고 통제할 수 없어야 하고, 행동 지표가 있어야 하며, 그것이 두려움과 구별되기 위해서는 실제가 아니라 가정 혹은 예측이어야 한다(Young & Craske, 2018 참조). 이것을 이해하는 것은 임상의, 상담자 및 다른 사람들에게 중요하다. 불안은 현실이면서도 현실이 아니다. 불안은 일어난 것(과거) 또는 일어나고 있는 것(현재)에 대한 것이 아니다. 일어날 수 있는 일에 관한 것이다. 공감의 관점에서 다음과 같은 인지-감정-행동-맥락적 현상에 대한 내담자의 경험을 생각하기 바란다. 그들의 고통은, 분명하지만 표현하기 어려운 느낌을 기반으로 한다(LeDoux & Hofmann, 2018). 그 고통은 분명한 현실이며 실체이다. 개인은 불안장애로 고군분투하지만 그의 친구와 사랑하는 사람들에게 이것은 이해하기가 매우 어려울 수 있으며, 동감/공감하기는 훨씬 더 어려울 수 있다. 친구와 가족들은 그에게 불안해하지 말라고 할 가능성이 매우 높다! 내담자는 우리에게 오기까지 불안의 고통 속에서 살면서 다른 사람들에게 그것을 이해시키기 위해 설명하려다 큰 좌절과 낙담을 겪었을 것이다.

범불안장애

범불안장애(GAD)를 다루는 것이 중요한 이유는 다음과 같다.

1. 범불안장애는 불안장애 중 가장 많이는 아니지만 가장 널리 퍼져 있는 것 중 하나이다.
2. 확산성(스트레스 요인, 표적, 환경적 강화인 등이 확인되지 않음)으로 인해 치료하기 매우 어렵다.
3. 다른 불안장애(예: 사회적 불안 및 특정 공포증) 및 기분 장애와 자주 동반된다.
4. DSM의 처음 세 버전에서 잔류 장애(residual disorders)로 강등되었음에도 불구하고, 그 유병률, 과정 및 유발되는 어려움으로 인해 독립 장애로 자리매김하게 되었다. 이러한 내담자와 함께 일했거나 이러한 불안을 겪은 사람들은 이 불안장애가 삶을 어떻게 바꿔 놓는지 이해한다.
5. LeDoux(2003) 등의 연구자들은 DSM과 실무자들이 불안장애의 유형을 구별하려고 노력했지만, 신경학적 수준에서 부분적으로 매우 유사한 메커니즘을 가지고 있음을 지적했다.
6. 지면의 한계로 여기에서 모든 불안장애를 다루는 것은 불가능하다.
7. 범불안장애는 Badenoch(2008)의 연구에서 제공한 신경심리학적 렌즈를 통해 볼 수 있는 일반적인 불안의 예이다. Badenoch는 IPNB(Interpersonal Neurobiology, 대인관계 신경생물학) 측면에서 불안의 원인을 설명한다.
   - 유전적 취약성
   - 신경전달물질과 호르몬의 변화
   - 뇌 구조 및 기능의 결함
   - 대인 관계 장애(내부 커뮤니티)
   - 신경망의 대인관계망 강화

이와 같은 카테고리는 스트레스 및 스트레스 관련 장애(DSM-5)는 물론이고 전체 범위의 불안장애에서 인과 요인을 설명하는 데 사용할 수 있다. Holly Hazlett-Stevens(2008)는 범불안장애를 평가하고 이해하는 데 매우 유용한 분류법을 제공했다. 불안 및 불안의 구인에 대한 평가를 논의하면서 그녀는 다음을 확인했다.

- **걱정의 심각도:** 내담자의 일반적인 불안감의 강도. 장애에 대한 진단 임계값의 초과 여부
- **걱정의 내용:** 관계, 자신감 부족, 목적 없는 미래, 일 및 재정과 같이 내담자가 종종 빠져드는 걱정 영역[Hazlett-Stevens(2008, p. 41)에 인용된 Worry Domains Questionnaire; Tallis, Eysenck, & Mathews, 1992 참조]
  - **메타 걱정:** 걱정의 부정적인 영향에 대한 내담자의 걱정
  - **걱정의 신념:** 걱정의 잠재적인 이점에 대한 내담자의 인식
  - **불확실성에 대한 과민함:** 범불안장애와 내담자의 모호성 또는 불확실성 허용의 어려움 사이의 관계

GAD 평가에 대한 이러한 접근 방식은 특히 GAD 및 일반적인 불안과 관련된 완화와 악화 요인을 확인하는 데 도움이 된다. 예를 들어, GAD에서 걱정 심각도는 내담자들에게 다른 행동 반응을 불러일으키는, 일상적인 기능에서 지속적인 불편감을 주는 역할을 하는 낮은 수준의 만성 걱정과 특정 활동(또는 하루 중 특정 시간)에서 내담자를 약화시키는 급성 수준의 걱정(Lader, 2015) 사이를 오갈 수 있다. GAD의 내용은 매우 개인적인 특정 유형의 걱정부터 보다 일반적인 유형의 확산적인, 부동성 걱정에 이르기까지 다양하다. 전자의 경우, 내담자는 산만한 걱정을 호소할 수 있지만 사랑하는 사람, 재정, 미래 또는 기타 등등에 더 가깝다.

통합

1장에서 상담자의 상담 수행을 위한 매우 간단한 틀을 제시했다. 불안한 내담자와 일하는 상담자는 내담자의 생각, 느낌 및 행동을 다루어야 한다. 불안한 내담자는 각자 자신의 유전적 구성, 생물학적 요인, 경험 및 중요한 성장 환경에 대해 상담을 받는다. 이러한 요인은 앞서 언급한 모든 것을 구성하는 사회문화적 환경을 통해 형성된 것이며, 또한 형성되는 과정 중에 있다. 이에 따라 〈표 7-3〉은 이러한 각 요인을 통해 불안을 보는 한 가지 방법에 대한 설명을 각각에 관련된 신경과의 상관 또는 유사 요소와 함께 제시했다.

〈표 7-3〉은 상당히 길고 자세하지만, 축약된 형식으로서, 상담 실무와의 구체적이고 개념적인 연결을 포함하고 있다. 목적과 명확성을 위해 사고, 느낌, 행동 간의 관계에 대한

특정 모델을 여기에서 적용하고 싶었지만, 많은 연구에서 그것들의 상호 관련성과 양방향적 특성을 보여 줄 수 있는 정도의 전반적인 언급만 제시했다.

〈표 7-3〉 불안의 8차원

차원	설명	신경과의 관계	예시
생각	생각은 방해가 되고, 지속적이며, 만연한 경향이 있으며 (특정 공포증이 아닌 GAD에서), 통제할 수 없거나 많은 노력으로만 통제되는 경향이 있다.	일부 연구에서는 비이성적인 두려움이 있을 때 유연하게 사고하는 능력을 차단하여 인지적 경직을 초래하는 신관 계통(변연계의 외부 밴드 포함)을 지적한다(Amen, 1998).	Tim의 변연계 과잉 활성화, 특히 편도체는 불안의 주변 혹은 불안 그 이상을 생각하는 능력을 차단한다. 그의 불안은 그를 불안에 대한 불안한 생각에 묶여 있게 한다.
감정	공포 또는 임박한 파멸/문제에 대한 구체적인 혹은 확산된, 미래 · 지향의 주관적 경험	실재감과 현실감이 위협 대응을 위한 첫 번째 회로인 편도체에서 활성화된다. 그러나 그 후의 고차적 처리와 감정 제어를 위한 전전두엽 피질에 도달하지 않는다.	불안은 이성적이고 추론적인 과정에 거의 영향을 받지 않지만, Tim은 불안에 깊이 빠지지 않았을 때에는 자신의 불안에서 벗어나, 불안을 피하도록 노력하라고 스스로 되뇌며 자신의 감정에 지속적인 힘을 부여한다.
행동	접근/회피를 통한 통제 시도. 일반적으로 회피를 통해 통제한다. 접근 행동은 다른 사람을 통제하거나 생각을 관리하는 것을 포함한다.	불안은 유령이므로, 불안이 실체인 것처럼 행동이 불안 경험을 따를 때 불안감이 타당화되어 추가적인 힘을 가지게 된다.	Tim은 자신의 불안한 경험이 위험을 예고하고 그에 따라 대응하여 위험탐지시스템의 스위치를 'on(켜짐)'으로 고정시킨다는 것을 행동적으로 확신하게 된다.
환경 (과거와 현재)	과거 환경에서 온 단서가 현재의 불안한 반응을 유발한다; 불확실성, 예측 불가능성에 의해 정의된다; 주관적 불안에 타당성을 부여하는 회피 패턴인 '위험 회피'를 통해 현재 환경을 관리한다.	초기 환경에서의 위협 회피는 위험하다는 신호를 의미하며, 그 위험은 마법적 걱정이나 과잉경계를 통해 피할 수 있고 제어할 수 있다. 이러한 메시지는 암묵적인 기억에 저장되고 인지, 감정 및 행동을 통해 나타난다. 뇌의 두려움 반응과 회로는 초기에 저장된 오래된 두려움/불안이 마치 시간이 지나지 않은 것처럼 인식으로 나타난다는 점에서 시대착오적	Tim의 경험이 위협 탐지 및 위험 회피가 과민한 경보 시스템으로 이어졌다는 점을 이해하기 위해 오로지 정신역동적 관점에서만 해석될 필요는 없다. "위협은 볼 수 있든 없든 어디에나 있다"; 유비무환 Tim은 일찍부터 알려진 것과 알려지지 않은 것에 대한 불안/두려움을 학습했으며, 이러한 두려움은 과거의 학습 경험이 기반이 되었지만 현재에 남아 있다.

경험	PTSD를 제외하고, 특정 경험은 회피가 불안해야 할 '필요'가 있음을 입증하기도 하고 보호요인으로 작용하기도 한다는 점을 제외하고는, 불안을 강화하는 데 필요하지 않다.	뇌섬엽(insula)이 운동 뉴런을 변연계에 연결하여 얼굴 표정과 비언어적 반응에 대한 반응으로 감정적인 내용과 운동 발화에 영향을 미치는 방식을 고려하라.	Tim의 뇌는 관찰된 행동을 경험한 감정과 연결하여, 성장 초기부터 '불안을 배우고' 있었다.
생물학/유전학	유전적 요인은 최대 30%; 근육 긴장, 초조 및 긴장감 등의 생리적 증상을 유발한다.	고전적 조건형성은 자극과 반응 연합의 힘을 보여 주며, 이 경우 자율적 활성화 기간 동안의 신체적 경험은 불안의 주관적 경험과 연합된다.	이런 상황이 되면 Tim은 배탈이 나거나 근육이 팽팽해지거나 손바닥에 땀이 날 때마다 고전적 조건형성의 원리를 통해 불안한 반응을 나타낸다.
사회문화적 환경	여성에서 두 배 더 빈번하고 선진국에서 훨씬 더 많이 발생한다.	여성적 편견을 감안할 때 불안장애는 불안이 '여성의 것'이라는 사회적 편견을 야기한다.	Tim의 불안한 경험은 불안해하고 불안을 비난한 다음 자신을 비난하는 자기 비판적 순환으로 인해 더욱 복잡해진다.
관계	불안은 다른 사람에게 상처가 있는 곳을 보여 줄 수 없다는 점에서 고립 장애가 될 수 있다. 대부분의 정신건강 문제에 해당되지만 불안은 설명하기가 특히 어려울 수 있으며, 자신의 불행을 정당화해야 한다는 압박으로 이어질 수 있다.	특히 불안 및 GAD와 관련된 신체적 또는 자율적 각성(예: 발한, 손 떨림, 홍조)은 사회적 불편감을 악화시킬 수 있으며 사회적 참여에서 철회를 가져올 수 있다.	Tim은 자신의 생생한 경험에 대한 질문을 받고 그 후에 그 경험의 타당성을 인정받지 못하는 것을 왜 두려워하는지, 또 왜 다른 사람들로부터 물러나거나 자신의 경험을 숨기려고 하는지에 대해 매우 자주 질문을 받아왔다.

Tim은 자신의 유전자 코드를 가지고 태어났다. 이 유전자 코드의 일부에는 생물학적으로 결정된 기질과 성격에 대한 템플릿이 포함된다. 여기에는 사고, 느낌, 행동의 특정 방식에 대한 성향이 포함된다. 이 모든 것은 출생 시 그와 함께 왔다. 그는 또한 출생과 함께 자신이 선택하지 않은 초기 환경으로 와서 그의 생애 첫 20년가량을 초기 성장환경의 영향을 받게 된다. 그의 환경의 세부 사항(물리적 위치, 보모, 학교 등)은 변경될 수 있지만 초기 성장환경 전체는 그대로 유지된다. 이러한 맥락 속에서 그는 세상을 경험하고 세상은 그를 경험한다. Tim은 자신의 사회문화적 환경을 통해 더 형성되어 가는 렌즈로 이러한 형성 경험을 볼 것이다. 이러한 경험과 환경은 그의 유전자가 발현되는 데 영향을 미치고 특정 유전자를 효과적으로 켜고 끄면서 후속 유전자 발현에 영향을 미친다. 이것이 Tim

의 생각, 감정, 행동이 형성되는 더 넓은 맥락이다. [남은 4개의 장들에서 각각 유사한 단락 구조와 내용을 사용하여, 독자가 다음 자료를 보다 명확하게 이해하도록 안내할 것이다. 이러한 중복성은 의도적이고 기능적인 것이다.] 상호 강화 작용을 하는 그의 '생각, 감정, 행동'은 그의 '생물학, 환경, 경험'에 의해 형성된다. 그것들은 또한 유전자의 발현과 경험을 통해 그의 유전자를 형성한다. 예를 들어, Tim의 환경과 특정 경험에 대한 그의 생각과 느낌은 이후의 생각과 감정을 형성하지만, 그의 환경과 경험에 대한 반응으로 그가 하는 일(또는 하지 않는 일)에도 큰 영향을 미칠 것이다. 과거와 현재의 관계와 함께 이러한 여섯 가지 요소는 모두 더 큰 문화적 맥락에서 발생하지만 Tim 개인의 사회문화적 현실을 만들기 위해 수렴되기도 한다. [때때로 '환경'의 차원은 두 가지 요소로 나누어져 효과적으로 8차원을 만든다. 그러나 이것은 특정 차원의 시간적 특성과 다른 차원과의 상호작용을 설명하기 위해 더 많이 사용된다.]

기초: 불안에 대한 이론적 반응

불안에 대한 정신역동적/정신분석적 반응

에로스와 타나토스: 섹스와 죽음, 그리고 사랑과 삶. 이것은 Freud의 개념에서 인간의 행동을 유도하는 두 가지 주요 힘이다. 더욱이 성적 표현과 비존재, 이 두 가지와 불안 사이의 연관성은 더욱 그렇다. 무의식적인 과정—섹스와 공격성을 뒷받침하는 역동—은 불안의 근거지다. 용납할 수 없는 충동이 나타나도록 허용하는 것은 비난(판단), 굴욕, 궁극적으로 죽음을 초래할 수 있기 때문에 극도의 불안을 유발한다(Freud, 1922/2010, 불안과 두려움에 대한 논의 참조). 하나의 사회로서, 우리는 이러한 원시적 개념에서 얼마나 멀리 왔는가? 불안은 (개인의) 충족되지 않은 신체적, 심리적 욕구로 인해 발생하지만 사회적으로도 마찬가지다. 사회는 예의(decorum, 형식적 예절)의 경계를 영원히 밀어붙이고 있다. 자아방어기제가 어디까지 밀려날 수 있는지 끊임없이 직면하게 된다. 불안은 긴장을 야기한다. 이 절에서는 4장에서처럼 애착, 의식 및 기억의 렌즈를 통해 이러한 정신역동을 자세히 살펴볼 것이다.

애착: 사람의 초기 관계는 주양육자(들)와 형성된다. 이러한 초기 관계는 다섯 가지 심리

성적 발달단계(에로스 요소) 모두에서 삶에 대한 긴장을 통해 작용할 수 있는 맥락을 제공한다. 또한 가장 근본적인 이러한 초기 관계는 세상이 사랑과 생존에 대한 욕구를 충족시킬 수 있는 곳인지 아닌지를 알려준다(타나토스 요소). 이러한 정신분석적 영향에 대한 설명은 대상관계 이론가(예: Karen Horney)와 애착 이론가(예: John Bowlby)의 연구를 통해 잘 나타난다. 안전한 인물로부터 우리의 욕구를 충족할 수 있다는 믿음(사랑과 생존 모두)은 환경을 탐험할 자유와 기회를 제공한다. 그러나 이러한 초기 애착이 없거나 불안정하면 실존적 유형의 불안이 생긴다. 이러한 불안은 에너지를 생성하고 그 에너지는 어딘가로 가야만 하는데 보통 방어기제의 형태로 빠져나간다.

의식: 의식, 더 정확히는 무의식은 특히 불안과 관련하여 혼합된 축복이다. 우리의 뇌가 자동, 무의식, 심지어 자율적 프로세스로 넘기던 모든 작업이 의식적 인식의 전면에 놓이게 된다면 시스템은 빠르게 압도되고 과열되어 종료(shut down)될 수 있다. 이것은 실제로 불안을 유발하는 상황이 될 것이다. 동시에 발생하는 무의식적 처리가 불안을 초래할 수도 있다. 정신역동적 측면에서 우리의 뇌는 지속적으로 기록하고 있으며, 이러한 암묵적(인식 바깥의 배경) 기록은 특정 상황에서 평상심을 유지하는 능력에 영향을 미칠 수 있다. 앞에서 설명한 초기 애착과 관련하여 암묵적 기록을 상상해 보자. 세상에 대한 이러한 무의식적 메시지가 사고, 느낌 및 행동에 어떤 영향을 미칠 수 있는가? 이러한 무의식적인 물질을 (의식의) 전면으로 가져오면 변연계 이외의 다른 뇌 시스템이 제어를 발휘하여 시스템을 조절할 수 있다. 이것은 기억과 관련이 있다.

기억: 기억, 특히 암묵적 기억은 신경학적으로나 정신역동적으로 행동을 이해하는 데 중요한 현상이다. Alfred Adler(1929/1964)의 불안 개념을 생각해 보자. 영유아기의 초기 경험은 열등감 경험으로 가득 차 있다. 영유아기의 우리는 환경이나 우리 자신에게 있는 어떤 것에도 도달하거나 들어올리거나 통제할 수 없다(Neukrug, 2018). 이러한 경험에 대한 암묵적 기억이 청소년기 및 초기 성인기의 기초로 굳어 버리지 않는 한 이것은 발달적으로 적절하다(May, 1950/1977). 변화시킬 수 있는 감정으로서가 아니라 사실로서 열등감을 경험하는 것이 이러한 발달 과정의 효과를 결정한다. Adler의 연구는 자기 창조에 대한 인지 요법과 구성주의적 접근을 모두 보여 준다. Adler의 주요한 치료적 개입 중 하나는 일반적 그리고 특정 부분에 대한 초기 기억을 포함했다는 것이다. 내담자나 상담자는 어떤 기억이 관련이 있는 것인지 어떻게 알 수 있을까? Adler에 따르면, 나타나는 것은 그것이

나타났다는 이유만으로도 관련이 있는 것이다. 임상 면담을 통해 도출된 기억의 의미는 초기 환경에서의 열등감에 대한 암묵적 기억의 단서를 제공한다.

상담회기 내 정신분석적 접근

Tim

상담자: Tim, 어렸을 때의 관계에 대해 어떤 기억이 있는지 알고 싶은데요. 주로 Tim을 기르셨던 어머니와 아버지와의 관계는 어땠어요? 설명해 줄 수 있을까요?

Tim: 흠… 부모님은 제가 어렸을 때 정말 신경을 많이 쓰셨어요. 어렸을 때, 초등학교 들어가기 전이었는데 아버지가 '물건에 부딪혀서 머리 다치면 안 된다'며 나를 따라다니시던 기억이 나요. 어머니는 정말 감정이 풍부했어요. 종종 울거나 소리를 지르거나, 웃거나 하셨어요. 뭐든 느꼈다 하면 강하게 느꼈고 강하게 표현하셨어요. 생각해 보면, 부모님이 항상 말씀하시던 두 마디가 "사랑해"와 "조심해!"였어요. 그 말을 아주 자주 하셨어요.

상담자: 그랬군요. 부모님은 Tim을 사랑한다는 것, Tim이 사는 환경 안에 있는 위험을 알아차리신 것을 분명히 하셨네요. 우리가 지금 이야기하고 있는 이 불안이라는 감정을 언제 처음 느꼈나요?

Tim: 부모님과 떨어질 때, 멀어질 때는 항상 불안했던 것 같아요. 일주일간 교회 수련회에 갔던 경험이 아주 컸어요. 처음 며칠 동안은 아주 끔찍했지만 끝날 때까지 계속 있었어요. 그때의 그 감정을 결코 못 잊을 거예요!

상담자: 지금 Tim의 표정만 봐도 그때 얼마나 끔찍했는지 보이는 것 같네요.

Tim: 네, 완전 끔찍했죠.

상담자: 한번 생각해 봅시다, 그 경험이 당신의 어린 시절 경험과 또 현재의 이 불안과 어떻게 관련되는 것 같나요?

Tim: 글쎄요, 정보가 별로….

상담자: 음, 내가 들어보니, 당신이 듣고 보고 당신 나름대로 이해해서 기억해 둔 것들이 있는 것 같아요. '세상은 안전하지 않은 곳이다, 그 안에서 안전하려면 물리적으로 가까이 있어야 한다. 감정이 생기면 위험은 생명을 갖고 살아있는 것이 될 수 있다.' 아버지는 감정을 많이 표현하지 않았지만 어머니는 매우 감정적이라고 했지요. 당신은 감정에 대한 이 두 가지 메시지를 (아직은 밝혀지지 않은 이유로) 다 피해야 하네요. 그렇지 않으면 그 위험들은 모두 힘을 갖고 현실이 되는 거네요.

Tim: 와, 정확히 그렇네요. 선생님 말씀을 들으니 내가 항상 불안할 수밖에 없었을 것 같아요!

Tim의 불안에 대한 신경기반 정신분석적 반응

인생에서 확실한 것이 거의 없다는 점을 감안할 때 이러한 형태의 불안은 특히 어렵다. 예기불안이라고도 부르는 이 걱정의 초점은 걱정이 해소되고 안심하게 될 미래가 오기를 기다리는 것에 있다. 그런데 미래는 알 수 없기 때문에 내담자는 불안 경험을 예방하기 위해 무엇을 해야 할지 결코 혜안을 가질 수 없다. 따라서 이러한 불안과 대결에서 내담자는 백전백패다. 인간 경험에 대한 모든 정신역동적 관점에서 분명한 한 가지는 성장 초기의 환경과 대인관계는 모두 세상 속에서의 개인의 경험을 만들어 나갈 때 중요한 역할을 한다는 것이다. 그렇다면 정신분석적 관점에서 볼 때, 불안한 사람의 뇌에서는 무엇이 일어날까?

학습은 세계에 대한 새로운 지식을 습득하는 생물학적 과정이며, 기억은 시간이 지나면서 학습한 지식을 유지하고 재구성하는 과정이다.

> 뇌에는 크게 두 유형의 기억이 있다. 사실과 사건, 사람, 장소, 사물에 대한 명시적(선언적) 기억과 지각 및 운동 기술에 대한 암묵적(비선언적) 기억이 그것이다. 명시적 기억은 의식적 알아차림을 요하며 해마와 인접 피질과 관련되는 반면, 암묵적 기억은 의식적 알아차림을 필요로 하지 않으며 주로 다른 뇌 시스템과 관련된다. 이러한 뇌 시스템으로는 소뇌, 선조체, 편도체, 그리고 무척추 동물의 경우 단순 반사 경로 자체가 있다
>
> (Kandel, Dudai, & Mayford, 2014, p. 163).

암묵적 기억: 잊혀진 비디오 레코더와 마찬가지로 이 기억 시스템은 앞서 제시된 Kandel 등(2014)의 정의에서 보았듯이 인식 바깥의 메시지를 흡수하고 학습을 형성한다. 그렇다면 Tim은 성장 초기 애착 및 대인관계와 관련하여 기억 측면에서 무엇을 학습했나? 이 질문에 대한 대답은 신경-정신역동적 관점에서 진행된 Tim의 불안에 대한 상담에 있다. 상담은 (알아차림 너머에 있는) 암묵적 기억을 그의 알아차림으로 가져와 명시적 기억으로 만든다.

Tim의 일반화된 불안은 자동 조종 장치에서 실행되고 있으며 그의 삶 전체에 걸쳐 증가하고 있다. 이는 세상(대인관계, 추동 등)에 대한 그의 암묵적 기억(학습)이 도전받지 않았기 때문이다. 편도체 및 관련 구조가 관여하여 학습된 반응들(행동주의가 아닌 정신분석적 의미에서)은 Tim이 실현될 확률이 거의 없는 이름 없는 위협을 기다리도록 맞추고 조정한다.

상담회기 내 정신분석적 접근

Tim 사례 계속

Tim: 그렇다면 불안해하지 않기 위해서, 기억에 대한 이런 내용을 어떻게 활용할 수 있죠? 엄마와의 관계에 대해서는 어떻게 적용해야 할까요?

상담자: 좋은 질문입니다, Tim. 그런데 당신의 질문은 모든 불안은 항상 나쁘고 불안이 완전히 없어져야 행복해질 수 있다는 의미로 들려요. 지금 당신의 발달단계에서는 바람직하다고 느낄 수 있어요. 하지만 그런 식으로 변화가 이루어지는 건 아닙니다.

Tim: 나는 그게 무서웠어요.

상담자: 그리고 바로 그 이야기에서 우리는 편안함으로 가는 길의 시작점을 발견하는 겁니다!

Tim: 네?

상담자: 우리의 상담 목표 중 하나는 당신이 알아차리지 못하는 무의식의 기억을 파내서 다시 기억해 내는 것입니다. 예를 들어, 당신의 불안 반응은 거의 뼈에 새긴 것처럼 되어서 결코 못 없앨 거라고 겁내는 당신의 경험이요, 그것이 길을 말해 주고 있어요.

Tim: 어떻게요?

상담자: 음, 당신이 경험한 것이랑 목표 이야기를 할 때, 나는 당신이 살아오면서 주로 도망가고 피하는 식으로 살아왔다고 들었거든요.

Tim: 네, 맞아요.

상담자: 그게 어디서 왔을까요? 이러한 것들에 대해 어릴 때의 성장환경 속에서 배웠던 것은 뭘까요?

Tim: 음… 상담시간에 아버지가 감정을 잘 표현하지는 않고 내가 다칠까 봐 항상 두려워하셨던 이야기를 했지요. 어머니는… 음, 어머니는 항상 아주 감정적으로 표현하시고요, 상담 첫날에, 어머니가 어떻게 하는지 선생님도 직접 보셨지요. 이런 것들이 의미가 있나요?

상담자: 나는 그것이 어머니와의 관계 측면에 관련된 현재 환경은 말할 것도 없고, 어린 시절 환경이 어땠는지 보여 주는 강력한 예라고 생각해요. 그 환경들이 Tim에게 회피하기, 도망가기, 과민함, 정서적 바운더리 등을 가르쳐 왔지요. 특히 어린 시절 환경을 생각하고 보면 자신이 경험하는 것들이 완벽하게 자연스러운 거라고 자신의 뇌에게 말한다면 어떨 거 같아요? 특별히 바람직하지는 않겠지만, 당신이 거기에 머무를 필요는 없지만, 그것은 현재의 Tim과 자신 환경의 한 부분이지요.

Tim: 나는 내가 겪는 일들에 대해 항상 내가 뭔가 잘못된 것처럼 봤지, 내 암묵적 기억이 내 편도체를 형성해서 위협에 대비하고 있다고 생각한 적이 없었어요. 이렇게 생각하는 게 더 자연스러운 것 같아요, 내가 왜 이런지 더 이해가 돼요.

불안에 대한 인지행동적 반응

걱정과 관련된 복잡한 요인 중 하나는 걱정 자체는 어느 정도이든 간에 해로운 것이고 (따라서) 제거하거나 피하거나 무감각해지는 등 어떤 방법으로든 없애야 한다는 것이다 (Hazlett-Stevens, 2008). GAD에서 이와 관련된 개념으로는 "무언가에 대해 걱정하면 실제로 그 일이 발생할 가능성이 높아진다."는 것이 있다. 여기서 다시, 우리는 인지-정서-행동의 유기적 상호작용의 힘을 보게 된다[예: 부정적인 생각은 부정적인 감정(불안)과 연결되고 이는 생리적 각성, 회피 행동 등으로 이어짐].

걱정의 유형에 대해 고려할 또 다른 점으로는 Hazlett-Stevens(2008)의 걱정 신념과 유사한 마법적 걱정이 있다. 이것은 이전에 설명한 메타인지와 정확히 반대이다. 끈질긴 걱정이 걱정하는 사람에게 실제로 걱정스러운 사건이 일어나지 않도록 막아 준다는 것이다. 우리는 누구나 이러한 사람, 예를 들어 여행을 떠나는 사랑하는 사람의 안전에 대해 계속 걱정하는 사람을 보거나 들은 적이 있을 것이다. 기초적인 신념은 종종 이러한 걱정이 그 사람을 안전하게 하는 데 도움이 된다는 것이다. 이것은 기본적으로 미신의 한 형태이다. 이 유형의 걱정의 전체 범주는 걱정이 생산적 또는 적응적 목적에 기여한다는 것이다. 이것의 또 다른 예는 걱정이 개인이 채용 면접을 위해 제시간에 일어나는 것처럼 중요한 사건을 잊지 않도록 방지한다는 것이다. 따라서 평화롭게 잠을 자고 휴식을 취하기보다는 제시간에 일어나지 못할 것에 대해 지나치게 걱정하고, 걱정하느라 푹 자지 못하고, (결과적으로) 졸리고 피곤한 상태로 면접장에 도착하게 될 것이다. 이유가 무엇이건, 과도하고 자유롭게 떠다니는 불안을 가진 내담자는 일반적으로 자신의 걱정/불안에 대한 신념을 가지고 있다. 그러므로 이러한 신념을 탐색하는 것이 상담에 유용할 수 있다.

마지막으로 불안에 대한 조작적 조건형성에 근거한 이해이다. 앞서 설명한 불안에 대한 신념과 유사하게, 불안이 기능적 목적으로 작용하는 경우, 행동주의 상담자는 만성적인 걱정을 보상이 있는 것으로 본다. 지속적인 걱정에서 벗어날 수 있는 일을 잠시 상상해 보라. 다음은 몇 가지 가능성을 찾을 수 있는 질문들이다.

- 잠시라도 걱정이 해소되면 어떻게 될 것인가?
- 걱정에 빠져 있을 때, 무엇이 생각하고 느끼고 행동하지 못하게 하는가?
- 누군가가 만성적인 걱정에 익숙해졌다면, 그 사람은 그것을 멈추거나 더이상 자신의

삶의 일부가 되지 않게 하기 위해 어떻게 해야 하는가?

상담에서 나는 종종 내담자들에게 그들의 뇌가 불안에 대해 무엇을 말하고 있는지 질문한다. 앞서 언급했지만 반복해야 할 중요한 개념이다. 걱정과 불안은 그 자체로 충분히 나쁘지만, 불안에 대한 걱정(메타 걱정)과 그 경험이 내담자들에게 의미하는 바는 불안의 경험을 악화시킬 수 있다. Tim과 상담하는 동안 과잉활성화된 그의 교감신경계가 지속적으로 모호한 경보 메시지를 보내고 있는 반면, 그의 부교감신경계는 억제 기능(Grawe, 2006)을 수행하지 않는다는 것을 알게 된다고 상상해 보라. 그는 불안을 연관 학습을 통해 생리적 반응과 연결되는 주관적인 인지-정서적 사건으로 경험한다. 이제 그의 몸은 땀을 흘리는 손바닥, 빠른 심장 박동, 얕은 호흡 또는 깊은 한숨, 근육 긴장 등의 신체적 경험에 맞춰 조정된다. 이것은 적어도 두 가지 영향을 미친다. 첫 번째는 생리적 경험이 이제 불안의 주관적 경험과 상호 연관된다는 것이다. Tim이 자신의 일반화된 불안에 신경 쓸 때처럼 속을 불편하게 만드는 무언가를 먹는다. 그런 다음 그는 생리적 경험 이전에는 존재하지 않았던 의식적 경험 불안을 가지고 온다. 이것은 불안에 대한 걱정이 내담자에게 강력한 경험이라는 두 번째 요점과 관련된다. 내담자들의 부교감신경계가 인지한 위협이 없을 때 경보 메시지를 내보내는 것뿐만 아니라, 그들의 마음도 그러한 경험에 대해 자신이 걱정해야 할 것으로 스스로 해석한다. 이것은 상담에서도 끊기 어려운 자기 파괴적인 불안 순환 고리(loop)를 만든다.

마음챙김과 자각에 초점을 둔 인지행동적 접근들은 이러한 걱정에 대한 걱정을 다룬다. 이 접근들은 불안의 경험에서 우리의 주의에 주의하도록 요구한다. 걱정과 불안은 그 자체만으로도 충분히 나쁘다. 객관적이고 고차원적인 처리가 감정적이고 반응적인 회로와는 완전히 다른 뇌 회로에 존재하기 때문에, 현재로서는 이성적 사고에 거의 영향을 받지 않는다. 이 차이는 확실히 자기 보호 및 보존 기능을 가지고 있지만 인간으로서의 메타인지 능력은 문제를 야기할 수도 있다.

상담회기 내 인지행동적 접근

Tim 사례 계속 Tim의 GAD를 다루면서 그의 경험을 좀 더 자세히 살펴보자.

그는 불안한 감정적 경험, 혹은 불안과 관련된 생리적 경험이 있다(예를 들어, 그는 속이 불편한 것을 느끼고 특별히 불안할 일이 없는데도 불안하다고 느낀다). 그는 또한 이러한 경험을 하더라도 이를 불안으로 인식하지 않을 수 있다. 이제 그가 이 불안에 대해 생각하고 느끼기 시작했다고 가정해 보자. 처음에는 걱정하는 이유를 파악하려고 할 수 있다. '내가 잊은 것이 있을까?' '뭔가 나쁜 일이 있었나?' '잘못된' 것이 없고 불안할 객관적인 것이 없다는 것을 깨달은 그는 다음과 같은 생각으로 옮겨간다. '잘못된 것도 걱정할 것도 없으니 그만 걱정하자.' 이 생각이 불안을 멈추지 못했을 때, 다음 생각이 떠오른다. '잘못된 것은 없다. 그런데 나는 걱정을 지워버릴 수가 없네. 세상이나 나에게 뭔가 잘못된 것이 있는 게 분명해!'

이제 상담에서 이러한 '갑자기 일어난' 정서적 경험(불안/걱정)이 어떻게 나타나는지 잠시 생각해 보라.

상담자: Tim, 당신이 나에게 말한 것에 따르면, 당신의 불안 경험은 이런 것 같아요. 당신은 불안을 느꼈습니다(신체적으로나 감정적으로). 당신은 불안이 '현실'과 연결되어 있다고 생각했습니다('내가 불안한 것은 분명히 이유가 있다.'). 그렇지만 당신은 불안을 일으키는 원인을 찾을 수 없었습니다. 당신은 불안감에서 나오라고 스스로에게 말했지만 소용이 없었습니다. 이제 당신은 불안을 '관리'하거나 '통제'할 수 없다는 것을 깨닫기 시작했습니다. 다음은 무엇입니까? 이 상황에서 어떤 기분이 드나요? 당신은 어떻게 행동하지요?

Tim: 당황해요. 나는 이유 없이 불안하고, 그것을 멈출 수 없다는 것을 알지요. 그것은 나에게 문제가 있다는 말이에요.

상담자: 그다음에는요?

Tim: 불안감이 휘몰아치고 나 자신을 비난하게 돼요.

상담자: 그다음엔, 당연히 당신이 자기비난을 피하려고 하는 주기까지 시간이 별로 많이 걸리지 않겠지요. 이것에 대해서는 나중에 다시 설명하겠어요. 당신뿐만 아니라 모두에게 해당되는데, 걱정에 대한 걱정은 개인의 경험을 복잡하게 만듭니다.

Tim: 네, 정말 통제 불능이라고 느껴지고 그러면 기분이 더 나빠져요!

상담자: 당신이 이것을 경험할 때 당신의 뇌에서 일어나는 일에 대해 잠시 이야기해 볼게요. 당신의 뇌와 신경계가 무엇을 하고 있는지 알아차리기 시작하면, 자기를 비난하기보다는 당신의 불안 경험을 외부화하는 능력이 커집니다. 예를 들어, 불안감이 드는 상태에서 자신에게 '아, 과민성 편도체가 또 나타나서 나에게 아무 걱정 말라고 하네.'라고 말할 수 있습니다.

Tim: [웃음/찡그린 얼굴] 그러니까 이제 내 문제 목록에 나 자신에게 이야기하기를 보태야 할까요?

상담자: 음, Tim, 인지행동적 관점에서 보면, 당신은 이미 자신과 이야기하고 있습니다. 우리는 이러한 이야기를 더 생산적인 것으로 만들려고 하고 있어요.

이러한 개입은 과소평가되면 안 될 중요한 것이다. 내담자들의 뇌와 자율신경계가 내담자들에게 말하거나 행동하는 것을 마음속으로 알아차리도록 돕는 것은 불안 (및 기타) 장애를 치료하는 데 매우 중요하다. 자기 속의 생각에 집중하기보다 자기 속말을 바깥으로 꺼내고 생각을 특정 뇌 영역에 있게 하면서 부정적인 자기 속말에 맞서 싸우는 것이 Tim의 뇌를 치유하는 다음 단계가 된다.

Tim의 불안에 대한 신경기반 인지행동적 반응

Hobart Mowrer는 자신의 도구 학습(환경)에 대한 설명을 하면서 Hebb의 학습(신경학)의 이해를 돕는 설명을 했다.

Mowrer에 따르면, 불안은 트라우마적 사건이 발생하기 전에 우리가 그것을 처리하도록 동기를 부여한다. 그리고 불안감 감소는 안도감이나 안정감을 가져오기 때문에 도구적 행동(일부 필요를 충족시키거나 목표를 달성하기 때문에 학습되는 임의의 반응)의 강력한 강화인이다. 따라서 불안을 감소시키는 반응이 학습되고 유지되는 것이다(LeDoux, 1996, p. 232).

이 연구는 Neal Miller의 연구(LeDoux, 1996)로 이어졌다. 이 연구에서 그는 생쥐에게 소리와 전기충격을 연합하여 버저를 '두려워'하도록 학습시켰다. 생쥐가 우리의 다른 곳으로 점프하면 버저소리와 전기충격을 멈추었다. 나중에 전기충격이 없이 버저가 울려도 생쥐는 동일한 도피 또는 회피 행동을 했다. 학습에 대해 우리가 알고 있는 것은 행동과 관련된 뇌의 발화 패턴이 반복과 강도를 통해 강화된다는 것이다.

Martin Seligman(1972)은 불안한 동물의 회피 경로를 차단하면 공포 반응이 사라진다는 사실을 관찰했다. 문제는 이것이 인간보다 동물에게 훨씬 더 효과적으로 작용한다는 것이다. 부분적으로, 일상적 인간경험의 파란만장함에 비하면 그러한 맥락 속에서 그런 자극은 인위적이며 다소 해가 되지 않는다. 우리가 충격을 받는 동안 누군가가 뛰쳐나와 우리에게 빛을 비추는 일은 별로 일어날 가능성이 없다. 반대로, 사람은 토스터를 사용하지 않고 내버려 두어서 화재로 집이 손상될 수 있다(LeDoux, 1996). 또한 감정의 학습에서 편도체의 역할을 강조하면서 불안이 학습된 반응이라고 주장했다.

LeDoux는 그의 저서에서 불안에 대한 저명한 정신분석적 설명과 행동주의적 설명 사이의 관련성을 보여 주었다. "불안은 충격적인 학습 경험의 결과이다. 외상 학습은 (적어도 부분적으로) 두려움의 조건형성을 수반하기 때문에 인간의 병원성(pathogenic) 불안과 동물의 조건화된 두려움에 기여할 수 있다."(LeDoux, 1996, p. 235) 원숭이의 뱀에 대한 타고난 두려움에 관한 Susan Mineka(예: 1979)의 연구를 바탕으로, 우리는 "인간은 사회적 상황에서 다른 사람을 관찰함으로써 많은 것을 배우고, 불안, 특히 병리적 불안이 사회적 관찰학습으로 형성된다는 것을 알 수 있다"(LeDoux, 1996, p. 237).

이를 Tim에 대한 상담 개입으로 적용해 보자. 엄격한 인지행동적 접근 방식은 Tim과 함께 Tim의 자기 진술을 탐색하여 어떤 핵심신념이 그의 자유롭게 떠다니는 불안을 야기하는지 드러낼 것이다. 이것은 명확하고 증거기반이라는 장점이 있다. 그러나 신경과학적-

통합 관점에서는, 우리가 이전에 시작한 것처럼 Tim이 뇌와 신경계가 어떻게 기능하는지에 대한 자기 자신의 인식을 높이기를 원할 것이다. 따라서 선행 사고에 초점을 맞추는 대신, 결과 또는 후속 사고에 초점을 맞출 것이다.

상담회기 내 인지행동적 접근

Tim 사례 계속 상담자는 "당신의 불안감에 대한 보상은 무엇입니까?"라고 도전적인 질문을 할 수 있다. 그리고 이런 질문들도 가능할 것이다. "당신의 불안을 조금 풀어 준다면 무엇을 포기해야 할까요?" 이것은 상담하러 왔다는 사실만으로는 탐지할 수 없는 것으로서, 다른 유형의 치료적 질문이다. 그러나 임상 질문, 특히 신경-인식(통찰) 임상 관점에서 이런 질문은 답을 얻고 정보를 수집하는 것을 넘어서는 것들이다. Tim은 처음에는 왜 이런 질문을 하는지 의아해할지도 모른다. 그렇지만 이 질문은 불안에 대한 자각으로의 큰 걸음을 내딛게 할 수 있다. 그 대답은 그가 불안을 보는 방식에 따라 그의 불안이 어떤 목적에 기여할 수 있는지 그가 곰곰이 생각할 물꼬를 튼다. 예를 들어, 그는 다음 유형의 응답 중 하나로 대답할 수 있을 것이다.

혼란스러운 표정으로: "아무것도 없어요!"
"모르겠습니다. 내가 아는 유일한 방법입니다!"
"나는 이것을 고치거나, 극복하거나, 탈출해야 한다는 압박감이 들어요."

이 일련의 응답은 Tim이 특히 자신과 그의 뇌를 어떻게 이해하는지에 대한 통찰을 제공한다. 첫 번째 응답을 하는 경우, 치료에 대한 큰 그림은 질문에는 목적이 있으며 상담자가 유도 질문이나 상담자의 호기심을 충족시키기 위한 질문은 하지 않을 것이라고 가르치는 것이다. 두 번째 응답은 이러한 뇌 상태 때문에 자기비난, 폄훼 그리고 채찍질이 문제를 악화시켰고 그는 계속 이런 경험을 하고 있는 것으로 볼 수 있다. 이것은 몇 가지 가능성을 보여 준다. 첫 번째는 Tim이 이 불안과 자기비난의 순환으로부터 어떤 보상을 받고 있거나, 두 번째는 불안 경험에 따른 그의 생각, 신념 및 감정이 (작게는) 더 큰 불안을 경험하게 만든다는 것이다. 더 심각하게는 더 많은 문제와 추가적인 역기능으로 이어질 가능성이 있다. Tim과의 상담에서 첫 번째 단계는 모든 불안이 나쁘고 근절되어야 한다는 그의 생각을 반박하는 것이다. 뇌와 교감신경계상에서의 불안은 중요한 보호 기능을 제공하므로 이를 무디게 하거나 제거하는 것은 비생산적이다. 더욱이, 그의 경험에 대한 자기비난은 그의 기분을 좋게 하는 데 거의 도움이 되지 않았으므로 그의 불안 경험 자체와 불안에 대한 생각, 신념 및 감정을 모두 재구성해야 할 때다.

상담자: 예전에 불안을 다스리는 데 효과가 있었던 것이 있나요?
Tim: [비웃는 듯한 웃음] 별로요. 주의를 다른 데로 돌리는 것이 효과는 있는데 거기에 완전히 빠질 때

만 가능하지 불안은 다시 흘러들어 와요. 약을 먹었더니 기분이 나빠지더라고요. 이완 훈련도 해봤는데 더 불안해지는 것 같았고요.

상담자: 그렇군요. 그래서 앞으로 나아갈 길을 간절히 바라고 있군요. 이번 주 과제는 처음에는 좀 어색할 수 있는 일입니다. 첫째, 불안감을 멈추려고 노력하지 마세요.

Tim: 네…?

상담자: 이해해요, 어색할 거라고 말했지요. 그리고 당신이 언제 불안감을 느끼는지 알아차리고 어떤 방식으로든 그것을 기록해서 와주면 좋겠어요.

Tim: 어떻게요?

상담자: 어떤 사람들은 불안을 느끼면 수첩이나 폰 메모장에 '바를 정(正)'자로 기록해요. 또 다른 사람들은 "왔다!" 하고 소리 내어 말해요. 이것은 사람 많은 데서는 좀 어색하겠지요, 집에 혼자 있을 땐 괜찮고요.

Tim: 네. 그리고 또요?

상담자: 그게 다입니다. 불안을 멈추려는 노력을 멈추고 불안감이 느껴질 때, 즉 뇌가 당신이 불안해질 무언가를 '보고 있는' 때를 알아차리세요.

불안에 대한 인본주의적-실존적 반응

인본주의적-실존적 상담의 특징 중 하나는 전체론, 연결 및 통합이라는 개념을 포함한다는 것이다. 이것을 이해하는 한 가지 방법은 몰입(flow)이다. 몰입은 Mihaly Csikszentmihalyi(1990)가 설명한 경험으로, 몰입상태에서는 불안이 기능을 단축시킬 정도로 높지는 않으면서 우수한 결과를 내기에 필요한 각성을 생성할 만큼은 충분히 높다. 그것은 도전과 기술의 균형이다. 그래서 우리는 여기에서 불안이 가진 양날의 본질을 볼 수 있다. 그것은 유기체에게 각성을 제공하여 우리의 주의, 인식 및 집중이 자극을 받는다. 또한 우리 시스템에 과부하가 걸려 투쟁, 도피 또는 경직 반응 등이 있을 수 있다. 그 결과, 몰입과는 대조적으로 기본적인 기능과 더 나은 기능수행을 제한한다. 여기에서 교감신경계와 부교감신경계 사이의 상호 보완적인 관계를 볼 수 있다. 전자는 싸우거나 달아날 준비를 위해 각성을 담당하고, 후자는 몸을 항상성으로 되돌리는 역할을 한다.

대부분의 내담자와 일반인들에게 균형은 이해하기 어려운(그리고 어쩌면 환상일 수도 있는) 경험이며, 우리는 극단에서 다른 극단으로 이동하는 과정에서 그것을 발견한다. 내담자에 대한 상식적인 개입방법을 고려하라. 정서적으로 활성화되거나 반응적인 내담자에게는 상담자가 인지적 초점과 인지적 기술의 개발에 집중할 수 있다. 반대로 지나치게 지적이거나 대뇌 우세형 내담자의 경우, 상담자는 정서적 인식과 정서적 활성화에 더 초점을 둘 수 있다. 이러한 접근 방식은 세계를 균형적으로 이해하도록 하기 위한 설계이다. 이제 Tim과 같이 불안에 시달리고 교감신경계가 기능 항진이거나 부교감신경계가 기능 저하인 내담자를 고려해 보자. 이러한 알아차림 또는 최소한 이것을 이해하는 것이 내담자와의 상담에 어떻게 유용할 수 있을까?

수용적, 관계 중심적 관점을 넘어선 이러한 범주의 접근 방식이 갖는 가치 중 하나는 죽음이 불가피하다는 인식이다. 처음에는 이것이 좋은 소식처럼 보이지는 않을 수 있다. 그러나 Frankl(1959/1984)은 이러한 현실 수용이 어떻게 강력한 동기 부여로 작용할 수 있는지 보여 준다. 삶의 의미는 삶에 끝이 있음을 인식하는 데서 첫 번째로 발견되고, 두 번째는 우리에게 주어진 제한된 시간에 의미를 부여할 행동을 취해야 할 책임을 받아들이는 데 있다. 이런 의미에서 Tim의 불안은 궁극적인 현실을 건드리는 것일 수 있다. 그가 끊임없이 경험하는 위협은 이름은 알 수 없지만 시간이 짧고 인생이 끝났다는 원초적인 감각이다. 이러한 현실과 경험을 앞서 설명한 몰입의 개념과 통합함으로써 우리는 다음과 같은 치료적 대화를 할 수 있다.

상담회기 내 인본주의적-실존적 접근

Tim 사례 계속

상담자: Tim, 괜찮다면 당신과 함께 해 보고 싶은 게 있어요. 당신이 괜찮다면… 생각 실험이에요.

Tim: 네.

상담자: 지금까지 당신은 당신의 불안을 부정적인 것으로, 어떤 대가를 치르더라도 피해야 할 것으로 생각해 왔지요?

Tim: 확실히 그래요, 너무 싫어요!

상담자: 좋습니다. 하지만 불안이 어떤 가치가 있다면, 어떤 목적이 있는 것이라면, 어떻게 다를까요? 어떨 것 같은가요?

Tim: 그렇게는 상상이 안 돼요. 너무 불편한 걸요.

상담자: 불안에서 벗어나기 위해서라면 어떤 일이라도 할 정도로 불편하다는 거네요.

Tim: 네, 그렇게 느껴져요.

상담자: 예, 알겠어요. 상상을 한번 해 봅시다. 매일 매 순간 불안이 더 강해지는 불안으로의 여정에 있다고요.

Tim: 그건 쉽죠. 아침에 일어나면 불안이 나를 덮치고 계속 쌓이니까요.

상담자: 그렇게 점점 강해지는 동안 불안이 당신에게 전하는 메시지가 혹시 있나요?

Tim: "위험해!" 이런 메시지?

상담자: 예, 바로 그런 거요. 다른 메시지는 또 없나요?

Tim: 모르겠네요. 그게 커요.

상담자: 위험하다는 메시지 다음에 올 만한 메시지는요?

Tim: [잠시 생각하고 나서] "어떻게 좀 해 봐!"

상담자: 아주 흥미롭습니다!

Tim: 왜요?

상담자: 음… 불안이 당신에게 어떤 행동을 하라고 촉구한다면 어떨 것 같은가요? 지난 상담에서 텔레비전을 보거나 비디오 게임으로 주의를 돌리는 것이 도움이 된다고 했지요. 그 후에는 불안감이 '다시 되돌아온다'고 했고요.

Tim: 맞아요. 그런데요?

상담자: 정말로 당신의 불안은 행동을 하라고 촉구하는 것 같아요. 그런데 당신이 취하는 조치는 일시적인 효과만 있었지요. 어떤 행동을 해서 효과를 본 다른 때가 있나요?

Tim: 선생님이 물으시니 기억이 났는데, 내가 잊어버리고 있었다는 게 조금 당황스럽네요. 몸 쓰는 일을 할 때나 명확한 결과가 있는 일을 할 때, 또는 제가 문제를 해결하거나 무언가 새로운 것을 배우고 있을 때가 그래요. 그런 때는 언제나 기분도 좋고 조금 지나면 내가 뭔가를 성취한 것 같은 기분이 좀 들어요.

상담자: 아침에 일어났을 때와 그 직후 사이에 뭔가 있는 것 같네요. 불안감이 고조되고 시스템 과부하가 와서 조치를 취할 수 없게 된다는 것으로 들립니다. 생산적으로 느끼도록 만드는 것이 무엇인지 찾아낼 수 있다면 어떻게 될 것 같은가요?

Tim: [기운이 나서] 그럼 멋지겠는데요.

Tim의 불안에 대한 신경기반 인본주의적-실존적 반응

이 접근에 있는 세 가지 이론이 뇌에서 어떻게 보이는지 그리고 이 세 이론이 결합하여 Tim에게 어떻게 상담 개입을 하는지를 간략히 제시하고자 한다. 첫째, 인본주의의 전형인 인간중심 접근은 내담자가 있는 위치, 시간, 정체성을 내담자와 연결하고자 한다. 이 접근에서는 내담자의 인격과 행동을 분리하여 진정한 수용의 장소에서 내담자를 공감 수용한다. 상담자는 신경학적 수준에서도 내담자를 수용함을 전한다. 본질적으로 운동 뉴런인 거울 뉴런 시스템은 뇌섬엽을 통해 변연계에 중립적으로 연결되는 것으로 입증되었다

(Iacoboni, 2009). 이것은 (행해지고 관찰되는) 움직임이 감정적인 내용을 수반한다는 것을 의미한다. 따라서 Tim이 신경학적으로 가장 먼저 경험하게 되는 것은 상담자가 그를 명시적이든 묵시적이든 무조건적으로 수용하는 것이다. Tim은 항상 보이지 않는 위험이 있기 때문에 자신의 환경에서 아무것도 수용하지 않는 법을 배웠다. 공감 수용하는 상담자는 이러한 내담자의 학습과 상반되어 관계적 부조화(dissonance)를 가져온다. 이는 Tim의 불안의 순환고리를 깨기에 좋다.

둘째, 실존주의 이론의 역동은 이전에 설명한 바 있듯이 자유와 책임의 연결, 그리고 실존 요법의 불안과 의미이다. Tim의 자유, 특히 그가 지각한 자유는 뇌의 경보시스템의 과잉활동에 따라 제한되었다. 교감신경계의 흥분 기능은 '켜짐'에 고정되어 있는 반면, 부교감신경계의 억제 기능은 '꺼짐'에 고정되어 있을 수 있다. 이렇게 되면 경보 메시지가 확인되지 않은 채로 넘쳐나서 Tim이 불안에 대처하는 일반화된 조치를 취하는 것을 방해한다.

셋째, 전체론의 게슈탈트 개념은 생각, 느낌 및 행동의 심리적 통합 측면에서 볼 때 Tim의 뇌 분할에 대한 강력한 은유 역할을 한다. Badenoch(2008)에 의해 설명된 수직 통합은 사람이 조절 경험을 할 수 있도록 하는데, 여기서 중뇌(변연계)가 예측 가능한 경보 메시지를 보내면 전뇌(전전두엽 피질)가 이를 해석하여 중뇌 메시지의 오류를 수정하거나 나중에 사용할 솔루션을 창출할 메시지를 보내는 등의 관리를 한다. 외측(lateral) 통합에서, 좌뇌의 논리적이고 직선적인 사고는 우뇌에 의해 생성된 게슈탈트의 균형을 잡아준다. Tim의 경우, 우뇌 사진을 보면 편도체의 과잉 활동으로 인해 왼쪽의 균형 기능을 차단하고 있어서 위험하다.

상담회기 내 인본주의적-실존적 접근

Tim 사례 계속 그렇다면 상담자는 상담 실제에서 앞에서와 같은 통찰을 어떻게 적용할 것인가? 첫 번째 접근 방식은 수용 및 조절의 분위기에서 이러한 메시지를 Tim에게 암묵적으로 보내는 것이다. 신비주의처럼 들릴 수 있지만 실제로는 과학에 기반을 두고 있는 것이다(예: Iacoboni, 2009; Ramachandran, 2000). 상담자의 자기 조절 능력은 Tim이 명시적으로는 아니더라도 암묵적으로 모방할 수 있는 신경 관계 모델을 제공한다. 이것은 적어도 부분적으로는 내담자들이 많은 자기계발서(selfhelp books)를 읽었지만 크게 성공하지 못하고 상담에 오는 이유다. 관계의 조절(Badenoch, 2008)이 없으면 통찰, 알아차림 및 정보는 반쪽에 불과하다. 따라서 이 관점에서의 첫 번째 개입(이론 전반에 공감 수용을 강조함)은 상담자의 그 사람이다. 이러한 맥락에서라야 Tim의 뇌는 스스로 듣고 배우고 경험하는 것을 허용할 수 있다.

이러한 맥락에서 상담자는 앞에서 설명한 정보를 사용하여 Tim에게 자신의 불안에 대한 새로운 관점을 제공할 수 있다.

상담자: Tim, 우리가 함께 하는 이 상담에서, 나는 당신의 뇌의 두 부분이 서로 효과적으로 소통하지 못할 수 있다는 점을 염두에 두고 있습니다.

Tim: [의아한 표정]

상담자: 잠시 나와 함께 해 봅시다. 뇌의 왼쪽에는 대부분의 논리 처리과정이 있습니다. 우뇌에는 정서적 알아차림과 의미가 있습니다. 그러니 당신과 내가 현재 주고받는 관계에 있는 것처럼 우리 중 한 사람이 말을 그만두거나 다른 사람이 너무 큰 소리로 말해서 상대방의 말이 안 들린다면 어떻게 될까요? 그것은 매우 불건강한 관계를 만들겠지요.

Tim: 음… 그게 내 뇌에서 일어나는 일인가요?

상담자: 예, 제 생각은 그래요. 기술이 아주 발전된 요즈음이긴 해도, 이를 증명하기 위해 정확한 뇌스캔이나 혈액 검사를 사용할 수는 없지만요. 잠시 동안은 이것이 사실이라고 가정해 보기로 합시다.

Tim: 예.

상담자: 여기 좌뇌가 말할 수 있는 메시지 유형과 우뇌가 말할 수 있는 메시지 유형이 담긴 카드를 몇 장 인쇄했는데 좀 봐 주세요.

Tim: 우와, 내 우뇌가 확실히 통제되고 있는 것 같네요.

상담자: 확실히 그렇게 보여요. 다음으로, 나는 당신의 뇌의 두 부분이 서로의 말이 들리도록 의사소통을 해 봤으면 해요.

Tim: [회의적인 표정]

상담자: '역할극'이라고 하는 것인데요, 양쪽 뇌를 두 의자에 하나씩 놓을게요.

Tim: [이제는 긴장한 표정]

상담자: [팀의 얼굴표정을 살피며] 실제로 당신의 뇌를 의자에 올려놓는 대신에, 의자에 앉아서 당신의 뇌를 대변해서 이야기해 주세요. 나는 다른 의자에 앉아서 당신의 다른 뇌를 대변할게요. 그런 다음 어떤 경험을 했는지 같이 이야기하기로 해요.

내담자가 뇌 반구의 기능을 이해하도록 돕기 위해 빈 의자 기법을 사용할 수도 있다. 그러나 불안한 내담자는 빈 의자 기법보다 상담자와 함께 하는 양의자 역할극에 더 잘 반응할 수 있다(Harriet Bachner, 2014. 8. 25, 사적 대화).

불안에 대한 구성주의적 반응

구성주의 접근에서는 개인이 현실을 어떻게 구성하는가가 중요하다. 현실의 개인적 구성이라는 개념은 불안이 갖는 주관적인 특성 때문에 불안을 다루는 데 있어 중요하고 근본적인 고려사항이다. 불안으로 인해 불안장애가 있는 사람들은 이야기를 할 수 없다! Hazlett-Stevens(2008)의 불안 분류 체계는 Tim의 경험을 더 잘 이해하기 위한 여러 구성주의적 접근, 심지어 해결중심 접근 방식을 제공하여 가능한 치료 경로로 이어지도록 하는 데 도움이 된다. 이것은 걱정 심각도, 걱정 내용, 메타 걱정, 걱정 신념, 불확실성에 대한 내성으로 분류된다. 이전에 메타 걱정과 걱정 신념을 언급했으므로 여기서는 걱정 심각도에 중점을 둘 것이다.

걱정 심각도: Tim과의 상담에서 우리는 그의 불안의 심각도를 파악하기 위해 척도 접근법을 사용한다는 것을 기억하라. 일반적으로 해결중심 상담과 관련되어 있지만 많은 상담자들이 척도 질문을 사용한다. 불안에 대한 가장 간단한 척도 질문은 1−10 척도이다. 여기서 1은 불안감이 거의 없거나 전혀 없음, 5는 보통의 불안, 10은 가장 강렬하고 병리적인 불안이다. 척도 질문 사용의 가장 중요한 특징 중 하나는 특히 출발선을 설정하는 데 도움이 되도록 처음에 각 숫자가 무엇을 나타내는지에 대해 내담자가 명확한 그림을 가지고 있는지 확인하는 것이다. 예를 들어, Tim은 처음에 그의 불안이 병리적인 정도로 심각하다는 것을 강조하기 위해 '아마도 11점'이라고 답했다. 그의 이러한 반응은 우리에게 두 가지 중요한 정보를 제공한다. 첫 번째는 불안에 대한 그의 경험이 어떤 객관적인 측정과 관계없이 극도로 불편하고 고통스럽다는 것이다. 두 번째는 그가 현재 약을 복용하지 않고 있고, 자가 치료(약 또는 알코올)를 하고 있지 않으며, 학교에 계속 정기적으로 출석하며, 공황 발작은 없다는 것이다. 이것은 상담자에게 그가 정기적으로 경험하는 것이 우리의 척도에서 6~8에 가까울 수 있음을 알려준다. 척도 질문은 두 가지 기능을 한다. 첫째, Tim과 상담자가 같은 언어를 말하도록 재조정한다. 둘째, Tim의 경험을 정상화(normalize)한다. 예를 들어, 공황 발작이 있는 사람의 빠른 비디오 클립을 보여 주면 상황이 더 나쁠 수도 있음을 인식하는 데는 도움이 될 수 있지만, 불안을 다루는 것이 복잡한 이유 중 하나는 불안 자체가 의미하는 것에 대한 두려움이나 걱정이다(생리적 각성과 자기효능감 사이의 역관계에 대한 Bandura의 연구를 보라).

Tim과 같은 내담자와 함께 일하는 상담자들에게는 내담자의 불안 경험이 상담자의 경험이므로 내담자의 관점에 대해서는 매우 조심스럽게 대해야 한다. GAD 내담자는 일반적으로 불안감과 씨름할 때가 아니라면, 종종 "그냥… 해 버려." 하고 스스로에게 말하는 식으로 자신의 경험을 스스로 무시할 수 있다. 이는 불안장애에 대한 이해가 부족한 것이다. 이것은 불안의 심각도와 불안의 내용 모두와 관련된 두 번째 고려사항으로 이어진다.

상담회기 내 구성주의적 접근

Tim

상담자: 자, Tim, 당신은 가장 센 불안감을 경험할 때 1–10의 척도로 11점이라고 했습니다. 꼭대기를 찔러 버렸지요.

Tim: [걱정스럽게 웃음]

상담자: 그렇네요, 당신이 그동안 얼마나 불편했는지, 얼마나 고통받아 왔는지를 말해 주네요.

Tim: 제 말이 그 말이에요!

상담자: 음, 그러면, 좀 덜할 때, 당신이 별 문제 없을 때 자유롭게 떠다니는 불안에 대해서는 몇 점 정도 줄 수 있을까요?

Tim: 7점이나 8점이요.

상담자: 그것도 상당히 세네요. 더 약할 때도 이야기해 주세요, 몇 점인지, 어떤 때인지.

Tim: 음, 비디오 게임을 하거나 TV 볼 때요. 한 3점이나 4점쯤? 정신을 엉뚱한 데 쏟는 거죠.

Cunselor: 스스로에게 너무 가혹하게 판단하지 마세요. 불안감을 줄여 주는 무언가를 찾은 것 같은데요, 그것은 좋은 일이 될 수 있어요. 좋지 않은 점은 무엇이지요?

Tim: 글쎄요, 평생 동안 나의 길을 피해 갈 수는 없잖아요.

상담자: 이유는요?

Tim: 뭐, 피해 갈 수 있을 것 같긴 하지만 그렇게 하고 싶지 않아요.

상담자: 그래요, 왜 그렇죠?

Tim: 왜냐하면….

상담자: 당신의 삶에서 더 많은 것을 원한다고 했어요. 제가 정확히 들었나요?

Tim: 그랬죠. 그렇지만 겁이 나요.

상담자: 확실히 그런 것 같네요. 하지만 당신은 적어도 두 가지 방법을 찾았습니다.

Tim: 제가 무엇을요?

상담자: 자, 보세요, 많은 사람들이 그러듯이, 계속해서 딴 데로 정신을 돌려서 덜 불안하게 할 수 있습니다. 둘째, 당신의 뇌를 다른 일에 몰두하게 함으로써 불안감이 절반으로 줄어드는 것을 확인했습니다! 어떻게 하면 더 그렇게 할 수 있을까요?

Tim: TV 보거나 비디오 게임 하는 거 말씀인가요?

상담자: 그렇게 해서 당신이 원하는 결과를 얻는다면 그것도 확실히 선택지가 되겠지요. 하지만 당신의 뇌를 그렇게 사용하는 다른 방법은 어떨까요?

Tim의 불안에 대한 신경기반 구성주의적 반응

Erik Weihenmayer는 산악 등반가다. 그는 사례 연구가 아니라 실존 인물이다. 그가 에베레스트 산에 올랐다는 것은 충분히 특별하다. 그가 한 것은 특별한 것 이상이다. 그는 시각장애인(정식 명칭. 장님이나 맹인은 장애인협회에서 거부하는 명칭임)이다. 사실 그는 에베레스트 산을 오르는 유일한 시각장애인이다. 그는 누군가에 의한 이동의 도움 없이 스스로의 힘으로 올라갔다. 그는 어떻게 앞을 보았을까? 그의 혀로! Erik은 자신의 혀를 사용하는 것을 볼 수 있도록 도와주는 장치인 BrainPort([그림 7-3])를 착용하고 있다. BrainPort 장치는 사용자의 이마에 묶인 비디오 카메라를 사용하여 약 300개의 전극이 포함된 탭으로 시각 신호를 전송한다. 이것들은 그의 혀를 통해 신호를 전달하고 그의 뇌, 후두엽에 의해 해석된다. 한 시연에서 Erik은 자신의 '시력'이 그에게 어떻게 보이는지 다른 사람들이 볼 수 있는 모니터가 들어 있는 팩을 그의 엉덩이에 착용했다.

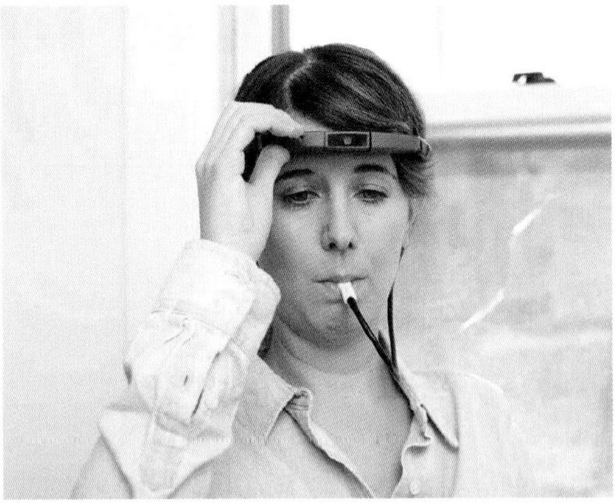

[그림 7-3] BrainPort, 사진에 보이는 착용 장치는 시각 신호를 카메라에서 혀의 패드로 변환한다. 이것은 신호를 혀에서 느낄 수 있는 맥박으로 변환하여 뇌에 이미지를 재현한다. 인간이 자신의 혀로 '볼' 수 있다고 주장하는 사람은 거의 없을 것이다. 이 이야기는 우리가 뇌를 통해 본다는 개념을 뒷받침한다.

이 이야기를 하는 주된 목적은 '보는 것'에 관한 간단하고 강력한 진실을 강조하는 것이다. 인간은 주로 눈이 아닌 뇌로 본다. 보는 것에서 우리 눈이 하는 역할은 외부 환경에서 빛을 받아들이고 흡수하는 것이다. 환경으로부터 온 빛은 각막을 통해 망막으로 전달되며, 신호는 처리를 위해 뇌의 후두엽으로 계속 전달된다. 이것은 빛을 뇌에 '단지' 전달하는 수광장치로서 눈의 정교함을 고려할 때 경이롭다. 눈에 흡수된 빛은 뇌의 후두엽에 의해 할당된다는 의미를 제외하면 본질적으로는 의미가 없다. 그리고 그 의미는 맥락은 물론 경험과 학습 모두에 기반을 둔다.

보는 일이 어떻게 작용하는지에 대한 이러한 생리적 현실은 수많은 다른 문제는 물론 불안을 치료하는 데 있어 가장 강력한 은유적 개념이라 할 수 있다. 이 물리적 현실을 내담자의 상담에 활용하는 방법에는 여러 가지가 있지만 구성주의 상담, 그리고 현실의 '구성'에 대한 강조는 뇌가 시각적 자극을 받아들여 현실을 '구성'하는 방법과 유사하다.

상담에서 상담자는 내담자(이 경우 Tim)에게 Erik이 혀로 '보면서' 등반하는 비디오를 보여 줄 수 있다. 내담자의 통찰, 알아차림 및 개인적인 동기 수준에 따라 비디오와 불안 사이의 관계가 무엇이라고 생각하는지 물어볼 수 있다. 이와 같은 질문/과제를 사용하여 내담자의 통찰, 알아차림 및/또는 동기 수준을 평가할 수 있다. "그가 실명을 극복할 수 있다면 내 불안을 극복할 수 있다고 말씀하시는 거군요?"와 같은 대답은 매우 구체적이다. 또는 "불안과 싸우는 다른 감각을 더 잘 알아야겠어요."라고 반응할 수도 있다. 이들 중 어느 것도 동영상을 보는 목적에 가깝지는 않지만, 앞서 언급했듯이 내담자의 생각이 어떠한지, 어디쯤에 있는지 파악할 수 있다. 이 정보를 활용해서 Tim과 다음과 같은 대화를 할 수 있다.

상담회기 내 구성주의적 접근

Tim 사례 계속

상담자: Tim, 우리는 불안이 당신의 신체가 위협에 대응할 수 있도록 준비하는 방식이라는 이야기를 했지요. 그 위협이 실제적이든 그저 지각한 것이든 간에 말이지요. 당신은 실제 위협이 없는 곳에서 위협을 감지하는 것 같고요. 우리가 자유롭게 떠다니는 불안이라고 부르던 거요.

Tim: 맞습니다.

상담자: 이 짧은 동영상을 보고 나서 어떤 생각이 드는지 이야기해 주면 좋겠어요.

Tim: [동영상 시청 후] 와, 대단하네요! 그가 실명에 맞서서 저렇게 할 수 있다면 나도 확실히 이길 수 있어야만 합니다. 그렇지만 나는 여전히 어떻게 해야 할지 모르겠고, 이 사람처럼 눈이 안 보이는 상태로 산을 오르는 사람도 있는데 나는 이렇게 불안해하고 있을 뿐이라는 게 참 기분이 안 좋네요.

상담자: 당신 자신과 당신의 경험에 대해 강한 생각을 표현했네요. 그 생각을 나누어 줘서 고맙습니다. 먼저 어떤 식으로 자유로이 떠다니는 불안을 비참한 경험으로 느끼는지부터 살펴보고 그 느낌을 스스로 어떻게 평가, 판단하는지 이야기를 시작해 볼게요.

Tim: 네.

상담자: 그리고 그 판단, 자기비난이 당신이 느끼고 싶은 것을 느끼고, 하고 싶은 일을 하는 데 도움이 되나요?

Tim: 아니라는 거, 아시잖아요.

상담자: 예, 하지만 잠시 함께 생각해 봅시다. 당신의 불안 경험은 Erik의 실명만큼이나 현실적인 것입니다. 동영상에서 당신이 발견했으면 하고 바라는 것은 인간으로서 우리는 우리의 눈이 아니라 마음으로 본다는 것입니다. 우리가 눈으로 보고 있다고 생각하는 것이 무엇이든 우리의 뇌에 의해 해석된 것입니다. 따라서 뇌에 따라 '보는 것'이 매우 다를 수 있습니다.

Tim: 무슨 말인지 알 것 같아요. 내 불안은 나의 뇌가 환경의 위협에 대해 나에게 말하는 것에 더 가깝다. 반드시 그러한 위협이 있는 것은 아니다, 이런 말씀이지요?

상담자: 정확해요.

Tim: 그런데 그것을 아는 것이 현실이 아닌 불안을 다루는 데 어떻게 도움이 될까요?

상담자: 그냥 그게 끝이에요. 불안은 매우 현실적이지만 현실에 근거하지 않을 수도 있다는 점.

Tim: 거기서부터 저는 이해하질 못 하겠어요. 내 불안은 진짜인데 현실이 아니라는 게?

상담자: 거의 이해한 거예요. 당신의 뇌는 매우 현실적으로 느껴지지만 그렇지 않을 수도 있는 위협을 '보고' 있어요. 그것은 외부의 현실을 기반으로 합니다. 이것이 불안감이 자유롭게 떠다니는 이유입니다. '보려는' 위협이 실제로 보이는 것이 아니라 뇌가 보고 있다고 생각하는 것을 바탕으로 위협이 있다는 느낌을 받는 거지요.

Tim: 그러니까 내가 미쳤는가 아닌가 이런 건가요?

상담자: 절대로 미친 건 아닙니다. 때때로 그렇게 느낄 수는 있지만요.

Tim:정말 그래요! 어떻게 하면 돼요? 도와주세요!

상담자: 음, 첫 단계는 지금 이미 시작했습니다. 시각적 자극과 보는 것(뇌의 시각)의 차이를 알아차리는 것입니다. 다른 예를 생각해 보세요. [주황색 물병을 들고] 이 물병은 무슨 색인가요?

Tim: 함정 질문(trick question)인가요?

상담자: 그럴 수도 있고 아닐 수도 있어요.

Tim: 오늘 상담 전이었다면 '주황색'이라고 말했을 텐데, 지금은 잘 모르겠습니다.

상담자: (상담하면서) 그런 말 많이 들어요. 주황색이라는 데 나도 한 표요. 그런데 주황색이라는 걸 어떻게 알지요?

Tim: 그냥 주황색으로 보이니까요.

상담자: 그죠, 그런데 이 색깔이 주황색이라는 걸 알지 못했을 때가 있었을까요?

Tim: 그럼요, 아주 어렸을 때는 아마 몰랐겠지요.

상담자: 네, 그렇지요, 어떻게 해서 알게 됐나요?

Tim: 엄마나 다른 어른이 이 색깔이 주황색이라고 알려줬어요.

상담자: 맞아요, 불안도 마찬가지예요. 우리는 이 색이 주황색이라는 것을 배우기 전에는 우리에게 거의 의미가 없었다고 말하고 있습니다. 맞나요?

Tim: 무슨 말씀을 하려는 건지 알겠어요. 내 뇌가 이 색상이 '주황색'을 의미한다는 것을 알기 전까지는 주황색이 아니었습니다.

상담자: 네, 좋아요, 계속 진도를 내 보세요!.

Tim: 그리고 그것은 내 뇌가 위협을 '보고' 나를 불안하게 만드는 것이다, 내가 이런 식으로 '보는' 것을 배웠기 때문에 이런 식으로 느끼는 것이라는 뜻?

상담자: 그래요, 그렇기 때문에….

Tim: 그렇기 때문에, 나는 나의 불안이 이런 방식으로 세상을 '보는' 나의 뇌 학습의 기능이라는 것을 알 수 있어요. 그러면, 내 뇌를 어떻게 고칠 수 있어요?

상담자: 끝내주게 중요한 질문이네요, 그렇죠? 이 첫 단계가 가장 큰 부분이라고 할 수 있어요. 우리의 뇌가 우리에게 말하는 것이 항상 신뢰할 수 있는 정보는 아니라는 것을 깨닫는 거요. 우리는 현실에 대한 우리 자신의 견해를 만들고, 불안한 경우 불안을 없애는 것보다 관리하는 것이 더 현실적이죠.

Tim 사례 요약

분명히 Tim에게는 자신의 불안을 더 효과적으로 관리할 방법이 있다. 그러나 강화된 지식으로서 신경과학적 메타포가 적용된 상담 과정을 통해 Tim은 불안을 관리하는 데 다른 접근 방식(다양한 접근 방식)을 취할 수 있다. 그동안 그는 자신의 뇌와 증상에 주의를 기울이는 방법과 그 증상에 어떻게 접근할지를 스스로 결정하는 법을 학습하고 있다. 얼마 지나지 않아 그는 힘이 생기는 느낌을 갖게 되었다.

뇌 기제

Young과 Craske(2018)는 생존 순환회로가 대인 불안과 PTSD를 포함한 정서장애에 미치는 영향을 설명한다. [그림 7-4]는 공포 조절, 정서장애 및 심리치료에 관련된 뇌 영역을 강조한다.

공포의 조건형성은 불안 및 외상 후 스트레스와의 관계 때문에 이 장의 목적과 관련된다. 예를 들어, Lissek 등(2014)은 "두려운 상황과 유사한 안전한 상황에 대해 조건형성된 공포의 과도한 일반화는 GAD와 관련된 불안과 걱정을 불러일으키고 유지시키는 개인의 환경에서 불안 신호를 확산시킴으로써 GAD가 정신병리로 악화되는 데 중요한 영향을 줄

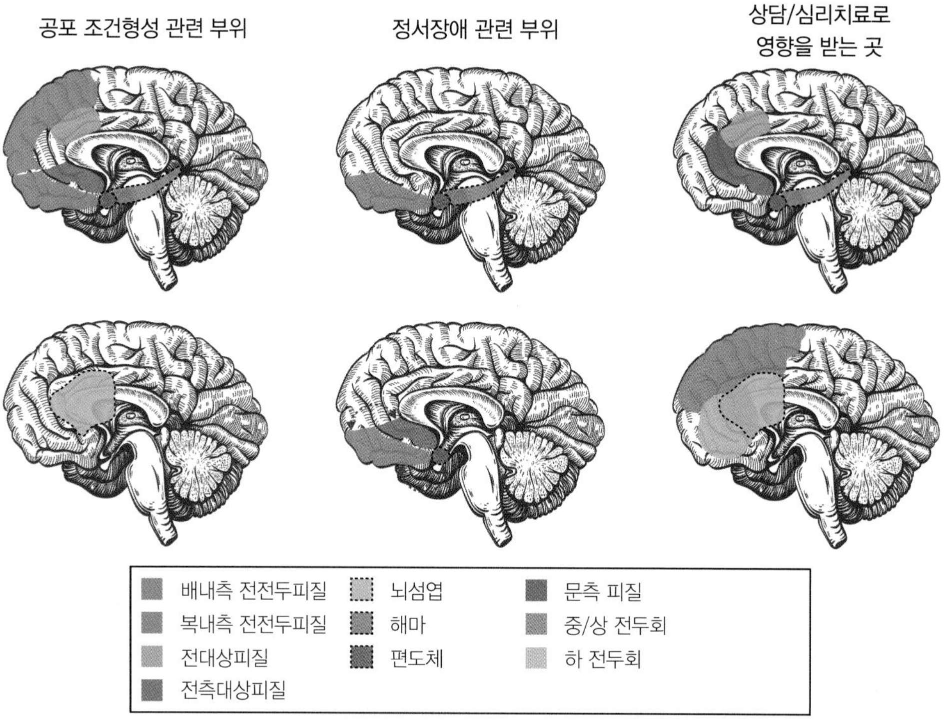

[그림 7-4] 공포 조건형성을 뒷받침하는 신경회로(Young & Craske, 2018).

수 있다."라고 결론 내렸다. 이 연구의 시사점은 내담자들이 이것을 기억하는지 여부와 상관없이 GAD를 가진 내담자들은 조건형성된 두려움을 받아들이고 표면적으로는 두려움이나 불안을 유발하는 것처럼 보이지 않는 다른 상황으로 확장하는 법을 학습했다는 것이다. 자유롭게 떠다니는 걱정을 설명하려고 하면 '미친' 느낌이 들 수 있으므로 이 때문에 불안 경험은 더 악화된다.

요약

이 장에서는 상담자가 불안장애를 치료하려고 할 때 발견할 수 있는 까다로운 상황들에 대해 설명했다. 우리 모두는 종종 순간적인 공황이나 고통의 극심한 에피소드에서 걱정과 불안을 경험하는 것 같다. DSM-5와 같은 도구는 본질적으로 정성적(qualitative) 경험의 범위와 기간을 정량화하는 데 도움이 되므로 불안이 치료가 필요한 장애로 넘어갔는지 여부에 대한 (불완전하지만) 보다 명확한 감각을 제공한다.

이 장 전체에서 많은 신경-통찰 치료에 대해 논의했듯이, 다양한 모델이 눈에 띄게 겹치는 방식을 알아차렸을 것이다. 불안은, 여기서 제시한 복잡함에서 볼 수 있듯이, 상담자가 이용할 수 있는 모든 자원을 사용해야 할 필요성이 있다. 이 점에서 불안에 대한 '최선의 치료'는 없다는 것을 이해할 수 있을 것이다.

불안의 신경과학에 대한 기초를 이해하는 것은 심리상담으로의 통합과 적용의 요소이다. 신경과학을 불안 치료에 통합하고자 하는 상담자는 불안을 사회적, 생물학적, 현상학적 경험으로 다룬다. 신경과학 연구를 상담에 적용하는 방법을 고려할 때, 상담자는 불안에 갇히는 것을 이해하는 데 교감신경계와 부교감신경계의 역할을 설명하는 것처럼 이러한 연구결과들을 그대로 사용할 수 있다. 또한 이러한 발견을 '눈의 시력 대 뇌의 지각'의 경우와 같이 더 큰 치료 원리에 대한 메타포로 사용할 수도 있다.

응용 통합에 대한 이 첫 장을 마치면서 분명해지는 것이 있다. 상담에 대한 뇌 기반 접근방식이 우리가 상상했던 것만큼 기술적이지는 않다는 것이다. 일부 독자는 직접적 뇌 개입이 없다는 사실에 실망했을 수도 있다. 상담자는 아직 뇌 패턴을 변경하기 위해 깊은 뇌 자극을 사용하지 않는다. 다른 독자들은 신경과학이 불안에 시달리는 내담자에게 매우 많은 정보를 제공하지만, 용어와 개념의 긴 목록을 외울 필요가 없다는 것에 안심했을 수도 있다. 어느 쪽이든, 신경과학을 상담에 통합하는 것이 상담의 진화에서 실행 가능한 다음 단계라는 것은 분명하다.

핵심정리

이 장의 도달목표:

- 불안과 그 치료에 대한 생물학-이론-기반의 기초를 확립했다.
- 이 책에서 다루는 네 가지 범주의 치료 접근이 어떻게 불안을 다루는지 확인하였다.
- 이러한 이론과 신경과학 분야 연구결과의 통합이 불안 치료에 어떻게 나타나는지 제시했다.

참고문헌

Adler, A. (1964). *Social interest: A challenge to mankind*. New York, NY: Capricorn Books. (Original work published 1929)

Amen, D. G. (1998). *Change your brain, change your life*. New York, NY: Three Rivers Press.

American Psychiatric Association. (2013). *The diagnostic and statistical manual of mental disorders* (5th ed.). Washington, DC: Author.

Badenoch, B. (2008). *Being a brain-wise therapist*. New York, NY: London.

Csikszentmihalyi, M. (1990). *Flow: The psychology of optimal experience*. New York, NY: Harper & Row.

Douthit, K. Z., & Russotti, J. (2017). Biology of marginality: A neurophysiological exploration of the social and cultural foundations of psychological health. In T. A. Field, L. K. Jones, & L. A. Russell-Chapin (Eds.), *Neurocounseling: Brain-based clinical approaches* (pp. 45-60). Alexandria, VA: American Counseling Association.

Frankl, V. E. (1984). *Man's search for meaning*. New York, NY: Washington Square Press. (Original work published 1959)

Freud, S. (2010). *Beyond the pleasure principle* (C. J. M. Hubback, trans.). London, UK, and Vienna, Austria: International Psycho-Analytical. (Original work published 1922)

Grawe, K. (2006). *Neuropsychotherapy: How the neurosciences inform effective psychocounseling*. New York, NY: Taylor & Francis.

Hazlett-Stevens, H. (2008). *Psychological approaches to generalized anxiety disorder: A clinician's guide to assessment and treatment*. New York, NY: Springer.

Iacoboni, M. (2009). *Mirroring people*. New York, NY: Picador.

Kandel, E. R., Dudai, Y., & Mayford, M. R. (2014). The molecular and systems biology of memory. *Cell, 157*(1), 163-186.

Lader M. (2015). Generalized anxiety disorder. In I. P. Stolerman and L. H. Price (Eds), *Encyclopedia of psychopharmacology* (pp. 699-7021). Berlin/Heidelberg, Germany: Springer.

LeDoux, J. (1996). *The emotional brain: The mysterious underpinnings of emotional life*. New York, NY: Simon & Schuster.

LeDoux, J. (2003). *Synaptic self: How our brains become who we are*. New York, NY: Penguin Books.

LeDoux, J. E. (2015). *Anxious: Using the brain to understand and treat fear and anxiety*. New York, NY: Viking.

LeDoux, J. E., & Pine, D. S. (2016). Using neuroscience to help understand fear and anxiety: A two-system framework. *American Journal of Psychiatry, 173*(11), 1083-1093. doi.org/10.1176/appi.ajp.2016.16030353

LeDoux, J. E., & Hofmann, S. G. (2018). The subjective experience of emotion: A fearful view. *Current Opinion in Behavioral Sciences, 19*, 67-72. doi.org/10.1016/j.cobeha.2017.09.011

Lissek, S., Kaczkurkin, A. N., Rabin, S., Geraci, M., Pine, D. S., & Grillon, C. (2014). Generalized anxiety disorder is associated with overgeneralization of classically conditioned fear. *Biological Psychiatry, 75*(11), 909-915. doi:10.1016/j.biopsych.2013.07.025

May, R. (1977). *The meaning of anxiety*. New York, NY: Ronald Press. (Original work published 1950)

Mineka, S. (1979). The role of fear in theories of avoidance learning, flooding, and extinction. *Psychological Bulletin, 86*(5), 985-1010.

National Institute of Mental Health. (n.d.). *Health and education: Statistics*. Retrieved from http://www.nimh.nih.gov/health/publications/the-numbers-count-mental-disorders-in-america/index.shtml#Anxiety

Neukrug, E. (2018). *Counseling theory and practice* (2nd Ed.). San Diego, CA: Cognella Academic

Publishing.

Quick, E. K. (2013). What is solution focused anxiety management, and how is it different from other approaches? In E. K. Quick (Ed.), *Practical resources for the mental health professional* (pp. 1-18). San Diego, CA: Academic Press.

Ramachandran, V. S. (2000). Mirror neurons and imitation learning as the driving force behind "the great leap forward" in human evolution. *The Third Culture*. Retrieved from http://www.edge.org/3rd_culture/ramachandran/ramachandran_p1.html

Seligman, M. E. (1972). Learned helplessness. *Annual Review of Medicine, 23*(1), 407-412.

Tallis, F., Eysenck, M., & Mathews, A. (1992). A questionnaire for the measurement of nonpathological worry. *Personality and Individual Differences, 13*(2), 161-168. doi.org/10.1016/0191-8869(92)90038-Q

Young, K. S., & Craske, M. G. (2018). Survival circuits in affective disorders. *Current Opinion in Behavioral Sciences, 24*, 83-88. doi.org/10.1016/j.cobeha.2018.03.001

CREDITS

CHAPTER

08

우울과 신경과학

도입 질문

- 한 개인 내에서의 우울은 어떤 양상으로 나타나는가?
- 우울에 대한 최선의 치료법은 무엇인가? 더 나아가, 임상 실무자들은 내담자들이 자신의 우울에 도움이 되지만 하고 싶지 않은 일을 하도록 어떻게 내담자를 돕는가?
- 우울한(또는 다른) 내담자와의 상담에서, 내담자를 가르치거나 압도하지 않으면서 신경과학의 연구결과를 어떻게 적용할 수 있는가?

Donna

Donna는 주요 우울 삽화의 병력이 있는 36세 여성이다. 14세경에 처음으로 우울증이 발병하였다. 그녀는 가정의의 의뢰를 받은 후 지역의 정신건강센터에서 치료를 받고 있다. Donna는 자신의 미래에 대한 절망감과 그것에 대해 아무것도 할 수 없는 무력감을 호소한다. 그녀는 대부분의 날에 자살 생각을 하지만 계획이나 의도는 없다고 한다. 그녀는 치료가 도움이 될 수 있다고 믿지 않으며 "실제로 도움이 된 적이 없었다." 그러나 7세 아들과 11세 딸을 둔 한부모(single parent)로서 그녀는 아이들의 간청으로 다시 치료에 임하고 있다(자살 이야기로 주말을 보내고 난 후). Donna는 자녀 양육을 위한 '최소한'의 일을 하는 것 외에는 짜증이 나고, 동기가 없고, 무관심하다. 그녀는 무기력하면서도 안절부절못하며, 중학교 때부터 몸무게와 씨름해 오면서 '필요하다는 것을 알지만' 운동을 하지 않는다.

문화적 고려사항

인간에게 일어나는 현상으로서 우울증은 그 자체로도 복잡하지만 문화나 신경생물학을 고려하면 훨씬 더 복잡하다. 무엇보다도 상담자는 진단이 비주류 혹은 소수자 집단에게 해로운 영향을 끼치는 현실을 인식하는 것이 중요하다(Sue & Sue, 2016). 우울증의 경우 특히 그렇다. 이 취약성은 우울증을 야기하는 전신적 요인(systemic factors)으로서, 여성들의 우울에 대한 과다 표현, 문화 전반에 걸친 우울 증상의 구어체적 표현(colloquial expressions, 일상적인 대화체) 등은 윤리적이고 문화적으로 민감한 상담에서 그 복잡성이 확실히 나타난다. DSM-5에 의하면 불면증과 기력 저하가 가장 보편적으로 보고되는 우울증의 증상이다. 그렇지만 "대부분의 국가에서 많은 우울증은 일차 진료 기관에서 인식되지 않으며 많은 문화권에서는 (우울로 인한) 신체 증상이 나타나는 통증으로 여겨질 가능성이 매우 높다"(American Psychiatric Association, 2013, p. 166). 문화적으로 내재된 현상의 개별 경험으로서 우울증을 다루는 일에 대해 Hays와 Erford(2018)는 상담자가 다음과 같은 것을 할 필요가 있다고 제안한다.

> 상담자는 전통적인 진단 절차가 비지배층 내담자 집단에게 잘 지원되지 않을 때 해야 할 일을 신중하게 고려해야 한다. 내담자 집단에게 적합하지 않으며 실제로 그동안 피해를 입힌 진단 코드를 사용하는 것이 정당한지 스스로 자문해야 한다. … 비용을 지불하는 제3자가 문화적 특수 진단을 포함하지 않은 특정 진단만을 인정할 때 어떻게 해야 할지 숙고해야 한다. 모든 내담자에게 가장 유용하고 가장 덜 해로운 진단 전략을 찾아서 사용해야 한다. 가장 중요한 것은 비지배층 집단의 사람들에게 해를 가져오는 전문적 관행을 바꾸기 위해 전문가로서의 책임감을 가져야 한다는 것이다.
>
> (p. 588)

인용된 내용은 일반적으로 상담과 특히 우울증에 대한 신경과학 기반의 접근을 다루기 위해 작성될 수 있다.

도입

우울증은 오늘날 세계에서 가장 흔한 정신 질환이다. 유병률은 약 7%로서, 전 세계 3억 명, 미국 성인 약 1,610만 명에 해당하는 수치이다(Center for Behavioral Health Statistics and Quality, 2016; World Health Organization, 2017). 여성이 남성의 2배 또는 3배의 비율인 것으로 보인다(National Institute of Mental Health, 2011). 이것은 확실히 도발적인 발견으로서, 많은 사람들이 DSM-5(American Psychiatric Association, 2013)가 성 편견을 반영하는 것이 아니냐는 의문을 제기했다. 그렇지만 이러한 숫자들은 사회적 영향 측면에서, 특히 거시적 관점에서 볼 때 엄청난 것이다. (상담자들은) 알다시피, 개인적 영향은 똑같이 치명적이다. 그러나 이처럼 유병률이 높은 질병 혹은 장애인데도 심리학, 정신의학 및 상담 분야에서는 치료 접근 방식에 대한 합의가 이루어지지 않고 있다. 다음은 2019년에 우울증 내담자에게 처방할 수 있는 옵션을 간략하게 제시한 것으로, 강도가 낮은 순서대로이다.

1. 친구에게 전화하기
2. 요가 또는 크로스핏과 같은 운동하기
3. 다른 사람 돕기
4. 상담자와 대화하기
5. 항우울제를 처방해 줄 의사를 찾아가기(특히 우울할 때 우울증에 대해 이야기할 시간, 돈 또는 에너지가 있는 사람이기 때문에)
6. 입원
7. 충격 요법
8. 이들의 조합

이 목록은 사용 가능한 치료법을 폄훼하지 않는다. 생명을 구하고 삶의 질을 향상시키는 분야에서 많은 발전이 있어 왔다. 그러나 만연한 고통은 개인, 가족, 사회 및 경제적 영향과 함께 여전히 갈 길이 멀다.

국립정신건강연구소가 제시하는 기본적 사항

주요우울장애

- 주요우울장애(Major Depressive Disorder: MDD)는 15~44세의 미국인에게 장애의 주요 원인이다.
- 주요우울장애는 약 1,480만 미국 성인에게 영향을 미치며, 18세 이상 미국 인구의 약 6.7%에 영향을 미친다.
- 주요우울장애는 모든 연령에서 발생할 수 있지만 발병 평균연령은 32세이다.
- 주요우울장애는 남성보다 여성에게 더 많이 발생한다.

뇌에서 우울이란 무엇인가

이 장에서는 매우 중요한 이 질문에 대한 답을 다음 절들에서 자세히 살펴본다. 그러나 이 시점에서 이 질문에 대한 당신의 직감적인 반응은 무엇인가? 당신의 마음은 어디로 향해 가는가? 행동 설명을 향해? 인지적인 것으로? 감정은 어떠한가? 사회적? 의료? 또한 어떤 사람이 "우울증이 있어요." 또는 "우울해요."라고 말할 때 전형적인 반응은 무엇인가? 현재의 사회환경에서 "나는 너무 우울해요."라는 말은 구어체, 침울한 어법, 우울한 느낌, "병원에 가야 해요."에 이르기까지 다양한 의미를 가진 일반적인 언어가 되었다. 이것은 상담자로서 우리가 일하는 사회문화적 환경이다. 우리가 우울증 언어의 전체 스펙트럼을 접하며 이 용어를 사용할 때, 우리가 의미하는 것과 내담자들이 의미하는 바를 결정하는 것은 우리에게 달려 있다. 그렇다면 앞서 주어진 질문에서 당신에게 우울증은 무엇인가? 당신이 어떻게 반응하느냐가 당신의 치료 방법을 결정하거나, 치료방법에 크게 영향을 미친다. 그리고 마지막으로 치료의 각 장에서와 같은 질문이 있다. 개인적으로 또는 가까운 사랑하는 사람에게서 우울증을 경험한 적이 있는가?

DSM-5의 진단기준

우울삽화와 장애, 주요 우울증 측면에서 임상적인 우울증에 대한 설명으로 잠시 돌아가 보자. DSM-5(American Psychiatric Association, 2013)의 기준이 여기에 간략하게 요약되어 있다.

a. 우울한 기분 또는 흥미나 즐거움을 잃어버리는 일이 2주 동안 5회 이상 발생
   1. 자기보고 또는 다른 사람들이 관찰한 우울한 기분
   2. 대부분의 시간 동안 대부분의 영역에서 흥미 또는 즐거움 상실
   3. 체중 감소 또는 증가(한 달에 5%), 식욕 감퇴 또는 증가
   4. 수면 장애: 너무 많거나 적음
   5. 다른 사람들이 보고한 정신운동 초조 또는 지연
   6. 피로, 에너지 상실
   7. 무가치감, 과도하고 부적절한 죄책감
   8. 집중력 감소, 우유부단함

9. 죽음, 자살 관념 또는 자살 시도에 대한 반복적인 생각

b. 이러한 것들은 사회, 직장 및 기타 상황에서 기능을 현저하게 손상시킴

c. 물질이나 의학적 상태로 인한 것이 아님

추가적인 포함기준과 배재기준이 있지만, 이 장의 목적은 Donna의 우울증 진단을 정당화하는 것이 아니므로 앞의 목록으로 충분하다. 일상적인 대화체로 우울증을 묘사/기술/설명하는 것이 얼마나 부적절하며, 방금 설명한 기준을 충족하는 사람들의 권리를 박탈할 수 있는지 즉시 알게 될 것이다: "나는 내 (TV) 프로그램이 취소되어서 너무 우울해요." 심각한 우울증을 앓고 있는 사람들은 기분, 관심 수준 및 여러 가지 조절이 어려운 시스템 때문에 근무일, 수업일 또는 관계를 지켜나가기 위해 고군분투하고 있다. 우울증과 뇌의 관계를 탐구할 때 이 점을 염두에 두어야 한다. 과학에 관계없이 실제 고통 속에 있는 실제 사람이 그 밑에 있기 때문이다. 〈표 8-1〉은 이 장의 나머지 부분에 대한 안내이다. 이는 치료가 증후군(이 예에서는 MDD)을 해결하는 가장 좋은 개념인지 또는 심각도 순서대로 증상을 해결하는 것으로 개념화되어 있는지를 결정하는 데 도움이 될 것이다.

이론적 관점에서 '우울증이란 무엇인가?'라는 질문에 대해 앞서 개념화한 4개 학파 간에

〈표 8-1〉 우울증이란 무엇인가?

이론	경구	분과	관련 주제
정신분석적 관점	정신병리는 역사적이다.	Freud학파	우울증과 상실
		Adler학파	열등감
인지행동적 관점	정신병리는 행동적이다.	인지적	왜곡된 생각은 왜곡된 감정에서 왜곡된 행동으로 이어진다.
		행동적	회피는 회피의 강화로 이어진다.
		적응을 기반으로 한 마음챙김	실제와 같은 감정이 현실과 같은 감정으로 이어진다.
인본주의적-실존적 관점	정신병리는 관계적이다.	인간중심	잘 지낼 수 있는 지지적인 환경이 없음을 나타낸다.
		실존주의	선택할 자유는 있지만 선택을 포기한다.
		게슈탈트	자아 구분: 말한 대로의 자신과 행동하는 대로의 자신
구성주의적 관점	정신병리는 구성된다.	내러티브, 해결중심	자신이 설계한 문제가 가득 찬 내러티브의 결과

도 다양한 반응이 나타난다. 우울증이 뇌에 존재하는 위치를 탐색할 때 우울증의 (가능한) 위치가 우울증에 대한 반응에 어떤 영향을 미치는지를 고려해 보라.

뇌에서 우울은 어디에 있는가

이 주제에서 탐구하고자 하는 또 다른 요점은 뇌에서 우울증이 구체적으로 어디에 위치해 있는가 하는 것이다. DSM-5의 우울증 진단 기준을 살펴보면 무엇을 알 수 있는가? 이러한 기준을 살펴보면서 이 책에서 다루었던 뇌의 어느 부분이 이러한 각 기능을 제어하는지 고려해 보라. 그렇다면 우울증이라는 실체가 이러한 모든 개별 시스템과 구조를 침범하고 영향을 미치는가? '우울증은 어디에 있는가?'에 대한 대답은 개인의 구체적인 증상에 따라 달라지는가? 그것이 우울증을 중층적인 뇌 영역상의 결핍이나 질병으로 인한 증상의 집합으로 만들지 않겠는가? 이러한 사실은 우울증을 증후군들의 증후군으로 만들 것이다. 아니면 우울증이 다른 곳에 있는가? 다른 뇌 영역과 연결되는 특정 영역에 위치하여 이러한 영역에 강력한 부정적 영향을 미치는가? 다시 말해, 우울증은 우울증인가, 아니면 일련의 쇠약 현상을 설명하는 데 사용되는 구성개념인가?

더 일반적으로, 우울증은 신체 안에, 사회구조적으로 구성된 장애처럼 사회의 어느 곳에, 집이나 직장 혹은 그 밖에 어떤 곳과 같은 특정한 곳에 존재하는가? 이러한 질문의 목적은 이 주제에 대한 우리의 생각을 반영하고 우리가 이 장애에 대해 가진 잠재적인 편견을 드러내려는 것이다. 우울증이 신체적 뇌에 있다면 그것은 어디에 있는가? 혹은 우울증은 마음의 장애인가? 우울증은 우리의 집단적 상상의 산물이며, 개인의 책임을 면제하기 위해 사회가 만든 변명인가? 우울증에 접근함에 있어 우리의 생각을 더욱 명확히 하기 위해 여기에서 어떤 다른 질문을 할 수 있을까? Hazler(2010)가 재현한 〈표 8-2〉가 확실하게 대답할 수 있는 주요 질문 중 하나는 우울증의 신비가 풀리는 것과는 거리가 멀다는 것이다. 따라서 이 표에서 보여 주듯이 신경과학은 만병통치약이 아니라는 주장이 강화되고, 이 장이 우울증을 이해하기 위해 계속 씨름한다는 점을 명심하는 것이 중요하다. 신경과학자들 사이에서도 뇌의 우울증이 무엇이며 어디에 있는지에 대한 합의된 의견은 제한적이다. 특히 우울증 치료에 대한 우리의 이해가 향정신성 약물의 효과를 역설계하는 데서 비롯된다는 점을 감안하면, 상담자가 신경과학 분야의 연구결과를 내담자에게 적용할 때 신경과학 데이터 해석의 여지가 남는다. 우리는 약이 작용하는 이유를 아는 것보다는 더 잘 작용한다는 사실을 안다(Sanacora, Treccani, & Popoli, 2012).

〈표 8-2〉 임상학적으로 관련된 주요우울장애(MDD)의 신경생물학적 가설들

가설	주요 강점	주요 약점
유전적 취약성	MDD 위험의 30~40%가 유전적이라는 쌍둥이 연구의 확실한 증거	특정 MDD 위험 유전자 또는 유전자-환경 간의 상호작용이 확실하게 확인되지 않는다.
변경된 HPA 축 활동	MDD 위험 인자로서의 초기 및 최근 스트레스에 대한 설명이 타당하다.	HPA 축을 표적화하는 약물의 일관된 항우울 효과가 없다.
모노아민 결핍	모노아민 재흡수를 억제하는 거의 모든 약물에 항우울 성분이 있다.	모노아민 결핍은 보다 주요한 다른 이상의 이차적인 하류효과(downstream effect)일 수 있다.
특정 뇌 영역의 기능 장애	특정 뇌 영역의 자극은 항우울 효과를 생성할 수 있다.	MDD의 신경 영상 문헌은 결과의 제한된 중복(overlap)을 제공한다.
신경독성 및 신경 영양 과정	우울증의 진행 중 뇌 부피 손실에 대한 타당한 설명	인간의 특정 신경생물학적 작용에서 증거가 없다.
감소된 GABA성 활동	자기공명 분광법 및 사후연구에서 얻은 수렴된 증거	GABA 시스템을 표적화한 약물의 일관된 항우울 효과가 없다.
글루타메이트 시스템의 조절 장애	글루타메이트 시스템을 표적화하는 약물의 잠재적으로 빠르고 강력한 효과	글루타메이트가 거의 모든 뇌 활동에 관여하기 때문에 의심스러운 특이성 활동
일주기 리듬 장애	일주기 리듬의 조작(예: 수면 부족)은 항우울제 효능을 낼 수 있다.	일주기 리듬 장애와 MDD 간 연관성의 분자 이해가 없다.

통합

이전 장에서와 같이, 상담자의 상담 수행을 위해 우울증에 대한 매우 간단한 틀을 다시 제공한다. 우울증이 있는 내담자와 함께 작업하는 모든 상담자는 내담자의 생각, 느낌 및 행동을 어느 정도 다루어야 한다. 우울한 내담자는 자신의 유전적 구성, 생물학적 요인, 경험 및 형성된 환경을 가지고 상담에 온다. 이러한 요인은 앞서 언급한 모든 것을 구성하는 사회문화적 환경을 통해 형성되어 있고, 형성되었으며, 형성되는 과정에 있다. 이전과 마찬가지로 〈표 8-3〉과 그 뒤에 이러한 각 요인을 통해 우울증을 보는 한 가지 방법을 개략적으로 설명하는 논의를 각각에 관련된 신경과의 상관 또는 유사 요소와 함께 제시했다.

이전 장에서 불안감으로 보았듯이, 〈표 8-3〉은 축약된 형식이지만 상당히 길고 상세하다. 그러나 다음 장의 내용을 구성하는 데 도움이 될 것이다.

〈표 8-3〉 우울증의 8차원

차원	설명	신경과의 관계	예시
관계	고립감, 죄책감; 다른 것들로부터 철수	우울증에 대한 관계 기반 소인 및 사회적 금단증상과 같은 증상의 악화와 관련된 신경 가소성 및 뇌 유래 신경 자극 요인	Donna의 주요 형성 관계와 환경 스트레스 요인에 대한 우울한 반응의 가능성을 이해하는 것이 중요할 수 있다.
생각	생각, 집중 혹은 결정에 문제가 있다; 생각은 융통성 없고 양극화, 부정적 지향; 자살 사고	전전두엽 피질과 그 자원이 고갈되어 일상생활 상황을 처리하기 위한 '처리 능력'이 감소하고 삶에 대한 더 큰 도전이 훨씬 적어진다.	Donna의 생각은 자신의 삶에 대한 불만에 초점이 맞추어져 있다. 그녀는 덜 논리적이고 자기 집중적이어서 그녀의 관심이 주로 내면에 집중될 정도로 우뇌 처리가 감소되었다.
감정	희망 없음과 의지할 곳 없음, 관심 상실과 우울한 기분, 무가치감과 죄책감	내분비계(차례로 신경 전달물질—가장 주요하게는 세로토닌—방출을 제어하는 시스템)를 통제하는 HPA축은 시스템의 요구에 응답하지 못한다.	Donna의 정서적 경험은 뇌에 세로토닌이 적음을 반영하는데, 이것은 다른 많은 구조나 시스템과 마찬가지로 좌뇌와 우뇌의 통합을 관리하는 다른 뇌의 회로로 신호를 전달할 수 없게 한다.
행동	섭식과 신체동작의 변화, 증가하거나 감소한다; 피로의 증거로서 침체; 자살 시도	반사적 행동과 자율행동(호흡, 심장박동)을 제외하면 신체는 뇌가 지시하는 대로 한다; 우울증에 대한 무의식적인 반응 중 하나는 임박한 위협에 대비하여 자원을 보존함으로써 시스템을 억제하는 것이다; 측면통합의 부족이 논리적 행동을 인식하지 못하도록 한다.	Donna는 기분이 좋지 않을 때 "그냥 산책하라"는 이야기를 수없이 들었다. 그러나 만약 Donna가 그러한 목표 지향적 행동을 할 수 있다면 그녀는 그러한 단순한 처방을 완수할 수 있는 시스템 역량을 가질 것이기 때문에 우울하지 않을 것이다.

환경 (과거와 현재)	초기 환경이 희망과 효능감을 형성한다는 의미에서 무효화; 현재의 정서적 환경은 고립과 회피, '부정적 정서'로 구성된다. [부정적인 정서는 DSM-5에서 인간 특성으로서 우울증과 성격장애 추가 검사에 사용되는 매우 일반적인 구성개념임. 이는 "[f] 광범위한 부정적인 감정에 대한 높은 수준의 반복적이고 강렬한 경험(예: 불안, 우울증, 죄책감, 부끄러움, 걱정, 분노)과 행동(예: 자해) 및 대인관계(예: 의존성) 표현"(American Psychiatric Association, 2013, p.825)]	아이들은 자신의 목적이 있는 신경망을 개발하기 위해 초기 환경의 예비 교육에서 명시적, 암묵적 학습을 활용하거나 우울한 행동이 다른 사람들을 위해 강화된 결과로 우울한 학습 회로가 형성된다; 뇌는 시간 방향이 왜곡된 좌뇌 처리를 통해 초기 환경을 재현하기 시작했다(과거에 대한 의존성, 미래에 대한 절망, 거기에 있는 현재가 전부임)	첫 번째 경우, Donna의 어머니는 불안과 B군 성격 장애 기능(예: 경계선, 역사적, 반사회적, 자기애적)으로 고생했기 때문에 Donna는 자기 조절 행동을 내면화할 수 없었다; 두 번째 사례에서 Donna의 뇌는 정신적으로 불편한 사람들에게 제공되는 '보살핌과 양육' 유형의 암묵적인 기억을 저장했다. Donna는 "이것은 너무 힘들어요."라는 말이 노력과 자원의 현실을 결정하는 것처럼 자신이 마주치는 모든 감정이나 생각이 문자 그대로 현실이 반영된 것이라고 믿어서 아무런 노력도 하지 않는다.
경험 [여기에서의 담론을 유지하기 위해 Donna의 사례를 논의할 때 의도적으로 트라우마를 피했다. 이는 트라우마가 여러 면에서 내담자가 자신의 호소 문제와 관련하여 이해하기 쉽기 때문이다(또한 불안에 관한 장에서 PTSD에 대한 논의를 제한하는 이유이기도 함). 트라우마가 중요한 역할을 하지만, 보다 서서히 퍼지는 경험에 대해 논의하면 우울증에 관련된 뇌 메커니즘을 이해하는 데 계속/지속적으로 참여할 수 있다.	트라우마 외에도 사람들의 세계관을 유효하거나 유효하지 않은 것으로 형성하는 (신경적 관점에서) 만남의 하나 또는 조합(자신, 타인 또는 세계 참조)	내담자는 두 가지 방식으로 두 가지 시스템을 통해 경험을 기록한다: 암묵적 인코딩은 의식적 인식 외부에서 발생하는 반면, 명시적 인코딩은 내부 인식에서 발생한다; 인식은 먼저 편도체 트랙을 통해 위험을 평가한 다음 논리적 처리를 위해 전전두엽 트랙을 통해 전달된다.	Donna는 우울증 이전의 '큰 사건'을 기억하지 못하는 것으로 보인다; 그러나 그녀는 평범한 일과 관련된 감정과, 이해하기 힘든 사람들과의 만남을 식별할 수 있다; 그녀는 성인 여성들로부터 관심을 받고자 하는 설명할 수 없는 갈망을 기억해 낸다.

생물학/유전학	우울증은 40%가 유전으로 추정된다; 다른 생물학적 소인도 존재할 수 있다; 전반적인 신체 건강은 우울 경험과 관련이 있다.	유전자는 결정적이지 않다: 만약 유전자가 존재하더라도 발현('켜짐' 위치로 전환)되지 않을 수 있으며, '켜짐' 위치에 있을 때도 다른 '켜짐' 유전자의 영향을 없앨 수 있다.	Donna는 어머니의 정신건강에 따라 우울증에 대한 유전적 소인이 있을 수 있다; 또한 Donna의 특정 생물학은 지방 저장, 신진대사율 및 그녀가 '그냥 산책'할 수 있는 용이함을 제한하는 기타 보이지 않는 생물학적 요인에 대한 경향이 있었을 수 있다.
사회문화적 환경	통일성과 구별을 위한 공유되고 독특한 표지: 인종, 가족 규칙, 능력, 체격	생활 규칙은 암묵적이든 명시적이든 Hebb의 규칙을 형성함: 사회적, 문화적 기대는 행동을 형성하고 이러한 행동은 반복될 가능성을 증가시킴	여성이라는 것(이를 통해 우울증 진단을 받을 가능성이 7배나 더 높아짐) 이외에도 Donna의 환경은 다음과 같은 이야기/규칙을 과거에 가르쳤고/현재에도 가르친다: "느낌은 위험하다...도망쳐." "느낌은 현실이다...네가 느끼는 것이 현실이 된다." "세상은 안전하지 않다...숨어."

앞서 언급했듯이 7장의 내담자와 마찬가지로 Donna는 자신이 통제할 수 없는 유전자 코드를 가지고 태어났다. 이 유전자 코드의 일부에는 생물학적으로 결정된 기질과 성격에 대한 원형이 포함된다. 여기에는 특정 방식에 대한 사고, 느낌, 행동 특성이 포함되며, 이 모든 것은 출생과 함께 드러났다. 그녀는 또한 자신이 선택하지 않은 초기 환경에서 태어났고, 그녀의 초반 20년의 삶은 그 범위에서 머무를 것이다. 그녀의 환경의 세부 사항(물리적 위치, 간병인, 학교 등)은 변경될 수 있지만 환경은 그대로 유지된다. 이런 맥락에서 그녀는 세상을 경험하고 세상은 그녀를 경험한다. Donna는 그녀의 환경이라는 렌즈를 통해 이러한 경험을 볼 것이며, 이는 그녀의 출신으로서의 사회문화적 환경에 의해 더 형성된다. 이러한 경험과 그녀의 환경은 유전자 발현과 특정 유전자를 효과적으로 켜고 끄는데 영향을 미치고, 이는 후속 유전자 발현에 영향을 미친다. 이것은 Donna의 생각, 감정 및 행동이 형성되는 더 넓은 맥락이다. [사고, 느낌, 행동 사이의 관계에 대한 특정 모델을 여기에 적용하고 싶고, 명확성을 위해서 많은 연구에서 그것들의 상호 연관성과 양자적 특성을 입증했듯이, 그것들을 전체적으로 다루었다.] 그녀의 생각, 감정 및 행동은 서로를 강화하며 그녀의

생명 작용, 환경 및 경험에 의해 형성된다. 그들은 또한 유전자 발현과 경험을 통해 그녀의 유전학을 형성한다. 예를 들어, 그녀의 환경과 특정 경험에 대한 그녀의 생각과 느낌은 이후의 생각과 감정을 형성하지만, 그녀의 환경과 경험에 대한 반응으로 그녀가 하는 (또는 하지 않는) 일에도 큰 영향을 미칠 것이다. 이 여섯 가지 요소는 모두 더 큰 문화적 맥락에서 발생하지만 또한 그녀 개인의 사회문화적 현실을 만들기 위해 수렴된다.

기초: 우울증에 대한 이론적 반응

앞의 질문을 상기해 보자. 이 장의 앞부분에서 우울증이 무엇인지에 관한 질문에 무엇이라 답했는가? 이 절에서는 이 책에 설명된 네 가지 주요 이론적 지향의 렌즈를 통해 우울증이 무엇인지 탐구한다. 지면과 범위의 한계로 인해 모든 특정 이론을 보여 주는 것은 아니며, 그 이론들에 할애될 만큼의 지면/주목을 얻지 못할 수도 있다.

우울증에 대한 정신역동적/정신분석적 반응

정신분석적 관점에서 우울증을 개념화하는 한 가지 방법은 우울증을 신경증적('단순') 우울증과 정신병적('중증') 우울증으로 나누는 것이다. 이러한 구분은 프로이트적 사고를 하는 학생에게는 당연한 일이다. 전자(신경증적, 단순 우울)의 경우, 우울증은 욕구 상실에 대한 예기에 가깝다. 후자(정신병적, 중증 우울)의 경우, 이러한 욕구 충족 상실의 실제 경험이다[우울에 관련된 심리성적 단계에 대한 이해를 돕는 Otto Fenichel(1996)의 논의 참조]. 더욱이 심한 우울증은 대상에 대한 자기애적 요구와 환경이 충족되지 못한 결과이다. 그 결과는 시스템 고갈과 결합된 만족감 부족에 대한 분노로 간주된다(신체적 욕구가 충족되지 않는 유아의 경우처럼). 신경성 우울의 경우, 이러한 자극 박탈이 발생할 수 있고 발생할 것 같다는 사실이 분노 반응의 더 부드러운 버전이 생겨난다.

Freud(1922)는 우울증을 상실과 우울(melancholia)의 결과라는 설명에 더 무게를 두었다. 다시 말하지만, 자아 만족의 상실은 개인이 실제적 상실의 원인을 인식하고 카타르시스를 경험하지 못하게 차단하는 일련의 방어기제로 이어진다. Fenichel(1996)은 이를 자존감 자체 또는 자존감 향상 수단(예: 대상 만족)의 손실이라고 일컫는다. 이를 표현하는 가장 좋은 방법은 다음과 같다.

우울증의 현상학에서는, 보다 많거나 혹은 적거나 간에, 자존감의 상실이 가장 앞쪽에 있다. 주관적 공식은 자존감 상실이 주로 외부로부터의 공급의 상실 때문이라면 "나는 모든 것을 잃었다. 이제 세상은 텅 비었다."이다. 주로 초자아(Fenichel, 1996, p. 360)로부터 내부 공급의 상실로 인한 것이라면 "나는 아무것도 받을 자격이 없기 때문에 모든 것을 잃었다."이다.

뒤따르는 믿을 수 없는 행동은 우울증이 있는 사람들은 잃어버린 자존감을 회복하기 위해 주변 환경의 주요 대상에 대해 자신을 비난하거나 칭찬하기를 추구한다는 것이다. 정신분석적 지향에서 이것은 모든 우울증이 자기애적 욕구에서 필수적으로 증가하는 것의 예로서 '아무도 나를 사랑하지 않아.'와 유사한 생각을 시작으로 하는 것으로 볼 수 있다 (Fenichel, 1996).

Adler는 심리학 이론 전반의 발전과 특히 정신역동 이론의 발전에 다리 역할을 한 인물이지만 과소평가되곤 했다. 그는 Freud의 많은 아이디어를 받아들였다는 점에서 모범적인 신Freud학파였지만, Freud에 맞서고 Freud의 자기 참조적 제안 중 일부를 궁극적으로 수정(그리고 완전히 거부)할 만큼 충분히 용기가 있었다. 또한 거의 알려지지 않았지만 Adler는 인지이론을 예견했다. Stone(2002)에 의하면 Adler의 개인심리학이 우울증을 설명하는 세 가지 방법은 (1) 특히 기관 열등감을 통해 펼쳐지는 열등복합의 표현, (2) 인지 왜곡 및/또는 (3) 개인적 허구와 삶의 거짓말들(라이프 스타일)의 논리적 결과이다. 첫 번째 경우, 실패는 지각된 열등함을 확정짓기 때문에 도전을 통해 우리 자신을 압박하기에는 삶이 너무 위험해 보인다. 두 번째 경우, 우리는 더 많은 후퇴로 이어지는 우리의 상황에 대한 신념을 만든다. 세 번째 경우, 실패의 위험에 대처하기 위해 우리가 만든 허구는 행동을 유도하는 독단적 신념을 만들어 낸다.

다시 한번 말하지만, 통합 작업을 시작하기 전에 이렇게 돌아보는 것이 필요하다. 앞서 요약한 우울증의 기준을 다시 검토하는 것도 독자에게 유익할 수 있다. 여러분은 우울증에 대한 현대 개념의 행동 및 경험과 거의 100년 전의 뛰어난 정신분석 사상가에 의한 설명 사이의 연관성에 놀랄지도 모르겠다. 이제 Donna와 함께 이러한 접근들을 살펴보자.

상담회기 내 정신분석적 접근

Donna 정신분석적 관점에서 볼 때, Donna의 우울 경험은 그녀의 삶 대부분에 상당한 손실을 초래했을 것이며, 그 결과 우울증(주요 우울증에 대한 DSM-5의 실제 현대 용어)을 초래했을 것이다. 초기 정신분석가라면 Donna의 과거를 탐구하여 상실과 우울증으로 이어지는 특정 트라우마를 찾았을 것이다. 보다 현대적인 정신분석 접근의 개념에는 실제 및 지각된, 무형 · 유형의 일련의 상실이 포함된다. 예를 들어, Donna는 사랑하는 사람의 죽음, 폭행, 노숙 또는 다른 사건과 같은 심각한 트라우마를 경험하지 않았다고 보고한다. 그러나 다음 기록은 초기 기억에 대한 Adler학파 접근 방식을 사용하여 상실에 대해 약간 다른 것을 드러낸다.

상담자: 그래서 Donna, 우리가 이야기하면서, 있었던 것 혹은 원하는 무언가가 빠져 있음을 느낀다고 했지요. 가능하다면 가족과의 가장 오래된 추억 중 하나를 생각해 보세요. 무엇일까요?

Donna: 아, 모르겠어요…. 가장 생생하고 반복되는 제 기억 중 하나는, 사실 제가 엄마에게 감정에 대해 물어볼 때가 많았어요. 그러면 엄마는 "모르겠어. 얘야, 느낌은 무서운 거야."라는 전형적인 대답을 여러 가지 버전으로 가지고 있는 것처럼 보였어요. ["모르겠어요."는 모든 상담자가 알고 있듯이 꽤 일반적인 반응이다. 마음챙김 접근의 상담자는 이것을 경험할 때, 내담자가 당황하고 다른 질문에 뛰어들거나 내담자를 '돕기 위해' 더 많은 힌트를 주는 대신 자신의 생각을 정리하는 동안 이 문구를 사용하여 '시간을 확보'하도록 허용한다.]

상담자: 그래서 이러한 상호작용을 회상하는 바로 이 순간 내면에서 경험하는 것은 무엇인가요?

Donna: 좌절과 실망이요! 나는 어린애였어요. 그런 반응을 보고 감정을 두려워하는 것 외에 내가 무엇을 해야 할지 어떻게 알았겠어요? 오, 나는 전에는 이걸 이런 식으로 생각해 본 적이 없어요!

상담자: 그래서, 우리가 이것을 상실의 관점에서 이야기한다면, 상실은 당신이 결코 갖지 못한 것이라고 말할 수 있어요. 그게 뭐죠?

Donna: 아마도 정서적 안전과 용기를 잃었을 거예요. 어린아이인 저는 엄마가 저보다 더 무서워하는 게 아니라, 제가 무서워하는 일을 엄마가 이야기할 수 있다는 것을 알 필요가 있었어요.

Donna의 우울증에 대한 신경기반 정신분석적 반응

정신분석적 관점에서 우울증은 주로 상실과 관련이 있다. 우리는 이 상실이 어떻게 심각한 트라우마가 되거나 느리고 꾸준한 일종의 손실이 될 수 있는지 앞서 논의했다. 신경정신분석적 우울증에 대한 이론을 개발하는 것이 유혹적일 수 있지만—이미 존재하는 것들이 있다—이 책의 목적에 더 부합하는 것은 초기 애착이라는 렌즈를 통해 측면 및 수평 통합 관점에서 우울증을 바라보는 것이다.

Donna와 아버지의 관계는 그녀 자신의 말에 따르면, 어렸을 때는 특히 '충분히 가까웠다.'고 할 수 있지만, 확실히 통합되지는 않았다(우리는 이를 계속해서 발전시켜 나갈 것이다). 그녀와 어머니의 관계에서 그녀의 어머니는 아버지보다 신체적으로는 더 많이 그녀에게 있었지만 역시 통합은 이루어지지 않았다. 그녀의 어머니는 자기 자신의 내부에 집중되어 딸과 정서적, 관계적으로 최소한의 연결만을 허용했기 때문이다. 애착 이론가들과 Siegel(2006)의 대인관계 신경생물학 패러다임에서 Donna의 마음속 관계 각인은 타인과의 느슨한 연결과 정서적 조절 장애였다. 그녀가 말을 하기 전, 자신의 경험을 분명히 표현하기 전에도 Donna의 뇌는 이 붕괴된 관계 패러다임을 각인했다. Badenoch(2008)는 특히 신경–관계–애착 관점에서 이것을 잘 설명하고 있다.

Stephen Porges(2001, 2007)는 우리의 신경생물학적 존재가 생명에 대한 안전, 위험 및 위협을 감지하기 위해 유전적으로 어떻게 연결되어 있는지를 설명할 수 있도록 신경지(neuroception)라는 용어를 만들었다. 정보가 감각에 들어오면, 의식 수준 아래에서 의미를 만드는 편도체와 관련 회로는 즉시 다양한 신경생물학적 적응 반응을 유발하는 안전에 대한 초기 평가를 한다. 만약 안전에 대한 신경지가 있는 경우, 복부의 미주신경인 10번째 뇌신경의 수초관이 교감신경계의 싸움/도피 반응을 억제하고 사회적 연대/안전한 애착이 일어나도록 한다. 흥미롭게도 미주신경의 이 수초관은 뇌간에서 심장까지 이어지며 얼굴 표정의 지각, 목소리의 소리 및 조율된 청취 능력—단단한 애착의 토대—에 관여한다(p. 60).

이것이 실제로 치료에서 의미하는 바는 어린 시절 Donna의 뇌가 환경으로부터 안전하지 않거나 최소한, 안전한지가 모호하다는 메시지를 암호화하고 자기 조절 반응의 발달을 효과적으로 억제했다는 것이다—그녀의 편도체는 애착, 연결 및 친밀감에 관한 자기혐오와 관계 위협의 측면에서 징후를 보여 준다. 따라서 그녀의 생각과 감정은 해로운 정서 및 관계적 경험 방출을 차단하는 것과 마찬가지로 건강하게 새롭고 정서적이며 관계적인 경험의 수용을 차단하여 폐쇄된 감정 시스템을 효과적으로 생성한다. 그 결과 좌뇌에서 우뇌로의 처리(앞서 논의한대로)와 피질, 변연계 및 뇌간 모두의 조절 장애와 분해가 발생한다. 본질적으로 감정과 관계는 피질과 좌반구가 넘어서기 위해 고군분투하는 위협과 같다.

상담회기 내 정신분석적 접근

Donna 사례 계속 Donna와 치료적 상호작용을 할 수 있는 여러 방법 중 하나에 대한 기록을 여기에서 제공하는 대신, 이전 논의에 비추어 일부 진행 과정에 대한 간략한 설명을 한다. 근본적으로 상담자는 Donna를 위한 일종의 정서적, 관계적 대리자 역할을 한다. 그 목적은 Donna(및 그녀의 뇌)가 상담자의 정서적 · 관계적 조절로 시작하여 시간이 지남에 따라 통합을 기반으로 재패턴화를 시작할 수 있도록 하는 것이다. 실제로 Donna가 자신의 건강하지 않은 관계 패턴에 따라 상담자를 대할 때나 상담자에게 자신의 감정을 표현할 때 상담자는 Donna의 과거 주요 대상과는 다른 방식으로 반응하므로 Donna와 그녀의 뇌는 부조화를 경험한다. 이 시점에서 Donna는 후퇴(치료를 중단하고 종료)하거나 변화를 경험하는 것 중 선택을 해야 한다. 이것은 그녀의 뇌로 하여금 감정과 관계 모두에 대한 이러한 새로운 데이터로 무언가를 하도록 한다. 시간이 지남에 따라 그녀의 뇌가 재통합되기 시작하면서 그녀는 증상이 완화되었다고 보고하기 시작한다.

우울증에 대한 인지행동적 반응

"행동이 중요하다!" 모든 장애를 행동이라는 개념으로 구조화하는 행동적 접근들에서 행동은 무엇보다 중요하다. 우울증에서의 개념은 행동 억제이다(Wolpe, 1973). 행동적 접근에서 인지 과정은 도움이 되지 않고 비생산적인 행동으로 이어지는 부정확하고 환상에 기반한 생각을 포함한다. 하지만 행동적 접근이 상당히 발전했으므로 다양한 구성요소를 좀 더 자세히 살펴보기로 하자.

행동: 행동주의에서 행동은 어떤 목적을 가지고 있다. 그래서 우울증이나 행동 억제의 경우 이러한 현상은 고전적 행동주의 관점(선행 및 후속 자극)으로 보든, 조작적 행동주의 관점(연합된 자극 혹은 반응)에서 보든 간에 자기 강화적이다. 한마디로, 우울증의 행동(또는 행동의 부족)은 직간접적으로 개인에게 보상을 제공한다. 이 아이디어는 Adler학파의 우울증 개념을 반영한다는 점에서 흥미롭다.

인지: 우울한 생각—제한적, 고정적, 경직된 생각 혹은 잘못된 논리에 기반한 생각, 행동 및 심리적 보상으로 이어지는 생각('나는 피해자니까 아무것도 할 수 없어.')—은 우울한 행동을 이끌어 낸다. 개인은 행동이 뒤따르는 인지를 통해 자신의 세계를 창조하므로 잘못된 생각은 잘못된 행동을 이끈다. Beck(1995)의 인지삼제는 자신, 세계, 미래에 대한 개인의 부정적인 견해를 기술한다.

정서: 이 측면은 오늘날의 인지행동 접근에 대한 마음챙김, 구성주의적 영향을 반영한다. 내담자가 정서적 경험(무가치 또는 절망과 같은)을 갖고 그것이 현실이라고 믿으며 그 감정적 경험에 집착할 때, 그들은 우울해진다. 생각과 감정이 구체적인 실존적 현실로 취급될 때, 그것은 이후의 사고, 느낌, 행동에 대해 부정적인 통제력을 발휘한다. 대조적으로, 감정이 잠깐 머무르는 일시적인 것으로 간주될 때(이 느낌은 잠시 동안만 여기에 있음) 개인에 대한 통제력이 훨씬 적다.

상담회기 내 행동주의적 접근

Donna 사례 계속 엄격한 행동주의적 관점에서 볼 때 Donna의 생각과 감정은 그러한 생각과 감정에 뒤따르는 행동보다 연관성이 적다. 따라서 상담자는 Donna가 우울증에 해당하는 행동에 관여하는 것에 대한 보상을 숙고하도록 돕는 것을 강조할 것이다. Donna의 환경에서 무언가가 그녀의 우울한 행동(억제)을 강화하고 있으며, 상담자는 (Donna가) 이를 인식하도록 노력하는 과정에서 Donna의 경험에 대해 그녀를 비난하지 않도록 주의할 것이다.

상담자: Donna, 우울할 때 무엇을 합니까?

Donna: 저는 많이 자고, 간식을 많이 먹어요. 그리고 집 안에서 지내면서 TV를 봅니다.

상담자: 그러한 행동을 하나의 행동 범주로 분류해야 한다면 그것은 무엇일까요?

Donna: 어, 나쁜 것?

상담자: 그렇군요. 판단하는 대신 그냥 구분해 봅시다. 자고, 간식을 먹고, 집 안에 있고, TV를 보면서 무엇을 하고 있습니까?

Donna: 음, 피하는 것 같아요.

상담자: 무엇을 피하나요?

Donna: 내 인생?

상담자: 당신에게 그런 의미라면 그게 맞겠지요. 그것이 어떤 작용을 하나요?

Donna: 작용하지 않아요! 저는 과체중이고 몸매가 좋지 않고 우울해요.

상담자: 좋습니다. 어떤 작용을 하는 것처럼 이야기해 봅시다. 어떤 작용을 하지요?

Donna: 무슨 말인지 모르겠네요.

상담자: 당신이 하는 행동들이 피하는 행동이라고 했지요. 무엇을 피하는 데 도움이 되나요?

Donna: 무엇을 피하다니요?

상담자: 그걸 말해 주세요.

Donna: 상담에서 이야기한 것을 바탕으로 말하자면, 저는 제 감정을 피해요.

상담자: 이러한 행동을 하는 것이 감정을 피하는 데 도움이 되나요?

Donna: 아니요.

상담자: 확실합니까? 제가 보기에는 꽤 효과적인 것 같은데요.

Donna: 좋아요, 어디에서 작용하는지 알 수 있을 것 같아요.

상담자: 그렇다면 도대체 왜 작용하는 어떤 것을 포기하려 하나요? 그러니까, 목표를 회피에서 다른 것으로 변경하기로 결정하지 않는 한 말이에요.

Donna: 오, 좋아요, 알 것 같아요. 하지만 더 나은 목표는 무엇인가요?

상담자: 그것에 대해 이야기해 보죠.

Donna의 우울증에 대한 신경기반 인지행동적 반응

'우리 자신은 우리가 반복적으로 하는 일'이라고 알려져 있으며, 뇌 기반, 행동주의 및 Hebbian의 관점에서 볼 때 이것은 상당한 타당성을 가지고 있다. 여기서 중요한 주의사항은 이것이 행동의 총체로서 내담자를 보는 것과 동일하지 않다는 것이다. 이것은 치료 관계에 대한 대부분의 연구결과와는 모순된다. 신경학 관점에서 볼 때, 사람은 또 다른 진실을 실천하는 존재이다. "항상 해왔던 일을 항상 한다면, 항상 얻었던 것을 얻을 수 있을 것이다." Donna의 뇌는 특정 자극에 특정 방식으로 반응하도록 훈련되었다. 예를 들어, 위협을 감지하면 감정적으로, 관계적으로, 행동적으로, 인지적으로 그녀는 물러난다. 그녀의 철수 행동은 특별히 충족감이나 만족감이 들지 않더라도 그 반응을 안전과 안정감, 편안함으로 해석하는 것을 촉진한다. 이 시점에서 Donna에게 이러한 인식된 위협을 피하는 행동은 접근 행동에 대한 잠재적 (따라서 빈약한) 보상보다 더 나은 보상 또는 보수이다. 시간이 지남에 따라 그녀의 뇌는 접근 유형의 회로를 제거하고 회피 행동을 강화하여 이러한 행동이 어떤 의미에서는 자율적으로 이루어지도록 한다. 그녀가 치료를 받으러 오는 것은, 불행히도 대부분의 사람들에게 회피 행동이 장기적으로 지속되지는 않기 때문이다. 적어도 부정적인 결과 없이는 오지 않는다.

이것은 William Glasser(1965)가 관계와 관련하여 언급한 바 있는 주요 공헌으로 이어진다. 그의 현실치료에서 그는 특히 행동주의와 관련된 몇 가지 대담한 주장을 한다. [현실치료와 선택 이론에 대해, 치료 캠프들 사이에 약간의 영역 전쟁이 있음을 주목해야 한다. 행동주의 캠프와 구성주의 캠프는 둘 다 그것을 자신들의 것이라고 주장했다. 우리의 목적을 위해, 나는 역사적으로 더 많은 행동주의 이데올로기와 관계적 접근을 잇는 데에 기여한 바를 이유로 현실치료와 선택이론을 행동주의 접근쪽에 둔다.] 인간의 기본적인 욕구를 설명하는 서두에서 그는 이렇게 말했다.

> 우리는 다른 사람과 관련되어 있어야 한다. … 다음의 한 가지 특성은 사람에게 필수적이다: 그는 스스로 현실과 접촉하고 세상 안에서 자신의 욕구를 충족할 수 있어야 한다.
>
> (Glasser, 1965, p. 7)

Glasser는 다른 곳에서 그의 열 가지 치료 원칙 중 하나로, 지속되는 모든 정신병리는 관계적이라고 덧붙였다(Neukrug, 2018). 이것이 Donna와 대부분의 내담자들에게 그저 인지행동 워크시트와 숙제만을 제공할 수는 없는 이유이다. 치료 작업은 사람들이 행동을 신경학적으로 수정할 수 있는 맥락을 제공한다!

강박장애 환자를 대상으로 한 연구에서 Schwartz와 Begley(2002)는 뇌를 치유하는 마음의 힘에 대해 논의하면서 Teasdale의 마음챙김과 우울증의 병렬작용(그의 마음챙김 기반 인지치료의 개발로 이어짐; Teasdale et al., 2000)에 대해 논의하였다. 구성주의적 접근에 관한 다음 토론에서도 살펴보겠지만, 마음챙김—내면의 경험으로 향하는 주의와 정신 에너지의 지향—은 많은 이론적 접근 방식에 적용되었다. Teasdale은 우울증 증상에 대한 마음챙김 경험과 치료에서, 내가 병리적 스토리텔링이라 부르는 '마음챙김 없는 감정 작업'을, 우울증에 대한 '개념화' 또는 끝없는 숙고를 같은 것으로 놓는다. 이 두 접근 중 어느 것도 내담자가 우울증에 대한 주관적인 경험과 유익한 방식으로 상호작용하게 하지 못한다. 마음챙김 기반 인지적 접근 방식은 내담자가 "[자신의] 생각과 감정을 현실의 정확한 반영이 아닌 지나가는 일시적인 '정신적 사건'으로 간주하도록 안내한다. 부정적인 생각이나 감정에 '이것들은 나야.'라고 반응하는 대신 당신은 '이것들은 마음속에서 떠오르고 관찰되는 사건들'이라고 생각하게 된다"(Schwartz & Begley, 2002, p. 248).

이러한 마음챙김 접근법에서 마음은 생각하고 행동하는 방법을 뇌에게 말하고 있다. 뇌간에서의 행동은 위협에 대응할 때처럼 중뇌(변연계)에 의해 지시되고 조정될 때 논리적 반응이 요구될 때처럼 전전두엽 피질에 의해 지시된다. 마음챙김은 변연계가 처음에 경보를 울리도록 허용하지만 전전두엽 피질이 신호를 통해 추론할 수 있을 때까지 행동 반응 없이 경보를 관찰할 수 있도록 함으로써 이러한 시스템의 균형을 맞춘다. 이것은 피하는 것 이외의 반응을 준비하기 위해 시스템 시간을 벌어 준다. 이것이 치료에서 어떻게 작용하는지 살펴보자.

상담회기 내 행동주의적 접근

Donna 사례 계속 상담자가 행동주의자이고 더욱이 마음챙김 행동주의자라면 상담의 첫 단계에서 할 일은 Donna와 함께 행동에 주의를 기울이는 것이다. "우울해지면 몸으로 무엇을 하나요?"가 Donna에게 하는 첫 번째 질문이 될 수 있다. 이것은 그녀가 우울증에 대한 주관적인 경험을 객관적으로 관찰하기 시작할 수 있다는 신호(마음챙김)이고, 우울증이 행동이라는 신호이다—그녀는 그러한 행동에 주의를 기울일 수 있어야 한다. 그녀가 주목할 수 있는 첫 번째 행동 중 하나는 실제로 "아, 우울해요!"라고 말하는 생각(이 모델에서는 이 역시 행동임)이다. 그녀의 다음 행동은 무엇이든 그녀가 하는 일을 멈추고 앉는 것이다. 반추 행동이 곧 이어진다. Teasdale의 언어로 표현하자면, 그녀는 자신에게 무의미한 감정을 표현하는 것과 우울증에서 벗어나 자신의 이야기를 하려는 것 사이에서 동요한다. 어느 것도 효과가 입증된 적은 없다. 이 순간에 Donna의 해마와 편도체는 그녀의 우울한 경험을 타당화하고 행동을 더욱 억제하는 사건을 회상하면서 행동 억제를 지시하기 위해 음모를 꾸민다. 신경을 쓰고 신경을 인식하는 행동치료는 이 신경 과정과 수반되는 행동에 초점을 맞추고 자신의 뇌가 어떻게 행동을 방해하는지 보여 준다.

우울증에 대한 인본주의적-실존적 반응

인간중심, 내담자중심, Rogerian 접근의 기본 원리는 치료가 내담자의 타고난 성장 지향을 촉진하는 환경을 조성하는 것이다. 우울증에 대한 이러한 관점에 내포된 가정은 인간이 성장하는 방법을 알고 태어났다는 믿음을 포함하지만, Rogers(1961)의 공감, 진정성 및 무조건적인 긍정적 존중이라는 핵심 조건이 없을 경우 경험과 환경은 무효화될 수 있다. 영양이 부족한 환경에서 개인은 타고난 성장 지향을 잃고 성장을 멈춘다. 이때 예측 가능한 결과 중 하나가 우울증이다. 따라서 이와 같은 목적론적(미래에 초점을 맞춘) 관점에서 우울증이 있는 내담자는 더 이상 희망을 위해 미래를 바라볼 수 없고, 가장 좋은 것은 과거에 있다고 생각하면서 현재에 갇혀 있는 것이다. 이것은 실존적 접근과 개념적으로 연결된다.

실존적: 의미, 목적, 현상학. 이것은 실존적 관점에서 우울증을 이해하기 위한 몇 가지 기본적 개념이다. 우울증은, 개인적인 현상으로서, 의미와 목적의 문제에 초점을 맞추기 위해 자신을 넘어서 (장기간 또는 강렬하고 고된 노력으로) 볼 수 있는 능력을 박탈한다. 자신을 둘러싼 세계(현상학)에 대한 그들의 개인적인 경험은 방향이 없고 동기가 없는 행동들이거나 무활동(조건과 모델에 더 적합함)이다. 시간조차 멈춰 있거나 상당히 느려진다(Ghaemi,

2007). 의미를 만드는 데 있어서 개인적 책임을 거부하는 것은 세상이 개인의 책임이 불가능한 정도로 의미가 없는 곳이라는 주관적 경험으로 이어진다. 결과적으로 그들은 게슈탈트 치료에서 우울증의 개념화처럼 '분열'된다.

경험적: Fritz Perls와 그의 게슈탈트 치료법에서는 우울증을 분노가 안쪽으로 향하는 것으로 보았다. 많은 후기 Freud학파의 사례처럼 그는 특히 '신경학'에 대해 썼지만, 그의 후계자들은 게슈탈트 접근법에서 우울증을 비슷하게 다루었다. Rogers의 저술에서 알 수 있듯이 내담자는 자신의 감각을 깨뜨리는 충족되지 않은 욕구를 가지고 있으며 부작위 또는 자기 파괴적인 행동이 뒤따른다. '신경학'에 대해 쓴 Perls(1976)는 우울증의 현상학을 "과거와 낡은 행동 방식에 묶여 있고, 유리를 통해 흐릿하게 보기 때문에 현재에 대해 모호하며, 현재가 그의 손에서 벗어나 있기 때문에 미래에 대해 고문받는다."라고 요약한다(p. 44). 시간지향이 혼란하며, 이 혼란함은 자기와 행동에 대한 분리된 감각을 가져온다.

상담회기 내 인본주의적-실존적 접근

Donna 사례 계속 대부분의 이론이나 치료법과 마찬가지로, 종종 특이한 언어 사용은 내담자에게 부담이 될 수 있으며 이 두 이론도 예외는 아니다. 이 접근의 상담자는 실존주의가 '존재', 따라서 '의미'를 다룬다는 점에 주목하고 인간의 잠재력을 언급하는 것으로 인본주의의 구성요소를 이해 가능하게 설명한다. 종합하면 상담자는 치료 관계의 맥락을 통해 자신의 삶에서 의미를 발견하고 창조할 수 있는 Donna 자신의 잠재력을 다룰 것이다. 게슈탈트 상담자는 내담자의 순간의 경험을 통해 상담회기에 이 알아차림을 가져온다. 상담자는 Donna가 그녀의 우울증에 관해 이야기하는 것보다 그녀가 이러한 증상들에 대해 어떤 반응을 하는지 보여 주기를 원할 것이다.

상담자: [Rogerian 방식으로 시작] Donna, 당신은 증상에 대해 이야기할 때 마치 모든 증상이 당신에게 있는 것처럼, 당신이 우울증인 것처럼 이야기합니다. [그런 다음 조용히 응답을 요청하고 기다린다.]

Donna: 그 느낌이 그거예요. 거기 있는 것이 모두 우울증이에요. 지금까지 이야기했듯이, 제 우울의 증상들과 그것을 피하려는 노력들.

상담자: 당신은 우울증이 당신의 삶의 상당 부분을 차지해 왔다고 말하는군요.

Donna: 네. 그게 다른 모든 사람이 보는 모든 것입니다. 걸어다니는 우울이죠.

상담자: [의미 반영] 그래서 당신에게 남은 모든 것은 우울증을 채우는 부분이군요. Donna는 우울증으로 대체되었어요.

Donna: [울음] 제 기분이 딱 그래요.

상담자: 우리의 관계에서, 내가 당신을 특정 생각이나 감정, 행동과 씨름하는 사람으로 보는 것이 어떨

게 느껴지는지 궁금해요.

Donna: 그렇게 하는 게 당신의 일이라는 걸 알아요. 그렇지만 나는 당신이 내가 내 자신을 보는 것과는 다르게 본다고 믿고 싶어요.

상담자: 이렇게 하면 어떻게 될까요? 우선 당신을 당신 자신으로 보고 그다음에 우울한 생각, 감정, 행동으로 당신을 보는 것입니다.

Donna: 그것은 매우 다를 거예요. 기분이 다를 것 같아요. 더 나을 거예요….

상담자: [경험 양식으로 전환] 그래서, Donna, 당신은 상담시간에 당신의 감정에 대해 이야기했습니다. 나는 몸의 어디에서 당신의 감정을 경험하는지 당신이 보여 줄 수 있는지 궁금합니다.

Donna: [불편한 듯이 자세를 바꾸며] 무슨 말인지 모르겠네요.

상담자: 몸에, 손, 복부, 머리 등 증상을 느끼는 곳이 있다면 그게 어디일까요?

Donna: 속이 울렁거리는 것 같은거요?

상담자: 좋은 예입니다. 또 뭐가 있죠?

Donna: 음, 다리가 무거워지고 머리 앞쪽이 지끈거리기 시작해요.

상담자: 우울을 겪고 있는 때와 장소를 인식할 때 당신의 말과 행동의 연결이 끊어지는 것을 관찰할 기회가 있어요.

Donna의 우울증에 대한 신경기반 인본주의적-실존적 반응

뇌기반 인본주의적 접근의 가장 원초적이고 기본적인 특징은 첫째, 좋지 않은 관계가 뇌 발달을 억제하거나 뇌 건강을 손상시키며, 둘째, 건강한 관계는 뇌 탄력성을 증진하고 효과적인 기능을 구축한다는 것이다. 이 접근의 목표는 무엇보다도 상담자의 건강한 뇌가 내담자가 끌어낼 수 있는 건강한 원형을 제공하는 치유 관계 상황을 만드는 것이다. 치료의 첫 번째 단계는 내담자의 뇌가 상담자에게 미칠 수 있는 영향을 인식하고(거울 뉴런을 통해) 상담자의 뇌가 내담자에게 미치는 영향에 초점을 맞추는 것이다(다시 뉴런을 통해).

앞 문단의 첫 번째 특징에서 상담자는 무해성(nonmalfeasance)이 남을 돕는 모든 직업의 핵심 도덕 원칙인 이유가 우리가 해를 끼칠 수 있기 때문이라는 점을 이해해야 한다. 우리가 Donna에게 해를 끼칠 수 있는 것 중 하나는 그녀의 행동과 정서가 상담자를 분열로 이끄는 거울 뉴런을 촉발하도록 무의식적으로 허용하는 것이다. 치료에서의 분명한 역할과 힘의 불균형에도 불구하고 내담자는 상담자에게 영향을 미칠 수 있는 상당한 힘을 가지고 있다. 거울 뉴런에 대한 연구에 따르면 우리의 뇌는 다른 사람의 행동에 반응하여 마치 우리가 그러한 행동에 참여하는 것처럼 자극한다. 이것은 공감에 대해 잠재적 함의를 갖는데, 상담자가 이러한 영향에 감응하지 않을 때 특히 그러하다(Iacoboni, 2009). Donna는 자신이 믿는 것만큼 무력하지 않으며 상담자가 이렇게 생각하지 않을 때 그것만으로도 Donna의 영향력은 증가한다.

두 번째 특징에 대해 부연하자면, 상담자는 Donna가 명백하게 말하거나 행동하는지 여부와 그 전의 상황에 영향을 미친다. 뇌의 암묵적인 사회적 처리에 대한 이해를 높이는 것은 상담자가 내담자의 말과 행동에 대한 미묘한 반응과 내담자가 받는 미묘한 신호를 인식하고 암호화하여 때때로 분열된 관계를 초래하는 방식을 인식하는 데 도움이 된다. 대부분의 독자는 다른 사람을 '좋아'할 수 없었던 때를 떠올릴 수 있을 것이다. 명백한 이유가 없었을 수도 있다. 지적할 순 없지만 무언가가 있다. 이러한 경험 중 일부는 우리가 가지고 있는 이러한 암시적이고 무의식적인 반응으로 설명될 수 있다. Donna와 같은 내담자는 거부를 암시하는 미묘한 단서를 확실히 포착할 수 있다. 동시에 상담자는 Donna의 에너지를 흡수하지 않고(뇌에게 반응하지 말라고 함) 우선 관심을 기울인 다음 수용적인 반응을 받아들여 그녀에게 다시 보냄으로써 이 힘을 활용할 수 있다. 신경 수준에서도 이것은 그녀에게 (인지)부조화를 일으키고 치료 과정에서 드러내어 다루도록 가져올 수 있다.

상담회기 내 인본주의적-실존적 접근

Donna 사례 계속 상담에서 Donna는 우울한 정서, 품행 및 행동을 투사한다. 초반에 상담자의 신경 반응은 이 에너지가 반영된 것이다(그리고 몇몇 사례에서는 피상적으로 기분 좋은 방식으로 행동함으로써 과잉보상을 한다. 그것은 의도는 아주 좋지만 으레 그렇듯이 불명확한 메시지를 보냄으로써 솔직하지 못한 것으로 여겨지게 된다). 주의 깊은 상담자가 경청할 때, 상담자는 이러한 암시적 메시지를 굴절시켜, Donna가 끌어오는 신호를 조절하는 자신의 뇌를 투사할 수 있다. 이를 통해 상담자의 힘은 상담자가 사용하는 단어를 훨씬 뛰어넘는 인식의 표면 아래에서도 Donna의 신경지도를 만들 수 있다. Donna가 우울증 중심의 에너지 또는 지도를 계속 투사함에 따라 상담자는 통제된 반응으로 대항한다. 이것은 특히 Donna의 삶에서 대부분의 다른 사람들이 자신의 경험을 거부하거나 과잉보상으로 그녀에게 계속 반응할 것이라고 생각할 때 매우 강력하다(아이들은 우울한 부모와 관련되기 때문이다). 상담자의 반응은 반응이 아니라 자신에서 유래된 균형 잡힌 투사이기 때문에 부분적으로 강력하며 건강한 뇌 기반 관계에 대한 기대치를 설정한다.

우울증에 대한 구성주의적 반응

우울증을 겪는 사람들과 이야기할 때, 그들이 말하는 방식에서 눈에 띄는 것은 무엇인가? 대부분의 경우 절망, 무력감, 체념의 언어가 있다. 만약 현실이 (개인적으로 그리고/또는 사회적으로) 구조화되고 이 현실이 언어를 통해 구성된다면, 내담자의 언어는 그의 현실에 대해 무엇을 말해 주는가? 구성주의적 접근의 치료에서는 우울증을 만들고 유지하는 데 사용하는 언어를 통해 내담자의 우울 경험을 이해하려고 한다. 문제가 많은 언어는 자신이 만든 현실에 갇히게 하는 무력하고 절망적인 지향을 유지하게 한다. 이 접근은 현명하게 실행되지 않으면 내담자가 오해를 받았다고 느끼고 스스로를 비난하고 평가절하('피해자를 비난함'과 같은)할 수 있다는 점에서 불안정한 기울기가 내재되어 있다. 그러나 공감과 연민과 함께 사용할 경우, 내담자로 하여금 자신이 다른 사람, 세상 또는 운명의 손에서 경험할 수 있는 모든 고통에도 불구하고 자신의 상황에 대처해 할 수 있는 몫에 대해 도전하도록 한다.

SFT: 해결중심치료(SFT)는 구성주의 철학의 자연스러운 결과로서 우울증을 구성주의적으로 이해할 수 있도록 한다. "나는 우울해요."라고 할 때 우울함이라는 말은 모호하고 우울의 개선이나 극복에 궁극적으로 도움이 안 된다. SFT는 이러한 언어의 사용에 내재된 문제를 해결하는 것으로 시작할 수 있다(O'Connell, 2012). 이때 상담자는 내담자가 자신의 우울증 경험에 대해 의미하는 바를 명확하게 이해하도록 한다. 대신 내담자는 구체적인 행동, 즉 자신이 통제할 수 있는(그리고 발휘한) 행동에 관한 언어를 사용하도록 지시받는다. 다시 말하지만, 강조점은 언어를 통한 현실의 구성에 있으며, 우울의 경우 구성되는 현실이 모호하므로 개선의 대상이 아니다. 이 접근 방식의 가치는 우울증이 개념화되는 방식에 있다. SFT는 더 광범위하고 격렬함 위주의 언어 대신 좁게 초점을 맞춘 부정적인 언어의 관점에서 우울증을 개념화한다. 내러티브 치료는 이와 비슷하지만 뚜렷한 차이가 있는데, 내담자의 우울을 외부에 있는 현실로 이해하며, 이 현실은 사람과는 분리되어 있는 것으로 본다.

우울증 진단을 받은 내담자를 상담한다면 상담자로서 어떻게 접근할 것인가? 우울증이 사회적으로 구성된 질병이 아니라 실제적인 것처럼 증후군으로서의 우울증을 타깃으로 할 것인가? 혹은 내담자에게 증상의 우선순위를 정하고(수면, 식욕, 체중, 에너지 등) 어디서부터 상담을 시작할 것인지를 정해 보라고 요청할 것인가? 내담자는 종종 '더 나은 느낌'

혹은 최소한 다른 느낌을 원하기 때문에 상담에 온다. 상담자는 어떻게 내담자의 기분이 나아지도록 도울 것인가? '우울증'을 치료함으로써? 혹은 증상을 치료함으로써? 답변이 어떠한지에 관계없이, 이 질문은 현실이 어떻게 구성되는지에 대한 상담자의 관점에 도전하고, 상담자 자신만의 관점이라는 것을 분명히 하는 데 도움을 주어 내담자에게 맹목적으로 자신의 관점을 강요하지 않도록 한다는 점에서 중요하다.

상담회기 내 구성주의적 접근

Donna 사례 계속 현실은 구성되고 이 구성은 언어를 통해 이어진다. 우리의 말이 우리의 현실을 만든다. 이것이 구성주의적 상담/치료의 특징이다. 이것이 의미하는 바는 내가 사용하는 언어가 세상, 타인, 나 자신에 대해 내가 만든 현실을 나타낸다는 것이다. 구성주의 지향의 상담자는 Donna가 자신의 삶을 살아가는 내러티브인 그녀의 세계관을 이해하기 위해 사용하는 언어를 탐구한다. 내러티브 상담에서처럼, 그들은 그녀의 경험을 축소함 없이, 우울한 내러티브에 도움이 되는 문제가 가득한 이야기를 듣는다.

상담자: 자, 내가 우리 자신에 대한 이야기를 통해 우리 자신의 현실을 만들었다고 생각한다는 것을 당신은 이제 알지요. 이 이야기에 대해 더 많이 배우는 방법 하나는 우리 삶의 '장'마다 제목을 붙이는 것이에요. 당신이 살아가고 있는 삶, 살았던 삶의 이야기에 일종의 목차를 만드는 거예요. 그렇게 하면서 당신에게 더 마음에 드는 이야기로 살 수 있도록 그 장을 다시 쓰는 데 필요한 것이 무엇인지 살펴보는 거예요.

Donna: 좋아요.

상담자: 당신이 살고 있는 현재의 삶, 이 장에는 어떤 제목을 붙일 수 있을까요? 마음껏 창의력을 발휘해 주세요.

Donna: "나는 우울하다?"

상담자: 좋아요. 계속 생각해 봅시다. 나도 도울게요. 상담에서 이야기한 것 중에서도 생각해 보세요.

Donna: "위기의 삶?" "나는 넘어졌고 일어날 수 없다." [여기에는 물음표 없음]

상담자: 좋습니다. 마지막 이야기를 할 때 얼굴과 몸이 뭔가 달라졌어요. 어떻게 된 건가요?

Donna: 글쎄요, 다른 사람들에게는 너무 무력하게 보였고, 내 상태는 여전히 나쁘지만, 내가 나 자신에게 도움이 되게 할 수 있는 일이 있을 것 같아서요.

상담자: 평소 이야기할 때보다 더 힘 있게 느껴져요. 이것이 현재 이 장의 제목이라면 어떤 제목이 되면 좋을까요?

Donna: "침체되어 있지만 끝난 건 아니다" 같은.

상담자: 좋습니다! 기분이 어떠세요? [이 책에 제시된 다른 모든 축어록과 마찬가지로 명확성과 적용을

위해 축약한 것임을 기억하기 바란다. 전사축어록이 아니다. 내담자와 상담자의 상호작용을 보다 단순한 대화로 줄인 것이다. 실제 상담과정은 일반적으로 훨씬 더 많은 상호작용을 필요로 할 것이다.]

Donna: 내가 힘든 상황에 있다는 것을 인정하지만, 항상 그렇게 될 필요는 없는 것 같아요.

Donna의 우울증에 대한 신경기반 구성주의적 반응

"믿는 것이 곧 보는 것이다!" 뇌의 좌반구는 문학, 언어, 선형성 및 논리 등을 잘 다루는 왼쪽 모드 처리(Siegel, 2006) 측면에서 정보를 처리하는 데 우세한 반면, 우반구는 창의성과 총체성, 당신이 원한다면 내러티브를 생성하는 등에서 우세한 역할을 한다. 예를 들어, 우리의 동요나 동시의 운율을 상기해 보자: "막대기와 돌멩이는 내 뼈를 부러뜨릴 수 있어. 하지만 말은 나를 해칠 수 없어." 우리가 뇌와 언어에 대해 배우고 있는 것은 구체적으로 말이, 그리고 일반적으로 언어가 개인에게 초래할 수 있는 손상을 명확하게 보여 주기 때문에 실제로 이것을 회상하는 것은 여전히 고통스럽다. 우리가 사용하는 언어(왼쪽 반구에서 생성됨)는 오른쪽 편도체의 정서적 기억 및 위협 평가 관리 덕분에 정서적 무게를 지닌 단어의 이미지와 내러티브를 만든다. 말은 말 그대로 신경계통의 흔적을 남기고 감정과 후속 행동에 영향을 준다.

Donna가 우울한 현실을 살아감에 따라, 그녀가 사용하는 언어는 그녀의 행동을 통해 현실로 실현된다. Teasdale 등(2000)의 마음챙김 기반 인지치료와 Hayes(2004)의 수용전념치료(ACT)는 일반적으로 Marsha Linehan(1993)의 변증법적 행동치료로 확장되었는데, 이는 언어가 신념과 행동에 미치는 영향에 대한 이해를 표현하는 것으로 경계성 성격장애를 치료하기 위해 출발했다. 이제 우리는 이것이 신경과학적인 실제라는 것을 안다. 다른 곳에서 언급했듯이 당신의 뇌는 당신이 말하면 대부분 믿을 것이다. 따라서 경직되고 절대적인 언어를 수반한, 문제로 가득 찬 내러티브는 과거의 상황과 희망을 보는 능력이 제한되는 뇌 네트워크를 만들 것이다.

Donna의 상담에서는 언어에 대한 그녀의 인식, 해당 언어가 효과적인지 여부에 대한 결정과 특정 언어를 대체하기 위한 조치를 요구할 것이다. 뇌의 신경가소성은 현실에 기반한 새로운 언어의 새로운 이미지를 만들도록 할 것이다.

상담회기 내 구성주의적 접근

Donna 사례 계속 Donna는 현재 자신이 우울증을 앓고 있다고 믿고 있으며, 이는 자신의 삶을 비참하게 만드는 힘이라고 믿는다. 그녀가 이것만이 '진짜' 현실이라고 믿을 때, 당신이 원한다면, 그녀는 그녀의 행동을 지배하는 이 진단의 유령과 맞서야 한다. 우리는 이미 그녀의 뇌가 그녀가 말하는 것을 믿고 그에 따라 행동을 지시할 것임을 알고 있다. 그러나 만약 뇌기반 치료 과정을 통해 우울증 장을 재집필하면 어떻게 될까? 상담자는 Donna가 자신이 다루고 싶은 일련의 경험과 행동을 통해 자신을 먼저 사람으로 보는 데 도움을 줄 수 있다[해결중심치료(SFT)와 마찬가지로, 바로잡는 것과 변화하는 것은 내담자에게 많은 압박감을 주고 어쩌면 부담감을 안겨주면서 그들에게 더 많은 권한을 주는 것으로 느끼게 할 수 있다는 점을 기억하라].

Donna는 자신의 피로/에너지 저하를 먼저 다루기로 결정한다. 지난 상담회기에서는 '우울증이 피로를 유발'하는 것 같은 상황에서 그녀가 더 많은 에너지를 가질 수 있도록 돕고자 했다. 상담회기 사이에 Donna는 사람들(우울한 사람이 아님)이 에너지 수준을 높이는 방법의 목록을 확인한다. 그녀는 사람들이 통상적으로 하는 식이요법과 운동, 두 가지 방법을 선택하고는 즉시 낙담한다. 자세히 살펴보면, 이 두 방법은 그녀의 또 다른 교활한 내러티브와 연결되어 있다. "뚱뚱한 건 용납 안 돼. 마른 건 괜찮아." 이 시점에서 상담의 목표는 "뚱뚱한 사람들도 가치가 있어"로 내담자의 내러티브를 바꾸는 것이 아니다. 이것은 Donna의 진도를 고려할 때 비하적이고 잘난 체하는 것이며 명백히 비효율적이다. 대신 상담자는 Donna가 다른 음식으로 식사하고, 산책을 하고, 아이들과 함께 스트레칭을 하고, 그녀가 만드는 음식이 최고는 아니지만 이것이 그녀의 선택임을 받아들이는 것을 인식하는 등 Donna가 만들 수 있는 기회들로 그녀의 관심을 옮긴다. SFT 관점에서 Donna는 (1) 에너지가 더 많은 시간과 (2) 더 잘 먹거나 그렇지 않으면 자신을 더 잘 돌보는 시간에 집중하면서 다음주를 보낼 수 있다. 구성주의적 접근 방식은 Donna의 내러티브가 오랜 시간에 걸쳐 발전했으며 하룻밤 사이에 변하지 않는다는 것을 인식한다. 구체적이고 단기적 성공은 Donna가 내러티브를 다시 쓰기 시작하도록 할 수 있을 것이다.

Donna 사례 요약

Donna가 생각, 느낌, 행동 그리고 관계에서 온전해지기에는 아직 갈 길이 멀다. 그러나 그녀는 상담자와의 관계를 통해 그녀의 세계관에 대한 다양한 도전을 경험하기 시작했다. 그녀는 계속해서 가장 두드러지게 나타나는 증상에 집중했다. 오래지 않아 그녀는 한 번에 한두 개의 증상을 다루고 또한 관계에 적응하고 더 효과적으로 변화하도록 뇌의 배선을 체계적으로 바꾸면서 자신의 우울증을 일종의 장애로 다룰 수 있게 되었다.

뇌 기제

이 글을 쓰고 있는 시점에, 앞에서 이미 논의했듯이 우울증에 대한 여러 신경생물학적 모델이 있다. 여기에는 모노아민, 신경가소성 및 글루타메이트가 포함되며, 각각 고유한 치료법이 있다(Field, Beeson, Luke, & Jones, under review). Dale, Bang-Andersen과 Sánchez(2015)는 널리 알려진 모델을 다음의 그림으로 표현했다([그림 8-1]). 우울증에 대한 몇 가지 정신약리학적 치료법을 알아보고자 할 때 이것을 기억하기 바란다.

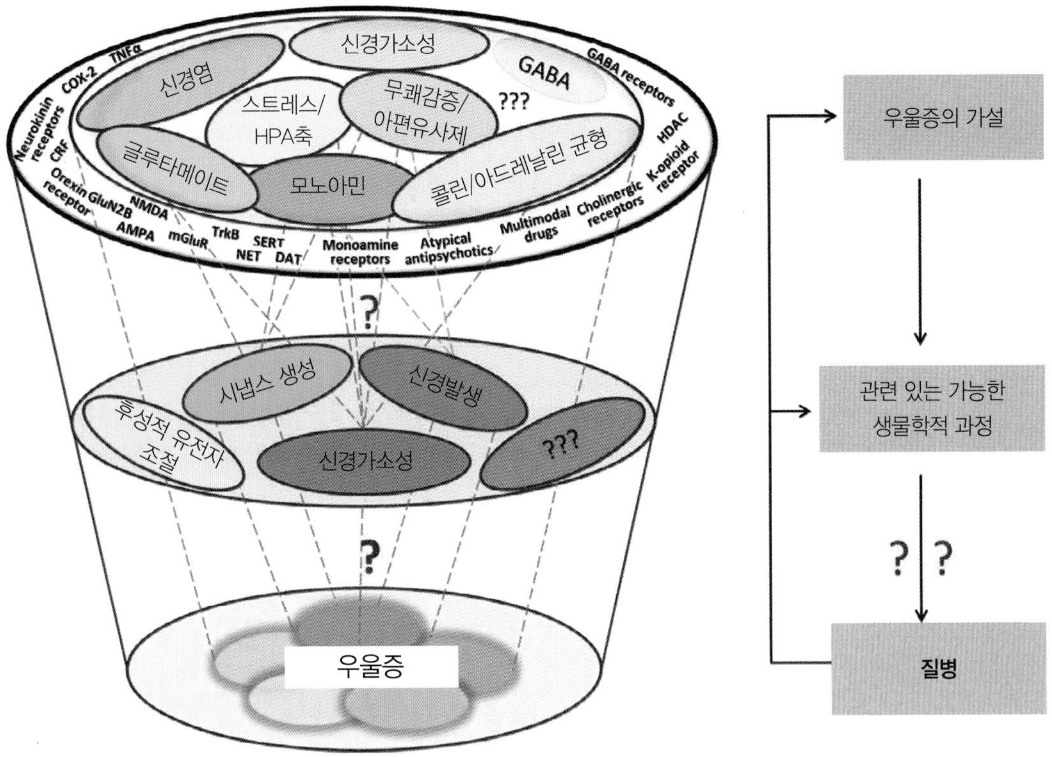

[그림 8-1] **우울에 관한 가설.** 상단의 타원형에는 우울증 가설 및 관련 표적 약물이 제시되어 있다. 중간의 타원형에는 우울증의 원인과 관련된 몇 가지 생물학적 과정이 제시되어 있다. 아래쪽 타원형은 병인, 진단 및 임상 증상의 다양함을 묘사하는 다양한 색상으로 인간의 우울증을 나타낸다. 여기서 점선은 우울증에 대한 다양한 가설, 영향을 미칠 것으로 제시된 생물학적 과정, 인간 질병 간의 관계를 표시한 것이다(Dale et al., 2015).

우울증에 대한 약물치료

세로토닌은 사람들에게 많이 알려진 신경전달물질로서, 우울증에 중요한 역할을 한다. 세로토닌 부족이 우울증 증상과 높은 상관관계가 있는 것 같지는 않다. 그러나 세로토닌 증가는 많은 사람들에게 우울증 증상의 감소와 관련된다. 하지만 함정은 세로토닌과 우울증 사이의 정확한 연결은 여전히 신경학적, 심리적 수수께끼라는 것이다. 세로토닌과 우울증에 대한 연구는 여전히 선험적인 방식으로 계속되고 있다. 이 생물학 상자의 정확한 메커니즘은 아직 명확히 이해되지 않았지만, 정신약리학적 관점에서 우울증 치료에 성공한 세 가지 접근법을 조금 더 자세히 살펴보겠다. 한 가지는 확실하다. 신경전달물질은 활동 전위를 다음 뉴런으로 보내기 위해 뉴런 사이의 간격을 연결하는 화학물질이다. 세로토닌([그림 8-1])은 이 전송에 관여하는 주요 신경전달물질이며 우울증 증상과 밀접한 관련이 있다.

모노아민 산화효소 억제제

비경험적으로 들리겠지만, 우울증 치료에 대한 이 접근법은 결핵 치료에 사용된 약물의 부작용 때문에 우연히 발견되었다. 이는 실제로 제2차 세계대전 중 로켓 연료에 사용된 물질에서 유래되었다[LeDoux(2003)는 이 특정 종류의 우울증 약물에 대한 흥미로운 논의를 제공한다]. 이 약물로 치료받은 환자는 행복감을 느끼는 것으로 관찰되었다. 나중에 우울증 환자를 대상으로 실험한 결과 일부 우울 증상을 완화하는 것으로 밝혀졌다. 사용된 약물인 이프로니아지드(iproniazid)는 신경전달물질인 세로토닌과 노르에피네프린이 우울증에 중요한 역할을 한다는 첫 번째 증거(선험적 증거이긴 하지만)를 제공했다. 모노아민은 시냅스 틈새에서 세로토닌의 전달을 돕고 전달을 '차단'하기 위해 분해된다. 모노아민 산화효소 억제제(Monoamine Oxidase Inhibitors: MAOI)는 모노아민의 분해를 막아 전달을 계속 유지하여 시냅스 후부의 발단에 있는 더 많은 신경전달물질이 더 오래 작용할 수 있도록 한다(Garrett, 2011). 우울증에 대한 많은 초기 약물치료들과 마찬가지로 부작용들이 MAOI의 폭넓은 장기간 사용을 제한했다.

삼환계 항우울제

다른 질병 치료를 통해—이 경우에는 정신분열증—우연히 발견된 우울증에 대한 또 다른 약물치료제는 삼환계(tricyclics)로 알려진 약물의 종류이다. 이것은 화학 구조의 세 고리에 이름 붙여졌다(LeDoux, 2003). 삼환계는 또한 시냅스 틈새에 모노아민을 유지하는 역할을 한다. 그러나 삼환계는 분해를 방지하는 대신 모노아민이 시냅스 전반부 말단으로 재흡수되는 것을 방지한다. 이것은 선택적 세로토닌 재흡수 억제제(SSRIs)로 가는 길을 가리켰기 때문에 항우울제의 메커니즘에 대한 핵심 발견이었다. 그러나 다시 한번, 모노아민에 대한 약물의 광범위한 효과는 부작용을 일으켰다. 약물이 더 많은 시스템에 영향을 줄수록 의도하지 않은 영향 또는 부작용이 더 많이 발생한다.

선택적 세로토닌 재흡수 억제제

모든 신경전달물질(및 모노아민과 같은 지원 효소)과 마찬가지로 세로토닌은 뉴런의 활동 전위가 작업을 완료하면 다음 단계에서 사용할 수 있도록 시냅스 전반부 소포진(the presynaptic vesicles)으로 재흡수된다. 신경전달물질이 신호 전달을 촉진하면 시냅스에 더 많은 세로토닌이 더 오랫동안 효과적인 뉴런 대 뉴런 연결을 도울 것이라는 이론이 구축되었다. 세로토닌이 구체적으로 확인되면 세로토닌에만 작용하도록 설계된 선택적 세로토닌 재흡수 억제제(Selective Serotonin Reuptake Inhibitors: SSRI)가 실행된다. 이름에서 알 수 있듯이 프로작(Prozac)과 같은 SSRI는 세로토닌이 시냅스 앞부분 말단으로 재흡수(재섭취)되는 것을 차단하여 신호 전송이 완료되도록 더 오래 유지된다.

주석: 40년도 더 전부터 지금까지 과학자들이 SSRI가 작동한다는 것을 알고 있으며 작동 방식에 대한 이해도가 높아져 오고 있음을 기억하기 바란다. 그러나 미스터리로 남아 있는 한 가지는 약물이 수 시간 내에 수용체 부위에 영향을 미칠 때 일반적으로 증상 감소가 최대 몇 주까지 지연되는 이유이다(LeDoux, 2003)!

요약

우울은 미디어, 진료소, 거의 모든 환경, 인간관계, 뇌 등 어디에나 있다. 정확히 그것이 뇌의 어디에 있는지는 여전히 논쟁거리이다. 향정신성 약물은 우울증의 증상을 개선하지만 구체적으로 어떻게 작용하는지는 미스터리로 남아 있다. 치료 가능한 우울증과 관련된 행동 지표 때문에 상담자가 너무 큰 부담을 가질 필요는 없는 것이다.

'우울증은 무엇이며 어디에 있는가?'라는 질문은 우울증 치료에 대한 뇌기반의 증상 지향적 접근 방식으로 단계를 밟으면서, 이 장의 끝에 도달하면 다음과 같은 결론에 이르게 된다. 우울증은 세로토닌의 증식을 통해 뇌의 모든 곳에서 발견되는 다중 시스템 뇌 장애로, 인지, 감정, 행동, 결합, 수면 및 식욕 조절을 조절하는 동기, 관계 등 여러 시스템에 영향을 미친다. 우울증은 한 가지가 아니다. 특정 장소에 위치하지 않는다. 이 때문에 우울증은 1차원적으로 치료할 수 없다.

우리는 이 장 전체에서 우울증이 유전적 소인으로 시작된다는 것을 보아 왔다. 그렇지만 현재로서는 혈액을 통해 검사할 수는 없다. 우울증은 사회적 환경에서 존재한다. 개인에 의해 경험되고 해석되기 때문에 다양한 경험을 통해 촉발되고 악화될 수 있다. 이것은 두 우울증이 동일하지 않으며 우울증을 앓는 두 내담자가 동일하지 않다는 것을 의미한다. 우울증의 역학에 대한 신경학적 이해는 상담자가 내담자와 상담할 때 우울증이 있는 부분을 위해 상담 방법과 패러다임을 유연하게 움직일 수 있도록 해 준다.

핵심정리

이 장의 도달목표:

- 우울증과 그 치료에 대한 생물학적, 이론적 기초를 확립했다.
- 이 책에서 다루는 네 가지 범주의 치료 접근이 어떻게 우울증을 다루는지 확인했다.
- 이러한 이론과 신경과학 결과의 통합이 우울증 치료에서 어떤 모습인지 보여 주었다.

참고문헌

American Psychiatric Association. (2013). *The diagnostic and statistical manual of mental disorders* (5th ed.). Washington, DC: Author.

Badenoch, B. (2008). *Being a brain-wise therapist*. New York, NY: Norton.

Beck, J. S. (1995). *Cognitive therapy: Basics and beyond*. New York, NY: Guilford Press.

Dale, E., Bang-Andersen, B., & Sánchez, C. (2015). Emerging mechanisms and treatments for depression beyond SSRIs and SNRIs. *Biochemical Pharmacology, 95*(2), 81-97. doi.org/10.1016/j.bcp.2015.03.011

Fenichel, O. (1996). *The psychoanalytic theory of neurosis* (2nd ed.). New York, NY: Routledge. (Original work published 1946)

Field, T. A., Beeson, E., Luke, C., & Jones, L. K. (in press). Neuroscience conceptualizations of depression by counselor. *Journal of Mental Health Counseling*.

Freud, S. (1922). Mourning and melancholia. *Journal of Nervous and Mental Disease, 56*(5), 543-545.

Garrett, B. (2011). *Brain and behavior: An introduction to biological psychology* (3rd ed.). Thousand Oaks, CA: Sage.

Ghaemi, S. N. (2007). Feeling and time: The phenomenology of mood disorders, depressive realism, and existential psychotherapy. *Schizophrenia Bulletin, 33*(1), 122-130. Retrieved from http://www.ncbi.nlm.nih.gov/pmc/articles/PMC2632297/

Glasser, W. (1965). *Reality therapy: A new approach to psychiatry*. New York, NY: Harper and Row.

Hazler, G. (2010). Pathophysiology of depression: Do we have any solid evidence of interest to clinicians? *World Psychiatry, 9*(3), 155-161.

Hayes, S. C. (2004). Acceptance and commitment therapy, relational frame theory, and the third wave of behavioral and cognitive therapies. *Behavior Therapy, 35*(4), 639-665.

Hays, D. G., & Erford, B. T. (2018). *Developing multicultural counseling competence: A systems approach* (3rd ed.). New York, NY: Pearson.

Iacoboni, M. (2009). *Mirroring people: The science of empathy and how we connect to others*. New York, NY: Picador.

LeDoux, J. (2003). *Synaptic self: How our brains become who we are*. New York, NY: Penguin Books.

Linehan, M. M. (1993). *Cognitive-behavioral treatment of borderline personality disorder*. New York, NY: Guilford Press.

National Institute of Mental Health. (2011). *What is depression?* Retrieved from http://www.nimh.nih.gov/health/topics/depression/index.shtml

Neukrug, E. (2018). *Counseling theory and practice* (2nd ed.). San Diego, CA: Cognella Academic Publishing.

O'Connell, B. (2012). *Solution-focused therapy*. Thousand Oaks, CA: Sage.

Perls, F. (1976). *The gestalt approach and eye witness to therapy*. New York, NY: Bantam Books.

Porges, S. W. (2001). The polyvagal theory: phylogenetic substrates of a social nervous system. *International journal of psychophysiology, 42*(2), 123-146.

Porges, S. W. (2007). The polyvagal perspective. *Biological psychology, 74*(2), 116-143.

Rogers, C. R. (1961). *On becoming a person: A therapist's view of psychotherapy*. Boston, MA: Houghton Mifflin.

Sanacora, G., Treccani, G., & Popoli, M. (2012). Towards a glutamate hypothesis of depression: An emerging frontier of neuropsychopharmacology for mood disorders. *Neuropharmacology, 62*(1), 63-77. doi.org/10.1016/j.neuropharm.2011.07.036

Schwartz, J. M., & Begley, S. (2002). *The mind and the brain: Neuroplasticity and the power of mental force*. New York, NY: Regan Books.

Siegel, D. J. (2006). An interpersonal neurobiology approach to psychotherapy. *Psychiatric Annals, 36*(4), 248.

Stone, M. H. (2002). Individual psychology of depression. In M. A. Reinecke & M. R. Davison (Eds.), *Comparative treatments of depression* (pp. 88-111). New York, NY: Springer.

Substance Abuse and Mental Health Services Administration, Center for Behavioral Health Statistics and Quality, Retrieved from https://www.samhsa.gov/about-us/who-we-are/offices-centers/cbhsq

Sue, D. W., & Sue, D. (2016). *Counseling the culturally diverse: Theory and practice* (7th ed.). Hoboken, NJ: Wiley.

Teasdale, J. D., Segal, Z. V., Williams, J. M. G., Ridgeway, V. A., Soulsby, J. M., & Lau, M. A. (2000). Prevention of relapse/recurrence in major depression by mindfulness-based cognitive therapy. *Journal of Consulting and Clinical Psychology, 68*(4), 615.

Wolpe, J. (1973). *The practice of behavior therapy*. New York, NY: Pergamon Press.

World Health Organization (2017). Retrieved from https://www.who.int/news-room/fact-sheets/detail/depression

CREDITS

그림 8-1: Copyright © Elena Dale, Benny Bang-Anderson, and Connie Sánchez (CC by 4.0) at *Biochemical pharmacology*, vol. 95, no. 2.

CHAPTER

09

스트레스 및 외상 관련 장애

도입 질문

- 내담자, 동료 또는 친구가 '스트레스를 받고 있다.'고 말할 때, 이것이 여러분에게 의미하는 바는 무엇인가? 상담에서 이런 말을 하는 내담자와 어떻게 시작할까?
- 상담에서 스트레스는 임상적 · 사회적으로 어떤 모습인가?
- (이미) 스트레스를 받고 있는 내담자와의 상담에서, 내담자를 가르치거나 압도하지 않으면서 신경과학의 연구 결과를 어떻게 적용할 수 있는가?

Michael

Michael은 그의 인생에서 여러 가지 스트레스 요인을 다루기 위해 치료를 받고자 하는 40세 남성이다. 성공적으로 치료되지 않은 불안과 우울 증상 이력이 있는 그는 스트레스와 강박의 징후를 잘 알고 있다. 그래서 그는 여러 가지 전환에 대처할 수 있도록 도움을 받기 위해 상담실을 찾았다. 그는 자신의 주된 스트레스 요인을 직업 불만족, 더 정확히는 일반적인 경력보다 현재의 직장이라고 말한다. 고용의 변화는 거의 다른 도시로 이사하는 것을 의미하기 때문에 그는 변화에 대해서는 양가성을 표현한다. 그것은 1, 3학년인 그의 두 아들을 포함하여 그의 가족의 근간을 뒤흔들 것이다. 그의 직업과의 이 싸움은 약 1년 반 동안 계속되어 왔고, 부모에 대한 역할의 변화로 인해 복잡해졌다. 그의 부모는 한동안 이혼상태였다가 재혼했다. 그러나 지난 6개월 동안 양친의 건강은 급격히 악화되었다. 그의 아버지는 3년 전 두 번째 아내와 이혼한 후에 혼자 살고 있다. 그는 주로 건강 문제 때문에 은퇴를 앞두고 있다. Michael의 어머니는 여전히 재혼한 상태이고 심리적 조절 이상 그리고 관련된 신체적 건강 문제들의 심화를 경험하고 있다. Michael은 직계 가족의 요구(재정, 학교, 가정 안정), 경력(직업 만족, 외벌이 가정에 충분한 직장), 그리고 부모님의 요구에 부응하는 것 사이에서 갇혀 있다고 느낀다.

문화적 고려사항

외상 후 스트레스 장애(Post Traumatic Stress Disorder: PTSD)와 급성 스트레스 장애를 포함하여 스트레스, 스트레스 관련 장애는 모든 정신건강 장애와 마찬가지로 진단 및 치료를 고려할 때 문화를 염두해야 한다(Owens & Parsons, 2018; Sue & Sue, 2016). 이와 유사하게, 문화적 스트레스는 신경생물학적으로 고려되어야 한다(Douthit & Russotti, 2017). 문화적으로 소수자, 소외된 집단의 구성원들은 특권 집단과 다르게 스트레스를 경험한다(Sue & Sue, 2016). 이러한 우려를 반영하여 DSM-5는 적응 관련 스트레스를 진단할 때 다음과 같은 지침을 제공한다.

> 스트레스 요인에 대한 개인의 대응이 부적응적인가를 임상적으로 판단할 때 개인의 문화적 배경 맥락을 고려해야 한다. … 스트레스 요인의 특성, 의미, 경험 그리고 스트레스 요인에 대한 반응의 평가는 문화마다 다를 수 있다.
>
> (2013, p. 288)

마찬가지로 PTSD에 대한 고려는 문화적인 영향과 표현을 포함해야 한다. 따라서 DSM-5에서는 "PTSD의 지역적 표현에 대한 종합적인 평가에는 스트레스(distress)의 문화적 개념에 대한 측정이 포함되어야 한다."(p. 278)고 표현한다. 또한 DSM은 문화의 렌즈를 통해 정신건강 장애를 측정하기 위하여 다음과 같은 요건을 제공한다(pp. 749-750).

- 개인의 문화적 정체성
- 스트레스의 문화적 개념화
- 심리사회적 스트레스 요인과 문화적 취약성 그리고 탄력성
- 개인과 임상가 관계의 문화적 특징
- 전반적인 문화적 평가

이러한 특징들은 상담자들이 내담자와 함께 일하는 데 있어서 문화적 지식, 인식 및 기술(다문화와 사회 정의 상담 역량)을 향상하라는 요구를 동반한다(MSJCC, Ratts, Singh, Nassar-McMillan, Butler, & McCullough, 2016). 특히 우리가 스트레스와 외상을 신경과학에 정통한

진단과 치료로 옮겨갈 때 필요하다.

도입

스트레스라는 용어가 사용되지 않았던, 개인적으로나 직업적으로 누군가와 나눈 마지막 대화를 떠올려 보라. 어떤 사람들은 스트레스 용어를 대화식으로 사용하고, 다른 사람들은 임상적으로 사용한다. 어느 쪽이든, 스트레스가 있는 사람들과의 의사소통 측면에서 이를 구분하는 것은 중요한데, 그 이유는 스트레스는 확장과 잠재적인 손상을 유발할 수 있기 때문이다. 실제로, "Hans Selye는 '건강과 질병에서의 스트레스는 의학적 · 사회학적 · 철학적으로 인류를 위해 내가 생각할 수 있는 가장 의미 있는 주제'라고 생각했다" (Szabo, Tache, & Somogyi, 2012, p. 472). Selye(1955)는 스트레스를 자원을 초월한 시스템의 과세(taxing)로 묘사했다. 이러한 '과세'는 장기간 노출(예: 만성), 심한 노출(예: 급성 스트레스) 또는 재경험 노출(예: PTSD)을 통해 발생할 수 있다(McEwen, 2012, 2017). 스트레스는 우리 문화에서 흔히 사용되는 용어와 상태로서, 그리고 종종 임상적 관심을 받는 상태로서 보편화되었다. 일상생활과 상담에서 몇 가지 관련 특징이 있다. 첫째, 이 장의 뒷부분에서 논의되는 것처럼 DSM-5(American Psychiatric Association, 2013)에서 스트레스가 인식되는 방법 측면에서 스트레스 자체가 의료계에서 다르게 인식되기 시작했다. 둘째, 스트레스는 객관적이기도 하고 주관적이기도 하다. 또는 Joëls와 Baram이 말했듯이, 스트레스는 "개인의 환경에서 실제적인 혹은 잠재적인 방해"이다(2009, p. 459). 다리(bridge) 비유를 생각하라. (외부적으로 가해지는) 하중이 인장 강도(스트레스의 '내적' 경험)를 초과할 때, 우리는 다리가 스트레스를 받고, 너무 많이 스트레스를 받으면 휘어진다고 말한다. 셋째, 마음챙김(mindfulness) 접근에서 강조된 바와 같이, 스트레스는 우리가 중간에 당황하지 않는다면 강점으로 이어질 수 있다. 근육의 성장과 발달은 이것의 분명한 예이다. 근육에 스트레스를 주는 것은 근육들이 자라도록 도와준다. 마지막으로, DSM-5에서 스트레스 장애에 대한 유효한 준거로 인식되지는 않지만, 스트레스는 24시간 뉴스 방송과 인터넷 뉴스에서 보여 주고 있는, 세계에서 고통 받는 과도한 노출로 인해 발생할 수 있다. 그래서 우리는, 위급하다면 상담자들이 함께 작업하고 자세히 살펴보아야 하는 스트레스에 대한 복잡한 관점을 이미 가지고 있다.

뇌에서 스트레스란 무엇인가

DSM-5에 따르면, **스트레스**는 "자신의 평정을 방해하고 자신의 대처 능력에 과세하거나 초과하는 자극 사건에 대한 특정적이고 비특정적인 반응 패턴"이다(American Psychiatric Association, 2013, p. 829). **스트레스원**은 "개인의 정상적인 생리적, 인지적, 정서적 또는 행동적 균형을 방해하는 모든 정서적, 물리적, 사회적, 경제적 및 기타 요인"이다(American Psychiatric Association, 2013, p. 829). 또한 DSM-5에 따르면, **심리적 스트레스원**은 "정신장애의 시작, 발생 또는 악화와 일시적으로 (그리고 아마도 인과적으로) 연관될 수 있는 모든 생활사건 또는 삶의 변화"이다(American Psychiatric Association, 2013, p. 829).

이 장에서 특히 관련 있는, 임상적 중요성이 있는 변화 중 하나는 적응 장애가 자체의 개별 범주(DSM-IV-TR; American Psychiatric Association, 2000)에서 DSM-5에서는 완전히 새롭게 개념화된 범주로 이동했다는 것이다. 이 새로운 범주는 외상 및 스트레스 관련 장애이며, 다음과 같은 진단을 포함한다.

- 반응성 애착 장애
- 탈억제성 사회적 유대감 장애
- PTSD(코르티솔은 감소하나 코르티솔에 대한 민감도는 증가)
- 급성 스트레스 장애
- 적응장애(코르티솔 증가)
- 달리 명시된 외상 및 스트레스 관련 장애
- 명시되지 않은 외상 및 스트레스 관련 장애

모든 장애와 나열된 모든 스트레스원을 살펴보고 통합된 신경과학 접근을 적용하는 것은 이 책의 범위를 벗어난다. 따라서 두 가지 예제는 '일상대화의 스트레스'와 적응 장애가 있는 연속선상의 '경도' 끝에서부터 PTSD가 있는 심하고 오래 지속되는 스트레스까지 작용하는 신경역동을 강조한다. "스트레스란 무엇인가?"라는 질문에 대한 내적 · 외적 관점은 대인관계 신경생물학의 정의에 의해 이끌어지는데, 이는 우리의 이해에 의미 있는 전환을 제공한다. 스트레스는 "개인의 상태를 평형으로부터 멀어지게 하는 내적 또는 외적 조건"이다(Siegel, 2012, p. AI-78).

스트레스는 심리적 관점에서 이중적 의미를 갖는다. "스트레스는 위협, 실패, 사별과 같이 유기체에게 특이한 요구를 하는 환경 조건이다. 스트레스는 또한 내적 조건이며, 스트레스 상황에 대한 당신의 반응이다."(Garrett, 2011, p. 234) "어떤 상황이 그 사람에게 스트레스인지 아닌지는 상황에 대한 지각이나 생리학적 반응성에서 종종 개인 차이의 문제이다."(Garrett, 2011, p. 234) 이 이분법적인 스트레스 개념을 고려하여, 다음 문장을 비교해 보자.

"나는 스트레스를 받는다."
"나는 스트레스를 느낀다."

첫 번째 진술인 "나는 스트레스를 받는다."에서 전달되는 것은 외부의 힘이 그 사람에게 영향을 주고 있다는 인식이다. 두 번째 진술인 "나는 스트레스를 느낀다."에는 외부 요인에 대한 말은 없다. 대신, 우리가 가진 것은 스트레스라고 불리는 것에 대한 개인적 경험이다. 이제 다음 두 가지 관찰을 대조해 보자.

"그것은 스트레스가 많은 것 같다."
"당신은 스트레스를 받는 것 같다."

여기에서 다시, 첫 번째 사례인 "그것은 스트레스가 많은 것 같다."는 개인의 응답/반응과 거의 독립적인, 스트레스가 많은 사건이나 상황에 대한 진술이다. 대조적으로, "당신은 스트레스를 받는 것 같다."는 환경에 대해 어떠한 가정도 하지 않는다. 오히려 스트레스를 받는 것으로서 개인의 경험에 관해서 이야기한다. 이 두 가지 예는 스트레스에 관한 몇 가지 강력한 진실을 보여 주며 치료에 영향을 미친다.

우리와 우리의 내담자들 모두에게 그 질문 자체에서 초점의 변화는 스트레스에 대한 우리의 이해와 치료에 중요하다. 이 경우에 적절한 반응은 스트레스가 환경에 분명한 기원을 가진 절대적으로 외적인, 실제 현상이라는 것이다. 스트레스는 개인 외부에서 발생하고, 어느 정도 객관적이며, 죽음, 외상, 변화 등 DSM-5 기술에서 명확하게 볼 수 있듯이 명확한 존재론적 표시(marker)를 가진다. 대부분의 경우는 아니더라도 많은 경우에, 외적 또는 외재적 스트레스는 환경적이라는 점에서 피할 수 없고 불변한다. 개인은 외적으로 스트레스에 대한 제한적 통제를 갖는다. [이 진술은 우리가 알고 있듯이 너무 단순화한 것이다. 왜

냐하면 개인은 부정적인 결과에도 불구하고 자신의 환경을 종종 선택하기 때문이다.]

두 번째 의미에서 스트레스에 대한 미묘한 이해가 표면화된다. 이러한 유형의 질문에는 스트레스가 객관적이고 외부적으로 유래된 상태를 가지는 것처럼, 스트레스는 또한 주관적이고 내적으로 유래된 상태 또는 현실을 가진다는 가정이 내포되어 있다. 상담자는 상담 밖에서 내담자의 선택에 대하여 거의 또는 전혀 통제할 수 없으며, 삶의 우여곡절에 대해서도 통제할 수 없다는 점에서 스트레스에 대한 이러한 이해는 상담의 기본 영역이다. 따라서 이 두 번째 의미에서 스트레스는 외부 스트레스가 발생한 후 개인에게 일어나는 일을 포함한다. 때때로 **스트레스원**이라는 용어는 스트레스를 우선 외적으로 설명하는 데 사용된다. 그러나 스트레스원은 사건 또는 상황이며 개인의 주관적인 경험을 통해 스트레스로 인식될 때만 스트레스가 된다. 물론 주목할 만한 예외에는 전쟁, 외상, 죽음 등이 포함되지만, 우리는 다음에 나오는 진단 준거에서 이러한 사건들이 해당하며, 또한 스트레스 장애에 대한 하나의 준거로 정의하는 사건 이후에 발생하는 생각, 감정 및 행동도 해당함을 알게 될 것이다.

DSM-5의 진단기준

급성 스트레스 장애와 PTSD에 대한 DSM-5 준거는 두 장애 모두 동일한 준거 A 기술을 포함하듯이, 개인이 스트레스에 맞닥뜨리는 방식에 대한 추가적인 통찰을 덧붙인다.

A. 다음 방법 중에 하나(또는 그 이상)로 실제 또는 죽음의 위협, 심각한 부상 또는 성폭력에 대한 노출:
   1. 외상 사건을 직접 경험
   2. 다른 사람에게 일어난 사건을 직접 목격
   3. 그 사건이 가까운 가족이나 친구에게 일어났음을 알게 됨
      참고: 가족이나 친구의 실제적인 혹은 위협적인 죽음인 경우에 그 사건은 폭력적이거나 우발적이어야 한다.
   4. 외상 사건의 혐오적인 세부 사항에 반복적인 또는 극단적인 노출을 경험(예: 인간 유해를 수거하는 최초 대응자, 아동학대의 세부 사항에 반복적으로 노출된 경찰관).
      참고: 이 노출이 직업과 관련이 없는 한, 전자 매체, 텔레비전, 영화 또는 사진을 통

한 노출은 적용되지 않는다(American Psychiatric Association, 2013, pp. 271, 280).

불안과 우울에 대한 앞의 두 장에서 적용된 것과 마찬가지로, 〈표 9-1〉은 네 가지 이론의 주요 범주에 따라서 스트레스 지도를 제공한다.

〈표 9-1〉 스트레스란 무엇인가?

이론	경구	분과	관련 주제
정신분석적 관점	정신병리는 관계적이다.	모두	어린 시절의 애착은 스트레스 내성에 대한 단계를 설정한다.
인지행동적 관점	정신병리는 행동적이다.	모두	회피는 스트레스 예방접종에 비해 위축과 강직으로 이어진다.
인본주의적-실존적 관점	정신병리는 존재론적이다.	모두	비지지적 환경/관계는 자아감 또는 존재감에 대한 지각된 위협으로 이어진다.
구성주의적 관점	정신병리는 구성된다.	모두	도전을 다루는 역사적 접근(성공에 대한 기억은 걸러진다)

뇌에서 스트레스는 어디에 있는가

이 질문에 대한 답의 일부는 시상하부 뇌하수체 부신피질 축(HPA axis)에 있다. 2장에서 우리는 시상하부의 역할이 섭식, 음주, 성관계와 같은 목표 지향적 행동을 조절하는 것이지만, 자율신경계(ANS)와 뇌하수체 모두에 영향을 미치며 그리하여 호르몬 조절에도 영향을 미친다는 것을 알았다(Garrett & Hough, 2018). 8장에서, "우울증은 어디에 있는가?"의 질문에 대한 응답으로 보았듯이, 스트레스도 신경전달물질에 있는 것으로 보인다. 그러나 이는 답의 일부일 뿐이다. 우리는 스트레스가 활성화된 후 스트레스가 뇌의 어디에 있는가에 대해서 제한적으로 다루었다. 하지만 그 직전에는 어디에 있는가? 즉, 어떻게 '스트레스'가 시상하부에 들어가는가? 대답(들)은 다음에 논의되는 치료를 선택하는 데 도움이 될 것이다. 시상하부는 뇌하수체를 자극하여 부신에서 스트레스 호르몬을 분비한다(Garrett, 2011).

- 에피네프린은 노르에피네프린과 함께 스트레스 관련 신호를 보내는 역할을 하는 신경전달물질로 기능한다.

- **노르에피네프린**은 특히 스트레스에 대한 반응으로 환경과 관련한 주의와 각성을 활성화함으로써 신경전달물질로 기능한다.
- 코르티솔은 글루코코르티코이드(glucocorticoid)로 기능하여, 정신적 정확성을 증가시키기 위해(적어도 짧은 시간 동안) 당(및 단백질)과 관련한 대사 과정을 가속화한다(Cozolino, 2010).
- 또 다른 '스트레스 호르몬'인 **부신피질 자극 호르몬**(adrenocorticotropic hormone)은 뇌하수체와 부신 사이의 호르몬 방출 인자 역할을 한다.

스트레스 네트워크: 시상하부 뇌하수체 부신피질 및 교감 부신수질

이 절의 자료는 스트레스, 트라우마, 관계 및 중독 간의 연관성을 기술한 논문을 쉽게 풀어서 기술한 것이다(Luke, Redekop, & Jones, 2018). Luke 등은 상담자가 스트레스와 관련한 시스템에 대해서 어떻게 생각할 수 있는지 간략하게 설명한다.

> HPA축은 시상하부(hypothalamus), 뇌하수체(pituitary gland) 및 부신(adrenal glands)으로 구성된다. 시상하부는 소화, 수면, 체온, 그리고 아마도 가장 주목할 만한 '환경에서 스트레스원에 대한 응급 반응'과 같은 많은 비자발적인 생명 기능을 제어하는 중뇌/후뇌 경계 구조이다(Saper & Lowell, 2014, p. R1111). 이는 위협을 탐지(지각)하는 편도체의 역할에서 시작하여, 시상하부가 뇌하수체에 미치는 영향을 통하여 위협 대응에 주요 역할을 한다는 것을 의미한다(Garrett & Hough, 2018). 뇌하수체는 호르몬 생산과 분비를 통제한다. 특히 스트레스 기간에 뇌하수체는 부신피질 자극 호르몬(adrenocorticotropic hormone)의 생산과 분비를 촉발하고, 뇌하수체와 부신피질(외부 부분) 간의 일차적 화학적 도관의 역할을 한다. 부신피질은 코르티솔을 방출하며, 코르티솔은 글루코코르티코이드로서 기능한다. 그렇게, 코르티솔은 당(및 단백질)과 관련한 대사 과정을 가속화하여 스트레스가 높은 기간 동안 신체가 최고 수준의 수행을 하도록 연료를 제공하고 최소한 짧은 시간 동안 정신적인 정확도를 증가시킨다(LeDoux, 2012). 이것이 또한 내인성 오피오이드를 방출하는 시스템이다. SAM 시스템은 SNS(교감신경계)를 관여시켜, 부신의 내부(adrenal medulla)가 노르아드레날린(노르에피네프린)과 아드레날린(에피네프린)을 방출하도록 촉진한다. 노르에피네프린은 특히 스트레스에 대

한 반응으로 환경과 관련하여 주의와 각성을 활성화함으로써 호르몬과 신경전달물질로서의 역할을 모두 한다. Enoch(2011)은 초기 스트레스로 가득한 환경의 역할이 아동의 뇌에서 스트레스 회복탄력성의 발달을 저해하는 것으로 확인했다. 이러한 증가된 발달적 취약성은 또한 중독에 대한 민감성으로 변환되는 것으로 보인다(Enoch, 2011).

스트레스는 행동을 부른다. 개인에게나 환경에서 무언가가 변해야 한다고 뇌에서 신체로 보내는 메시지이다. 그러나 이 메시지는 어디에서 시작하는가? 뇌의 대부분의 신호와 마찬가지로 스트레스 메시지는 감각 시스템을 통해 환경에서 시작한다. 정서적 자극은 촉각, 맛, 시각, 소리 및 냄새를 통해 뇌로 들어간다. 이러한 감각 경험은 뇌에서 두 가지 경로로 처리되는데, 감각 시상(sensory thalamus)과 감각 피질(sensory cortex)이다(LeDoux, 2003).

시상은 후각과 관련한 것을 제외한 모든 감각 입력을 처리한다. 이 초기의 고속 처리는 계속적인 응답/반응 처리를 위하여 응급 대응 신호가 편도체로 직접 보내지도록 한다. 편도체의 역할은 불안과 관련하여 7장에서 더 자세히 논의하였다. 두 번째 트랙은 감각 피질로 연결되며, 이는 적절한 엽(lobe)에서 각 감각을 처리하는 피질의 처리 능력(예: 측두엽의 청각 감지, 후두엽의 시각적 처리)으로 인해 자극에 대한 보다 완전한 그림을 제공한다. 이러한 처리의 완성도에는 대가가 따른다. 바로 속도이다. 두 개의 트랙은 대응 속도와 지각 정확성의 균형을 유지하는 데 도움이 된다.

뇌에서 스트레스의 위치를 고려할 때, 스트레스는 환경에서 발생한다. 감각 기관이 자극 신호들을 받고, 이러한 자극들은 병렬 처리된다. 이 병렬처리는 처음에는 시상이 지배한다. 긴급 준비를 위해서는 편도체로 그리고 보다 철저한 이해를 위해서는 각각의 감각 피질로 처리의 방향을 지시한다고 우리는 더 정확하게 말할 수 있다. 이 모든 것이 앞에서 설명된 시상하부의 반응으로 이어진다. 그러나 스트레스는 또한 시상, 편도체, 시상하부와 해마의 상호 관계에 의해 결정되는 내부 현상이다[예: 스트레스 반응을 위한 변연계의 점화(priming)].

따라서 스트레스는 해마에도 존재한다(우울증에서와 마찬가지로 스트레스를 받는 개인에게서 감소한 용량). 여기 해마에서 장기간 스트레스의 해로운 영향이 환경과 개인의 마음에서 관찰된다. 단기간의 스트레스와 변연계 영역에서 코르티솔의 폭발을 방출하는 신호는 매우 적응적이다. 이는 신체를 행동하도록 준비시키는 방식으로 신진대사에 영향을 미치기 때문이다. 코르티솔에 매우 강렬하게 또는 장기간 노출되면 해마에서 수상돌기 손상이 발생하고 장기 기억에 영향을 미친다(LeDoux, 2003). 이것은 외상 사건의 세부 사항과 스트레스에 지속적으로 노출된 사람들의 나쁜 기억력에 대한 하나의 설명이다.

통합

1장에서 나는 상담자가 상담에서 수행하는 업무에 대한 매우 간단한 틀을 제시했다. 스트레스를 받는 모든 내담자와 함께 작업하는 모든 상담자는 내담자의 생각, 느낌 및 행동을 어느 정도 다루어야 한다. 스트레스/고통이 있는 내담자는 자신의 유전적 구성, 생물학적 요인, 경험 및 형성 환경을 가지고 상담자에게 온다. 설치류와 인간에 대한 비교 연구를 통해 Joëls, Karst와 Sarabdjitsingh은 "스트레스에 대한 뇌의 반응은 삶의 사건과 상호작용 속에서 개인의 유전적 배경에 달려 있다."(2018, p. e13066)고 말한다. 이러한 요인들은 앞서 언급한 모든 것을 구성하는 사회문화적 환경을 통해서 형성하고, 형성되며, 형성되는 과정에 있다. 따라서 필자는 경우에 따라서 관련한 주요 신경 요인 또는 유사 요인과 함께, 이러한 각각의 요소를 통해 스트레스를 보는 한 가지 방법을 설명하는 표(〈표 9-2〉)와 그 뒤에 토론을 포함시켰다.

〈표 9-2〉는 축약된 형식이지만 상당히 길고 자세하다. Michael과의 상담에서 이 여덟 가지 구성 요소가 어떻게 보이는지 살펴보자.

Michael은 자신의 유전 코드를 가지고 태어났는데, 이는 완전히 그의 통제 밖에 있는 것이다. 이 유전 코드의 일부는 생물학적으로 결정된 기질과 성격에 대한 기본틀을 포함한다. 여기에는 사고, 느낌, 행동의 특정 방식에 대한 성향이 포함되며, 이 모든 것은 그의 출생 시 함께 나타난다. 그는 또한 자신이 선택하지 않은 환경에서 태어나서 초기 거의 20년 동안 그 환경을 유지할 것이다. 그의 환경의 특정한 것들(물리적 위치, 간병인, 학교 등)은 변화될 수 있지만, 여전히 그의 환경은 유지될 것이다. 그래서 그가 세상을 경험하고 세상이 그를 경험하는 것은 이런 맥락에서이다. Michael은 그의 환경의 렌즈를 통해서 이 경험들을 볼 것이며, 그 렌즈는 그가 속한 사회문화적 환경에 의해 더욱 형성된다. 이러한 경험과 환경은 특정 유전자를 효과적으로 켜고 끄면서 유전자 발현에 영향을 미칠 것이며, 이는 다시 후속 유전자 발현에 영향을 미칠 것이다. 이것이 Michael의 생각, 감정 및 행동이 형성되는 더 넓은 맥락이다. [사고, 느낌, 행동 사이의 관계에 대한 특정 모델을 여기에서 그리고 명확성을 위해서 적용하는 것은 유혹적이지만, 많은 연구에서 이들의 상호 연관성과 쌍방의(bilateral)

특성을 입증했으므로 나는 전체적으로 언급한다.] 그의 생각, 감정 및 행동은 서로를 강화하고 그의 생물학, 환경 및 경험에 의해 형성된다. 그들은 또한 유전자 발현과 경험을 통해 그의 유전학을 형성한다. 예를 들어, 그의 환경과 특정 경험에 대한 그의 생각과 느낌은 이후의 생각과 감정을 형성하지만, 그의 환경과 경험에 대한 반응으로 그가 하는 것(또는 하지 않는 것)에도 막대한 영향을 미칠 것이다. 이 여섯 가지 요소는 모두 더 큰 문화적 맥락에서 발생하지만, 그 요소들은 또한 수렴하여 Michael의 개인적 사회문화적 현실을 만든다.

〈표 9-2〉 스트레스의 8차원

차원	설명	신경과의 관계	예시
관계	(초기와 현재의) 관계는 스트레스원의 해로운 영향과 외상 사건이 될 수 있는 것에 대항하여 내담자를 예방접종하기 위해서 필수적이다. 관계는 또한 스트레스원 그리고/또는 외상이 발생할 때 회복탄력성의 기초를 형성한다.	관계 문제는 초기에 뇌와 중추신경계(CNS)의 스트레스 반응 시스템을 강화하여 탄력성 발달을 억제하고, 후에는 스트레스 및 트라우마 반응에 대한 취약성으로 이어질 수 있다.	그의 주 보호자를 비난하지 않고 또는 오늘날 그의 선택에 대한 책임을 빼앗지 않으면서, 상담은 회복적인 관계에 초점을 맞추면서 상담자와 시작할 수 있다.
생각	스트레스원의 인식(즉, 자기 대화)은 스트레스원이 스트레스, 고통(distress) 등으로 경험되는 정도를 가끔 결정한다. 보속(perseveration); 저해된 초점과 집중력; 기억력 문제; 극단적인 경우에 해리 가능성	해마의 대사율이 변하여, 단기 집중을 유발하고 일시적으로 장기 기억을 무력화시킨다. 장기적 또는 강렬한 스트레스의 결과로 해마 수상돌기의 사멸	Michael은 상담에서 스트레스가 많은 상황을 다룰 때 과거의 성공 사례를 걸러내고 부정적인 자기 대화에만 초점을 맞췄다.
감정	경미한 불편함에서 극도의 정서 조절 장애, 경미한 불안, 사건의 생생한 재경험까지의 범위	좌뇌와 우뇌, 그리고 전뇌, 중뇌, 후뇌의 조화는 스트레스 기간 동안 개인들이 가능한 한 조절을 유지하는 데에 필수적이다.	Michael의 우뇌와 중뇌는 이러한 상황에서 객관적으로 보고 문제를 해결하는 그의 능력을 지배하고 있다.
행동	회피는 스트레스 기반 행동 반응의 특징이다: 스트레스와 관련된 느낌의 회피, 특정 스트레스원 또는 사건과 관련된 상황의 회피	과민성 편도체는 스트레스원 또는 (해마의 기억 생성 및 회상과 연결된) 사건에 대한 알림에 근접할 때 경보를 울리고 고차원의 인지 과정을 우회한다.	Michael의 뇌는 문제에 대한 반응을 회피로 패턴화했다. 따라서 멀어지는 움직임은 그에게 호흡만큼이나 자연스럽다. 기술적으로는 그렇지 않더라도, 회피를 자동으로, 거의 기능적으로 자율적으로 만든다.

환경 (과거와 현재)	스트레스원에 노출(예: 사망, 심각한 부상, 성폭력)	전 스트레스(pre-stress) 환경은 인지적, 정서적, 행동적 반응 패턴을 형성하며, 이는 환경 자극의 평가와 해석에 영향을 미친다.	환경은 실제로 변화, 전환, 갈등 등의 형태로 Michael에게 많은 변화와 객관적인 스트레스원을 부과한다.
경험	정서적, 육체적, 사회적, 경제적 및 기타 요인이나 사건들은 주로 개인의 외부에 있으며, 개인으로부터 객관적으로 그리고 독립적으로 존재한다.	외적인 사건에 의미와 가치를 부여하면서, 개인적 의미, 원인 및 재발 가능성에 대한 해석과 귀인은 신경적 이야기(neural narrative)를 통해 내적으로 구체화된다.	Michael은 (모든 사람과 마찬가지로) 주관적인 관점에서 이러한 실제 스트레스원을 경험하고 있으며, 이는 이러한 스트레스원에 대한 그의 이후의 경험을 형성한다.
생물학/유전학	환경적 사건은 유전자 발현을 촉발할 수 있으며, 불안/스트레스 장애는 여성에게 더 많다; 환자는 과활성한 편도체에 대하여 유전적 취약성을 가질 가능성이 많다.	유전자는 결정적이지 않다. 유전자는 존재하더라도 절대 발현('켜짐' 위치로 전환)되지 않을 수 있으며, '켜짐' 위치에 있더라도 다른 '켜짐' 유전자가 다른 유전자의 효과를 무효화할 수 있다.	Michael은 확실히 신체적으로 스트레스를 경험한다. 그러고 나서 그는 신체적인 경험을 스트레스의 신호로 해석함으로써 스트레스를 강화한다.
사회 문화적 환경	통일성과 구별을 위한 공유된 그리고 고유한 표시들: 인종, 민족성, 성(gender), 가족 규칙, 능력, 규모 등. 또한 다소 보편적이다. 문화적 고통(distress)에 대한 DSM-5 예시 참조(pp. 833-837): Ataque de nervios Dhat syndrome Khyal cap Kufungisisa Maladi moun Nervios Shenjing shuairuo Susto Taijin kyofusho	스트레스는 관계적이며 특정 사회 시스템에는 스트레스를 경험하고 처리하는 자체 규칙이 있다.	Michael의 스트레스 회피는 가족 내에서의 관계 측면에서 볼 때 자신의 환경에서 학습된 행동이다—이 경우에 그의 현재 문제에서 가장 중요하고 관련성이 높은 문화적 환경

기초: 스트레스에 대한 이론적 반응

스트레스에 대한 정신역동적/정신분석적 반응

'억압된 자의 귀환'은 억압(repression)과 억제(suppression)를 통한 스트레스(distress)의 심리적 회피의 비효과성에 관하여 Freud가 사용한 표현이다(1926/1959, Shaver & Mikulincer, 2005, p. 34에서 인용됨). 무의식 그리고 무의식이 일상 행동에서 휘두르는 힘에 대한 Freud의 관점은 뇌에서 스트레스 메커니즘에 대한 신경과학적 발견을 암시했다. LeDoux(2003, 2015)는 외상적 사건에 직면했을 때 공포 반응의 주요 추동으로서 외현 기억(기억의 자동적, 암묵적 형성과 비교해서)을 형성하는 능력의 한계를 확인하면서 이를 확장한다. 사건의 의미에 대한 무의식적 인코딩은 의식적(외현적) 기억 형성보다 우선하며, 그 사건을 더 고통스럽고 쇠약하게 하는 해석으로 이어진다(LeDoux, 2003, p. 225). LeDoux의 설명에서 우리는 스트레스와 관련한 정신역동 이론에서 입증된 다음의 세 가지 구성요소를 본다.

- 생존하기 위한 생물학적 추동(drive), 결과적으로 환경 위협에 대한 반응성
- 위협을 평가할 때 기억—암묵 및 외현—의 역할
- 초기 관계를 통해 학습한 애착 스타일

Freud의 앞의 인용문은 정신역동적 관점에서 스트레스와 디스트레스(distress)를 이해하는 핵심 요소를 모두 설명하고 있으며, 앞서 언급한 점들과 결부되어 있다. 스트레스는 의식적으로 피하든 무의식적으로 피하든 간에 보통은 맹렬히 돌아온다. 스트레스와 디스트레스 접근-회피 모델은 꽤 오랫동안 존재해 왔으며 개인주의 이론으로부터 독립했다. 대부분의 개인주의 이론들은 그들의 관련 시스템에 통합되었다(Roth & Cohen, 1986). Roth와 Cohen은 접근과 회피의 중요한 차이점을 강조한다. 스트레스를 다루는 방향성은 억압-민감성 연속선상에 있다. 억압의 끝에서 우리는 정신분석적 개념에서 기술된 바와 같이 회피 과정을 찾는다. 스펙트럼의 다른 쪽 끝은 민감성 과정이다. 거기에는 인지행동 접근법에서와 같이 접근 과정이 존재한다. 회피 과정은 이름이 암시하듯이, 스트레스 및 스트레스원을 피하는 것뿐만 아니라 외상 관련 스트레스의 경우에 불안, 기대 및 고통스러운 기억과 같이 스트레스원과 관련한 부정적 감정을 연관시킨다. 접근 과정은 조작적 조건화

에서 대중화된 것처럼 선행사건 및 결과 모두에 관한 둔감화와 더 밀접하게 관련되므로 다음에 더 논의될 것이다.

Roth와 Cohen(1986)에 따르면, 접근-회피에서 억압의 개인적 차이 차원은 "불안을 유발하는 자극과 그 결과의 회피와 관련 있으며, 위협에서 멀어지는 일반적인 방향이다"(p. 812). 이것은 정신분석적 사고에서 두 가지 핵심 방어기제에 맞는다. 억제(suppression)와 억압(repression)이 그것이다. DSM-IV-TR은 실무자들에게 둘 사이의 차이점에 대하여 적절하고 유용한 행동적 개념화를 제공했다. 억제에서 "개인은 문제, 소망, 느낌 또는 경험을 방해하는 생각을 의도적으로 피함으로써 정서적 갈등이나 내부 또는 외부 스트레스원을 다룬다"(American Psychiatric Association, 2000, p. 757). 대조적으로, 억압에서 "개인은 방해되는 소망, 생각 또는 경험을 의식적인 인식(conscious awareness)에서 추방함으로써 정서적 갈등이나 내부 또는 외부 스트레스원을 다룬다"(American Psychiatric Association, 2000, p. 756).

두 가지 기술에서 우리는 의도성을 핵심 차이로 본다. 억제는 더 의식적인 형태의 과정이지만, 억압(repression)은 덜 그렇다. 그러나 각 접근 방식에서 목표가 같듯이, 기원은 같다. 기원은 초기 애착에 있다. 초기 애착은 위협이 있을 때 안전과 안정에 관한 암묵적 기억으로 이끈다. 따라서 목표는 인식으로부터 위협과 불편함의 느낌을 제거하는 것이다. 위협과 불편의 느낌은 위협적인 사건(실제 또는 지각된)을 상기시키기 때문이다. Bowlby(예: 1973)의 영유아기 애착에 관한 연구는 애착 안정성은 '필요할 때 애착 대상의 가용성, 반응성, (그리고) 지원성'에 달려 있음을 보여 주었다(Shaver & Mikulincer, 2005, p. 26). 이러한 애착은 세계가 탐험하기에 안전하고 요구를 충족시켜 준다는 것을 개인이 배우는 데 도움이 된다. 이것은 안전 애착을 통한 스트레스 예방 접종의 한 형태이다.

이러한 안전 애착이 없다면, 가져올 역사적 안전에 대한 저장소가 없다. 이것은 주로 억압과 억제를 통해, 인지 처리와 해결 방향이 거의 또는 전혀 없이 스트레스에 대한 응급 반응을 낳는다. Shaver와 Mikulincer(2005)는 이들에 대한 반응의 두 가지 주요 범주, 애착 과활성화(hyperactivation)와 애착 비활성화를 기술한다. 과활성화는 주요 대상에 대한 과도한 의존 그리고 아무리 호의적인 행동과 논평에서도 포기 또는 고립의 위협이 나타나는 것이 특징이다. 반면에 비활성화는 종종 생각과 기억을 억압하면서 주요 대상과의 관계에서 철수하는 것과 관련된다.

상담회기 내 정신역동적 접근

Michael

상담자: Michael, 당신은 일과 경력을 탐색하는 동안 자녀들을 양육하는 것과 나이가 많은 부모님을 돌보는 것 사이에 약간 얽힌 느낌이 든다고 말하고 있군요. 당신은 그 문제로 인해 꼼짝 못 하고 피곤한 것 같네요.

Michael: 저는 둘 다입니다! 어디서부터 시작해야 할지 정말 모르겠어요!

상담자: 그러면 우리는 그 목록에 상실을 추가할 수도 있습니다.

Michael: 물론입니다.

상담자: 일반적으로 스트레스가 많은 상황을 어떻게 처리하는지부터 살펴보는 것으로 시작합시다. 당신이 마지막으로 정말 스트레스를 받았을 때 무엇을 했습니까?

Michael: 글쎄요, 가능한 한 빨리 제거하려고 했던 것 같아요.

상담자: 좋습니다. 그건 어떤 모습이었나요?

Michael: 제가 그것을 해결해야 할 때까지 가능한 한 오래 무시한 것 같아요. 아마도 우리가 첫 아이를 낳았을 때였고 저는 완전히 압도당했습니다. 저는 실제로 집에서 첫아들과 거의 시간을 보내지 않았습니다.

상담자: 그 시간에 대해서 약간의 감정이 남아 있는 것 같습니다.

Michael: 완전히요. 저는 보통 후회를 많이 하는데 그것은 확실히 컸어요.

상담자: 잠시 당신의 부모님으로 돌아가 보지요. 그들은 스트레스와 같은 힘든 시기를 어떻게 다루었습니까?

Michael: 오, 재밌는 질문이네요. 저는 항상 부모님의 감정에 대해 책임감을 느꼈던 것으로 기억해요. 어머니와 아버지에게 각각 다른 이유로요. 어머니의 경우에, 그녀는 스트레스를 받고 그것을 저한테 풀었어요. 아버지의 경우, 그냥 사라지곤 하셨어요. 육체적으로나 감정적으로 또는 둘 다요.

상담자: 와우, 그 관계들이 당신에게 영향을 준 것 같네요.

Michael: 그렇습니다. 하지만 그것이 제가 겪고 있는 일과 어떻게 관련이 있습니까?

상담자: 좋은 질문입니다! 잠시 그것들을 함께 생각해 봅시다. 가능하다면 당신의 상황에 대해 내가 들은 것들을 요약하고 싶습니다. 어머니는 당신에게 감정을 드러냈습니다. 아버지는 물러났습니다. 이제 두 분 모두 자신들을 돌보는 데에 당신의 도움이 필요합니다. 당신은 스트레스에서 물러나거나 후퇴하는 경향이 있습니다. 당신은 첫아들에게 어린 시절부터 해결되지 않은 죄책감이나 슬픔을 가지고 있을 수 있습니다.

Michael: [중단] 오! 이제 이해가 되네요!

상담자: 말해 보세요.

Michael: 스트레스를 받았을 때 제가 제일 먼저 하는 일은 제 아버지가 하셨던 행동이네요—도망치는 거요. 그것은 어렸을 때 나를 아프게 했고 나는 돌아서서 그것을 내 아이에게 했어요. 어머니는 내가 어렸을 때 그녀의 감정과 관련이 없었을 때조차도 나에게 그녀의 감정에 대한 책임을 지게 했어요. 지금 저는 제 일에 집중해야 할 때인데, 그들을 다시 돌봐야 하는 상황에 처해 있습니다. 저는 도망치고 싶지만 할 수 없어요. 그리고 도망치지 않으면 무엇을 해야 하는지 저는 아직 모르겠어요.

Michael의 스트레스에 대한 신경기반 정신분석적 반응

100년 이상 동안 정신분석이론의 중요한 특징과 공헌 중 하나는 기억과 유아기 사건이다. Freud는 무의식적인 기억의 존재와 현재의 행동을 방향 짓는 무의식적인 기억의 역할을 예상하는 데 상당한 선견지명이 있었다. 한 분야로서 신경과학은 이 이론에 큰 지지를 보탰다. Searle(2004, 2013)의 의식에 관한 연구와 뇌 영상 연구의 증거는 자극에 대한 신경 반응과 결과로 나오는 그 결정에 대한 우리의 인식 사이에 시간적 공간을 입증하였다. 기억들은 부호화되고, 저장되고, 인출되는 방법 측면에서 관련된 방식으로 작동하는 경향이 있다. 예를 들어, 중요한 감정적 내용이 포함된 사건들은 다르게 인코딩되며, 인출 시 경계, 감정, 내용 등과 관련된 다른 뇌 영역에서 '이것저것'을 선택한다. 이러한 관점에서 내담자와 작업할 때, 가장 중요한 몇 가지 고려사항이 있다.

- 기억하는 것은 실제로는 재구성하는 것이다. 지금 당신은 오렌지 주스 한 잔을 마시고 있는가? '농축액에서(From concentrate)'라고 표시되어 있으면, 이는 원래 주스가 증발하고 진액을 짜내고 분리, 통합, 저장한 다음 나중에 물(그리고 가능한 다른 성분들)과 재결합하여 '신선한' 오렌지 주스를 만든다는 것을 의미한다. 엄밀히 말하면 그것은 오렌지 주스이지만, 원래 형태와는 다소 다른 구성을 하고 있다. 이것은 현재의 기억에 대한 이해와 비슷하다. 기억들은 기억되지 않는다. 기억들은 원본과 비슷하게 재구성되지만, '이런저런' 기억들이 추가되고 제거된다.
- 동기(motivation)는 믿을 만한 것이 못된다. 우리가 일을 하는 주된 이유(우리가 하는 그 일을 왜 하는가에 대한 이유를 알고 있다고 생각하는 것)가 있고, 특히 Freud에 따르면 실제 이유가 있다. 행동의 많은 동인(drivers)이 있으며, 그중 대부분은 보이지 않거나 우리의 의식 밖에 있다. 우리가 항상 이를 인식할 수 있거나 인식할 수 있게 된다고 가정

하는 것은 오만으로 이어지는 위험한 비탈길이다. 인간으로서 우리의 고유한 불완전성은 왜곡 성향이다. 이것이 우리가 초보 상담자에게 '왜'라는 질문의 사용을 제한하도록 가르치는 주된 이유이다. 내담자가 방어적이지 않다 해도 종종 '이유'를 알지 못한다(Sommers-Flanagan & Sommers-Flanagan, 2014). 뇌는 요청을 받으면 지식의 틈새를 채운다.

- 재기억(re-remembering)은 무의식적 과정을 기억 재구성 및 동기와 조화시키는 데 있어서 핵심이다. 내담자가 경험한 초기 환경에 상관없이(거의 상관없이), 치료적 관계와 환경은 기억을 탐구하고 유연한 구성으로서 기억을 다루는 맥락을 제공한다. 뇌에서 안전 애착에 대한 각인은 통합으로 이끈다. 만약에 이 각인이 어린 시절에 개인에게 일어나지 않았다면, 상담에서 일부 신경적 결합을 특히 통합이라는 측면에서 보완할 기회가 있으며, 이는 보다 효과적인 스트레스 관리로 이어질 것이다.

상담회기 내 정신역동적 접근

Michael 사례 계속 전체적으로 특정 적용 섹션을 수행했듯이 축어록 대신에 상담자가 Michael에게 접근하는 방법에 대하여 설명할 것이다. 상담자는 Michael에게 기억이 예전과 다르다고 설명하는 것으로 시작할 수 있다. 우리는 기억을 사건의 순수한 기록으로 생각하곤 했지만, 그것들은 이제 호출될 때마다 다시 만들어진다는 점에서 기억되는 현상으로 이해되어야 한다. 그것은 말 그대로 재기억(re-memories)이다. 재기억을 염두에 두고, 상담자는 초기의 치료적 상호작용에 비추어 Michael을 그의 과거로부터 중요한 기억을 탐구하도록 초대할 수 있다. 예를 들어, 그는 아버지와 상호작용에서의 기억을 선택할 것이다. 그 기억 속에서 아버지는 감정으로부터 '멀어지거나' '도망갔다' 그런 다음 그는 그 기억을 떠올리도록 요청받으면서 감정적, 인지적, 상황적 내용을 볼 것이다. 그런 다음 그 사건과 기억에 주어진 의미를 보기 시작할 것이다. 다음과 같은 몇 가지 사항이 나타날 수 있다.

1. 어렸을 때 무의식적으로 사건을 기록하면서, 그는 수년 동안 이 기억을 (물론 그와 비슷한 많은 다른 것들도) 재구성하면서 아버지의 행동에 동기를 부여했다. 그러는 동안 그는 현재 정서적 경험을 기억에 불어넣었다. 그래서 반복할 때마다 아버지의 동기를 덜 긍정적으로 만들었다.
2. 앞서 언급한 과정은 두 가지 불편한 현실로 이어진다. 첫 번째는 Michael이 자신도 모르게 현재 자신의 행동에 영향을 미치도록 허용한 그의 초기 내현적 인식에 의해 부정적인 영향을 받았다는 것이다. 두 번째로 그는 그 기억들을 치유하기 위해 이 고통—아버지에 대한 분노이거나 죄책감—을 겪어야 한다는 것이다. 일단 그가 과거의 사건을 회상하면서 현재의 감정 경험을 분리하기 시작하면, 그는 자신에게 재기억할 수 있는 선택권을 주게 된다['기억 변화시키기'에 대한 Cozolino(2010)의 예시 참조].

스트레스 예방접종 훈련(Stress Inoculation Training: SIT): Donald Meichenbaum(2003, 2007; Meichenbaum & Cameron, 1989)은 스트레스 예방접종 훈련(SIT)이라 불리는 스트레스를 다루는 혁신적인 접근 방식을 개발했다. 이 접근은 스트레스를 다음과 같이 본다. "그들(Lazarus & Folkman, 1984)의 모델은 상황에서 지각된 요구가 그 요구들을 충족시키기 위하여 시스템(개인, 가족, 집단 또는 공동체)의 지각된 자원에 과세하거나 초과할 때마다, 특히 시스템의 웰빙이 위태롭다고 판단되거나 인식될 때, 스트레스가 발생한다고 제안했다."(Meichenbaum, 2007, pp. 499-500) 이 접근은 교류분석(transactional analysis)에서 Berne(1961)의 작업의 토대가 환경이나 스트레스 둘 중 하나를 '비난하기'보다는 사람과 환경 사이에 스트레스를 위치시킨다는 점에서 강력하다. 그러나 SIT를 설명할 때, SIT는 내성을 구축하고 정서적 인지와 조절을 증가시키기 위해 스트레스에 대한 점진적 노출을 포함한다는 점에서 예방접종이 회피의 반대라는 것이 분명해진다. Meichenbaum(2007)은 특히 Michael이 현재 자신을 발견하는 경우와 같은 사례에서 SIT의 가치를 표현한다. 일부 스트레스원은 '돌이킬 수 없는 손실'의 경우처럼 실재로 개인의 통제 밖에 있다. 그러한 경우, '직접적인 행동 대처'는 선택의 여지가 적고 대신 마음챙김, '주의 전환' '적응적인 정서 표현'과 같은 반영적 접근이 필요하다(Meichenbaum, 2007, pp. 499-500).

SIT는 교육, 기술 훈련 및 적용의 세 가지 요소로 구성된다. 나는 여기에서 SIT에 대한 설명을 부분적으로 사용한다. 그 이유는 SIT에서 내담자가 그들의 생각과 행동 모두에서 더 유연하게 되도록 도와주는 유연한 접근을 강조하기 때문이다. 여기에서 우리는 인지행동 접근의 현대적 적용과 마음챙김적 자각(mindful awareness)을 포함하고 있음을 알 수 있다. Hayes(2004)는 이를 수용 및 헌신 상담과 같은 접근의 이중 목표에서 가장 잘 기술한다. 그것은 내담자의 심리적 유연성을 증가시키고 행동 선택권을 확장하는 것이다.

스트레스에 대한 인지행동적 반응

순수한 인지적 반응은 Michael과 같은 내담자에게서 스트레스원에 대한 자기 대화를 식별한 다음 이를 핵심 신념과 연결함으로써 시작할 것이다. 핵심 신념은 부정적인 또는 역기능적인 사고 패턴에 그를 갇히게 한다. 엄격하게 행동적인 반응은 주로 그의 행동을 본다. 고전적인 행동주의 상담은 그가 환경에서 스트레스 반응과 짝을 이루는 항목(items), 사람 또는 사건 간에 만든 연합을 볼 것이다. 스키너식 행동주의 관점에서 상담은 Michael

의 스트레스에 대한 전조 또는 선행 요소와 스트레스의 결과를 검사한다. 인지행동 상담의 이러한 세 가지 반복은 접근 방식과 상관없이 Michael의 회피행동 패턴을 확인하고자 할 것이다. 기본적인 가정은 현재 스트레스가 지속적인 회피 패턴에 대한 하나의 증상이기 때문에 그다지 문제가 아니라는 것이다. 제시된 문제들은 회피를 중심으로 한 사고-행동 문제를 가리킨다.

상담회기 내 인지행동적 접근

Michael 사례 계속

상담자: 우리는 도전적인 곳에 와 있습니다, Michael. 스트레스를 처리하는 가장 효과적인 방법은 스트레스가 발생하기 전에 해결하는 것입니다.

Michael: [회의적으로 보임]

상담자: 물론 그렇다고 해서 당신의 현재 스트레스를 해결하지 않는다는 의미는 아닙니다. 당신의 스트레스가 어떻게 이 수준에 도달했는지 그리고 미래를 위해 스트레스 강도를 어떻게 제한할 수 있는지 볼 수 있다는 뜻입니다. 저는 당신이 지금 상처받고 있고 안심을 찾고 있다는 것을 알고 있습니다. 그래서 당신을 여기에 오도록 한 어떤 것들이 있고, 이번이 당신이 스트레스를 경험하는 마지막은 아닐 거라는 것에 당신이 동의할 수 있는지 궁금합니다.

Michael: [주저하며] 네, 그런 것 같아요. 저는 완전히 이해하지 못하지만, 당신이 무엇을 하는지 당신이 안다고 느낍니다. 그래서 저는 당신을 믿어볼 것입니다.

상담자: 감사합니다, Michael. 저는 당신의 신뢰를 가볍게 여기지 않습니다. 먼저 당신 상황에 대한 비유를 살펴보겠습니다. 저에게 말한 것에 따르면, 당신은 스트레스를 정말 잘 처리한 적이 없습니다. 당신의 기본 모드는 스트레스를 무시하고 없어질 때까지 기다리거나 상황이 저절로 해결될 때까지 기다리는 것이라고 말했습니다. 그리고 그것이 때때로 꽤 효과가 있었다고 했습니다. 그래서 우리 몸의 근육이 올바른 방법으로 충분히 사용하지 않을 때 하는 것처럼 당신의 문제해결 근육이 위축된 것과 같습니다. 문제는 지금 당신의 근육이 평소보다 더 열심히 일하도록 요구받고 있으며, 당신은 그것을 완수하기 위한 '근육 탄력'이 없다는 것을 알게 되었다는 것입니다.

Michael: 특히 저는 운동을 싫어하기 때문에 지금까지 맞는 것 같아요.

상담자: 듣고 있습니다. 따라서 현재 과제를 해결할 수 있는 방법을 연구할 뿐만 아니라 이러한 근육이 어떻게 약해졌는지 그리고 앞으로 동일한 근육 손상/과부하로부터 당신을 보호하는 방법도 검토할 것입니다. 그렇게 함으로써 현재를 위한 자원들을 찾을 수 있습니다.

Michael: 정말 좋을 것 같아요. 제 방식이 그렇게 효과가 좋진 않았거든요.

상담자: 만약 당신이 그것을 위해 충분히 노력한다면 바뀔 것입니다.

상담자는 계속해서 Michael의 스트레스원 회피 패턴과 이러한 행동이 그들의 힘을 증가시키기만 하고 생산적으로 대응하는 능력은 약화시킨 방식을 탐구한다. 그들은 회피 행동이 사람의 생활공간을 어떻게 축소하는지, 반면에 스트레스 예방접종은 공간을 열어 움직일 수 있는 방을 하나 더 제공한다는 것을 본다. 이는 심리적 유연성으로 번역될 수 있다. 즉, 양극의 밖에서 생각할 수 있는 능력이다("나는 이것 또는 이것을 할 수 있다."에서 "이 문제를 살펴볼 수 있는 다양한 방법이 있다."로) 그리고 행동 레퍼토리를 늘려 "나는 맞닥뜨리거나 피할 수 있다."에서 "이 순간에 다양한 옵션이 있다."로 이동하는 것이다. 그들은 상담회기에서 그것에 대해 이야기함으로써 인지적으로, 그것을 연습함으로써 감정적으로, 그리고 상담회기 사이에 새로운 행동을 연습함으로써 행동적으로 그리고 관계적으로 이것을 이해하도록 작업한다.

Michael의 스트레스에 대한 신경기반 인지행동적 반응

회피 행동은 경직된 사고로 이어지고 그 반대의 경우도 마찬가지이다. 뇌에서 이러한 사고와 행동의 조합은 미래에도 같은 것의 가능성을 증가시킬 뿐이다. Hebb의 규칙은 내담자 상담에서 강력한 개념이다. 왜냐하면 내담자가 생각하는 것과 행동하는 것이 뇌의 구조와 기능에 어떻게 연결되어 있는지, 그리고 이러한 뇌의 변화가 어떻게 미래 사고와 행동을 지배하는지를 보여 주기 때문이다. 내담자가 부정적이거나 다른 경직된 사고에 관여할 때마다, 다음 사고가 역기능적이거나 경직될 가능성을 증가시킨다. 그리고 확실히, 후속 행동도 똑같이 제한될 것이다.

뇌는 거의 잊어버리지 않는다. 기억이나 패턴은 항상 마음의 최전선에 있지는 않을 것인데—사실 그러한 기억들과 패턴은 많은 시간 동안 인식 밖에 있다—이는 자동적 사고와 핵심 신념의 뇌기반 구성요소이다. 사고-느낌-행동 패턴들은 신경망에 새겨져 있어서 의식 밖에서 작동한다. 부분적으로 그 패턴들은 자신의 삶이 있기 때문이다. 나는 종종 내담자에게 **뇌는 자기 나름대로 생각이 있다**고 말한다. 회기에서 이것을 테스트하기 위해 상담자는 내담자에게 최근의 역기능적 사고의 예를 요청할 수 있다. 일반적으로, 예가 바로 바로 나오지는 않는다. 그러나 최근의 부정적인 감정 경험을 물었을 때의 반응은 다소 즉각적이다. 감정을 해체해서 부정적인 감정과 관련된 사고 및 행동을 인식하도록 하면 자동적 사고는 명확해진다. 감정적 기억은 개인이 회상하기가 더 쉬울 수 있다. 왜냐하면 감정적 기억은 해마 대신 편도체에 저장되어 있고(따라서 위협을 회피하도록 행동을 지시할 준비가 되어 있다) 감정의 본질적인 무게 때문이다. 특히 먼저 느끼고 나서 생각하거나 행동하는 경향이 있는 감정 지향적 내담자에게서 그렇다.

기억이 즉각적인 인식 밖에 있더라도 해마와 편도체는 뇌가 기억하도록 한다. 뇌의 효율성은 접근과 관련된 시냅스와 회로를 제거하여 회피 시냅스를 강화한다. 자신의 무분별한 생각과 행동이 그들의 뇌가 다음 생각과 행동(변화를 극도로 어렵게 만든다)을 장악하도록 허용해 왔다는 것을 내담자가 이해하고 받아들이게 되면, 그들은 보통 상담에 대한 에너지와 투자를 증가시킨다.

상담회기 내 인지행동적 접근

Michael 사례 계속

Michael: 그렇다면, 제 뇌가 이런 틀에 박혀 있다면, 저는 여기에서 어떻게 벗어날 수 있을까요?

상담자: 좋은 질문이에요, Michael! 질문과 가능한 해결책을 좀 더 자세히 살펴봅시다. '이것에서 어떻게 빠져나오란 말인가?'라고 물으셨는데, 이것은 완전히 이해할 수 있는 질문입니다. 하지만 지금까지 함께한 우리의 작업에서 보면, 무엇이 문제일까요?

Michael: 아, 제가 또 그랬네요, 그렇지요? 저는 탈출하거나 피할 방법을 찾았어요. 이 질문들을 하는 방식도 어떻게 바꾸나요?

상담자: 질문을 다시 하는 것부터 시작합시다. 탈출이나 회피는 선택이 아니라는 신호를 뇌에 전달할 수 있는 또 다른 방법은 무엇일까요?

Michael: 어, '이것에 대해 내가 무얼 할 수가 있지?'는 어떤가요?

상담자: 이제 이야기가 되는군요! 무엇이 당신을 이 상황에 이르게 했든 간에, 신경학적으로나 환경적으로나 당신만이 당신을 변화시킬 수 있습니다.

Michael: 이제야 알겠어요. 제가 그런 말을 하면 다르게 느껴져요.

상담자: 좋습니다. 어째서 그렇습니까? [상담자는 문맥에서 여기에 대한 답을 추론할 수 있지만, Michael이 이 경험을 각인하도록 돕기 위해 작업하고 있다.]

Michael: 음, 이 문제를 해결하는 것이 제게 달려 있다고 생각할 때, 저는 직감적으로 약간 불안을 느끼지만, 약간은 흥분되고 희망을 느낍니다. 마치 제가 할 수 있는 일이 있다는 것을 의미하는 것처럼요. 긴장되지만, 힘을 얻는 것 같아요!

상담자: 좋아요, 다시. 그것을 유지해 주세요. 이제 당신은 다음 뇌 원리에 대해서 준비가 되어 있습니다. 이 뇌 원리는 신경가소성입니다. 당신의 생각과 행동이 떠오를 때 당신의 사고와 행동에 도전하는 방법으로 그 틀을 깨뜨리면서, 당신은 실제로 당신의 뇌가 연결되어 있는 방법을 바꿀 수 있습니다.

Michael: 그건 정말 강력하게 들리네요. 좋아요. 그리고 무섭기도 하고요.

상담자: 괜찮아요. 첫 번째 단계는 처음의 반응을 살펴보는 것입니다. "이건 무섭다." 옛날의 뇌는 이렇

게 말합니다. "인생은 무섭다, 변화는 무섭다, 무서운 건 무섭다."

Michael: 알았어요.

상담자: 이전에, 당신은 이러한 진술들을 현실로 받아들였을지도 모릅니다. 이제 저는 당신이 그런 생각들을 꺼내서 같이 좀 놀도록 초대하고 싶습니다.

Michael: [미심쩍은 표정이 돌아온다.]

상담자: 당신이 이런 생각들—당신이 느끼는 것 때문에 그 생각들이 거기에 있다는 것을 당신은 알아요—을 가지고 있다고 상상해 보세요. 그리고 그 생각들을 계속 갖고 싶은지, 수정하고 싶은지, 아니면 모두 다 버리고 싶은지를 당신 스스로 결정한다고 상상해 보세요. 이것을 좀 더 자세히 살펴봅시다.

스트레스에 대한 인본주의적-실존적 반응

안전 애착과 유사하게, 삶과 죽음 이슈는 수용 또는 가치의 조건에 기반한 위협의 지각에서 나타난다. Joseph(2004)은 PTSD에 대한 Michael의 작업에 가치 있는 개념적 적용을 제공한다. 여기에서 우리는 일반적으로 스트레스에 대해 인간중심 상담을 추론하고 적용할 수 있다. PTSD와 인간중심 상담에 대한 글에서 Joseph(2004)은 "트라우마 사건의 본질은 … [결과적으로] 자아와 경험 사이에 높은 수준의 불일치 … [이로 인해] 실존적 경험에 대한 인식을 거부 … 우리는 연약하고 미래가 불확실하며 삶이 공정하지 않다."고 주장한다(p. 106). 이 마지막 구절은 인본주의적-실존적 접근에서 스트레스를 해결하기 위한 풍부한 의미를 담고 있다. 인간은 연약하다. 미래는 불확실하다. 삶은 확실히 공정하지 않으며, 전형적으로 인간은 이러한 현실을 직접 대면할 때까지 이러한 현실을 전략적으로 수용하며 살아간다. Michael과 같은 내담자에게 이 세 가지는 모두 한 번에 발생하는 것으로 보인다. 그리고 그가 그 업무에 부적합한 자원을 가지고 있는 것처럼 보일 때 그것들을 다루어야 한다. 그래서 여기에서 첫 번째 현실은 그가 스트레스를 객관적으로 외적으로 타당하다고 경험하는 것은 정상이라는 것이다. 이 스트레스원은 그가 주관적인 관점에서 스트레스원을 경험하는 것과 마찬가지로 진짜이다. 그러나 여러 면에서 이 주관적인 부분은 부모가 나이 들어가고 건강이 악화되는 것을 막기에는 무력하다는 점에서 그가 직접 통제할 수 있는 전부이다. Rogers에 대한 Joseph의 해석(2004) 두 번째 부분은 Michael의 가치의 조건들을 탐구할 때 나타난다. 그 가치의 조건들은 생애 초기에 그에게 부과된 조건과 그가 자신에게 부여한 조건 모두이다. 당연히 Michael의 나이와 경력 발달 및 심리사회적 발달 단계에서 우리는 이러한 투쟁 중 일부가 발달적으로 적절하다고 기대한다. 그는 자신의 작업을 통해 의미를 탐구할 것이다. 그리고 그는 부모의 건강 악화로 부모의 죽음을 경험하듯이, 자신의 죽음에 직면하게 된다.

상담회기 내 인본주의적-실존적 접근

Michael 사례 계속

상담자: Michael, 저는 당신이 경험하고 있는 인본주의적-실존적 위기 형태의 두 가지 범주를 강조하고 싶습니다. 그리고 그것들이 당신이 사물을 보는 방식과 어떻게 부합하는지 점검하고 싶습니다. 괜찮겠습니까?

Michael: 물론입니다.

상담자: 부모님의 건강 문제로 당신이 더 많은 책임을 갖게 되면서, 우리의 삶에 의미를 부여하는 선택을 해야 하는 직면과 그와 관련한 책임을 봅니다. 이것은 개인적 의미에서 두 번째 위기와 연결됩니다. 당신은 좋아하는 일을 하지만 바람직하지 않은 상황에서 수행해야 한다고 설명했습니다. 또한 당신이 자녀들을 어떻게 양육하는지에 대해서 자기 의구심을 불러일으키는 것으로 묘사하는 것으로 들었습니다.

Michael: 네, 맞는 것 같습니다. 그리고 당신이 그것들을 합쳐 놓으니, 훨씬 더 압도적으로 느껴집니다.

상담자: 대부분의 사람은 상실, 전환 및 역할 변화의 맥락에서 삶의 의미와 목적을 탐구할 때 이것을 경험합니다. 당신의 상황과 유사한 대부분의 상황에서 내담자들은 그들에게 가치의 조건을 부과하는 환경 출신이라는 것을 저는 또한 봅니다.

Michael: '가치의 조건'은 무엇입니까?

상담자: 제 상담의 관점에서, 사람들은 자신이 성장해야 하는 방향으로 성장하는 경향이 있습니다. 자신이 받는 사랑이 인간으로서의 고유한 가치에 기반을 두기보다 무언가에 기반을 두는 비수용적인 환경을 경험할 때까지 그리고 경험하지 않는다면 말이에요.

Michael: 익숙한 것 같네요.

상담자: 어떻게 그렇지요?

Michael: 가장 먼저 떠오른 것은 자라면서 감정 표현이 제한되어야 한다는 것입니다. 특히 남성의 경우 더욱 그렇습니다. 당신이 거부를 감정으로 간주하지 않는 한, 우리 아버지는 감정을 보여 주지 않았습니다.

상담자: 계속하세요.

Michael: 음, 아버지에게 수용되기 위해서는 감정을 숨겨야 했고 차갑고 분석적이어야 했다는 느낌을 기억합니다.

상담자: 좋습니다. 어머니와는 어땠나요?

Michael: 음, 어머니와는 정반대입니다. 저는 어머니의 감정을 다루는 데 책임을 느꼈습니다. 어느 곳에서든 그랬습니다. 나는 두 사람의 상충되는 기대 사이에 잡혀 있는 느낌을 기억합니다.

상담자: 그것이 당신의 경험에 대한 생생한 묘사군요. 당신은 이길 수 없었네요.

Michael: 맞습니다. 그러나 그것이 지금과 어떻게 관련이 있습니까?

상담자: 좋은 질문입니다. 신경학적 관점을 포함하면서 살펴보겠습니다.

Michael의 스트레스에 대한 신경기반 인본주의적-실존적 반응

인본주의적-실존적 접근, 그리고 특히 게슈탈트 상담에 의해 지지되는 전체론(holism)은 분열된 자아에 내재된 문제들을 강조한다. 신경과학 용어로 이 아이디어는 은유적으로 뇌량에 그리고 말 그대로 뇌의 보완적인 과정에, 교감신경계 및 부교감신경계와 좌반구 및 우반구 사이에, 그리고 후뇌, 중뇌 및 전뇌 간의 수직적 연결에 반영된다.

뇌량(corpus callosum): 뇌량은 뇌의 좌반구와 우반구를 물리적으로 연결하는 신경과 신경 섬유의 촘촘한 묶음이다. 이 구조의 가치와 중요성을 측정하기 위해서는 뇌량의 문제에서 기인하는 적어도 33개의 장애를 확인한 비영리 단체인 뇌량 장애를 위한 국가기구(National Organization for Disorders of the Corpus Callosum)만 살펴보면 된다. 이 장애들은 모두 어떤 면에서 뇌의 좌반구와 우반구를 연결하는 이 구조의 역할과 관련이 있다. 그리고 상담자는 현재 직접적으로 내담자의 뇌량에 영향을 미칠 수 있는 위치에 있지 않지만, 그 구조와 기능은 전체론, 연결 및 관계에 대한 가치 있는 비유로 쓰인다.

이것은 내담자가 자신과의 연결—분명히 복잡하고 추상적인 개념—뿐만 아니라 타인, 특히 친밀한 관계와의 연결을 이해하도록 도움으로써 상담에 유용하다. 전화에 코드가 있었을 때 코드는 연결에 대한 비유로 사용되었다. 코드가 없으면 소통도 없다. 우리가 지금 비유할 수 있는 가장 가까운 것은 공유기가 인터넷 신호와 컴퓨터(이미 구식이 되고 있는) 사이에 작동하는 연결 기능이며, 많은 사람들이 공유기가 다운되었을 때를 그리고 연결 결핍과 관련한 느낌을 회상할 수 있다.

자율신경계(ANS): 교감신경계는 ANS에서 흥분계이다. 그것의 역할은 환경에서 위험에 대한 경보 메시지에 반응하고, 행동을 위해 신체를 준비시키는 것이다. 그 행동은 투쟁, 도피 또는 경직일 수 있다. 부교감신경계는 억제 기능을 제공함으로써 교감신경계(SNS)에 보완 기능을 제공한다. SNS가 행동에 대해 신체를 준비시키는 것처럼(소화는 기다릴 수 있고, 혈액은 주요 근육 다발로 흐르고 피부 표면과 장 등으로부터는 멀어진다) 부교감신경계는 사람을 진정시키고 다시 균형을 찾고 조화롭게 한다. 두 체계는 행동을 준비하고 항상성을 회복하기 위하여 함께 작동하여, 장기간 과도한 흥분으로부터 손상을 예방한다.

균형을 이루는 반구와 구조: 뇌는 촉진하고 향상하도록 진화했으며 최소한 균형 잡힌 상태로 존재한다. 그 문제에 대해서 많은 '대중 심리학'과 '대중 신경과학'이 있고, 이 학문들은 뇌에서 반구 분리를 과장하려고 하지만, 특히 사회적 행동에서 각 반구가 수행하는 역할을 탐구함으로써 인간의 감정과 행동에 대해 많은 것을 얻을 수 있다.

동시에, 뇌는 이 수평면에 더하여, 순전히 반사적 생존에 초점을 맞춘 파충류 뇌에서부터 더 복잡한 반사와 관계를 위한 변연계와 같은 구조의 고포유류(paleomammalian) 뇌 발달까지, 어떤 의미에서 메타 반사적인 전전두엽 피질을 가진 신포유류(neomammalian) 뇌까지 수직으로 진화했다. 그러나 서로에 대한 상호 의존과 통합된 기능면에서 다른 측면이나 수준 없이는 작동할 수 없다. 실존적 접근에서 나타나는 개인적 책임, 자유 및 선택은 전체론적, 경험적, 그리고 현상학적 게슈탈트 관점에 의해서 균형이 잡힌다.

상담회기 내 인본주의적-실존적 접근

Michael 사례 계속 거울 뉴런은 신경심리학의 현대판 성배이다. 거울 뉴런의 가치에 대한 주장은 이미 전설이기 때문에 나는 가치를 과장하지 않기 위해서 두려움을 가지고 임상 적용을 진행한다. Michael과 함께 그의 스트레스에 대해 작업할 때, 거울 뉴런은 다른 사람들이 그의 스트레스 현상에 미칠 수 있는 영향과 그의 스트레스 반응이 비효과적인 스트레스 반응의 악순환을 만들면서 그의 주변 사람들에게 미칠 수 있는 영향을 그(그리고 그와 같은 내담자)가 이해하기 시작하는 데 도움을 줄 수 있다.

상담자: Michael, 우리는 거울 뉴런에 대해 조금 이야기했지만, 이것을 당신의 상황에 어떻게 적용할 수 있는지 살펴보고 싶습니다. 먼저 현재 환경이 당신의 스트레스 경험에 어떤 영향을 미칠 수 있는지에 대한 단서를 살펴보기 위해 현재 환경을 살펴봅시다.

Michael: 좋습니다. 어디서부터 시작합니까?

상담자: 특정 사람들과 함께 있을 때 스트레스나 불안을 느끼지만 명백한 이유가 없는 경우가 있습니까? [Michael은 이전 과정에서 이것을 언급했다.]

Michael: 오, 확실히 그래요. 어떻게 알았습니까?

상담자: 당신이 말한 것에서 몇 가지 단서를 제외하고는 저는 정말 몰랐습니다.

Michael: 좋아요. 글쎄요, 나의 부모님에게는 정말 다른 방식으로 드러납니다. 예를 들어, 아버지에게는 항상 내가 실망스럽다고 느끼고, 어머니에게는 항상 죄책감이나 책임감을 느낍니다.

상담자: 좋습니다.

Michael: 기이한 점은 실망이나 죄책감과 연결되지 않는 일에 대해 이야기할 때도 그런 느낌을 받는다는 것입니다. 그것이 이상한 경험을 만듭니다.

상담자: 거울 뉴런에 대한 이해가 도움이 될 수 있습니다. 다음은 매우 간단한 설명입니다. 거울 뉴런은 실제로는 운동 뉴런(신체 운동을 시작하는 뇌 세포)입니다. 거울 뉴런은 또한 다른 사람들의 움직임을 볼 때 마치 우리가 그러한 동작을 한 것처럼 '발동(fire)'합니다. 거울 뉴런이 격리된다면, 이것은 충분히 흥미로울 것입니다. 거울 뉴런은 우리가 모델링을 이해하는 데 도움이 될 것입니다. 그러나 그들은 또한 뇌섬엽(insula)이라 불리는 구조를 통해 변연계와 연결되어 있습니다. 이것은 우리가 관찰하는 움직임이 우리의 뇌에서 운동 뉴런을 촉발시키고 감정에 연결된다는 것을 의미합니다.

Michael: 부모님과 이야기하는 동안 특정 행동을 관찰하는 것만으로도 나를 특정한 방법으로 느끼게 만들 수 있다는 말씀이신가요? 부모님이 하는 말이 그 감정과 실제로 관련이 없더라도요?

상담자: 네, 현재 이해하고 있는 한 그렇습니다. 그렇다면 그것이 스트레스 경험에 어떤 영향을 미칠 수 있다고 생각하십니까?

Michael: 보면, 지금 그들의 행동들이 그들이 과거에 실망이나 비난을 표현할 때 보여 준 행동들과 비슷하다면, 제가 지금 그러한 같은 감정을 느낄 수 있을까요?

상담자: 그것은 확실히 거울 뉴런을 이해하는 하나의 가능한 방법입니다.

Michael: 그래서 저는 그들과 함께 제 경력에 대한 불만족을 이야기할 때에도, 그들이 본인들의 삶과 관련된 실망과 비난을 경험할 때 그들을 도우려고 노력하고 있는 거군요.

상담자: 정확합니다. 그들의 현재 감정과 그들의 또 다른 행동에 대한 당신의 반응과 관련된 감정을 모두 느끼게 될 수 있습니다.

Michael: 우와. 제가 스트레스를 받는 것도 당연하네요! 이제 어떻게 해야 합니까?

상담자: 좋은 질문입니다. 그것에 대해 이야기합시다.

스트레스에 대한 구성주의적 반응

대부분의 독자들에게 분명해질—그리고 마음속에 의문이 생길 수 있는—한 가지는 Michael이 제시한 문제의 특정 내용에 대한 대본이 없다는 것이다. 이는 주로 구성주의적 관점에 내재된 기여 때문에 의도적이다. 이러한 관점에서 Michael의 스트레스 반응은 완벽하게 이해할 수 있고 실제적이지만 그의 경험을 구성한 것을 상당 부분 반영하고 있다. 이것은 그의 부모가 건강이 나쁘지 않다거나, 그가 사실 두 아들의 부모가 아니거나, 경력 결정에 직면하고 있지 않다는 것을 말하는 것은 아니다. 이것은 종종 구성주의에 대한 단순한 이해를 바탕으로 한 구성주의적 접근에 대한 비판이다. 개인의 경험에는 객관적인 사실이 있다. 내담자가 그 사실에 귀속하는 의미와 그 사실들에 대하여 그리고 반응에서 구성하는 현실은 주관적이다. 따라서 Michael은 자신이 있는 장소를 어떻게 해석할지에 대한 선택권이 있다.

내담자와 구성주의적 관점에서 작업할 때 고려해야 할 몇 가지 기준이 있다. 첫 번째는 앞서 언급했듯이 실제 현실과 구성된 현실이 있다는 것이다. 상담자의 역할은 내담자가 어떤 현실인지를 결정하도록 돕고, 그런 다음 구성된 현실이 자신을 위해 작용하고 있는지와 그 구성된 현실이 변화하기를 원하는지 혹은 아닌지를 결정하는 것을 돕는 것이다. 두 번째 요점은 현실이 구성되면 변화하기 쉽다는 것이다. 상담자는 도움이 되지 않는 현실이 어떻게 구성되었는지 조사하기보다는 무엇이 작동하고 무엇이 작동하지 않는지, 내담자가 어떻게 현실을 재구성하기를 원하는지 탐색한다. 구성주의 접근의 이 마지막 특징은 위기에 처해 있거나 정말 갇혀 있다고 느끼는 내담자에게 특히 가치가 있다. 일단 라포가 확립되면 부정적인 이야기와 문제가 가득한 이야기도 보통은 잘 변화된다. 그리고 우리가 앞으로 나아갈 마지막 요점은 인지행동 상담에서의 자기 대화와 마찬가지로 구성주의적 접근은 상담에 대한 임시 처방적 접근이 아니라는 것이다. 그들은 내담자에게 긍정적으로 생각하고 그들의 문제에 미소 지으라고 말하지 않는다. 실제로 구성주의적 접근은 내담자에게 모델을 설명하는 것 외에는 많은 것을 말하지 않는다. 대신, 내담자에게 자신이 살고 있는 현실에 어떻게 기여했는지 살펴보고 그들의 경험에 대한 견해를 다시 쓰길 원하는 방법을 탐구하도록 초대한다.

적용에서, 문제가 가득한 이야기(내러티브 상담)를 듣고, 예외를 찾고, 고객에게 대안을 모색하도록 초대하는 것(해결중심치료)은 구성주의적 접근의 특징이다. O'Connell(2001)은 스트레스에 대한 해결중심 접근 방식이 무엇을 고려할 것인가에 대하여 기술하면서 이에 대해 자세히 설명한다. 즉, 현실에 대한 사회 구성주의적 견해, 이야기로서의 상담, 사건의 인과성에 대한 견해, 사회적 존재로서 사람의 이미지, 그리고 중심 초점으로서 변화를 설명한다. 우리는 Michael과의 작업에서 이 목록의 일부를 탐색할 것이다.

상담회기 내 구성주의적 접근

Michael 사례 계속 언어가 중요하다.

상담자: Michael, 우리가 작업하는 관점에서 당신이 스스로 창조한 개인적이고 사회적인 세계를 보고 싶습니다.

Michael: 좋아요. 어떻게 하는 거죠?

상담자: 음, 이것을 이해하는 가장 좋은 방법 중 하나는 사람들이 자신의 이야기를 할 때 사용하는 언어를 통해서입니다. 우리가 말한 것과 같이, 당신과 함께 이야기하고 싶은 몇 가지 사항을 골랐어요.

Michael: [불편해 보인다.]

상담자: 걱정하지 마세요. 저는 그러한 진술을 판단하지 않습니다. 저는 당신의 경험에 대하여 그 진술들의 연결을 이해하려고 노력하고 있어요. 당신이 지금 어디에 있는가를 설명할 때, 당신이 스트레스 받는 것에 대하여 왜 그렇게 느끼는지를 설명하기 위해 '그들이' '그들을'과 같은 단어를 많이 사용합니다.

Michael: 네, 그런 것 같아요. 하지만 그것이 제가 보는 방법이에요. 동료들이 저를 더 존중해 준다면 저는 직장에서 훨씬 더 편안해지고 만족스러울 거예요. 부모님이 그다지 요구하지 않고 건강해진다면, 저는 가족에게 더 많은 시간과 에너지를 집중할 수 있어요. 그게 뭐가 잘못 됐나요?

상담자: 좋은 질문입니다. 그 질문에 대해 먼저 대답해 보는 게 어떻습니까?

Michael: 어, 그것을 그런 식으로 보는 것이 제가 왜 그렇게 스트레스를 받는지와 관련이 있을 수 있어요?

상담자: 좋아요, 아마도 그럴 겁니다.

Michael: 맞나요?

상담자: 바로 그겁니다. 그것이 세상에 대한 당신의 관점입니다. 당신의 창조물인 거지요. 당신이 그렇다고 말한다면 맞는 거예요. 내가 아니라요.

Michael: [한숨을 쉰다.] 이건 좀 헷갈리네요. 당신이 이 문제에 대해 직접적인 대답을 줄 것 같지 않군요.

상담자: 당신의 느낌을 공유해 주셔서 감사합니다. 맞습니다. 이걸 당신에게 돌려주겠습니다. 이런 식으로 살펴봅시다. 당신은 동료의 태도, 부모님과 부모님의 건강 등 문제의 원인을 외부에 위치시켰어요. 이것이 당신이 스스로 구성한 현실입니다.

Michael: 하지만 그게 사실이에요!

상담자: 맞아요! 당신의 관점에서 사실입니다. 만약에 이 현실이 작용하고 있다면, 우리의 작업은 끝난 겁니다. 내가 당신의 동료를 고치고, 부모님을 치유하고, 과거를 바꿀 수 있다면, 나는 부자가 될 뿐만 아니라 당신의 현실 관념도 맞을 것입니다(그리고 효과적일 것입니다).

Michael: 오, 당신이 무슨 말을 하는지 알 것 같아요. 내가 이 상황을 '저 밖'으로 보는 한, 나는 내가 어떻게 느끼는지 그리고 다음에 무엇이 일어날 것인지에 대한 통제를 거의 할 수 없다는 것이군요.

상담자: 당신의 한 부분이 당신의 개인적인 이야기를 다시 쓰는 것을 살펴볼 준비가 된 것처럼 들리는군요. 물론, 나는 당신이 전화를 걸고 대화를 하기 위해 엄청난 발걸음을 내디뎠을 때부터 이미 알고 있었습니다. 당신이 구성하고 싶은 이야기를 이제 살펴봅시다.

Michael의 스트레스에 대한 신경기반 구성주의적 반응

지각은 구성주의적 관점에서 스트레스를 이해하는 열쇠이다. 이 책에 이미 설명된 두 영역은 여기 이 접근 방식과 특별한 관련성이 있다. 제한된 관점에 대한 은유로서 인간 시각의 맹점과 시각이 뇌에서 작동하는 방식으로 '믿는 것이 보는 것이다.'라는 현상이 그것이다.

가상 맹점: 현재 쓰이고 있는 인기 있는 거울 속임수는 거울을 가져다가 얼굴의 수직 중앙선까지 대고, 코에서 앞뒤로 움직여 거울에 비친 모습에 어떤 일이 일어나는지 보는 것이다. 비춰진 얼굴은 왜곡되지만 어떻게든 맞아서 눈에 띄게 고른 얼굴이나 또는 극도로 압축되거나 늘어진 얼굴이 된다. 이러한 결과는 정보의 공백을 메우는 뇌의 보상 기능의 산물이다. 앞에서 다룬 물리적인 예(1장과 6장 참조)는 맹점이다. 맹점은 안구 뒤쪽에 존재하는 망막이며, 두 눈 사이에 겹치는 시야에 의해 보상된다. 인간은 항상 이것을 은유적으로 한다. 우리는 종종 미리 정해진 결론으로 상황에 접근하고 그 사실 후에 그러한 견해를 뒷받침하는 증거를 찾는다. 구글(Google) 시대에는 이것을 특히 어디서나 볼 수 있다. 하나의 관점을 선택한 후 그 관점을 구글링해서 그 관점에 대한 많은 지원을 찾는다. 인간은 그렇게 한다. 내담자는 그들의 삶이 감당할 수 없게 될 정도로 그렇게 한다.

믿는 것이 보는 것이다: 일반적으로 그리고 특히 성인기에서, 삶의 더 도전적인 특징 중 하나는 있는 그대로의 삶과 우리가 원하는 삶의 균형을 맞추는 것이다. 많은 이론가들은 어떤 상황인지와 어떤 상황이었으면 하는 것 사이에 너무 큰 차이를 가지고 살아가는 내담자들에게 수반되는 어려움을 확인하였다. 이 맥락에서 시각은 문자 그대로이면서도 은유적이다. 그리고 신경과학적 관점에서 시각은 훨씬 더 복잡하다. 앞에서 설명한 것처럼 우리의 눈은 객관적인 환경에서 객관적인 빛을 흡수하여 객관적인 실제 구조를 통해 실제 뇌로 전송한다. 그러나 거기가 객관적 현실이 끝나는 곳이다. 그것은 실제로 후두엽에 들어가기 직전에 종료된다. 왜냐하면 신호가 분리되어 변연계(특히 편도체)를 눈 깜짝할 순간에 통과하기 때문이다. 이는 편도체와 해마에 암호화되어 있는 이전의 위협에 기초하여 위협적인 자극을 식별하기 위한 고차 처리 전에 일어난다. 후두엽에 일단 들어가면, 해마의 기억이 편도체의 기억보다 우선하기 때문에 더 많은 인지적 통제가 발휘된다. 그렇더라도, 이 시각은 정서적 과정과 조절 능력을 기반으로 한다. 이야기는 그래서 환경에서가 아니라 후두엽과 변연계 사이의 공간에서 쓰인다.

상담회기 내 구성주의적 접근

Michael 사례 계속

상담자: 지각이 현실에 어떻게 영향을 미치는지 살펴봄으로써 마지막 회기에서 중단한 부분부터 시작합시다. 특정 시각에 대한 대안을 탐색하면서 시작하겠습니다.

Michael: 좋아요. 직장 일부터 시작할 수 있습니까? 힘든 한 주였습니다.

상담자: 물론입니다. 무슨 일이 있었습니까?

Michael: 구체적이거나 극적인 것은 없었습니다. 하지만 상담에서 이런 것들을 불러일으킨 이후로, 저는 비판에 정말 민감하다고 느꼈습니다.

상담자: 우선, 특히 당신이 무시해 왔거나 자기 잘못이 아니라고 해명해 왔던 것들에 대해서 당신을 예민하게 만드는 것은 정말 자연스러운 것입니다. 당신이 당신의 이야기를 소유하고 있는 지금, 다르게 느껴집니다. 직장에서 무슨 일이 있었나요?

Michael: 팀 회의 중에 누군가가 완벽하지 않은 프로젝트의 일부에 대해 언급했고, 저는 그 팀에 있었습니다. 저는 거의 즉시 방어했고, 폭언을 퍼붓거나 떠나고 싶었습니다.

상담자: 실제로 당신은 무엇을 했습니까?

Michael: 저는 그냥 거기에 앉아 있었고, 당신과 함께 그것에 대해서 얘기할 거라고 저 자신에게 말했습니다!

상담자: 그래서 당신은 당신의 행동 반응에 대한 일시 중지 버튼을 눌렀군요. 당신이 이것을 처리하기 위한 선택권을 갖고 있다고 믿으면서요.

Michael: 네, 그런 거 같아요.

상담자: 참으로 새로운 이야기입니다.

Michael: 어떻게 그런가요?

상담자: 음, 저는 두 가지 주제를 들었습니다. "나는 여기 선택권이 있다." 그리고 "나는 아직 나의 지각을 믿지 않는다."

Michael: 네, 바로 그거예요. 저는 그 장소에서 대화에 근거한 제 관점을 신뢰하지 않고, 다르게 반응할 수 있기를 원해요.

상담자: 제가 보기에, 당신은 이미 그것이 보내는 위협 메시지에 의문을 제기함으로써 당신의 뇌를 바꾸기 시작했습니다. 반응하기를 기다리는 것에 대해 어떻게 느끼십니까?

Michael: 글쎄요, 그렇게 하기가 너무 어려웠지만, 상황을 볼 수 있는 다른 방법이 있을 수 있다고 믿는 것은—비록 내가 그 순간에 볼 수 없을지라도—정말 좋게 느낍니다. 그럼 그것을 보는 또 다른 방법은 무엇입니까?

상담자: 당신이 물어봐 줘서 기쁘네요. 그것에 대해 오늘 작업해 봅시다.

Michael 사례 요약

이 장 전체에서 설명했듯이 상담이 외적, 객관적 스트레스원을 변화시키기 위해 할 수 있는 일은 거의 없다. 이와는 대조적으로 내담자의 스트레스에 대한 주관적이고 생생한 경험을 다룰 때 상담자는 사실상 무수한 선택을 가지고 있다. Michael은 특정 접근 방식에 관계없이 자신의 힘이 이러한 사건에 대한 그의 반응에 있다는 것을 상담에서 배우고 있다. 여기에는 일반적으로 스트레스 반응의 건강하지 않은 패턴을 재학습하는 것을 포함한다. 그의 마음은 스트레스원과 그에 대한 인식 사이 공간의 힘이라는 현실에 열려 있다.

뇌 기제

장기간의 스트레스가 뇌에 미치는 영향

스트레스와 트라우마 관련 장애가 있는 내담자를 치료하기 위한 선택을 생각할 때, 또 하나의 뇌기반 현상은 우리의 마음 최전선에 간직해야 할 만큼 중요하다. 바로 코르티솔이다. [그림 9-1]은 Sanacora, Treccani와 Popoli(2012)가 논의한 스트레스 모델, 글루코코르티코이드(glucocorticoids)의 작용과 글루타메이트(glutamate)에 대한 그들의 영향, 그리고 스트레스와 우울증 사이의 신경생물학적 관계를 제공한다.

이 '스트레스 호르몬'은 인간이 스트레스에 대처하도록 돕는 역할 때문에 그렇게 불린다. 단기적으로는 기억력을 높이고 에너지를 행동으로 향하게 하며 스트레스 후에는 균형을 회복한다(Cozolino, 2010). 그러나 〈표 9-3〉에서 코르티솔 방출의 긍정적 이점(1행)이 관련 영역에서 뇌 시스템의 파괴와 분해로 빠르게 전이될 수 있다는 것은 이미 명백해진다. 장기간의 스트레스는 심지어 초기 아동기부터 시작하여 지속적인 문제를 야기한다(Kindsvatter & Geroski, 2014의 리뷰 참조). 상담자는 해결되지 않거나 장기간의 스트레스를 보고하는 내담자에게는 단순히 제시된 문제보다 신경적으로 더 많은 일이 일어나고 있다는 점을 염두에 두어야 한다. 주된 효과는 다음에 기술되는 바와 같이 해마의 크기와 기능에 있는 것으로 보인다. 상담자는 기억력 부족과 집중력 문제는 제한된 치료 순응도와 결과뿐만 아니라 오진을 야기할 수도 있음을 염두에 두어야 한다.

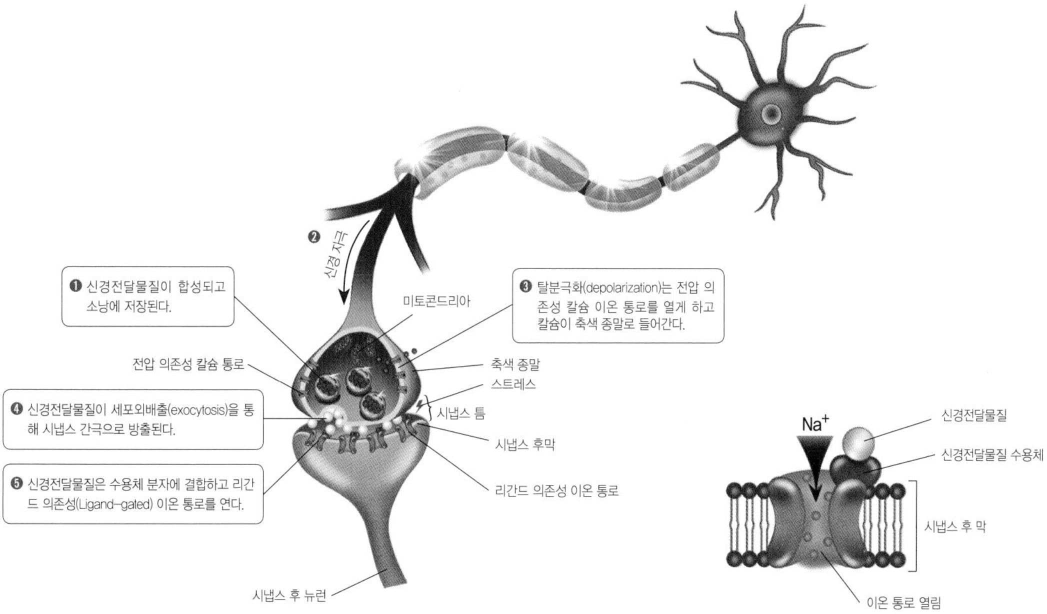

[그림 9-1] 시냅스 내 스트레스(Sanacora, Treccani, & Popoli, 2012).

〈표 9-3〉 스트레스와 해마

코르티솔의 역할	즉각적인 에너지를 위한 지방과 단백질 분해 염증 과정 억제 면역체계에서 단백질 합성 억제
만성적으로 높은 코르티솔 수준의 결과	감소된 가소성 수상돌기 퇴화 재수초화 결핍 세포 사멸 신경 발생 및 신경 성장 억제
높은 코르티솔 수준	손상된 서술기억 및 공간 관계와 상관
손상된 해마의 결과	새로운 학습 결함 단기 및 장기 기억
해마가 더 작은 사람들	초기 트라우마의 성인 피해자 PTSD 측두엽 간질 조현병 쿠싱병

출처: Cozolino (2010), p. 251.

요약

스트레스는 피할 수 없다. 더 정확히 말하면 객관적인 의미에서 외적 스트레스원은 피할 수 없다. 그래서 스트레스를 피하는 것이 상담의 목표가 되어서는 안 된다. 스트레스는 자연재해, 개인 손실 또는 좋든 나쁘든 간에 예기치 않은 전환과 같은 외적 사건일 수 있다. 스트레스는 또한 개인의 내적 반응일 수도 있다. 그러한 스트레스원의 내적 경험은 개인에 따라 다르다. 스트레스를 받는다고 느끼는 것이 스트레스를 효과적으로 다루기 위한 의도적인 노력이 부족한 결과라고 말하는 것은 아니다.

이 장에서 살펴본 바와 같이, 내담자가 상담에 가져오는 스트레스원과 스트레스 반응은 많고 다양하며, 스트레스원의 원인과 선행 요인도 마찬가지이다. 단순한 환원주의적 접근들은 그 어느 때보다 덜 유효하다. 신경에 대한 의식이 높은 상담자는 스트레스를 경험하고 있는 내담자들이 스트레스에 대처하고 해결하는 능력을 제한해 온 근본적인 뇌 생리학에 변화가 있을 수 있다는 것을 이해한다. 상담과 신경과학의 통합은 각 개인의 상황과 관련된 상담에서 특정 메커니즘을 목표로 하면서 우리가 내담자를 이해하고 공감을 표현하는 데 도움을 준다.

상담이 작동하는 방법 중에 하나는 내담자가 스트레스 조절 장애의 패턴을 초래한 초기 생애의 암묵적 · 외현적 기억과 애착을 이해하도록 돕는 것이다. 우리는 투쟁, 도피 또는 경직, 그 무엇이든 간에 스트레스 반응이 적응적인 전략에서부터 뇌에 새겨진 부정적인 전략에 이르기까지 움직일 수 있다는 것을 보았다. 스트레스와 스트레스 반응은 관계적으로 비롯되고 사회적으로 구성될 수 있다. 내담자에 대한 희망과 상담에서의 힘은, 스트레스를 받은 내담자가 그들의 애착, 행동적 회피 패턴, 관계 그리고 그들의 이야기(narratives)를 탐구하도록 허락하는 관계적 연결에 있다. 뇌 과학과 관련하여 이러한 것들이 어떻게 작용하는지를 이해하는 것은 상담자들에게 내담자를 치료할 때 우위를 제공한다.

핵심정리

이 장의 도달목표:

- 일상 대화적 의미와 임상적 의미 모두에서 스트레스와 그 치료에 대한 기초를 확립했다.
- 이 책에서 다루는 네 가지 범주의 치료 접근이 어떻게 스트레스(및 디스트레스)를 다루는지 확인하였다.
- 이러한 이론들과 신경과학 결과의 통합이 스트레스 및 관련 문제의 치료에서 어떤 모습인지 보여 주었다.

참고문헌

American Psychiatric Association. (2000). *Diagnostic and statistical manual of mental disorders* (4th ed., text rev.). Washington, DC: Author.

American Psychiatric Association. (2013). *Diagnostic and statistical manual of mental disorders* (5th ed.). Washington, DC: Author.

Berne, E. (1961). *Transactional analysis in psychotherapy: A systematic individual and social psychiatry*. New York, NY: Grove Press.

Bowlby, J. (1973). Attachment and loss: Volume II: Separation, anxiety and anger. *The International Psycho-Analytical Library*, 95:1-429. London: The Hogarth Press.

Cozolino, L. (2010). *The neuroscience of psychotherapy: Healing the social brain*. New York, NY: W. W. Norton & Company.

Douthit, K. Z., & Russotti, J. (2017). Biology of marginality: A neurophysiological exploration of the social and cultural foundations of psychological health. In T. A. Field, L. K. Jones, & L. A. Russell-Chapin (Eds.), *Neurocounseling: Brain-based clinical approaches* (pp. 45-60). Alexandria, VA: American Counseling Association.

Enoch, M. A. (2011). The role of early life stress as a predictor for alcohol and drug dependence. *Psychopharmacology, 214*,(1) 17-31. doi: 10.1007/s00213-010-19166

Garrett, B. (2011). *Brain and behavior: An introduction to biological psychology* (3rd ed.). Thousand Oaks, CA: Sage.

Garrett, B., & Hough, G. (2018). *Brain and behavior: An introduction to biological psychology* (5th ed.). Thousand Oaks, CA: Sage.

Hayes, S. C. (2004). Acceptance and commitment therapy, relational frame theory, and the third wave of behavioral and cognitive therapies. *Behavior Counselor, 35*(4), 639-665.

Joëls, M., & Baram, T. (2009). The neuro-symphony of stress. *Nature Reviews Neuroscience, 10*(6), 459-466.

Joëls, M., Karst, H., & Sarabdjitsingh, R. A. (2018). The stressed brain of humans and rodents. *Acta Physiologica, 223*(2) pp. R121-R130. doi.org/10.1111/apha.13066.

Joseph, S. (2004). Client-centered therapy, post-traumatic stress disorder and post-traumatic growth:

Theoretical perspectives and practical implications. *Psychology and Psychocounselor: Theory, Research and Practice, 77*(1), 101-119.

Kindsvatter, A., & Geroski, A. (2014). The impact of early life stress on the neurodevelopment of the stress response system. *Journal of Counseling and Development, 92*(4), 472-480.

Lazarus, R. S., & Folkman, S. (1984). Coping and adaptation. In W. D. Gentry (Ed.), *The handbook of behavioral medicine* (pp. 282-325). New York, NY: Guilford.

LeDoux, J. (2003). *Synaptic self: How our brains become who we are*. New York, NY: Penguin Books.

LeDoux, J. (2012). Rethinking the emotional brain. *Neuron, 73*(4), 653-676. doi: 10.1016/j.neuron.2012.02.004

LeDoux, J. (2015). *Anxious: Using the brain to understand and treat fear and anxiety*. New York, NY: Viking.

Luke, C., Redekop, F., & Jones, L. K. (2018). Addiction, stress, and relational disorder: A neuro-informed approach to intervention. *Journal of Mental Health Counseling, 40*(2), 172-186.

McEwen, B. S. (2012). Brain on stress: How the social environment gets under the skin. *Proceedings of the National Academy of Sciences, 109*(2), 17180-17185. doi:10.1073/pnas.1121254109

McEwen, B. S. (2017). Neurobiological and systemic effects of chronic stress. *Chronic Stress, 1*, 1-11. doi:10.1177/2470547017692328

Meichenbaum, D. (2003). Stress inoculation training. In W. T. O'Donohue, J. E. Fisher, & S. C. Hayes (Eds.), *Cognitive behavior counselor: Applying empirically supported techniques in your practice* (pp. 407-410). Hoboken, NJ: Wiley.

Meichenbaum, D. (2007). Stress inoculation training: A preventative and treatment approach. In P. M. Lehrer, R. L. Woolfolk, & W. E. Sime (Eds.), *Principles and practice of stress management* (3rd ed., pp. 497-518). New York, NY: Guilford Press.

Meichenbaum, D., & Cameron, R. (1989). Stress inoculation training. In D. Meichenbaum & M. E. Jaremko (Eds.), *Stress reduction and prevention* (pp. 115-154). New York, NY: Springer.

O'Connell, B. (2001). *Solution-focused stress therapy*. Thousand Oaks, CA: Sage.

Owens, E., & Parsons, R. (2018). *Crisis and trauma counseling: Unique forms of helping*. San Diego, CA: Cognella Academic Publishing.

Ratts, M. J., Singh, A. A., Nassar-McMillan, S., Butler, S. K., & McCullough, J. R. (2016). Multicultural and social justice counseling competencies: Guidelines for the counseling profession. *Journal of Multicultural Counseling and Development, 44*(1), 28-48. doi.org/10.1002/jmcd.12035

Roth, S., & Cohen, L. J. (1986). Approach, avoidance, and coping with stress. *American Psychologist, 41*(7), 813.

Sanacora, G., Treccani, G., & Popoli, M. (2012). Towards a glutamate hypothesis of depression: An emerging frontier of neuropsychopharmacology for mood disorders. *Neuropharmacology, 62*(1), 63-77.

Saper, C. B., & Lowell, B. B. (2014). The hypothalamus. *Current Biology, 24*, R1111-R1116. doi:10.1016/j.cub.2014.10.023

Searle, J. R. (2004). *Mind: A brief introduction*. Oxford, UK: Oxford University Press.

Searle, J. (2013). Theory of mind and Darwin's legacy. *Proceedings of the National Academy of Sciences, 110*(Suppl. 2), 10343-10348.

Selye, H. (1955). Stress and disease. *Laryngoscope, 65*, 500-514. doi:10.1288/00005537-195507000-

00002
Shaver, P. R., & Mikulincer, M. (2005). Attachment theory and research: Resurrection of the psychodynamic approach to personality. *Journal of Research in Personality, 39*(1), 22-45.
Siegel, D. J. (2012). *Pocket guide to interpersonal neurobiology: An integrative handbook of the mind* (Norton Series on Interpersonal Neurobiology). New York, NY: W. W. Norton & Company.
Sommers-Flanagan, J., & Sommers-Flanagan, R. (2014). *Clinical interviewing* (5th ed.). Hoboken, NJ: Wiley.
Sue, D. W., & Sue, D. (2016). *Counseling the culturally diverse: Theory and practice* (7th ed.). Hoboken, NJ: Wiley.
Szabo, S., Tache, Y., & Somogyi, A. (2012). The legacy of Hans Selye and the origins of stress research: A retrospective 75 years after his landmark brief "letter" to the editor of Nature. *Stress, 15*(5), 472-478.

CREDITS

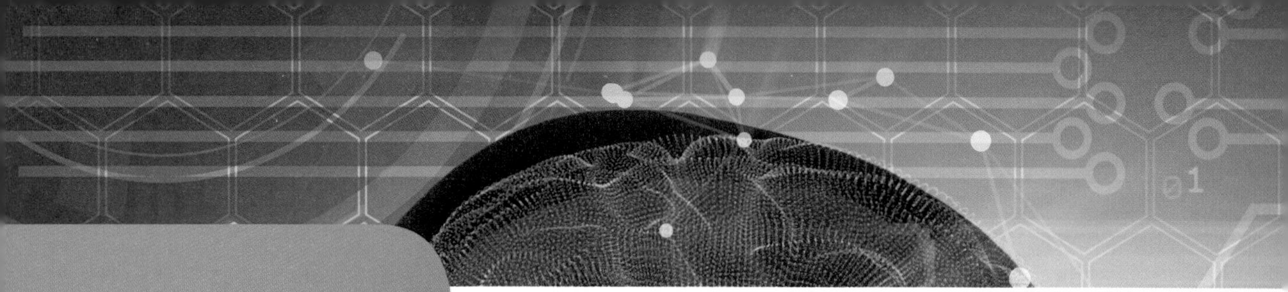

CHAPTER

10

중독과 물질사용장애

도입 질문

- 당신의 삶에서 포기할 수 없는 것은 무엇인가?
- 뇌에 관한 중독 지식은 공감과 치료에 어떻게 기여하는가?
- 중독 내담자와의 상담에서, 내담자를 가르치거나 압도하지 않으면서 신경과학의 연구결과를 어떻게 적용할 수 있는가?

Devon

Devon은 집중 외래환자(IOP) 치료 프로그램에 참여하고 있는 24세 남성이다. 그는 친한 친구에게 동성애자로 '커밍아웃'했던 즈음인 15세 때부터 술을 남용했다고 보고한다. 그는 13세 때부터 알코올, 마리화나, 그리고 어머니의 발륨(Valium)과 같은 물질로 실험을 해 왔다. 현재, 그는 자신을 알코올 중독자, 약물 중독자라고 밝히고 있는데, 그 이유는 (1) 술에 취하기 전까지는 마시는 것을 멈출 수 없다고 느끼고, (2) 3학기를 마치고 전문대학을 중퇴할 무렵부터 지난 4년 동안 '옥시스(Oxys)와 오파나스(Opanas)'를 섭취하고 있다. 그리고 그가 손에 넣을 수 있는 다른 것들도 섭취하고 있기 때문이다. 그의 IOP 치료는 약물 과다 복용으로 8일간 입원한 후에 이루어졌는데, 이번이 세 번째 치료였다. 그가 처음 병원에 입원한 것은 그가 동성애자라는 것(그래서 죄책감에 살고 있는 것)에 대하여 가족들과의 대립에 따른 자살 시도 때문이었다. 지난 두 번의 입원은 '우발적인' 과다 복용 때문이었다. Devon은 자신의 중독이나 자신의 삶이 어디로 가고 있는지를 다루기에는 속수무책이고 무력하게 느낀다고 기술한다. 그는 공허하고, 부끄러우며, 변화에 대하여 희망이 없고, 방향성이 없다고 말한다. 그는 삶의 대부분을 사용–술에서 깸–찾음–사용의 순환 속에서 살아왔기 때문에, 새로운 삶을 어디서부터 시작해야 할지 모른다고 말한다. 그는 동성애자 생활 방식과 중독을 받아들이려고 아직도 애쓰는 가족 구성원들과의 애정 관계를 매우 갈망하고 있다.

또한 자기 삶을 나눌 수 있는 안정되고 지지적인 로맨틱한 파트너를 원한다. 현재 그는 '친구(약물)를 사용'하지 않는 친구가 거의 없기 때문에, (약물을) 사용하지 않는 사회적 지원 시스템을 구축하는 것은 중요하고 필요하지만, 그에게는 힘들게 느껴진다.

문화적 고려사항

알코올 사용 장애는 가장 빈번하게 발생하는 중독이다(American Psychiatric Association, 2013). 그러나 알코올 사용 장애는 전 세계적으로 다른 비율로 발생한다. 알코올 사용 장애의 기준을 충족시키는 것을 특정 문화의 구성원이 문제로 보지 않을 수 있다는 점에서 다른 문화적 편견이 있다. 문제성 음주를 나타내는 객관적 측정이 있지만, 상담자는 내담자의 문화 내에서 영향을 평가해야 한다. 개인의 생활과 이전 세대에서의 대인관계적 폭력과 시스템적 억압의 결과로 물질사용장애가 발생할 수 있다는 것을 상담자들이 이해하고 받아들이는 것도 필수적이다. 또한 DSM-5는 알코올 효소를 대사하는 능력에 있어 인종·민족 집단 간의 유전적 차이를 지적한다. 이는 개개인이 알코올을 더 가공될 수 있는 당으로 분해할 수 있는 다양한 능력을 가지고 있음을 의미한다. 한 사람을 취하게 하는 동일한 양의 알코올이 다른 사람을 취하게 하지 않을 수 있다.

도입

변화를 그렇게 어렵게 만드는 것은 무엇인가? 이 질문은 주로 불만족스러운 답변이 있던 태곳적부터 제시된 질문이다. 이 질문은 다르게 먹기에서부터 물질 및 행동 남용, 종교 개종에 이르기까지 삶의 다양한 분야에 적용되어 왔다. 중독 치료 분야에서는 도덕적 결함, 유전학, 가족력, 해결되지 않은 외상, 그리고 우리가 다음에 언급할 다른 많은 것들 등 다양한 대답이 제시되어 왔다. 또 다른 설명을 덧붙일 위험을 무릅쓰고, 신경과학 분야는 중독을 다루는 개인, 가족, 임상가들에게 귀중한 무언가를 제공할 것이다. [이 장에서 나는 중독과 관련된 다양한 용어들을 언급할 것이다. 종종 언어의 경제성을 위해 중독을 선택할 것이다. 그럼에도 불구하고 나는 실제로 전형적인 중독 용어들을 피한다. 왜냐하면 이 중독 용어들은 도움을 주는 많은 직업이 수용하는 웰니스 지향에 역효과적이라고 믿기 때문이다. 동시에 DSM-5의 중독 언어의 채택은 정신과적 관점에서 획기적인 변화를 예고한다.]

중독은 행동에서 시작되며, 모든 중독은 행동적이다(Winger, Woods, Galuska, & Wade-Galuska, 2005). 설령 당신이 "내 유전자가 나를 그렇게 만들었다!"라고 말하는 사람일지라도, 세상에서 가장 유전적으로 중독 성향이 강한 개인도 (그것이 마치 측정될 수 있는 것처럼) 어떤 행동을 취하지 않고서는 결코 중독을 발달시키지 않을 것이다. 그 이후에는 많은 것들이 이어질 수 있다. 우리는 이 장에서 그중 몇 가지에 초점을 맞출 것이다. 유전적이든 생물학적이든 신경학적이든 간에 신경과학적 발견을 포함하여 당신이 수용하는 특정한 가설과 상관없이, 만약 어떤 사람이 그러한 선호를 행동적으로 표현하지 않는다면, 그것은 논의할 여지가 있는 이슈이다. Winger와 동료(2005)는 신경과학적 발견의 관점에서 행동적 문제로서 중독에 대한 이러한 논의에 어떤 통찰을 제공한다. 중독이 단지 뇌질환이라는 주장에도 불구하고(예: White, 2002), 다른 이들은 행동적 강화 요소가—비록 뇌 안에서일지라도—중독을 기술하는 데 훨씬 더 유용하다고 주장한다(Weiss & Porrino, 2002; Winger et al., 2005 참조). 이와 같은 장에서는 공통 언어, 즉 일종의 조작적 정의로 설명하는 것이 또한 중요하다. DSM의 최신판(DSM-5; American Psychiatric Association, 2013)을 통해 진단에 대한 접근이 변경되었으며, 그와 함께 임상가가 중독에 대해 토론하는 데 사용하는 언어도 변경되었다. 우선, DSM의 마지막 판(IV-TR; American Psychiatric Association, 2000)에서 중독이라는 용어는 어디에서도 발견되지 않았다는 점에 주목하는 것이 중요하다. 흥미롭게도, DSM-5의 경우, 물질 관련 장애 섹션은 물질 관련 및 중독 장애라는 새로운 범주형 이름에 포함되었다. 아마도 뇌에서 중독 신경학적 메커니즘에 관해 증가하는 연구를 반영하기 위해서일 것이다. 내가 여기서 그 용어를 사용할 때, 중독은 물질과 과정 장애(예: 화학적 의존 및 강박적 도박)의 일반적인 역동을 가리킨다. 다음에 보게 되겠지만, 중독에 대한 정의는 심지어 그 용어에 편안함을 느끼는 사람들 사이에서도 다양하다.

뇌에서 중독이란 무엇인가

이것이 대답하기 극히 어려운 질문이라는 사실 외에도, 중독 치료에 접근하는 데는 이미 수많은 정의와 방법이 있다. 이 절의 논의를 위해, 나는 다양한 관점 중에 일종의 빠른 참조가 가능하도록 몇 개의 표(〈표 10-1〉~〈표 10-3〉)를 제공했다. 치료자들은 내담자와 함께 경험적으로 지지되고 내담자와 자신 모두에게 본질적으로 울림이 있는 이해와 접근법을 개발하는 것이 좋다.

〈표 10-1〉 **중독의 정의**

중독이란 무엇인가?
일반적 정의: 『중독과 중독 행동 백과사전』에 따르면, 중독은 "많은 양의 알코올을 소비하든, 불법적인 약을 먹든, 다른 강박에 따라 행동하든 간에 특정 행동을 하고자 하는 감정적이고 종종 신체적인 욕구이다. 일부 전문가들은 '의존'이라는 단어를 '중독'의 대용으로 사용한다. 대부분의 중독 행동은 신체적 측면과 심리적 측면을 모두 가지고 있다"(Gwinnell & Adamec, 2006, p. 2).
익명의 알코올 중독자(AA) 정의: 1단계부터 우리는 알코올에 대해 무력하다는 것을 인정했다—우리의 삶이 감당할 수 없게 되었다는 것을.
DSM-5의 정의: DSM-5에서는 준거와 용어가 다소 바뀌었다. 첫 번째 변화는 물질사용장애의 정의인데, 열한 가지 행동이나 충동의 목록에서 최소 2개의 준거를 요구한다. 중증도 범위는 경증에서 중등도, 중증까지이며, 이후 물질 유도성 장애로 이동한다. 물질 유도성 장애는 중독(intoxication), 금단 그리고 물질 유도성 정신건강 장애를 포함한다.
알코올 중독의 행동 신경생물학: 알코올 중독과 관련한 중독 행동은 알코올 취득에 대한 강박적 몰두, 소비에 대한 통제력 상실, 내성과 의존의 발달은 물론 손상된 사회적, 직업적 기능이 특징이다. 알코올 중독은 다른 중독장애들과 마찬가지로 마시기를 그만둔 후에도 재발하는 만성적 취약성이 특징이다(Weiss & Porrino, 2002).
Albert Ellis의 정의: "당신이 중독되면, 당신은 건강한 목표(성공, 인정, 편안함, 즐거움 등)를 위해 자신의 선호와 욕구를 취하고 그것들을 강하고, 경직된 요구, 의무, 필수, 명령으로 바꾼다. 우리처럼, 당신은 오류가 있고 불완전하다. 타인과 세상의 조건이 종종 당신의 거창한 요구를 좌절시키기 때문에, 당신은 불필요하게 자신을 비참하게 만든다"(Ellis & Velten, 1992, p. 6).
신경과학의 정의: "신경과학자들은 약물 중독이 행동 장애라는 데 동의한다. 그들은 보통 인간의 중독을 때때로 약을 복용하는 것이 시간이 지나면서 더욱 '강박적인' 약물 복용으로 변화하는 것으로, 그리고 복용하는 약물의 양에 대한 '통제력 상실'로 정의한다. 중독은 더 나아가 개인이 장기간 약물 사용을 중단했더라도 재발에 대한 민감성('갈망')으로서 지속되는 만성 장애로 간주된다"(Winger 등, 2005, p. 670).

이러한 정의들에서 공통적인 것 중 하나는 개인주의적인 초점이다. 치료자들이 상담실에서 개인을 치료할 때, 개인은 시스템의 부분이라는 것을 명심하는 것이 중요하다. 예를 들어, Austine과 Switcher(2014, p. 63)는 '중독은 가족병'이라고 강조하면서, 치료에 또 다른 차원을 더한다. 여기에 이러한 다양한 정의를 모두 포함시키는 핵심은 분열을 초래하지 않는 것이다. 사실, 치료를 강화시키는 것은 이해와 접근법에 대한 이러한 다양성이다. 어떻게 이 장의 내용과 많은 사람의 삶을 부정할 수 없이 변화시킨 이 단계들을 통합하도록 접근할 것인가? 〈표 10-2〉는 중독을 개념화하는 다양한 방법에 대한 추가적인 그림을 제시한다. 여기서 내담자는 자기 행동에 대한 이해를 가져오는데, 이는 실제로 더 좋은 출발점이 될 수 있다는 점을 주목하는 것이 중요하다.

〈표 10-2〉 중독이란 무엇인가?

이론	경구	분과	관련 주제
정신분석적 관점	중독은 역사적이다.	Freud학파	갈등관리를 자아에서 제거한다.
	중독은 사회적이다.	Adler학파	사회적 책임의 포기를 가린다.
	중독은 발달적이다.	Erikson학파	사용하는 모든 선택은 발달에 대한 놓친 기회이다.
인지행동적 관점	중독은 회피이다. 또한 강화이다.	인지적	역기능적이고 비합리적인 생각은 비슷한 행동으로 이어진다.
	중독은 회피를 느끼는 것이다.	행동적	강화는 말 그대로 뇌를 변화시킨다.
인본주의적-실존적 관점	"저항은 헛된 것이다." … 저항과 함께 굴러라.	인간중심치료, 동기강화면담	치료자가 기대를 부과하는 것은 문제에 기여했던 조건적 수용을 재창조한다.
	중독은 경험적이다.	게슈탈트	촉발제와 대처 기술에 대해 나에게 말하지 말라: 나에게 보여 주라.
구성주의적 관점	"저항은 부질없는 것이다." … 주저함은 관리할 수 있다.	내러티브, 해결중심적	변화에 대해 모든 인간은 최소한 양면적이라는 것을 인정하라—습관과 Hebb의 측면에서 뇌를 보아라.

뇌에서 중독은 어디에 있는가

도파민

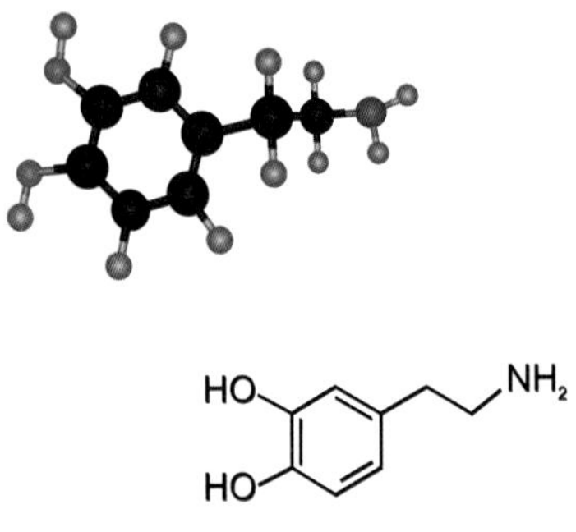

[그림 10-1] 뇌에서의 중독

다른 장들의 많은 부분과 마찬가지로, '대답들'은 많고 다양하다. 〈표 10-3〉은 이 문제를 설명하는 많은 접근 방법에 대한 Fetting(2011)의 요약을 제공한다. 우리는 중독이 개인의 성격에 위치한다(그리고 뇌에서 성격의 미래 잠재적 상관)에서부터 유전자, 환경에 이르기까지 다양한 반응을 본다. [그림 10-1]은 뇌에 기반한 중독의 위치를 보여 준다. 이는 우울증과 세로토닌처럼 신경전달물질 도파민에서 발견되며, 뇌 전체의 도파민 수용체와 특히 뇌의 보상체계에서 작용한다(Taylor et al., 2014). 우리는 또한 가족 체계에 중독의 위치를 추가할 수 있다. 그리고 가족이 중독의 발생에 기여하는 것처럼, 가족은 치료에도 필수적이다(Vogel-Scibilia et al., 2009).

〈표 10-3〉 **열 가지 치료 모델**

〈단일 초점 모델(단일 원인에서 발전되는 중독)〉

도덕 모델: 성격적 결함 또는 도덕적 실패에서 기인한 중독

학습 모델: 사회적 환경, 인지 그리고 다른 모델로부터 학습된 행동으로서 중독

질병 또는 의료 모델: 단주가 유일한 치유인 병으로서의 중독

자가 치료 모델: (의료적으로) 치료되지 않은 심리적 역기능으로부터 발전하는 중독

사회적 모델: 페미니스트 또는 다문화적 치료 모델과 유사하게, 억압과 제한된 자원 같은 사회학적 요인의 결과로서 중독을 설명

〈다초점 모델(복합 요인으로서 중독)〉

AA 모델: 지지를 위한 회복 문화의 사용을 포함하여, 앞서 언급한 단일 초점 요인들의 조합으로서 중독을 본다(즉, '90일 동안 90번의 모임').

이중 진단 모델(동시 발생하는): 중독을 공존하는 심리적 장애와 별개의 것으로 본다.

생물심리사회적 모델: 사회적 맥락에서 유전적 기초, 심리적 요인을 중독 설명으로서 본다.

위해 감소 모델: 금주(abstinence)에 반응하는 유일한 모델로, 중독을 정상적인 충동의 결과로 보기 때문에 부정적인 영향을 최소화하는 것이 목표

다변량 모델: 단일 초점과 다중 초점 모델 성분의 조합으로서의 중독

출처: Fetting (2011).

통합

1장에서 나는 치료자들이 치료에서 수행하는 작업들을 위한 아주 간단한 체계를 작성했다. 모든 치료자는 중독이 있는 모든 내담자와 함께 작업하며, 내담자의 사고, 느낌, 행동을 어느 정도 수준(필수적으로 그런 것은 아니지만)으로 다루어야 한다. 중독이 있는 내담자들은 자신의 유전적 구성, 생물학적 요인, 경험, 형성적 환경을 가지고 치료에 온다. 이러한 요소들은 앞서 언급한 모든 것을 구성하는 사회문화적 환경을 통해 형성되고 형성되는 과정에 있다. 따라서 나는 표(〈표 10-4〉)와 그에 따른 논의를 포함하였다. 표는 관련한 중요한 신경 상관이나 그 사례에 맞는 비유와 함께 이 요소들 각각을 통하여 중독을 볼 수 있는 하나의 방법을 정리하고 있다.

기초: 중독에 대한 이론적 반응

〈표 10-4〉는 축약된 형식으로도 상당히 길고 상세하지만, 8개의 구성요소가 Devon에게서 어떻게 보일 수 있는지를 보여 준다.

〈표 10-4〉 중독의 8차원들

차원	설명	신경과의 관계	예시
관계	초기관계는 관계적 착취를 통해 중독을 악화시키는 것 외에도 중독의 장을 마련할 수 있다.	건강한 초기관계는 스트레스에 대비해 뇌를 예방접종하는 것이며, 이것은 나중의 삶에서 보호 요인으로 작용한다. 스트레스 관리 회로가 불완전하거나 손상된 경우에는 중독에 대한 취약성이 증가한다.	Devon의 중독은 관계 장애에서 기원을 찾을 수 있다. 그러나 일단 시작되면, 그의 중독은 그를 중요한 다른 사람들과 격리시켜 친밀감을 차단한다. Koob(2013a)은 보상 경로(관계는 덜 보상적임)와 스트레스 민감성을 모두 차단하는 변화된 뇌 화학의 두 번의 타격을 보여 준다.
생각	이것은 사용하지 않고는 대처할 수 없다는 믿음, 실제적이고 피할 수 없는 갈망에 대한 메타메시지를 포함한다.	메타인지 및 의사결정은 주로 전전두엽 피질에 있지만, 감정이나 환경에 의해 무시될 수 있다. 생각은 또한 중독에서 자동적으로 되고 인식에서 벗어나 배경으로 이동한다.	Devon의 문제는 지적 능력이나 사고력 부족에서 기인하는 것이 아니라, 중뇌의 보상체계와 다가오는 삶에서 우뇌의 지배와 더 관련이 있다.
감정	중독에 대한 선행 감정은 상실, 애도, 불안, 우울, 슬픔 등을 포함할 수 있다. 그 후의 감정은 죄책감, 안도감, 두려움, 수치심 등을 포함한다.	변연계의 보상 경로가 갈망을 유쾌하다기보다는 생명을 위협하는 것으로 해석하기 때문에, 감정은 현실의 정서적인 경험에서 그 현실로 이동한다.	Devon의 뇌는 쾌락을 고통 회피로 재정의했다. 이는 뇌가 (중독을 통한) 보상 부족을 존재에 대한 위협으로 연관시켰기 때문이다. 쾌락은 죽음이 아닌 것으로 재정의된다.
행동	감정은 고통과 짝을 이루게 되고 도구적인 방법으로 약물을 찾게 된다. 통증은 사용으로 이어지고, 사용은 해방으로 이어지며, 고전적 조건화 방식으로 강화된다.	뇌는 학습하고, 장기간 저장된 기억을 통해서 학습한다. 기억은 감정 및 맥락과 함께 부호화된다. 이는 중독 치료에서와 같이 학습과 탈학습에서 둘 다 중요하다.	심지어 그 물질이 그의 체계에서 벗어난 후에도(신경학적이 아니라 생물학적으로), Devon은 거의 다루기 힘든 학습을 초래하는 정서적 회피, 행동적 단서 그리고 관계적 맥락의 거미줄을 만들었다.

환경 (과거와 현재)	환경은 스트레스와 외상을 통해 중독을 일으킬 수 있지만 사용 및 재발의 단서 또는 유발원이기도하다.	학습은 기억이다-기억은 우리를 감정, 사건, 관계와 연결하면서 뇌의 다양한 부분에 저장된다. 그러므로 환경의 어떤 것이든 중독과 연관될 수 있다.	중독이 활성화 될 때, Devon의 뇌는 그가 있었던 곳을 기억한다(맥락 단서들)-그의 오래된 환경은 중독과 중독 행동을 유지하는 열쇠이다.
경험	트라우마, 회피, 행동 모델링은 모두 학습 자체를 통해서든 유전자 발현을 통해서든 중독의 발달에 영향을 줄 수 있는 핵심 경험이다.	유전자 발현(이 경우 중독 유전자)은 시냅스와 신경망에 영향을 미치는 경험과 행동을 통해서 단백질 합성이 일어날 때 발생한다.	Devon에게 있어 유전적 소인은 논쟁점이다; 그의 환경은 그의 경험을 통해 그에게 작용해 왔다. 이는 그가 감정을 피하고 모델링에 따라 부정적인 강화 경험을 재현할 가능성을 높였다.
생물학/유전학	일반적인 건강, 질병 및 부상은 유전적 소인으로서 중독을 촉발할 수 있다.	생물학적으로 말하면, 뇌는 몸과 엮여 있게 되어, '진짜' 통증과 상상된 통증을 구별할 수 없다.	Devon은 자기 몸이 자신의 뇌에 보내는 고통 메시지를 더 이상 믿을 수 없다. 이 메시지들은 이미 상당 부분 관련이 없다. 왜냐하면 통증은 그 장소에서(우리가 발가락을 찧는 순간 무엇을 생각하든 상관없이!)보다는 신호 해석으로서 뇌에서 '느껴지고' 있기 때문이다.
사회문화적 환경	출신 가족, 학교, 공동체, 인종/민족성 및 성적 지향성은 모두 사고와 행동에 영향을 미친다.	앞서 지적한 바와 같이, 소셜 콘텐츠는 다른 행동들(감정적 고통을 얘기하는)을 소거하면서 특정 행동(회피와 같은)을 강화하고, 뇌를 회피 기계로 조형한다.	Devon의 환경은 중독의 시작과 지속에 크게 기여했으며, 그의 중독 행동은 상호 강화하는 사이클을 만들면서 이러한 환경에 그를 계속 있게 하였다.

Devon은 자기 자신의 유전자 코드를 가지고 태어나는데, 이는 완전히 그의 통제 밖에 있는 것이다. 이 유전자 코드의 일부는 그의 생물학적으로 결정된 기질과 성격에 대한 원형을 포함한다. 여기에는 사고, 느낌, 행동에 대한 특정한 방식으로 향하는 성향들이 포함되며, 이 모든 것은 그가 태어날 때 함께 나타낸다. 그는 또한 자신이 선택하지 않은 초기 환경에서 태어나서 삶의 처음 20년 동안 대부분은 그 길을 유지할 것이다. 환경의 세부 사항(물리적 위치, 간병인, 학교 등)은 변화될 수 있지만 환경은 유지될 것이다. 이 맥락에서 그는 세상을 경험하고 세상은 그를 경험한다. Devon은 이러한 경험들을 환경의 렌즈를 통해 볼 것이며, 이는 그가 속한 사회문화적 환경에 의해 더욱 모양을 갖추게 된다. 이러한 경험과 환경은 유전자 발현에 영향을 미쳐 특정 유전자를 효과적으로 켜거나 끄며, 이는 다시 후속 유전자 발현에 영향을 미칠 것이다. 이것이 Devon의 생각, 감정, 행동이 형성되

는 더 넓은 맥락이다. [생각, 느낌, 행동 간의 관계에 대한 특정 모델을 우리의 목적, 그리고 명료성을 위하여 적용하는 것은 유혹적이지만, 그것들의 상호 관련성과 쌍방성을 많은 연구가 증명했기 때문에 나는 그것들을 전체적으로 다룬다.] 그의 생각, 감정 및 행동은 상호 강화하며, 그의 생물학, 환경 및 경험에 의해 형성된다. 그들은 또한 유전자 발현과 경험을 통해 그의 유전학을 형성한다. 예를 들어, 그의 환경과 특정 경험에 대한 그의 생각과 느낌은 이후의 생각과 느낌을 형성할 뿐만 아니라, 그의 환경과 그 경험들에 대한 반응으로 그가 무엇을 하는가(또는 하지 않는가)에도 큰 영향을 미칠 것이다. 이 모든 여섯 가지 요인들은 더 큰 문화적 맥락에서 발생하지만, Devon의 개인적 사회문화적 현실을 만들기 위해 수렴된다.

중독의 신경생물학

이 절의 자료는 스트레스, 외상, 관계 및 중독의 연결에 관한 Luke, Redekop과 Jones (2018)의 논문에서 발췌한 것이다. 약물은 불법이든 아니든 간에 신경전달물질을 흉내냄으로써(작용제) 또는 신경전달물질의 기능을 차단함으로써(길항제) 뇌에서 신경전달에 작용한다(Garrett & Hough, 2018; Kalat, 2019). 남용 약물은—불법적이든 처방된 것이든 간에—뇌의 관련 수용체에 작용하고 결과적으로 뇌는 신경전달을 위해 이러한 물질에 의존하게 된다(물질이 외부적으로 공급되고 있다면 뇌는 주어진 물질을 생산할 필요가 없다). 이것은 그 과정에 대한 매우 간략화된 기술이지만, 우리는 뇌에서 중독이 어떻게 작용하는지 그림 그리기를 시작할 수 있다. 중독에 특히 취약한 것으로 보이는 시스템은 중변연계 도파민 시스템(Mesolimbic Dopamine System: MDS; Garrett & Hough, 2018)이다. MDS는 편도체(amygdala), 해마(hippocampus), 측좌핵(nucleus accumbens), 복측피개영역(Ventral Tegmental Area: VTA)을 포함하며, 도파민의 생산과 기능에 영향을 미친다. Luke, Redekop과 Jones(2018)는 중독에서 이 구조의 역할을 다음과 같이 기술한다.

> 편도체는 감정기억이 자리하는 곳이며, 위험 평가 측면에서 감각 입력을 해석한다(Garrett & Hough, 2018). 해마는 단기 기억을 포함해서 기억 저장고와 인출을 지배하는데, 이는 물질 장애 치료와 관련이 있다(Bickel & Marsch, 2001; Bickel, Yi, Landes, Hill, & Baxter, 2011) … 측좌핵(nucleus accumbens)은 욕망과 그에 따르는 행동 간의 연결뿐만 아니라 보상 경로와 관련이 있다(Tops, Kule, IJzerman, & Buisman-

> Pijlman, 2014). VTA는 보상 처리 및 탐색과 관련된 도파민성 뉴런을 포함하고 있다 (Everitt & Robins, 2013). MDS에 관한 연구는 물질사용장애의 관점을 단지 보상 기반으로서가 아니라 정적 강화에서 부적 강화로의 진행으로서 지지한다(Palamone & Corea, 2012, pp. 173-174).

이러한 구조와 기능에 익숙해지는 것은 상담자가 물질사용장애가 있는 개인들을 이해하고 더 효과적으로 작업하는 데 도움이 될 수 있다(Feldstein Ewing & Chung, 2013; Fisher & Berkman, 2015; Tops et al., 2014; Volkow, Wang, Fowler, & Tomasi, 2012). 예를 들어, MDS 내의 활성화와 도파민의 역할(속어 'dope'로 이어짐) 때문에, 물질 사용의 쾌락(즐거운) 효과가 지나치게 강조되었을 수 있다(Luke et al., 2018). MDS와 뇌가 일반적으로 남용 물질에 의존하게 되면, 해당 물질이 없는 상태에서는 통증의 부재에서 존재로 이동하게 된다. 즉, 자신의 선택 약물이 없는 것은 육체적, 정신적, 정서적, 심지어 영적으로 고통스러운 것이다(Fisher, Xu, Aron, & Brown, 2016; Rosenberg & Feder, 2014; Kob, 2013b; Tops et al., 2014). 이러한 신경생물학적 이해는 상담자가 어떤 판단이든 분류하는 데 도움을 줄 수 있으며, 물질사용장애가 있는 내담자의 요구를 해결하는 데 있어 공감을 높일 수 있다. 이는 잠재적으로 판도를 바꾸는 Ewing 등(2016)의 발견에 반영될 수 있다. 연구진은 폭음하는 청소년에 대한 치료자들의 반응을 조사하면서 두 그룹의 내담자를 한 달간 추적 조사한 결과를 비교했다. 첫 번째 그룹에서는 치료자가 열린 질문과 고도의 기술 진술로 불리는 복합 반영을 사용했고, 다른 그룹에서는 치료자가 닫힌 질문을 사용했다. 고도의 기술 반응을 받은 청소년들은 술 마시는 날이 적고 폭음하는 날이 유의미하게 적었다. 더욱이 fMRI 결과는 다음과 같은 사실을 밝혔다.

> 더 나아가서, 상중측두회(superior middle temporal gyrus) 및 중측두회(middle temporal gyrus)에 걸쳐 복합 반영과 닫힌 질문의 주 효과를 찾았다(수정된 FWE, $p<0.05$). 복합적 질문들은 닫힌 질문보다 양쪽 전측대상회(anterior cingulate gyrus) 내에서 비교적 더 강한 반응을 보였다. 또한 닫힌 질문 동안에 두정엽에서 더 큰 BOLD 반응은 치료 후 음주 감소와 유의미하게 관련이 있었다. 마지막으로, 설전부(precuneus)에서 복합 반영과 닫힌 질문 모두에서 더 낮은 BOLD 응답은 치료 후에 음주 변화의 중요성에 대한 평가에서 더 큰 평가와 관련이 있었다. 이 연구는 특정 치료자의 행동이 청소년의 발달하는 뇌에 어떤 영향을 미치는지 그리고 그 신경 반응이 중독 치료의 맥락에서

청소년의 치료 결과와 어떻게 연관될 수 있는지를 이해하는 첫 번째 단계를 나타낸다. (p. 359)

이 발견은 치료자의 소위 더 고도의 기술 행동들이 환자 중심, 공감적인, 내담자 중심의 치료 지향에서 나온다는 것을 고려할 때 놀라운 것이다. 닫힌 질문은 고의적이고 신중하게 사용할 때를 제외하고는 상담 과정의 골칫거리다. Ewing 등의 연구는 상담—그리고 특히 상담자 행동—이 내담자의 뇌를 긍정적이든 부정적이든 변화시킨다는 또 다른 연구이다.

중독에 대한 정신역동적/정신분석적 반응

이것은 심리사회적 발달이다. 즉, 개인을 강하게 하고 다음 과제에 그 또는 그녀를 준비시켜서 위기를 해결하기 위해 노력한다. 지름길을 취하고 과정을 종료하는 것은 발달을 방해한다(Marcia & Joselson, 2013). 나는 물질에 또는 중독 과정에 갇힌 내담자를 다룰 때 의도적으로 도발적인 언어를 사용한다. 관리 의료(역주: 미국 의료보험)의 제한 또는 더 가능성이 높게는 내담자가 치료를 따르는 어려움 때문에, 물질 사용이나 강박 행동의 '원인'을 다루는 것은 대부분의 치료자들이 치료에서 할 여유가 없는 사치이다. 대신에, 나는 현실치료의 전통에서 "무엇을 하고 있습니까?"와 "무엇을 하고 싶습니까?"라고 묻는 것처럼 그들의 행동과 목표의 '무엇'에 초점을 맞춘다. 우리는 다음에서 중독에 현실치료를 사용하는 것에 대해 좀 더 다룰 것이다.

우리가 증명할 수 없는(그리고 결코 증명할 수 없을지도 모르는) 가설들에 과도한 에너지를 집중하기보다는 강박, 남용 행동과 관련된 발달적 이슈들을 기술하고 싶다. Erikson(1968)은 개인이 각각의 과제를 마주하고 해결함으로써 일련의 단계를 거치는 후생 유전학적 모델을 설명한다(〈표 10-5〉). 각 단계의 해결은 자아 적응 기술, 즉 다음 단계이자 더 복잡한 단계를 더 잘 탐색할 수 있는 기술을 결과로 가져온다. 위기나 과제를 제대로 해결하지 못하면 핵심 병리를 초래하고 다음 단계로 이동하는 것을 어렵게 하여 이후의 모든 발달에 대한 장벽을 만든다. 이러한 위기들은 페르소나와 위기에 대한 시스템의 내성에 영향을 미치는 사회적 환경에서 발생한다. 즉, 교정을 위해 사회/가족 시스템으로 돌아가는 것은 사회/가족 시스템에 많은 부담을 준다(Marcia & Josselson, 2013의 역동성에 대한 자세한 토론 참조).

〈표 10-5〉 Erikson의 단계 요약

단계	위기	긍정적 해결	부정적 해결
출생~2세	신뢰 대 불신	희망	철수
2~4세	자율성 대 수치심과 의심	의지	강박
4~6세	주도성 대 죄책감	목적	억제
6~12세	근면성 대 열등감	역량	무력
12~18세	집단 정체성 대 소외	다른 사람에 대한 충실	분리
18~24세	개인 정체성 대 정체성 혼란	가치에 대한 충실	부인
24~34세	친밀감 대 고립감	사랑	배제
34~60세	생산성 대 침체성	보호	거절
60~75세	통합 대 절망	지혜	무시
75세~죽음	불멸 대 소멸	자신	자신 없음

출처: Newman & Newman (2014).

심리사회적 발달이 급성 및/또는 만성 물질 사용이 시작되는 시점에서 또는 그 부근에서 현저하게 멈춘다는 관점을 가정할 때, Devon은 어떤 발달 단계에 갇혀 있다고 묘사할 것인가? 이것은 어떻게 보일 수 있을까? 이것을 묻는 또 다른 방법은 Devon이 각각의 차원, 자아 적응, 혹은 핵심 병리에서 각각의 연속선상의 어느 끝을 향해서 기울고 있는가이다. 그리고 아마도 가장 중요한 것은, 이러한 단계들은 특정 학습 허용과 함께 사회적 맥락에서 발생하기 때문에(Marcia & Joselson, 2013; Sarnyai & Kovács, 2014), 성장과 교정 과정은 사회적으로 어떤 모습일까?

Devon의 중독에 대한 신경기반 정신분석적 반응

Devon의 뇌는 이제 발달 위기를 피하고 저항이 가장 적은 길을 택하기 위해 '연결'되어 왔다. 이는 문제 해결, 비판적 사고, 사회적 기술이 위축되어 그가 재발에 더 취약해졌다는 것을 의미한다. 또한 Devon의 보상 회로인 MDS('뇌 기제' 참조)는 욕구와 만족 사이의 가장 짧은 거리를 주장하며 즉각적인 만족을 위해 준비된 반면에, 마약에 대한 내성은 이 시스템의 대응 능력이 무뎌짐에서 비롯되었다. 그의 MDS는 시스템에 외부로부터 오는 지속적인 범람이 있는 상태에서 도파민 및 신경전달물질의 생산을 감소시켰다. 그동안 Devon의 기억은 기억되고 다시 기억되며, 부정적인 영향을 걸러내고, 들뜬 행복감에 기반한 기억을 창조하는 것을 바탕으로, 결코 일어나지 않았던 경험을 재현한다. 치료에서 이것은 '약물을 낭만화하기'라고 언급될 수 있다. 그의 뇌 재구성의 이 시점에서 MDS는 무뎌지고 그의 정서적 기억은 그의 첫 번째 '도취(high)'의 경험을 재현하려고 애쓰거나 혹은 다른 느낌과 연관된 '쾌락'을 추구하고 있을지도 모르기 때문에, 쾌락은 통증과 불편의 회피로 재정의되기 시작했다. 게다가, 이것은 그가 혼자 해결해야 하는 'Devon' 문제라는 점을 강조하면서, 그는 가족의 간청에 따라 치료에 들어갈 수도 있다.

앞에서 기술된 것을 바탕으로, 미래에는 약물 사용 없이 합리적으로 잘 적응한 개인이 될 거라는 희망감을 Devon이 발달시킬 수 있도록 돕기를 고려하는 것은 벅찰 수 있다. 부분적으로, 희망은 신경가소성의 개념에 있다. 치료자는 치료의 어느 시점에서나 가능한 성장과 발달의 그림을 그린다. 이것이 뇌 손상 접근법을 채택하는 것이 좋지 않은 이유다(이 관점에 대한 Flores, 2007의 토론 참조). 왜냐하면 첫 번째로는 대부분의 치료자들이 내담자들의 뇌를 스캔하지 않을 것이고, 두 번째는 내담자들은 변화를 희망하는 이유가 필요하기 때문이다. 발달적 교정은 발달 초기 단계에서 필요한 양의 시간을 소요할 필요가 없다는 Erikson의 관점을 고려하라. 이것은 Devon이 되돌아가서 1년이나 2년을 기본적인 신뢰를 발전시키는 데에 보낼 필요가 없다는 것을 의미한다—여러모로, 당신은 돌아갈 수 없다. 신뢰 대 불신에서 제한된 발달이 있었음을 가정할 때(〈표 10-5〉), 그러나 치료는 희망 대 철수, 자아 적응 및 핵심 병리를 각각 다루기 시작할 수 있다. 희망은 우뇌에서 우뇌로의 상호작용(Badenoch, 2008)으로 개발될 수 있는데, 여기서 치료자는 연결된 관계의 관점에서 Devon과 '접촉'하기 시작한다(Heilig, Epstein, Nader, & Shaham, 2016 참조). 그는 그의 관계에 있어서 제한된 진정성을 가지고 있었기 때문에, 이것은 처음에는 그에게 이상하고 심지어 불편한 경험일 것이다. 여기서 치료자가 희망 대신 철수를 향해 움직이는 Devon의 이야기를 들으려고 하지 않을 수도 있다는 것을 주목하라. '스토리텔링'은 특히 물질 사용 치료에서, 그리고 일반적으로 치료에서 고유한 것이다. 지속적인 다시 말하기를 통한 반복은 Devon을 치료자와 의식적으로 접촉하지 않게 하고, 그가 그 순간 느끼고 있는 것에 따라 과거를 회상하게 할 것이며, 이는 무력하고 절망적인 정체성을 지탱하는 경향이 있다. 대신에, 치료자는 철수에서 희망으로 옮겨가는 것이 치료에서는 물론 일상생활에서도 어떤 모습일지 Devon의 묘사에 초점을 맞출 것이다. 그는 치료자와 계속 함께 있으면서, 자신이 살 수 있는 삶을 상상하기 시작하면서, 비록 초기이긴 하지만 새로운 그리고 건강 지향적인 정체성으로 이어지는 가능성을 만들어 낸다.

소년과 나비의 우화

작은 소년이 나무에서 애벌레를 우연히 보고 잡게 된다. 그리고 애벌레의 행동을 관찰할 수 있도록 항아리에 담아둔다. 곧이어 애벌레는 자신과 항아리 속의 잔가지 주변에 누에고치를 친다. 몇 주 후 소년은 나비로 변모하기 시작한 애벌레를 넋을 잃고 관찰한다. 자세히 살펴본 결과, 소년은 나비가 고치에서 나오기 위해 몹시 고군분투하고 있다는 것을 알아차린다. 그는 구조하러 뛰어가서, 아주 친절하게도 고치를 여는 것을 돕기 위해 자신이 사용하는 작은 칼을 주머니에서 꺼낸다. 다음에 일어난 일은 그를 완전히 충격에 빠뜨렸다. 나비는 기운 없이 땅에 떨어져서 바로 죽었다. 절망에 빠진 소년은 부모에게 어떻게 해야 할지 물었고, 부모의 반응은 그를 더욱 흔들어 놓았다. "누에고치에서 나오기 위해 고군분투하는 과정은 비행과 생명을 지속하기 위해 나비를 충분히 강하게 하는 필수 단계란다. 고군분투 과정이 없다면 날개는 힘이 없게 되고 빨리 죽게 된단다." 그 소년의 활달함과 도우려는 노력 속에서, 나비가 고군분투하는 것을 피하도록 도와주려는 그의 시도는 쇠약함을 그리고 결국에는 치명적인 한계를 초래했다.

상담회기 내 정신역동적 접근

Devon

상담자: 자, Devon, 이 선은 일종의 시간 선입니다. 왼쪽은 당신의 탄생을 나타내고 오른쪽은 당신이 지금 있는 곳입니다. 삶이 기대했던 것과는 다르다거나 생각했던 것보다 더 복잡하다는 것을 깨닫게 된 한 지점을 이 시간의 선 위에서 확인할 수 있습니까?

Devon: 무슨 말인지 잘 모르겠어요…. 언제 삶이 어려워졌는지와 같은 건가요?

상담자: 그것은 물론 그것에 접근하는 한 가지 방법이에요. 당신이 예전과 다르게 인생을 인식하게 되었을 때를 생각해 보세요.

Devon: [어느 정도 생각한 후에] 처음에는 이것이 어려웠던 것 같아요. 그 당시에는 그렇게 보지 않았지만, 정말 일찍부터 인생을 험난하게 보아 왔기 때문이에요. 기저귀를 차고 먹을 것을 찾으려고 했던 기억이 나요. 주변에 어떤 어른에게든 물어보곤 했는데, 그들은 대개 나를 무시하거나 나에게 직접 가져오라고 했어요. 가끔 나는 그냥 배가 고팠어요.

상담자: 그리고 무슨 일이 일어났나요?

Devon: 음, 울었던 것 같아요. 그러나 그것 또한 무시되었어요. 내가 이걸 기억하는 한 가지 이유는 내가 이모네 집에 갈 시기가 있었다는 거예요. 이모네는 먹을 것이 많았고, 그걸 내게 주곤 했어요! 아마 내가 네 살이나 다섯 살일 때였는데, 나는 바깥과는 달랐던 우리 집에서의 삶을 깨달은 것 같아요. 당신이 의미하는 것이 이런 건가요?

상담자: 나는 그것이 당신의 관점 전환을 보여 주는 매우 분명한 예라고 생각해요. 그럼, 당신이 추측해야 한다면, 당신이 갓난아기로서 세상에 대해 무엇을 배웠다고 생각하나요? 나는 당신이 이 관점에서 오랫동안 추측하고 있다는 것을 압니다.

Devon: 아무도 나를 돌보지 않으리라는 것과, 내가 필요로 하는 것을 스스로 얻어야만 한다는 것을 배웠다고 생각해요. 그리고 모든 사람이 그렇게 할 필요는 없다는 것을 배웠어요.

상담자: 당신이 그 당시에는 인식하지 못했을지라도, 그것들은 강력한 교훈이네요. 그 교훈들을 치료받으러 온 행동들과 어떻게 연결시킬 수 있을까요?

Devon: 글쎄요…. 당신이 그렇게 말한다면, 나는 아무것도 보장되지 않았기 때문에 '내 것을 얻는' 존재로 성장했던 것 같아요. 내가 느끼고 싶었던 방식으로 느끼는 것을 포함해서요. 약물 복용은 그 지름길이 되었습니다.

상담자 : 그런 말을 하는 기분이 어떻습니까?

Devon : [머리를 숙이며] 나는 그것에 대해 많은 것을 느끼고 있어요. 내 가정환경에 대한 걱정, 내 선택에 대한 분노, 이런 식으로 성장한 것에 대한 슬픔, 그리고 그것을 어떻게 바꿀지 모르는 무력함.

상담자: 공유해 줘서 고마워요! 초기 신뢰 주제부터 시작하면서, 변화가 가능한 것이 무엇인지 살펴보는 것으로 시작합시다.

상담회기 내 정신분석적 접근

Devon 사례 계속 Devon은 자신의 삶에서 다른 어떤 사랑에 대한 여지도 허락하지 않는 무언가와 애정 관계를 스스로 만들어 냈다. 그의 물질 사용은 어떤 인간관계보다도 더 신뢰하는 방식으로 그의 (지각된) 욕구를 충족시키는 무생물에 대한 의존을 만들어 냈다. 대개 장기적으로 부정적인 그의 물질 사용의 결과는, 인간관계와는 달리 거의 항상 예측 가능하다. 그의 사용 행동의 선행사건과 결과들은 물질의 사용과 남용을 지속적으로 강화한다. 축적과 결과는 대체로 예측 가능하다. 인간은 이것과 거의 경쟁할 수 없으며, 진정한 인간의 사랑과는 반대로 배타적인 핵심 병리가 발생한다.

상담자: 물질을 끊고 애정 관계가 있는 삶을 만들겠다는 당신의 목표로 돌아가고 싶군요. 당신의 마음속에서는, 특히 당신의 초기 신뢰 경험을 볼 때, 어떤 사물이나 사람이 당신이 창조한 삶과 함께하는 연애와 어떻게 경쟁할 수 있습니까?

Devon: [약간 망연자실해 보임]

상담자: 어려운 질문처럼 느껴질 것입니다.

Devon: 글쎄요, 솔직히 말하면, 어떤 사람도 알약이나 술을 진탕마시는 것처럼 할 수 없어요. 그것들은 정말 믿을 만해요. [이 말은 좀 부적절한 신뢰처럼 들린다.]

상담자: 그리고 당신의 뇌는 이러한 패턴에 반응하여 변화했습니다. 하나의 뇌 개념이 없었다면, 나는 당신의 변화 능력에 대해서 걱정했을 겁니다.

Devon: 좋아요, 흥미가 생기네요. 무슨 뇌요?

상담자: 당신 뇌에서의 변화가 당신을 건강하지 못한 행동에 갇히게 한 것처럼, 신경가소성의 개념을 통해 당신의 뇌를 변화시키기를 시작할 수도 있어요. 그 과정의 일부는 치료를 받기 위해 모습을 드러냄과 동시에 어린 시절의 초기 사고와 행동 패턴의 시작을 기꺼이 살펴보려는 당신의 의지를 통해서도 시작되었습니다.

Devon: 좋은 생각인 것 같은데요, 그런데 내가 실제로 어떻게 변화하지요?

상담자: 말했듯이, 변화는 이미 일부 시작되었어요. 당신이 뇌 속을 직접 들여다볼 수 없을 뿐이죠. 다음 부분은 우리의 관계를 통한 것입니다. 당신이 누구를 원하든지 또는 필요로 하든지 간에 당신은 나와 함께 여기에 있을 수 있어요. 그리고 당신은 여전히 내가 당신을 한 사람으로 수용하는 것을 경험할 것입니다.

다음으로, 당신이 고통을 피하는 것에서 관계를 추구하는 쪽(꼭 다른 사람과의 관계뿐만 아니라 당신 자신과의 관계도)으로 방향을 바꾸도록 도울 거예요. 당신 삶의 처음으로 돌아가서 모든 것을 다시 체험할 필요는 없어요. 변화는 가능하고 가능성이 있어요.

당신이 원하는 것에서부터 시작합시다.

Devon: 난 건강한 관계를 원해요.

상담자: 좋아요. 그건 어떤 건가요?

Devon: 모르겠어요.

상담자: 좋아요. 그럼 먼저 당신이 삶을 시작했던 관계, 그리고 당신이 미래 관계에 대하여 배운 교훈들로 시작합시다. 그러고 나서 우리는 당신이 지금 가지고 있는 관계를 살펴보고 무엇이 건강하며 무엇이 건강하지 않은지 알아내는 쪽으로 나아갈 것입니다. 뇌는 자연과 마찬가지로 진공을 싫어하기 때문에 우리는 어떤 것을 빼앗기 전에(예: 약물) 무언가로 대체할 준비가 되어 있어야 합니다(예: 의미 있는 연관성).

중독에 대한 인지행동적 반응

남자[인간]가 술을 마시고,
술이 술을 마시고,
술이 남자[인간]를 마신다.
–중국 속담

1960년대에 Walter Mischel은 흥미로운 일련의 실험을 통해 현재 지연된 만족으로 언급되는 현상을 연구했다(Mischel & Metzner, 1962 참조). 그는 마시멜로가 담긴 접시가 있는 방에 어린 아이들을 두었다(이는 연구 시리즈 중에 한 변형에 지나지 않는다). 선생님은 아이들에게 언제든지 마시멜로를 먹어도 된다고 말했다. 그러나 안 먹고 기다린다면, 선생님이 돌아왔을 때 마시멜로를 추가로 받게 될 것이라고 했다. 전제는 간단했다. 지금 하나를 먹어라, 아니면 기다렸다가 두 개를 먹어라. 기대한 대로 결과는 혼합적이었다. 절반 정도는 마시멜로를 먹는 것을 선택했고 절반은 기다리기로 했다. 예상하지 못했던 것은 이 아이들의 장기 추적이었다. '만족을 지연'할 수 있었던 아이들은 학교와 직장에서 그렇지 않았던 아이들보다 훨씬 더 성공적이었다(Mischel, Shoda, & Peake, 1988). 이 일련의 연구의 무수한 영향 중 하나는 행동 강화와 관련이 있다. 지각된 보상이 기다리는 비용을 들일 가치가 있는가?

연구에서 두 번째 마시멜로를 기다리기로 선택한 학생들은 만족을 지연시키는 능력을 보여 줬다고 한다(자기 조절). 그들은 미래의 보수가 기다릴 가치가 있다고 믿었다. 다른 아이들은 지연 할인(delay discounting)이라고 불린 것을 보여 주었다(Bickel et al., 2011). 지연 할인은 본질적으로 지연된 만족과 반대되는 것이다. 즉각적인 조치가 훨씬 더 가치 있는 것으로 인식되어서, 미래의 잠재적 보수는 최소화된다. 중독인 사람들의 뇌에서 지연된 만족을 촉진하고 지연 할인을 미연에 방지하는 회로는 중독이 아닌 사람들에서보다 더 약한 것으로 보인다(Bickel et al., 2011). 실제로, Bickel의 그룹은 이러한 약점을 기억력 결핍과 결부시켰고 중독인 개인들의 기억 시스템을 훈련시킴으로써, 지연 할인은 경감될 수 있다는 것을 보여 주었다. 즉, 기억력 훈련은 지연된 만족을 촉진하는 믿음 시스템을 지원할 수 있으며, 그 순간에 더 건강한 결정으로 이어질 수 있다.

그러나 문제는 여기에 있다. Potenza, Sofuoglu, Carroll과 Rounsaville(2011)은 "인지

적 관점에서 중독적인 행동을 통제하거나 제거하려는 시도는 사용으로 인한 지연된 부정적 결과에 의해 보통 동기화된다. 이러한 부정적인 결과에 대한 개인의 인식은 변화된 태도와 약물 사용 행동을 발전시키려는 시도로 이어질 수 있다."(p. 696)고 지적했다. 이것은 매우 희망적이다. 단지, Kidd, Palmeri와 Aslin(2013)이 Mischel의 마시멜로 연구로 복귀하는 것을 고려할 때를 제외하면 말이다. 이 연구들에서는 사회경제적 요인이 고려되었다. 낮은 사회경제적 배경의 아이들은 만족을 지연시킬 가능성이 유의미하게 낮았고, 대신 지연 할인을 사용했다. 왜 그럴까? 개인이 불확실성의 환경을 경험하며 요구가 불규칙하게 충족될 때, 그들 앞에 있는 보장된 마시멜로는 꽤 좋아 보인다. 중독인 내담자는 즉각적인 만족이 행동적으로, 환경적으로 그리고 관계적으로 강화되는 유사한 신념 체계를 가지고 있을 수 있다. 따라서 내담자에게 그들의 약물 남용의 결과에 초점을 맞추는 노력은 희망했던 것보다 덜 강화적일 수 있다.

Devon의 중독에 대한 신경기반 인지행동적 반응

〈표 10-2〉에서 간단히 언급된 Hebb의 법칙은 이러한 뇌 뉴런 현상을 발견한 연구자의 이름을 따서 명명되었다. "A세포의 축색돌기가 B를 흥분시킬 만큼 가까이 있고 반복적으로 또는 지속적으로 발화에 참여하면, B를 발화시키는 세포들 중에 하나로서 A의 효율성이 증가하는 것과 같이, 성장 과정이나 대사 변화가 하나 또는 양쪽 세포 모두에서 일어난다."(Hebb, 1949, p. 62)고 명시되어 있다. 뉴런은 우리의 모든 생각, 감정, 행동에 책임이 있으므로, 이것은 중요하다. 간단한 예를 들어 보자. 한 내담자는 20년 동안 집에서 직장까지 같은 길로 다녔다. 아마도 그는 이따금 '도랑'에 빠지는 바람에 다른 경로를 택하려고 시도했으나, 이 길로 다시 돌아와 이전보다 훨씬 더 도랑에 빠져 움직일 수 없음을 느끼는 자신을 발견했을 것이다(Hebb의 법칙). 아마도 내담자는 경로를 변경하기 전에 '바위 바닥'을 치기 위해 기다리고 있을 것이다. 아마도 그는 자신이 이 길을 택할 수밖에 없다고 확신하게 되었을 것이다—그는 언제나 '경로를 따르는 사람'이 될 것이다. 하지만 어느 날 내담자가 그의 뇌에게 배운 것은 맞지 않다고 말하기로 결정한다면 어떻게 될까? (뇌는 실제로 당신이 말하는 대부분을 믿을 것이다.) 만약에 내담자가 (1) 왜 경로 변경이 그토록 어려웠는지, (2) 왜 경로 변경에 대한 희망이 있는지를 이해하도록 돕는 실제 뇌과학을 알게 된다면 어떻게 될까? 내담자는 다른 행동들을 기꺼이 시도할까?

이것이 Hebb의 법칙이다. 그리고 이것이 변화하기가 매우 어려운 이유 또는 일부 이유이다. 내담자는 말 그대로 일을 할 수 있는 한 괜찮다. 이것은 소위 친사회적 행동이며, 우리는 이러한 행동에 관여하고 싶다. 이제 앞의 속담에 비추어 남용 행동을 보자. 내담자는 자신이 느끼는 방식을 싫어하고, 목표는 다르게 느끼는 것이라고 하자. [나의 주장은 물질 및 과정 중독을 치료할 때, 개인의 현재 상태 이외에 어떤 것을 느끼는 것이 이들의 주요 목표라는 것이다. 내담자가 선택한 '약물'(물질이든 과정이든)은 그들이 다르게 느끼도록 돕는다. 이것은 내가 함께 작업한 모든 내담자에게 두루 계속되는 공통 주제로 보인다.] 내담자는 이러한 욕구에 대응하여 특정 경로를 택하기로 결정한다. 예를 들어, 당신이 술 마시기를 결정한다고 상상해 보라(마약을 주사하기, 마약을 코로 흡입하기, 마약이나 술을 들이켜기 등). 그리고 빵! 당신은 정말 다르게 느낀다(공식적으로 무감각, 도취감 그리고 다른 느낌들은 모두 '다르게' 느끼기의 변형이다). 당신은 운동, 친구와 함께하는 것, 또는 자원봉사와 같이, 다르게 느끼는 또 다른 경로가 있다는 것을 알고 있다. 그러나 첫 번째 경로는 더 빠르고 더 직선적이다. 당신은 그 경로를 반복한다("남자가 술을 마신다."). 당신은 그것을 다시 반복한다. 이러한 추구–경험–강화 과정의 어느 시점에서 당신의 뇌는 이것이 경로라고 결정한다. 그리고 대안적인 경로를 강조하는 당신의 신경 '지도'를 우회한다("술이 술을 마신다."). 당신이 그것을 알기 전에, 당신의 행동들은 당신을 강박 행동 성향으로 이끌 수 있는 유전자를 활성화했다. 게다가 그 지도는 효과적으로 지워졌고 머리 쓸 필요가 없는 행동으로만 대체되었다("술이 남자를 마신다").

피할 수 없었다. 당신은 이런 식으로 유전적으로 연결되어 있다. 그렇지 않은가? 만약 이것이 옳지 않다면? Hebb의 법칙과 일치하지만 상쇄하는 다른 과정이 뇌에 있다면 어떻게 될까?

여기 희망이 있다. 앞서 소개된 신경가소성은 뇌가 말 그대로 물리적으로 스스로 변화할 수 있다는 것을 의미한다! 어떻게 물어보겠는가? 즉, 변화한다는 것은 뉴런들이 실제로 다르게 기능하도록 스스로를 '재연결'하는 것을 의미한다. 뇌는 우리의 생물학, 환경, 그리고 우리의 행동과 사고 패턴에서의 변화를 통한 경험에 반응하여 변화한다. 이것은 앞에서 기술된 Bickel의 기억 연구의 기저를 이루는 원칙이다(Bickel et al., 2011).

상담회기 내 인지행동적 접근

Devon 사례 계속

상담자: Devon, 난 당신이 뭔가를 시도하면 좋겠어요. 서명하세요.

Devon: [회의적으로 보임, 순응함]

상담자: 어땠나요?

Devon: 무슨 뜻인가요? 마치 내 이름에 서명하는 것 같았어요.

상담자: 네. 잠깐만요. 이제 당신의 이름을 다시 서명하세요. 이번에는 반대편 손으로.

Devon: [노력하지만 고통스러워하면서, 그는 완성한다.]

상담자: 어땠나요?

Devon: 제가 예상했던 것보다 이상하고 어려웠어요.

상담자: 아마도 달랐고, 생각과 노력을 요구했고, 어려웠을 거예요. 어렵지만 불가능하지 않았어요.

Devon: 네.

상담자: 이것이 성격과 기질이에요. 우리가 생물학적으로 다른 것들보다 특정한 것을 선호하는 것이지요. 하지만 그것은 행동 변화에 대한 은유이기도 합니다. 우리는 여전히 선택의 여지가 있지만, 그 선택을 바꾸기 위해 노력해야 합니다.

Devon: 무슨 말인지 알 수 있어요. 변화는 자연스럽지 않기 때문에, 그렇게 느껴서는 안 된다. 그렇지만 그것이 내가 변화를 할 수 없다는 것을 의미하지는 않는다는 것이죠.

상담원: 맞아요. 따라서 변화에 관한 생각을 품고 있을 때, 당신이 느끼는 불확실성이나 불편함을 예상해야 합니다. 경험하세요, 하지만 그것 때문에 당황하지 마세요.

Devon: 알 것 같아요.

상담자: 우리가 일정 시간 동안 특정한 방식으로 행동했을 때, 우리의 행동은 자동적이거나 자동적이라고 느껴질 수 있습니다. 우리의 생각이 그런 것처럼 말이죠. 우리가 변화를 시도하거나 심지어 숙고를 하기만 해도, 우리의 뇌/마음은 우리에게 무언가 잘못되었다고 말합니다. 그 메시지들을 듣는 것은 변화를 중단시키지요. 당신은 삶에서 최근의 한 예를 생각할 수 있습니까?

Devon: 선택할 수 있는 것들이 많이 있어요…. 나는 사람들이 내 감정을 상하게 하는 말에 과민반응하는 것을 멈추려고 노력하고 있어요. 난 정말 예민해질 수 있고 그러고 나서 폭발할 수 있어요.

상담자: 좋아요, 그래서 무엇을 바꾸려고 노력했나요?

Devon: 과민반응 부분이요.

상담자: 그리고 당신의 뇌는 당신에게 반응하지 않는 것이 옳지 않다고 말하고 있나요?

Devon: 그런 거 같아요. 바꾸기가 그냥 너무 어려워요.

상담자: 반응을 바꾸는 것이 그 과정에서 조금 늦은 건 아닌지 궁금하네요. 당신의 이름을 쓰는 중간에 당신에게 손을 바꾸게 하는 것과 같은 거지요. 당신을 예민하게 만드는 상황 및 환경과 관련 있는 몇 가지 목표를 봅시다. 괜찮을까요?

Devon: 물론이지요.

상담회기 내 인지행동적 접근

Devon 사례 계속

상담자: Devon, 우리는 아까 당신을 예민하고 과민반응하게 만드는 것들에 대해서 얘기했습니다. 당신의 몇 가지 환경을 변화시킴으로써 당신의 뇌를 변화시키는 것을 살펴봅시다. '익명의 알코올 중독자들/익명의 약물 중독자들 모임'에 많이 가 보셨죠?

Devon: 네, 한 집단이지요.

상담자: 당신은 아마도 그 모임들에서 HALT라는 약자를 접했을 겁니다.

Devon: 네, 아마도 지나가면서요.

상담자: 좋아요. HALT가 명확하게 생각하고, 정확하게 느끼고, 의도적으로 행동하는 능력에 어떻게 영향을 미칠 수 있는지 살펴봅시다.

Devon: 좋아요. 그건 또 무슨 뜻인가요?

상담자: 곧 다룰 거예요. 당신이 지나치게 민감하고 과민하게 반응한 최근의 상황을 생각해 보세요. 생각나면 알려주세요.

Devon: [생각하면서] 알았어요.

상담자: 좋아요. 상황이 악화되기 바로 직전에 당신 자신에 대한 경험을 생각해 보세요. 당신이 배고팠거나, 화가 났거나, 외롭거나, 피곤했을 가능성이 있나요?

Devon: [인정하면서 머리를 힘차게 끄덕임]

상담자: 이것이 당신에게 반향을 불러일으키고 있군요.

Devon: 물론이에요. 나는 종종 육체적으로 지칠 때가 있는데, 의심할 여지 없이 약물 사용의 부작용 같은 거예요. 그래서 보통 피곤해요. 그리고 일반적으로 갈등은 외롭거나 고립된 느낌, 또는 혼자 있는 것을 두려워하는 것과 관련이 있어요.

상담자: 잠깐 그 얘기를 합시다…. 좋아요, 그래서 당신은 피곤하고 외로운 것을 선촉발제(pretriggers)로 확인했군요. 그 순간에 그리고 습관적인 행동을 할 때, 당신의 뇌에서 무슨 일이 일어나고 있는지 생각해 봅시다.

Devon: 오, 지금 생각해 보면, 피곤하거나 외로운 것과 연결되지 않았던 갈등을 겪은 적은 없었던 것 같아요.

상담자: 당신이 얼마나 많은 시간을 사용하고, 찾고, 진정하는 데 사용하는지 설명했기 때문에, 말이 되네요. 거기에는 진정한 자기 관리를 위한 여지가 많지 않았어요.

Devon: 네, 즉각적인 요구를 많이 돌보는 것이 나를 중독 사이클에 계속 있게 합니다.

상담자: 그리고 외로움 경험의 경우, 당신의 마약 사용은 그 경험을 바꾸기 위해 행동하기보다는 그 경험을 숨기는 역할을 합니다. 당신의 뇌가 이 회피의 틀에 갇혀 있기 때문입니다. 그리고 이러한 결핍으로 인해 행동할 때, 당신은 실제로 민감성과 과잉반응 때문에 외로울 가능성이 커집니다.

Devon: 그게 바로 내가 지난 10여 년 동안 살아온 방식이에요.

상담자: 그러면, 당신의 뇌가 변화의 과정을 더 많이 수용하도록 돕는 다음 단계로 갑시다.

중독에 대한 인본주의적-실존적 반응

중독 치료는 치료자에게 가장 어렵고 보람 있는 일 중 하나이다. 치료자들은 앞에 기술한 바와 같이, 이러한 행동들을 다루는 데 있어서 많은 도전에 직면한다. 신경과학은 은유를 포함하여 치료자들에게 많은 지원 자료를 제공한다.

"하지만 합법이야(또는 그렇게 될 거야)!" 마리화나 합법화에 대한 논의가 계속됨에 따라 나는 이 장에 앞으로 몇 년 동안만 증가할 특별한 도전에 대하여 내가 좋아하는 은유를 포함하였다. 금욕 모델과 불법 약물/행위 처벌에 관한 일반적인 불만은 '자연스러운 것이다.' '합법이 될 것이다.' 또는 '내가 사용하고 싶은 것을 사용할 수 있어야 한다.'는 것이다. 이 주제에는 많은 변형이 있다. 동기강화면담에 기반한 인본주의적 관점은 저항과 관련된 은유를 제시할 수 있다.

여러분이 어떤 이유에서든 운동을 시작하기로 결정했다고 상상해 보라. 그래서 체육관에 등록한다. 이곳은 고객에게 새로운 운동복을 입어 보도록 제공하는 새로운 첨단 기술 체육관이다. 이 슈트는 유압식 외골격의 형태로 작동하는데, 단순히 운동 노력을 지원하겠다는 뜻으로, 감시 없이도 안전하게 운동할 수 있다는 뜻이다. 간단한 훈련 회기 후에, 당신은 슈트를 입고 운동을 시작한다. 당신이 이렇게 한 지 몇 년이 지났고, 당신이 기억하는 것보다 더 어렵고, 솔직히 그렇게 즐길 만하지 않다. 이때쯤, 당신의 고군분투를 본 한 직원이 한 가지 팁을 준다. "나는 아무에게도 이런 말을 해서는 안 되지만, 그 슈트는 조절이 가능해요. 그러니까 그 슈트는 당신이 믿게 된 것보다 훨씬 더 많은 지원을 제공할 수 있어요. 그것은 당신을 위해 운동의 모든 것을 할 것이고, 당신의 운동을 더 빠르고 고통스럽지 않게 만들어 줄 겁니다." 당신은 피로와 좌절의 상태에 있었기 때문에, 그것을 시도하고 즉시 경험에 대하여 다르게 느낀다. 당신은 이것이 기다려 왔던 운동 도구라고 결정한다. 심지어 당신의 집에도 하나 갖다 놓기 위해 당신을 이 속임수에 빠뜨린 직원들과 함께 '작업'한다. 운동에서의 이 새로운 혁명에 흥분하여, 당신은 18개월 동안 그 도구로 운동을 계속한다. 그리고 의사에게 가서 진찰을 받는다. 당신은 지방이 빠지거나 근육이 하나도 늘지 않았을 뿐만 아니라 실제로 근육량이 줄어들고 있다는 말을 듣고 충격을 받는다. 혼란스럽고 짜증이 나서 의사에게 당신의 슈트에 대해 말한다. 의사는 이런 것들에 대해 들었고, 그 슈트가 일하는 방식은 단지 살아남기 위해 요구되는 힘과 기술을 발달시키는 것을 방해하고, 훨씬 덜 번성하게 한다고 설명한다. 그것들은 작동을 너무 잘해서 사람들이 그것 없이 살기를 원하지 않기 때문에 강압적이다. 얼마 후, 그들은 그것들 없이는 살 수 없다.

동기강화면담

우리의 내담자들에게 중요한 점은 물질이나 행동이 합법적인지 또는 접근 가능한 것인지가 아니라, 그들이 성공적으로 삶을 살아가는 데 필요한 인지적 그리고 정서적 기술(발달 위기)을 발전시키도록 허락하는가이다. 동기강화면담(Miller & Rollnick, 2012)은 인간중심치료의 자연스러운 연장선상에 있고 중독 치료에 필수적이다. 5장에서 간략하게 기술한 바와 같이 동기강화면담에는 다음의 네 단계가 있다. 공감적 의사소통, 양가감정과 불일치 다루기, 저항과 함께 구르기, 그리고 자기효능감 유발하기가 그것이다.

공감적 의사소통

Slattery와 Park(2011)는 이 첫 단계를 반영하는 공감의 두 단계 과정으로 '경험된 공감'과 '표현된 공감'을 논의한다. 치료자가 내담자를 얼마나 잘 이해하는지는 중요하지 않다. 만약 치료자가 전체 존재로서의 내담자에게 공감을 전달할 수 없다면, 그 이해는 치료적 영향을 제한하게 된다. 이와 대조적으로, 치료자가 내담자를 첫 번째로, 중독자를 두 번째로 볼 수 있을 때, 치료자는 생각-감정-행동 감옥에 갇힌 사람과 진정으로 연결하는 데 효과적이다. 이 장의 결론에서 더 많이 논의되었듯이, 이러한 공감 연결은 중독 내담자가 자주 묻는 첫 번째 질문에 반영이 된다. "마약을 사용해 본 적이 있나요?" 여기에 내포된 실제 의미는 "내가 나 자신을 판단하는 것처럼 나를 가혹하게 판단하지 않고, 변화가 얼마나 어려운지를 당신이 이해한다고 내가 어떻게 믿을 수 있나요?"이다.

양가감정과 불일치

아무도 변화를, 특히 원해서가 아닌 필요에 의한 변화를 좋아하지 않는다. 당신이 변화를 좋아한다고 생각하더라도 변화에는 비용이 따른다. 내담자와 함께 작업할 때 우리가 바랄 수 있는 최선은 그들이 양가적인 것이다. 그들 중 일부는 결과 때문에 변화가 필요하다는 것을 알고 있지만, 또한 변화를 꺼린다. 왜냐하면 대부분은 그들이 하고 있는 것이 작동하고 있기 때문이다(물론, '작동'의 정의에 따라 다름). 동기강화면담은, 예를 들어 내담자의 진술 간에 그리고 진술과 행동 사이의 불일치를 사용한다. 내담자가 변화에 직면할 때, 그들의 양가감정을 정상적인 상태로 보고 소유하도록 내담자들을 초대한다. 경험 많은 치료자들은 매우 동기화된 중독이 있는 내담자들을 불안해한다. 왜냐하면 이것은 변화의 자연스러운 방법이 아니기 때문이다.

저항과 함께 구르기

저항과 함께 구르기는 치료에서 두 가지 역동을 인식한다. 첫째, 변화에 대한 내담자의 태도나 성향은 내담자가 당신을 어떻게 대하든 간에, 치료자로서의 당신과 아무런 상관이 없다는 점이다. 둘째는, 치료자가 첫 번째에 대해 가질 수 있는 반응 유형에서 보인다. 내담자가 물리적으로 치료자에게 다가가 치료자의 개인적 공간을 침해한다고 상상해 보라. 치료자가 내담자에게 구두로 설명하려는 시도를 실패한 후에, 내담자가 "마약을 해 본 적이 있습니까?"라고 물을 때, 치료자는 (적어도) 세 가지 행동 선택권을 갖는다.

1. 내담자를 향해 나아가고 "밀쳐라". 이때 "이것은 나와 내 행동에 관한 것이 아니라 당신과 당신의 행동에 관한 것이에요."와 같은 문구를 사용한다.
2. 방어적으로 후퇴하면서 내담자로부터 멀어져라. "아니요, 나는 마약을 한 적은 없어요. 하지만 마약을 사용한 적이 있는 가족이 있어요. 그리고 나는 중독자와 전에 함께 작업을 했었어요."라고 말한다.
3. 옆으로 이동하라(한 발짝 비키기). 공격도 후퇴도 하지 않고, 내담자의 행동이 내담자에 대한 것이라는 점을 인식한다. "당신은 당신을 판단하지 않고 당신의 투쟁을 이해할 사람, 그리고 희망을 줄 수 있는 사람과 상담하고 싶다고 들립니다. 맞습니까?"

자기효능감 유발하기(evocation)

중독이 있는 내담자는 자신의 실패와 부적합한 느낌에 초점을 맞춰서 많은 시간을 보낸 이력을 가지고 치료에 온다. 심지어 (또는 특히) '내가 원할 때 언제든지 그만둘 수 있는' 능력에 대해 피상적인 확신으로 치료에 온 사람들도 마찬가지이다. 자기효능감은 특정 과제를 완수하는 자신의 능력에 대한 믿음이다(Bandura, 1986). 그래서 수백 번 성공하지 못한 채 그만둘 수 있다고 맹세한 사람에게 '마약 사용을 그만두는 자기효능감'을 고려하라. 중독 치료에서 중독에 대해 말하지 않고 내담자가 소유한 강점과 긍정적인 자산에 초점을 맞춤으로써 중독을 치료하는 것은 실제로 가능하다. 거기에서부터 내담자는 진정한 강점(치료자들이 흔히 보는 과장과는 대조적으로)에 대한 진정한 평가를 얻을 수 있다.

상담회기 내 인본주의적-실존적 접근

Devon 사례 계속

상담자: [첫 회기 초반] 나는 당신의 질문으로 당신이 마약과 관련한 나의 이력에 관심이 있다는 것을 알 수 있었어요, Devon. 그 질문에 대한 답은 당신의 목표에서 당신에게 무슨 도움이 될까요?

Devon: 무슨 뜻인가요? 나는 단지 당신이 마약을 사용한 경험이 있는지 알고 싶을 뿐이에요.

상담자: 알았어요. 그것을 안다는 것은 우리의 작업에서 무슨 도움이 될까요?

Devon: 모르겠어요. 중독자를 이해하기 위해서는 중독자가 필요해요. 당신은 중독자인가요?

[치료자들의 개인적 경험이 내담자의 경험에 가까울수록, 공감하기 위한 고군분투가 더 커졌다. 공유한 바와 같이, 비슷한 경험은 치료자를 동정으로 이동시킨다는 것이 나의 경험이었다. 그 결과, 그들은 더 큰 투사와 역전이의 위험에 처하게 된다.]

상담자: 아, 그렇군요. 그 대답은 내가 당신의 중독을 이해할 수 있는지 없는지를 당신이 평가하는 데 도움을 주겠네요. 그리고 내가 당신의 경험을 이해하는 것이 당신에게 도움이 될까요?

Devon: 만약 당신이 그곳에 가보지 않았다면, 당신은 이해할 수 없고, 그래서 당신은 도울 수 없고, 아마 나를 판단할 겁니다.

상담자: 오해와 판단을 동시에 받은 경험이 있으신 것 같은데. 우리가 함께 하면서 내가 당신에 대해 무엇을 이해하면 좋겠습니까?

Devon: 난 사람입니다.

상담자: 강력하군요. 공유해 줘서 고맙습니다. 당신은 내가 당신을 볼 때 Devon이라는 이름을 가진 중독자가 아닌 Devon을 보길 원하는군요. 맞습니까?

Devon: 네, 바로 그겁니다. 치료 센터에는 싫어하는 사람이 많습니다.

상담자: 좋아요, 그럼 당신은 당신을 도와야 할 사람들에게서 이해와 판단의 부족을 경험했군요. 그런 경험이 있다니 유감입니다.

Devon: 당신 잘못은 아닌걸요.

상담자: 시작도 하기 전에 우리 사이에 그런 장벽이 있다는 게 유감스럽다는 뜻입니다. 이렇게 중요한 정보를 공유해 줘서 감사합니다. 이 과정을 거치면서, 당신이 나를 신뢰할 수 있는지를 알기 위해 아직도 내 마약 사용 이력을 알고 싶다면 알려주십시오.

Devon: 그건 공평하군요. 제 마약 이력에 대해 말씀드릴까요?

상담자: 사실 저는 당신이 잘하는 것의 목록부터 시작하면 좋겠습니다.

Devon의 중독에 대한 신경기반 인본주의적-실존적 반응

물질 남용자가 변화하기 위해서 '바위 바닥'을 쳐야 한다고 흔히들 말한다. 그러나 우리는 '바위 바닥'이 물질사용장애를 가진 모든 또는 대부분의 개인에게 적용되는 방식으로 조작적으로 정의하기가 매우 어렵다는 사실 외에도, 이 은유에 대해 다음과 같은 몇 가지 사실을 알고 있다. 첫째, 불행히도 많은 물질 남용자들에게 바위 바닥은 죽음이다. 바꾸기에는 너무 늦었다. 둘째, 바위 바닥은 보편적이지 않다. 다른 사람들에게는 다른 '바위 바닥'이 있다. 셋째, 많은 경험은 바닥을 치지 않아도 변한다. 우리는 두 번째 요점과 관련이 있는 또 다른 것을 알고 있는데, 그것은 중독에 갇힌 많은 사람에게 고통이나 부정적인 결과의 어떤 양도 변화를 유발할 수 없다는 것이다. 동시에, 많은 사람은 욕구/생각/행동에 급격한 변화를 가져온 통찰이 있다고 보고된다. 이러한 극적인 변화는 불쑥 나타난 것처럼 보이지만 종종 외부적인 무언가가 개인에게 일어났기 때문이다.

이러한 설명은 그 사람이 자기 생각, 느낌, 행동을 바꾸려고 하지 않았기 때문에 나온 것이다. 그 사람은 단지 '아프고 병들고 피곤한 것에 싫증이 났기' 때문이다. 그래서 무엇이 이 변화를 시작했을까? 의심의 여지없이, 의학계와 과학계는 이러한 변화를 그들이 아마도 나중에 발견할지도 모르는, 보이지 않는 전기화학적(신경과학적) 과정 탓으로 돌릴 수 있고, 곧 그런 경우를 발견할 것이다. 그것은 사용 행동의 결과로 고통받은 것과 수년간 치료의 누적된 효과로 귀인될 것이다. 그러나 믿음이 있는 그리고 그렇지 않은 많은 사람에게 이것은 최선의 생각/행동임에도 불구하고 일어난 변화였지, 그것 때문에 일어난 변화는 아니었다. AA와 다른 회복 공동체에서 많은 사람이 외부적 영향을 지적할 것이며, 이러한 접근의 효과성은 비록 일화가 있다고 하더라도 주장하기 어렵다. 이것이 무형의 마음이나 힘을 증명하지는 않지만, 성찰을 위한 흥미로운 질문을 불러일으킨다.

Hebb의 법칙은 그 자체로 강박적 행동(과정 중독)과 물질 사용에 갇혀 있는 사람에게 꽤 암울한 그림을 그린다. 치료자가 이러한 사람들을 주로 법적 의무, 가족의 압박, 그리고 개인적인 절박함을 통해 임상 환경에서 만나는 것은 놀랄 일이 아니다. 그들은 약하고 취약하며, 자기 자신과 자기 행동에 화가 나서, 그리고 변화를 위한 지속적인 노력이 무엇인지 의문을 품으면서 치료에 온다. 솔직히 말해서, 그들은 실패자라고 느낄 뿐만 아니라 변화하려고, 실패하려고, 비참해지려고 할 수도 있고, 또는 은유적인 중간자를 건너뛰고 바로 비참함으로 갈 수도 있다. 이것은 물질 사용이나 강박적인 행동을 하는 내담자가 나에게 와서 양가적으로 보일 때, 그(녀)가 그 기능 수준에 도달한 것을 내담자와 함께 축하하는 이유이다. 이것은 치료자들이 양가감정으로 가는 과정에서 내담자들의 언어를 저항의 언어에서 마지못해 함의 언어로 바꾸는 가치를 강조한다. 이러한 관점은 동기강화면담에서 Miller와 Rollnick(2012년)이 제안한 접근방식을 반영하고, 이후에 Prochaska와

Norcross(2014)의 초이론모델(transtheoretical model)로서 보다 공식적으로 체계화되었다.

이 모델들은 내담자가 자신이 있는 변화 단계를 평가함으로써 내담자의 변화에 대한 준비를 나타낸다. 모델은 여기서 간략하게 제시되지만, 독자는 Miller와 Rollnick(2012)의 동기강화면담이나 Wagner와 Ingersoll(2012)의 저서, 『집단에서의 동기강화면담』을 참조하면 된다. 여기서 동기강화면담을 강조하는 목적은 발달적 관점에서 신경과학의 함의를 탐구할 수 있는 비이론적(atheoretical) 접근을 확인하는 것이다.

상담회기 내 인본주의적-실존적 접근

Devon 사례 계속

상담자: 지금까지 당신에게서 들은 것을 말해 볼게요, Devon. 당신은 오랫동안 마약을 해 왔어요. 당신은 고립되고 외롭다고 느끼고, 당신의 삶과 생활방식의 결과를 점점 더 느끼기 시작했어요. 근접한가요?

Devon: 그래요, 그리고 당신이 그렇게 다 합쳐 놓으니, 정말 안 좋게 들리는군요!

상담자: 당신에게 정말 안 좋게 느껴지는 것 같군요. 당신은 사기를 치고 조작을 할 수 있는 어떤 것이든 간에 안주할 필요가 있다고 믿었습니다. 비록 그것이 당신을 혼자라고 느끼고 혼자 있게 하더라도요.

Devon: [한숨을 쉼]

상담자: 잠깐 당신이 나를 올려다봐 주면 좋겠어요.

Devon: [노력해서 올려다봄]

상담자: 당신이 여기 밖에서 한 모든 일은 나의 관심사가 아닙니다. 나의 목표는 당신이 이 관계 속에서 한 사람으로서 당신에 대한 나의 수용을 경험하고, 당신이 준비되었을 때 당신이 성장하는 것에 대한 나의 진정한 바람을 경험하는 것입니다.

Devon: 나는 과거에 항상 부끄러움을 느끼며 치료를 중단했어요. 나는 돌아갈 것이고 마약을 할 것이고 그 사람들이 나를 위해 해 준 모든 것을 무시하리라는 것을 알고 있었어요.

상담자: 고통스럽고, 많은 후회와 수치심이 치료 자체와 얽혀 있는 것처럼 들리네요.

Devon: 바로 그거예요. 나는 이제 변화에 대해서 어떻게 희망해야 하는지를 모르겠어요.

상담자: 만약 변화에 대해 희망하는 대신에, 여기 안에서, 관계를 유지하는 연습을 할 수 있다면 어떨까요?

Devon: 당신은 내가 마약을 끊는 것을 원하지 않나요?

상담자: Devon, 나는 당신이 당신 자신을 위해서 원하는 것을 원해요. 그렇지만 그것이 어떤 것인지 당신은 확실하지 않기 때문에, 나는 당신과 함께 진정한 관계를 경험할 기회에 감사할 거예요.

인본주의적 관점과 동기강화면담 관점에서 수행하는, 신경학에 대한 의식이 높은 치료자는 Devon이 '바닥을 칠 때' 쯤, 그는 치료를 위해 곁에 있지 않거나 전혀 살아있지 않으리라는 것을 이해한다. 치료자는 그에게 더 많은 가치 조건을 강요하기보다는 회기에서 가장 강력하고 간과되는 도구인 관계를 지지한다. 치료자는 Devon과 신체적으로 그리고 신경적으로 의사소통하면서 그에게 관계의 언어를 말할 때, Devon의 거울 뉴런 체계가 그의 행동들과 감정 조절에 그리고 치료자의 일치성에 맞춰진다는 것을 이해한다. Devon은 그렇게 다르게 느껴지는 이 치료자에 대해서 정확히 무엇이라고 말할 수는 없겠지만, 이 관계는 머지않아 자신의 뇌가 이 새로운 경험을 중심으로 관계적으로 재편성할 수 있도록 해 줄 것이다. 그렇게 함으로써 Devon은 또한 그의 사생활, 가족, 친구 그리고 친밀한 사람들과의 관계 문제를 해결하기 위한 견본을 갖게 될 것이다.

중독에 대한 구성주의적 반응

변화 단계를 검토함으로써 내담자의 변화에 대한 준비 상태를 고려하지 않고는 중독 치료에 대한 논의는 완성되지 않을 것이다(Prochaska & Norcross, 2014). 〈표 10-6〉은 많은 사람이 알아볼 수 있는 예를 사용하여 이러한 단계를 요약한다. 이 표를 보면서 Devon이 이 과정에서 어디에 있는지를 생각해 보라. 또한 자신의 삶에서 변화 준비 상태를 고려할 때 도넛을 무엇으로 대체할 수 있는가? 중독과 중독 단계의 예로서 도넛을 사용하는 것은 도넛 먹기를 마약, 알코올 또는 다른 과정 중독에 문자 그대로 비교하는 것을 의미하지는 않는다. 유사점도 있지만, 중독을 가볍게 여기는 것을 의도하지는 않았다.

〈표 10-6〉 변화 단계: 도넛 러브 스토리

1단계–사전 숙고: 내담자는 문제에 대한 인식도 없고 특히 그 문제에 대한 자신의 역할을 인식하지도 못한다.
"도넛에 문제가 있나? 내가 원하면 나는 그것을 먹을 수 있어. 나는 아무도 다치게 하지 않아!"

2단계–숙고: 내담자는 문제가 있지만, 기껏해야 필요한 문제나 변화에 대한 책임을 지는 것에 대해 양가감정이 있다는 약간의 인식으로 옮겨갔다.
"그러니까 아마 도넛이 내 허리둘레에 자리 잡기 시작하고 있지만, 그건 정말 문제가 아니야. 게다가 내가 그 도넛을 만들지는 않았어. 그리고 도넛은 정말 맛있어."

3단계–준비: 내담자는 문제와 그 문제에 대한 자신의 역할에 대하여 더 큰 지분으로 옮겨갔다. 내담자는 변화를 위한 옵션을 탐색하기 시작하고 있다.
"좋아, 어쩌면 나는 '도넛 바지'를 사야 했을지도 몰라. 그리고 나는 예전처럼 움직일 수 없어. 그러나 어떻게 내가 그렇게 좋은 친구에게 아니라고 말할 수 있지?"

4단계–행동: 이름이 내포하듯이, 내담자는 선택에 대한 개인적인 책임을 반영하는 변화를 위한 조치를 적극적으로 하고 있다.
"나는 도넛과 헤어져야 해. 도넛은 그 순간에는 훌륭하지만, 여러 분야에서 피해를 유발해. 도넛을 던지고 산책할 시간이야."

5단계–유지: 특정한 시점에 변화를 만드는 것(당신의–나의–이름을 부르는 도넛에게 아니라고 말하는 것)은 한 가지다. 오랜 시간 동안 변화를 만드는 것은 완전히 다른 것이다(도넛이 당신을 따라다닐 때 반복해서 아니라고 말하는 것).
"이제 매일 산책을 해야 하고, 우리가 함께하기를 바라는 도넛의 간청을 내가 거절해야 한다고? 이건 힘든 일이야!"

6단계–재발 및 재발 예방(때로는 재발생으로 불림): 특히 물질과 과정 중독 집단에서 이 단계는 오랜 행동을 다시 하는 것이 성장 과정의 일부라는 것을 인정한다.
"도넛이 날 찾아냈어! 우리는 춤을 추었고, 나는 마셨어. 제기랄, 도넛! 빌어먹을 나. 나는 그 옛날의 관계에 나를 취약하게 한 무슨 일이 일어나고 있었는지 알아내야 해."

이것이 Devon과 어떻게 일치하는가? 그리고 이것이 신경과학 통합과 어떤 관계가 있는가? 질문의 첫 부분을 살펴보자.

- 그는 문제가 있고 그가 그 문제의 큰 부분임을 인정한다.
- 약간의 양면성이 있지만, 그는 자신이 원하는 삶은 자신이 사는 삶과 양립할 수 없다고 표현한다. 그래서 그는 변화하기를 원한다.
- 그는 무엇이 효과가 없었는지에 대해 자세히 논의한다. 그러므로 그의 상황에 대한 치료자의 관점에 열려 있다.
- 그는 연속 7회기 집중 외래환자(IOP) 치료를 받고 있어서, 적어도 이 시점에서는 치료를 받고 있음을 알 수 있다.
- 그는 3회기와 4회기 사이에 술을 마셨고, 이 현재 회기에 들어온 것을 인정한다. 그래서 그는 아직 유지하고 있지 못하며, 재발 중이다.

이제 어떻게 치료자가 Devon을 단계별로 이동하도록 도움을 주는지 회기를 살펴보자.

Devon의 중독에 대한 신경기반 구성주의적 반응

3장에서 논의했던 이런 종류의 반응을 내가 사용하는 두 번째 이유가 있다. 기억 재구성 대 기억 회상이다. 인간은 자신의 경험에 관해 이야기할 때마다, 그 이야기의 약간씩 다른 버전을 이야기한다. 기억이 작용하는 방법의 하나는 해마를 통해서 편도체에서 발견된 감정적이고 자기 보호적인 물질을 포함해서, 뇌의 다른 영역의 기억 조각들을 통합하는 것이다. 이러한 감정적 기억은 사건의 사실과 얽혀 기억의 혼합물을 만들어 낸다. 예를 들어, 누군가 희생이나 영웅주의에 관해 이야기할 때, 그들이 그것에 대해 말할 때마다 세부적인 내용들이 어떻게 약간씩 변하는지를 주목해 본 적이 있는가? 희생자 서술의 경우에, 자신에게 행해진 잘못은 점점 더 터무니없게 된다. 영웅적인 행동은 강렬하게 만들어지는 것 같다. 여기서 우리는 물고기 이야기라는 개념을 알 수 있다. 도망친 물고기는 우리가 이야기를 재생한 횟수와 관객의 수에 비례하여 크기가 커진다. 치료에서도 이런 일이 일어난다. 내담자는 중독에 대한 '전쟁 이야기'를 다시 할 때, 이야기들은 변화하고 그들의 마음에서 더욱 생생해진다. 내담자 모집단에 따라 이야기의 특정 측면을 최소화하거나 부분들을 미화하는 경향도 있다. 또는 그들이 실제인 것보다 더 잘하고 있는 것처럼 보이려는 의도가 있는가에 따라 집단에게 공감을 얻거나, 또는 동료 집단구성원들을 '한 수 앞서려고' 하는 경향도 있다. 스토리텔링의 이유와 상관없이, 그리고 치료에서 어떤 공통의 지혜가 있음에도 불구하고, 치료의 진행을 위해 내담자가 말하는 이야기들의 세부사항들을 처리하느라 과도한 양의 시간을 소비하는 것은 치료 작업에서 벗어나는 것처럼 보인다.

강박적인 행동과 물질 남용은 측정 가능한 방법으로 뇌를 형성한다. 동시에, 뇌의 유연성과 적응성을 강조하는 연구가 있다. 이는 4장에서 논의되었던, 주로 신경가소성에 기반하는데, 이는 신경조직 생성과 시냅스 생성을 포함한다. 나는 연습과 가르침을 위해 시냅스 생성을 선택했다.

강박 행동을 동반하는 이른바 중독적 행동들은 내담자를 꼼짝 못 하게 하는 중독의 거미줄을 만든다는 것도 나의 견해이다. 선택한 약물 사용을 중단하는 것은 문제의 한 부분일 뿐이다. 이러한 행동 중 하나, 또는 일련의 행동에는 내담자가 치료자에게 질문하는 것을 통해서 종종 일어나는 것처럼 권위에 대한 저항을 포함한다. 역할이 뒤바뀌어서 내담자를 치료의 운전석에 앉히지만, 부정적인 방식으로 진행된다. 임상적 관점에서, 내담자는 치료 작업 측면에서 운전석에 앉아 있어야 한다. 그러나 치료자는 과정의 운전사—과정 전문가—이다. 그리고 이러한 이유로 내담자가 치료자의 과거에 관해 질문('자격')하는 것은 치료를 곁길로 새게 할 뿐이다. 이것은 중독적 행동의 한 예인데, 내담자는 치료를 위해서 치료자를 상세히 검사하는 것처럼 보이면서, 치료자에게 초점을 맞추고 때로는 결함을 발견함으로써 치료에 대한 책임을 외부화하려고 한다. 이러한 이유로, 다음 축어록은 오래된 이야기를 그대로 반복하는 대신에 Devon과 함께 예외를 향한 해결 중심의 전환을 보여준다. 계속해 보자.

상담회기 내 구성주의적 접근

Devon 사례 계속

상담자: Devon, 나는 당신의 약물 남용에 대한 이야기를 많이 들었는데, 내가 당신의 다른 경험에 대해 먼저 듣고 싶어 했을 때 깜짝 놀라는 것 같았어요. 같은 맥락에서, 당신의 첫 13년의 삶을 어떻게 묘사하겠어요? 마약 없는 생활은 당신에게 어땠어요?

Devon: [골똘히 생각하며] 글쎄요, 그건 한 어린아이의 삶이었어요.

상담자: 그것에 대해 좀 더 말해 줄래요?

Devon: 학교에 가고, 친구들과 놀고, TV를 봤어요. 평범한 것들이에요.

상담자: 알았어요. 그럼 그때 무엇이 당신을 마약 없이 있을 수 있게 도울 수 있었나요?

Devon: 모르겠어요. 열세 살은 마약을 시작하기에 너무 일러요.

상담자: 일렀어요. 그렇지만 당신은 어려운 상황에서 열세 살까지 깨끗하게 지냈잖아요. 어떻게 그렇게 했나요?

Devon: 나는 그것을 결코 성취로 생각하지 않아요. 나는 그것이 창피한 일이라고 생각해요.

상담자: 그래서 당신은 그것을 다른 식으로 생각하기는 어렵군요. 같이 해 봐요. 그때까지 당신의 삶이나 행동에서 긍정적인 것은 무엇이었습니까?

Devon: 나는 그렇게 긍정적인 것에 대해 기억나지 않아요.

상담자: 좀 전에 긍정적인 것처럼 들리는 것을 나눴어요.

Devon: 예?

상담자: 당신은 친구들과 놀았다고 말했어요. 당신이 친구가 있고 스포츠나 게임과 같은 놀이 활동을 하고 있었다는 것을 가리키지요, 그리고 당신은 TV를 보았어요.
그것들은 나에게 꽤 긍정적으로 들려요. 그런 것들이 당신을 깨끗하게 하는 데 어떤 역할을 했다고 생각하나요?

Devon: 아, 난 그런 식으로 생각해 본 적이 없어요…. 그런 것들은 함께 어울릴 수 있는, 마약에서 깨끗한 사람들을 나에게 선사함으로써 나를 곤경에서 벗어나게 했고요, 나에게 스트레스에 대한 배출구를 주었어요. 그리고 내 삶에서 탈출구를 제공했다고 생각해요.

상담자: 오, 꽤 긍정적이고 적극적인 것처럼 들리네요!

Devon: 하지만 그건 내가 아이였을 때였어요. 그게 지금 나의 인생과 무슨 관계가 있나요?

상담자: 당신이 그것에 관해 물어봐 줘서 정말 기뻐요. 당신에게, 우리의 뇌에 대해 말하고 싶은 게 있어요. 그러고 나서 당신의 질문에 같이 대답해 보도록 할 거예요. 괜찮겠습니까?

상담회기 내 구성주의적 접근

Devon 사례 계속

상담자: Devon, 내가 보기에 당신은 살면서, 특히 당신의 마약 복용이 시작된 이후에, 마약 사용과 당신이 한 사람으로서 누구인지에 관하여 이야기를 구성하면서 꽤 많은 시간을 보낸 것 같아요. 그리고 그것은 모두 꽤 부정적이고요.

Devon: 당신 말이 맞아요!

상담자: 그리고 그것은 정말 당신에게 진짜처럼 느껴지고요. 이 이유 중 일부는 내가 전에 언급했던 것이에요. 당신의 뇌는 당신의 마음이 말하는 것을 믿어요.

Devon: 심오하군요. 그런데요?

상담자: 당신은 분명 자라면서 힘든 시간을 보냈고, 인생에서 나쁜 결정을 내렸지만, 당신이 그런 것을 원하지 않는다면 그것이 반드시 전체 이야기는 아니에요. 우리의 뇌는 우리가 이미 믿고 있는 현실을 창조합니다. 당신의 현실은 "나는 어떤 것도 제대로 해 본 적이 없고 항상 혼자일 중독자이다."와 같은 것입니다.

Devon: 네. 그건 정말 우울하네요.

상담자: 그렇지요. 하지만 만약 우리가 당신의 과거를 최소화하지 않고, 새로운 이야기를 구성하는 것을 시작할 수 있다면 어떨까요? 놀이, 인간관계, 만족스러운 행동을 만드는 것처럼요?

Devon: 그건 놀라운 일이에요. 하지만 마치 환상처럼 느껴져요.

상담자: 내기를 하겠어요. 당신의 눈은 그곳에 있을 수 있는 것을 보는 것이 아니라 뇌가 보라고 말하는 것을 보고 있어요. 놀이나 관계와 같이 어떤 옳은 일을 했을 때로 돌아가 봅시다. 잠시 눈을 감고 마음속에 있는 열세 살짜리 아이를 보세요. 그는 무엇을 하고 있나요?

Devon: 엄마한테서 도망치고 집 밖으로 나가요!

상담자: 좋아요. 그게 옛날이야기예요. 새로운 서술적(narrative) 관점에서 그는 무엇을 하고 있나요?

Devon: [망설이지 않고] 친구들과 길거리에서 스틱볼을 하고 있어요.

상담자: 어떤 느낌인가요?

Devon: 자유로워요.

상담자: 좋아요. 스틱볼을 하는 것에 대한 그 아이의 생각은 어떤가요?

Devon: "나는 이것을 잘해." 그리고 "나는 홈런을 칠 수 있다!"

상담자: 좋아요! '홈런 치는 것'은 오늘날 당신의 삶에서 어떤 모습일까요? 약물과 관련 없는 홈런.

Devon: 의미 있는 관계죠.

상담자: 이제 우리는 당신이 언제든지 선택할 수 있는 두 개의 경쟁적인 이야기, 즉 '상상으로서의 관계' 또는 '관계를 위한 훈련 캠프'가 있어요. 매일, 당신은 마음이 뇌에게 무엇을 말하는가에 대한 선택권이 있어요.

Devon: 그건 확실히 내가 전혀 시도해 보지 않은 거예요.

상담자: 이번 주에 한번 시도해 보겠습니까?

Devon: 물론이에요!

상담자: 좋아요, 몇 가지 더 살펴봅시다.

Devon 사례 요약

Devon은 치료와 회복 공동체에서 많은 사람이 제시하는 것을 경험해 왔다. 그것은 그가 물질 '사용'을 시작하기 훨씬 전에 시작된 '질병'에 대한 (아마) 유전적 기반이다. 그는 안전 애착과 신뢰에 기반한 친밀한 관계가 전무한 초기 삶을 묘사한다(Unterrainer et al., 2017 참조). 이것은 그를 회피 행동 패턴과 위험 감수로 이끌었고, 이러한 행동의 강화로 이어졌다. 시간이 지나면서 그는 자신의 중독 패턴을 더욱 강화하는 회피적 무력감에 관한 이야기를 스스로 만들어 냈다. 치료는 관계로부터 시작되어야 하는데, 그것은 재실험으로, 그리고 초기 관계를 회복하여 현재의 관계를 다시 변형시키는 것으로 이어진다. 그의 변연계와 우뇌는 시간이 지남에 따라 치료자의 안전, 보안, 예측가능성에 대한 공명에 긍정적으로 반응하기 시작할 것이다. 이로써 환경보강자, 신념체계, 관계 등을 탐구할 수 있는 토대가 마련된다.

뇌 기제

나는 중독의 신경생물학적 모델을 적절하게 요약할 수 있는 척하지 않을 것이다. 그래서 나는 George와 Volkow(2017)의 그림([그림 10-2])에 설명과 함께 중독의 3단계 모델을 포함했다. 이 연구 분야에는 무수한 논문들이 있으므로, 이것은 단순히 이 분야에서 진행

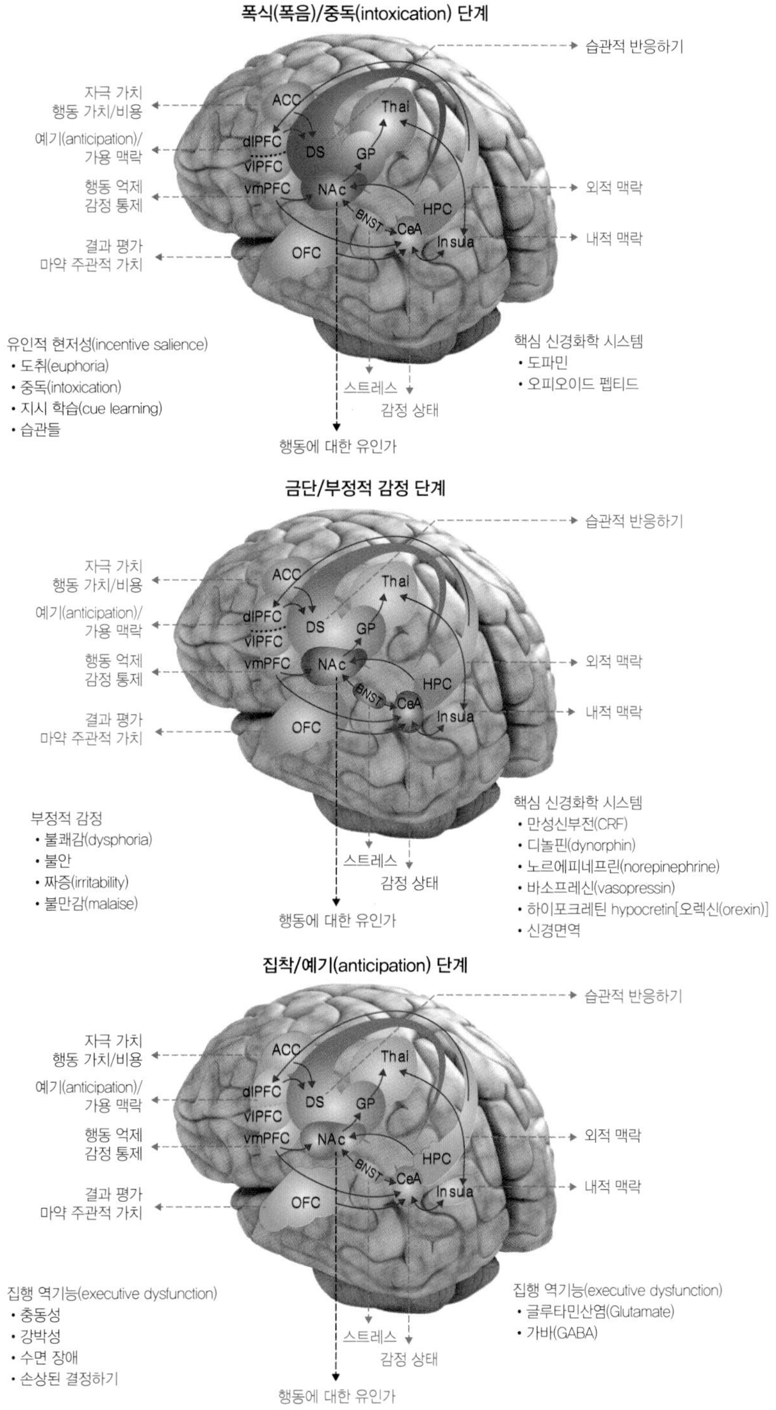

[그림 10-2] 중독 주기 3단계와 관련된 중독 신경회로 3단계 신경 모델

(A) 폭식(폭음)/중독(intoxication) 단계: 약물의 강화 효과는 연관 메커니즘에 관여하고 측좌핵(nucleus accumbens) 세포와 코어에서 신경전달물질을 보상할 수 있다. 그런 다음 배측 선조체(dorsal striatum)에 의존하는 자극-반응 습관에 관여할 수 있다.

(B) 금단/부정적 감정 단계: 금단의 부정적인 감정 상태는 확장된 편도체의 활성화에 관여할 수 있다.

(C) 집착/예기(갈망) 단계: 이 단계는 기저측 편도체(basolateral amygdala)에서 조건 강화 처리와 해마에서 맥락 정보 처리를 포함한다(George & Kob, 2017, p. 222).

되고 있는 작업을 짧게 들여다보는 것임을 명심하라. 이 모델과 이와 같은 모델들의 가치는 아무리 강조해도 지나치지 않다. 약물 사용 및 과정 중독 장애를 치료하는 상담자는 이러한 장애를 전체적으로 이해해야 한다. 그리고 중독을 의지력 부족이나 내담자가 성공적으로 치료되기 전에 '바위 바닥을 쳐야 할' 필요로 환원하지 말아야 한다(Luke, Redecop, & Jones, 2018). 더 나아가서, 신경생물학적 관점에서 중독은 새로운 상담자들이 추측할 수 있는 것보다 훨씬 더 복잡하다는 것을 보여 준다. George와 Volkow는 중독 과정은 여러 단계를 거쳐 뇌의 다른 부분들에서 발생한다는 것을 보여 준다. 마지막으로, 내담자는 그들의 삶—관계, 가치관, 도덕, 행동들—이 중독에 의해 어떻게 강탈될 수 있으며, 치료가 치료 초기와 전반에 걸쳐 스트레스 내성에 가장 초점을 맞출 수 있다는 것을 이해하게 될 것이다.

요약

중독은 복잡하고 치료자 입장에서 극도의 겸손을 요구한다. 유능한 치료자들은 그들이 중독으로부터 고작 한두 걸음(유전학, 환경, 가족, 상황) 떨어져 있다고 인식한다. 이것은 그들이 내담자와 긴밀한 접촉을 유지하도록 한다—내담자의 관점에서 각 개인의 경험과 고통을 이해할 수 있을 만큼 충분히 가까이. 도넛 비유가 분명히 보여 주듯이, 우리는 모두 우리의 삶을 더욱 성공적으로 만들기 위해 포기하거나 변화하거나 추가해야 할 것들을 가지고 있고, 모두 다른 준비 단계에 있다.

또한 중독이 복잡하고, 다면적이고, 함축적이며, 전통적인 치료는 중독을 둘러싼 모든 문제와 변화를 해결할 수 있는 충분한 장기적 지원을 제공하지 못한다는 것을 알고 있다. 물질이나 과정 중독으로 고통 받는 내담자가 일주일에 50분이라는 시간을 통해 자신의 삶에서 모든 것을 바꾸는 데 도움을 받을 것 같지는 않다. 따라서 신경과학적 통합 접근은커녕 어떤 치료 방식도 일차원적으로 접근하는 것은 비현실적일 것이다. 대신에 다학제적, 다면적 접근이 요구된다. 즉, 신경과학적 발견을 개인, 집단, 가족 치료로 통합하면 중독 주기에 갇혀 있게 하는 메커니즘에 대한 내담자와 가족의 이해를 높일 수 있고, 미래의 변화에 대한 희망을 제공할 수 있다. 가족, 친구, 지역사회 지원과의 치료적 제휴가 없다면 성공은 제한적일 가능성이 높다(Osten & Switzer, 2013).

앞에서 기술된 겸손은 중독 역동에 대한 신경과학적 이해에서 나온다. 내가 이 일을 시작한 초기에 종종 그랬듯이, 내담자들이 "당신은 회복 중입니까?" "회복한 지 얼마나 되셨습니까?" 또는 "당신이 선택한 약물은 무엇이었습니까?"라고 물어볼 때, 치료자들은 "당신이 내가 살아온 길을 이해하고 나의 과거를 판단하지 않는다는 것을 내가 믿어도 될까요?", 아니면 더 노골적으로, "나에게 희망을 줄 수 있습니까?"라는 진짜 질문을 들을 수 있는 공감을 가지고 있다. 오늘날의 신경과학은 우리에게 강박적인 행동 및 물질 사용과 관련한 희망에 대하여 흥미로운 관점을 제공한다.

자신을 중독이나 물질에 의존한다고 밝힌 개인과 함께 작업하는 치료자의 목표는 치료자가 가진 개인적 또는 직업적 경험과는 별개로 그들의 경험을 이해하는 것이다. 약물 사용에 대한 '전쟁 이야기' 또는 더 일반적인 이야기를 공유하는 것은 치료적으로 그리고 신경학적으로 거의 항상 비생산적이다. 중독 작업은 앞서 언급한 바와 같이 보상적이고 도전적이다. 신경과학은 그 과정을 내담자들과 함께 걷기 위하여 창의적인 개입뿐만 아니라 더 큰 이해를 제공한다.

핵심정리

이 장의 도달목표:

- 중독과 중독 치료의 기초를 확립했다.
- 이 책에서 다루는 네 가지 범주의 치료 접근이 어떻게 중독을 다루는지 확인했다.
- 이러한 이론들과 신경과학 결과의 통합이 중독 및 관련 문제들의 치료에서 어떤 모습인지 보여 주었다.

참고문헌

American Psychiatric Association. (2000). *The diagnostic and statistical manual of mental disorders* (4th ed., text rev.). Washington, DC: Author.

American Psychiatric Association. (2013). *The diagnostic and statistical manual of mental disorders* (5th ed.). Washington, DC: Author.

Badenoch, B. (2008). *Being a brain-wise therapist*. New York, NY: Norton.

Bandura, A. (1986). *Social foundations of thought and action: A social cognitive theory*. Englewood Cliffs, NJ: Prentice Hall.

Bickel, W. K., & Marsch, L. A. (2001). Toward a behavioral economic understanding of drug dependence: Delay discounting processes. *Addiction, 96*(1) 3-86. doi:10.1046/j.1360-0443.2001.961736.x

Bickel, W. K., Yi, R., Landes, R. D., Hill, P. F., & Baxter, C. (2011). Remember the future: Working memory training decreases delay discounting among stimulant addicts. *Biological Psychiatry, 69*(3), 260-265.

Ellis, A., & Velten, E. C. (1992). *When AA doesn't work for you: Rational steps to quitting alcohol*. New York, NY: Barricade Books.

Erikson, E. H. (1968). *Identity: Youth and crisis*. New York, NY: W. W. Norton & Company.

Everitt, B. J., & Robbins, T. W. (2013). From the ventral to the dorsal striatum: Devolving views of their roles in drug addiction. *Neuroscience & Biobehavioral Reviews, 37*(9), 1946-1954. doi.org/10.1016/j.neubiorev.2013.02.010

Ewing, S. W. F., Houck, J. M., Yezhuvath, U., Shokri-Kojori, E., Truitt, D., & Filbey, F. M. (2016). The impact of therapists' words on the adolescent brain: In the context of addiction treatment. *Behavioural Brain Research, 297*, 359-369. doi.org/10.1016/j.bbr.2015.09.041

Feldstein Ewing, S. W., & Chung, T. (2013). Neuroimaging mechanisms of change in psychotherapy for addictive behaviors: Emerging translational approaches that bridge biology and behavior. *Psychology of Addictive Behaviors, 27*(2), 329-335. doi:10.1037/a0031491

Fetting, M. (2011). *Perspectives on addiction: An integrative treatment model with clinical case studies*. Thousand Oaks, CA: Sage.

Fisher, H., Xu, X., Aron, A., & Brown, L. (2016). Intense, passionate, romantic love: A natural addiction? How the fields that investigate romance and substance abuse can inform each other. *Frontiers in Psychology, 7*(687). doi:10.3389/fpsyg.2016.00687

Fisher, P. A., & Berkman, E. T. (2015). Designing interventions informed by scientific knowledge about effects of early adversity: A translational neuroscience agenda for next-generation addictions research. *Current Addiction Reports, 2*(4), 347-353. doi:10.1007/s40429-015-0071-x

Flores, P. (2007). *Group psychotherapy with addicted populations*. New York, NY: Routledge.

Garrett, B., & Hough, G. (2018). *Brain and behavior: An introduction to biological psychology* (5th ed.). Thousand Oaks, CA: Sage.

George, O., & Koob, G. F. (2017). Individual differences in the neuropsychopathology of addiction. *Dialogues in Clinical Neuroscience, 19*(3), 217.

Gwinnell, E., & Adamec, C. A. (2006). *The encyclopedia of addictions and addictive behaviors*. New York, NY: Facts on File.

Hebb, D. O. (1949). *The organization of behavior*. New York, NY: Wiley.

Heilig, M., Epstein, D. H., Nader, M. A., & Shaham, Y. (2016). Time to connect: Bringing social context into addiction neuroscience. *Nature Reviews Neuroscience, 17*(9), 592-599. doi:10.1038/nrn.2016.67

Kalat, J. W. (2019). *Biological psychology* (13th ed.). Boston, MA: Cengage.

Kidd, C., Palmeri, H., & Aslin, R. N. (2013). Rational snacking: Young children's decision-making on the marshmallow task is moderated by beliefs about environmental reliability. *Cognition, 126*(1), 109-114.

Koob, G. F. (2013a). Addiction is a reward deficit and stress surfeit disorder. *Frontiers in Psychiatry, 4*(72). doi.org/10.3389/fpsyt.2013.00072

Koob, G. F. (2013b). Theoretical frameworks and mechanistic aspects of alcohol addiction: alcohol addiction as a reward deficit disorder2

Koob, G. F. (2011). Theoretical frameworks and mechanistic aspects of alcohol addiction: alcohol addiction as a reward deficit disorder. In *Behavioral neurobiology of alcohol addiction, 13*, pp. 3-30. doi:10.1038/npp.2009.

Luke, C., Redekop, F., & Jones, L. K. (2018). Addiction, stress, and relational disorder: A neuro-informed approach to intervention. *Journal of Mental Health Counseling, 40*(2), 172-186.

Marcia, J., & Josselson, R. (2013). Eriksonian personality research and its implications for psychotherapy. *Journal of Personality, 81*(6), 617-629.

Miller, W. R., & Rollnick, S. (2012). *Motivational interviewing: Helping people change*. New York, NY: Guilford Press.

Mischel, W., & Metzner, R. (1962). Preference for delayed reward as a function of age, intelligence, and length of delay interval. *Journal of Abnormal and Social Psychology, 64*(6), 425-431.

Mischel, W., Shoda, Y., & Peake, P. K. (1988). The nature of adolescent competencies predicted by preschool delay of gratification. *Journal of Personality and Social Psychology, 54*(4), 687-696.

Newman, B., & Newman, P. (2014). *Development through life: A psychosocial approach*. Stamford, CT: Cengage Learning.

Osten, K. A., & Switzer, R. J. (2013). *Integrating 12-steps and psychotherapy: Helping clients find sobriety and recovery*. Thousand Oaks, CA: Sage.

Potenza, M. N., Sofuoglu, M., Carroll, K. M., & Rounsaville, B. J. (2011). Neuroscience of behavioral and pharmacological treatments for addictions. *Neuron, 69*(4), 695-712.

Prochaska, J. O., & Norcross, J. C. (2014). *Systems of psychotherapy: A transtheoretical analysis* (8th ed.). Belmont, CA: Cengage.

Rosenberg, K. P., & Feder, L. C. (2014). An introduction to behavioral addictions. In K. P. Rosenberg and L. C. Feder (Eds.), *Behavioral addictions: Criteria, evidence, and treatment* (pp. 1-17). New York, NY: Elsevier.

Salamone, J. D., & Correa, M. (2012). The mysterious motivational functions of mesolimbic dopamine. *Neuron, 76*(3), 470-485. doi:10.1016/j.neuron.2012.10.021

Sarnyai, Z., & Kovács, G. L. (2014). Oxytocin in learning and addiction: From early discoveries to the present. *Pharmacology Biochemistry and Behavior, 119*, 3-9. doi:10.1016/j.pbb.2013.11.019

Slattery, J. M., & Park, C. L. (2011). *Empathic counseling: Meaning, context, ethics, and skill*. Belmont, CA: Brooks/Cole.

Taylor, S. B., Anglin, J. M., Paode, P. R., Riggert, A. G., Olive, M. F., & Conrad, C. D. (2014). Chronic stress may facilitate the recruitment of habit-and addiction-related neurocircuitries through neuronal restructuring of the striatum. *Neuroscience*, 280, 231-242. doi.org/10.1016/j.neuroscience.2014.09.029

Tops, M., Koole, S. L., IJzerman, H., & Buisman-Pijlman, F. T. (2014). Why social attachment and oxytocin protect against addiction and stress: Insights from the dynamics between ventral and dorsal corticostriatal systems. *Pharmacology Biochemistry and Behavior, 119*, 39-48.

Unterrainer, H., Hiebler-Ragger, M., Koschutnig, K., Fuchshuber, J., Tscheschner, S., Url, M., … Fink, A. (2017). Addiction as an attachment disorder: White matter impairment is linked to increased negative affective states in poly-drug use. *Frontiers in Human Neuroscience, 11*, 208. doi:10.3389/fnhum.2017.00208

Vogel-Scibilia, S. E., McNulty, K. C., Baxter, B., Miller, S., Dine, M., & Frese, F. J., III. (2009). The recovery process utilizing Erikson's stages of human development. *Community Mental Health Journal, 45*(6), 405-414.

Volkow, N. D., Wang, G. J., Fowler, J. S., & Tomasi, D. (2012). Addiction circuitry in the human brain. *Annual Review of Pharmacology and Toxicology, 52*, 321-336. doi:10.1146/annurev-pharmtox-010611-134625

Wagner, C. C., & Ingersoll, K. S. (2012). *Motivational interviewing in groups*. New York, NY: Guilford Press.

Weiss, F., & Porrino, L. J. (2002). Behavioral neurobiology of alcohol addiction: Recent advances and challenges. *Journal of Neuroscience, 22*(9), 3332-3337.

White, F. (2002). A behavioral/systems approach to the neuroscience of addiction. *Journal of Neuroscience, 22*(9), 3303-3305.

Winger, G., Woods, J. H., Galuska, C. M., & Wade-Galuska, T. (2005). Behavioral perspectives on the neuroscience of drug addiction. *Journal of the Experimental Analysis of Behavior, 84*(3), 667-681.

CREDITS

NEUROSCIENCE FOR COUNSELORS AND THERAPISTS

찾아보기

인명

내용

저자 소개

Chad Luke 박사는 Tennessee Technological University의 상담심리학과 교수이며, 상담자를 위한 신경과학, 진로상담, 상담이론과 실제, 다문화상담, 위기개입 등을 가르치고 있다. 그는 임상적·발달적 접근에 근거하여 학부 및 대학원 학생들을 대상으로 임상 슈퍼비전을 실시하고 있으며, 치료 프로그램에 대해서도 컨설팅을 제공하고 있다. 또한 20여 년간의 임상 활동과 강의 경험을 바탕으로 테네시주 공인 전문상담사로 활동하고 있다. 그는 신경과학, 진로발달, 집단상담, 대학생 발달에 영향을 미치는 심리적 요인 등에 관하여 다양한 저서가 있다. 대학 내 Career Counseling Center 센터장과 Student Success Center 부학장을 역임하였으며, 테네시주 쿡빌에서 가족과 함께 생활하고 있다.

역자 소개

이수연(Lee, Sooyeon)

미국 University of Florida 철학박사(상담자교육 전공)

현) 대구한의대학교 청소년교육상담학과 교수

저서 및 역서: 청소년상담(2판, 공저, 학지사, 2022), 상담심리학(2판, 공저, 양성원, 2021), 성격의 이해와 상담(2판, 공저, 학지사, 2017), 삶과 배려(공저, 학지사, 2017), 상담의 이론과 실제(2판, 공저, 학지사, 2016), 상담학 사전 1~5(공저, 학지사, 2016), 청소년심리와 상담(공저, 정민사, 2012), 아동상담(양서원, 2008), 상담 및 심리치료의 이해(공역, 학지사, 2006) 등

이윤희(Lee, Yunhee)

서울대학교 교육학과 교육학박사(교육상담 전공)

현) 선문대학교 상담·산업심리학과 교수

저서 및 역서: 청소년 비행 및 약물중독상담(2판, 공저, 학지사, 2014), 상담기본기술 A to Z(공역, 학지사, 2019), 상담심리학(공역, 학지사, 2014) 등

이윤주(Lee, Yoonjoo)

서울대학교 교육학과 교육학박사(교육상담 전공)

현) 영남대학교 교육학과 교수

저서 및 역서: 상담의 이론과 실제(2판, 공저, 학지사, 2016), 상담학 사전 1~5(공저, 학지사, 2016), 잠재역량 계발을 위한 기적의 코칭(공역, 학지사, 2019), 사례개념화: 원리와 실제(역, 학지사, 2020) 등

서보경(Seo, Bo-Kyung)

독일 Wuppertal Universität 철학박사(임상심리 전공)

현) 을지대학교 중독재활복지학과 교수

저서 및 역서: 게임은 훌륭하다(공저, 호밀밭, 2021), 인터넷 중독의 특성과 쟁점(공저, 시그마프레스, 2015), 아들러 정신병리와 심리치료(공역, 학지사, 2021) 등

상담자와 심리치료자를 위한
신경과학

NEUROSCIENCE FOR COUNSELORS AND THERAPISTS (2nd ed.)

2022년　2월 20일 1판 1쇄 인쇄
2022년　2월 25일 1판 1쇄 발행

지은이 • Chad Luke
옮긴이 • 이수연 · 이윤희 · 이윤주 · 서보경
펴낸이 • 김진환
펴낸곳 • ㈜학지사
04031 서울특별시 마포구 양화로 15길 20 마인드월드빌딩
대표전화 • 02-330-5114　　팩스 • 02-324-2345
등록번호 • 제313-2006-000265호

홈페이지 • http://www.hakjisa.co.kr
페이스북 • https://www.facebook.com/hakjisabook

ISBN 978-89-997-2605-7 93180

정가 27,000원

역자와의 협약으로 인지는 생략합니다.
파본은 구입처에서 교환해 드립니다.